図説 やさしい建築設備

伏見 建・朴 賛弼 著
FUSHIMI Ken　　**PARK Chanpil**

Building Services Engineering

JN173057

学芸出版社

はじめに

　わたくしたちは長年にわたり、建築系大学、工業系専門学校で環境工学・建築設備の授業を担当してきました。「建築設備」は、建築学の分野からは、建築を志す方に、少々毛色が違う目で見られているようです。確かに関連する機械工学・電気工学は、それぞれの技術分野で建築学とは異色に見えるということは、あえて否定しません。しかし皆さんも、生活環境の向上、ライフスタイルの変動、居住環境の変化、地球環境の変動から、建築設備の重要性が日ごとに増しているのを、ひしひしと感じておられるはずです。

　わたくしたちは毎年、新学期の始まる前には、何か良いテキスト・参考書がないものかと探し回るのが通例でした。機械工学や電気工学の専門分野に偏りすぎ、建築を志す方々には難解な文献が多く、卒業後、建築士や建築設備士等の資格試験で苦労しそうなものばかりで、「これ！」といったものがありませんでした。　そこで適切な授業を進めるため、昔はスライド・OHP、今はパワーポイントで、人間の感覚の83％を占めるといわれる「目」からの情報で、独自の講義録をつくって学生さんに配布してきました。

　本書はこの、「目からの情報」を重視し、図版や写真を多用し、分かりやすく編集しております。学術的な内容をベースにしているのはもちろん、実務的なことを加えた点が、他の設備の本との大きな違いです。現在、建築各分野で活躍の方々をはじめ、建築系の学生さんへのテキストとなり、建築士などの国家資格を取得するための導入書にもなるように企画しました。

　建築士試験では特に、「環境・設備が合否判定の鍵」を握っています。わたくしたちが受け持った大学・専門学校の卒業生の大半は、間違いなく資格を取得し建設業界の各分野で活躍されています。本書はその方々を培った講義録でもあります。

　内容は極力肩が凝らない形、即ち、学生さんたちが居眠りしないような形にまとめました。気楽にそして楽しく、目を通していただければ幸いです。

2017 年 10 月

伏見　建・朴　賛弼

目次

chapter 1 建築設備の概要

1 建築設備とは ⋯⋯⋯⋯⋯⋯⋯⋯⋯⋯⋯⋯⋯⋯⋯ 8
　1・1　建築設備の定義 ⋯⋯⋯⋯⋯⋯⋯⋯⋯⋯⋯ 8
　1・2　建築設備の分類 ⋯⋯⋯⋯⋯⋯⋯⋯⋯⋯⋯ 9

2 建築設備の工費と手法 ⋯⋯⋯⋯⋯⋯⋯⋯⋯⋯ 11
　2・1　建築設備と工費 ⋯⋯⋯⋯⋯⋯⋯⋯⋯⋯⋯ 11
　2・2　パッシブ手法とアクティブ手法 ⋯⋯⋯⋯⋯ 11

3 建築設備の歴史 ⋯⋯⋯⋯⋯⋯⋯⋯⋯⋯⋯⋯⋯ 13
　3・1　給排水設備の歴史 ⋯⋯⋯⋯⋯⋯⋯⋯⋯⋯ 13
　3・2　空気調和設備の歴史 ⋯⋯⋯⋯⋯⋯⋯⋯⋯ 15
　3・3　電気・照明設備の歴史 ⋯⋯⋯⋯⋯⋯⋯⋯ 17

4 建築設備計画 ⋯⋯⋯⋯⋯⋯⋯⋯⋯⋯⋯⋯⋯⋯ 19
　4・1　建物の部位 ⋯⋯⋯⋯⋯⋯⋯⋯⋯⋯⋯⋯⋯ 19
　4・2　建築設備の空間構成 ⋯⋯⋯⋯⋯⋯⋯⋯⋯ 22
　4・3　建築設備の単位 ⋯⋯⋯⋯⋯⋯⋯⋯⋯⋯⋯ 25

chapter 2 給排水・衛生設備

1 給排水・衛生設備の定義 ⋯⋯⋯⋯⋯⋯⋯⋯⋯ 26
　1・1　水の性質・諸現象 ⋯⋯⋯⋯⋯⋯⋯⋯⋯⋯ 28
　1・2　給排水設備の調査 ⋯⋯⋯⋯⋯⋯⋯⋯⋯⋯ 31

2 給水設備 ⋯⋯⋯⋯⋯⋯⋯⋯⋯⋯⋯⋯⋯⋯⋯⋯ 32
　2・1　給水 ⋯⋯⋯⋯⋯⋯⋯⋯⋯⋯⋯⋯⋯⋯⋯⋯ 32
　2・2　給水方式 ⋯⋯⋯⋯⋯⋯⋯⋯⋯⋯⋯⋯⋯⋯ 34
　2・3　飲用水系統の汚染防止 ⋯⋯⋯⋯⋯⋯⋯⋯ 37
　2・4　機器・配管 ⋯⋯⋯⋯⋯⋯⋯⋯⋯⋯⋯⋯⋯ 38
　2・5　水量の算定と必要な水圧 ⋯⋯⋯⋯⋯⋯⋯ 39
　2・6　給水配管 ⋯⋯⋯⋯⋯⋯⋯⋯⋯⋯⋯⋯⋯⋯ 42
　2・7　雨水利用設備 ⋯⋯⋯⋯⋯⋯⋯⋯⋯⋯⋯⋯ 46

3 給湯設備 ⋯⋯⋯⋯⋯⋯⋯⋯⋯⋯⋯⋯⋯⋯⋯⋯ 47
　3・1　給湯の性質・特徴 ⋯⋯⋯⋯⋯⋯⋯⋯⋯⋯ 47
　3・2　給湯方式 ⋯⋯⋯⋯⋯⋯⋯⋯⋯⋯⋯⋯⋯⋯ 50
　3・3　給湯計算法 ⋯⋯⋯⋯⋯⋯⋯⋯⋯⋯⋯⋯⋯ 55
　3・4　循環濾過設備 ⋯⋯⋯⋯⋯⋯⋯⋯⋯⋯⋯⋯ 56

4 排水・通気設備 ⋯⋯⋯⋯⋯⋯⋯⋯⋯⋯⋯⋯⋯ 58
　4・1　排水設備の基礎 ⋯⋯⋯⋯⋯⋯⋯⋯⋯⋯⋯ 58

4·2 排水トラップ ･･････････････････ 61
4·3 通気設備 ･･･････････････････････ 62
4·4 排水量 ････････････････････････ 63
4·5 雨水排水 ･･･････････････････････ 65
4·6 汚水処理設備（浄化槽） ････････ 69

5 ガス設備 ･･････････････････････････ 72
5·1 ガス設備の概要 ････････････････ 72
5·2 ガス設備系統 ･･････････････････ 73

6 衛生器具設備 ･･･････････････････････ 74

chapter3 空気調和設備

1 空気調和設備の概要 ･････････････････ 80
1·1 空気調和設備の目的 ････････････ 80
1·2 空気の状態・性質 ･･････････････ 81
1·3 湿り空気と絶対湿度 ････････････ 82
1·4 空気の状態・性質と湿り空気線図 ･･ 82
1·5 結露 ･･････････････････････････ 84

2 空調負荷 ･･････････････････････････ 85
2·1 空調負荷計算 ･･････････････････ 85
2·2 壁体からの熱負荷 ･･････････････ 87
2·3 窓ガラスの熱負荷 ･･････････････ 89
2·4 隙間風の熱負荷 ････････････････ 90
2·5 照明負荷 ･･････････････････････ 91
2·6 人体負荷 ･･････････････････････ 91
2·7 空調装置・風量 ････････････････ 92

3 空調方式 ･･････････････････････････ 93
3·1 空調系統 ･･････････････････････ 93
3·2 ダクト空調系統 ････････････････ 95
3·3 室内空気分布・気流分布 ････････ 98
3·4 冷媒・パッケージ方式 ･･････････ 99

4 空調熱源方式 ･･････････････････････ 100
4·1 空調熱源 ･･････････････････････ 100
4·2 コージェネレーションシステム ･･ 103
4·3 地域冷暖房 ････････････････････ 104
4·4 蓄熱方式 ･･････････････････････ 105

5 熱搬送設備 ････････････････････････ 106
5·1 水搬送設備 ････････････････････ 106
5·2 空気搬送設備 ･･････････････････ 109

6 自動制御・中央監視設備 ・・・・・・・・・・・・・・・・・・・・・・・・・・・・・・112

7 換気設備 ・・113
   7・1　換気の目的・種別 ・・・・・・・・・・・・・・・・・・・・・・・・・・113
   7・2　機械換気 ・・・・・・・・・・・・・・・・・・・・・・・・・・・・・・・・114
   7・3　自然換気 ・・・・・・・・・・・・・・・・・・・・・・・・・・・・・・・・115
   7・4　24 時間換気 ・・・・・・・・・・・・・・・・・・・・・・・・・・・・117

chapter4　電気設備

1 電力設備 ・・119
   1・1　電気設備とは ・・・・・・・・・・・・・・・・・・・・・・・・・・・・119
   1・2　電気設備の基礎理論 ・・・・・・・・・・・・・・・・・・・・・・120
   1・3　電力と電力量 ・・・・・・・・・・・・・・・・・・・・・・・・・・・・122
   1・4　電源周波数 ・・・・・・・・・・・・・・・・・・・・・・・・・・・・・・123
   1・5　電気関係諸設備・諸室 ・・・・・・・・・・・・・・・・・・・・124

2 電源引込 ・・126
   2・1　低圧引込 ・・・・・・・・・・・・・・・・・・・・・・・・・・・・・・・・126
   2・2　高圧の引込と変電設備（受変電設備） ・・・・・・127
   2・3　特別高圧（特高）の引込と変電設備 ・・・・・・・・128

3 幹線・動力設備 ・・・・・・・・・・・・・・・・・・・・・・・・・・・・・・・・・・・・・129
   3・1　幹線計画 ・・・・・・・・・・・・・・・・・・・・・・・・・・・・・・・・129
   3・2　電気配線・コンセント設備 ・・・・・・・・・・・・・・・130

4 照明設備 ・・132
   4・1　光のスペクトル ・・・・・・・・・・・・・・・・・・・・・・・・・・132
   4・2　照明の用語 ・・・・・・・・・・・・・・・・・・・・・・・・・・・・・・133
   4・3　照明計画 ・・・・・・・・・・・・・・・・・・・・・・・・・・・・・・・・134
   4・4　照度基準 ・・・・・・・・・・・・・・・・・・・・・・・・・・・・・・・・136
   4・5　照明設計 ・・・・・・・・・・・・・・・・・・・・・・・・・・・・・・・・137
   4・6　建築化照明 ・・・・・・・・・・・・・・・・・・・・・・・・・・・・・・138

5 通信情報設備 ・・・・・・・・・・・・・・・・・・・・・・・・・・・・・・・・・・・・・・・141
   5・1　概要 ・・・・・・・・・・・・・・・・・・・・・・・・・・・・・・・・・・・・141
   5・2　通信情報設備の種類 ・・・・・・・・・・・・・・・・・・・・・・142

6 エレベーター・エスカレーター設備 ・・・・・・・・・・・・・・・・・・144

chapter5　防災設備

1 防災設備 ・・148
   1・1　火災の感知 ・・・・・・・・・・・・・・・・・・・・・・・・・・・・・・149
   1・2　排煙設備 ・・・・・・・・・・・・・・・・・・・・・・・・・・・・・・・・150

2 非常用発電設備 ··· 153

3 消火設備 ··· 155
   3・1　消火設備の規定 ··· 155
   3・2　消火設備の種類 ··· 157

4 避雷設備 ··· 162

chapter6　省エネルギー

1 省エネルギーの概要 ··· 165
   1・1　設備の保全 ··· 165
   1・2　省エネルギーの必要性 ······································· 166

2 設計上考慮する省エネルギー ······································· 167
   2・1　環境保全の評価指標 ··· 167
   2・2　エネルギーの評価指標 ······································· 168

3 省エネルギー・環境保全に配慮した手法 ····························· 170
   3・1　エネルギー負荷の低減 ······································· 170
   3・2　自然エネルギーの活用 ······································· 171
   3・3　エネルギーの有効利用 ······································· 173
   3・4　省エネルギーに関するモニタリング手法 ······················· 174

4 ビルの省エネルギー手法 ··· 176
   4・1　運用上の省エネルギー ······································· 176
   4・2　一般管理事項 ··· 176

5 省エネ項目 ··· 180
   5・1　運用改善による省エネ項目 ··································· 180
   5・2　小規模な改修・改善による省エネ項目 ························· 180
   5・3　大規模な改修・改善による省エネ項目 ························· 181

6 省エネルギー効果試算 ··· 182
   6・1　燃料発熱量と原油換算 ······································· 182
   6・2　二酸化炭素排出量 ··· 182

chapter7　建築設備設計図

1 建築設備設計の手順 ··· 183

2 建築設備設計図 ··· 185
   2・1　オフィスビルの設備設計 ····································· 185
   2・2　住宅の設備設計 ··· 194

例題集 ··· 199
索引 ··· 203

建築設備の概要

建築設備はあらゆる専門的知識をもとに、各専門的最先端の技術を取り入れて
日々発展する建築学の中の技術的分野である。

1 建築設備とは

1・1 建築設備の定義

　建築設備とは、「建築」を"かんじる"こと、そして"うごかす"ものである。建築基準法では、第一章総則（用語の定義）第二条三、建築設備の条項に、「建築物に設ける電気、ガス、給水、排水、換気、暖房、冷房、消火、排煙若しくは汚物処理の設備又は煙突、昇降機若しくは避雷針をいう。」と記されている（図1・1）。

図1・1　建築の中の建築設備

　建築設備は、図1・2のように**快適性・利便性・安全性・経済性**を満たすために、空調・換気、給排水・衛生、電力・情報の各設備が相互連携して我々の生活環境を良好に整えるものである（図1・3）。だから人間にとって設備は、必要不可欠な要素の一つであるといえる。

図1・2　建築設備の作用

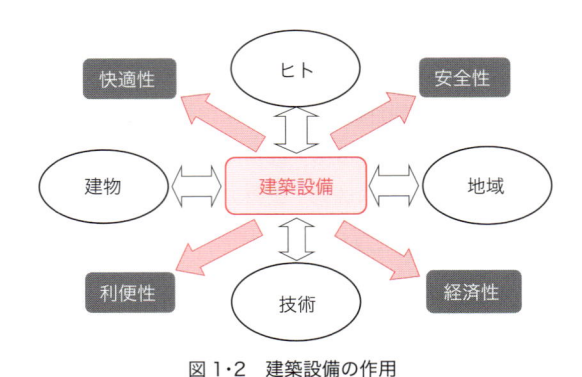

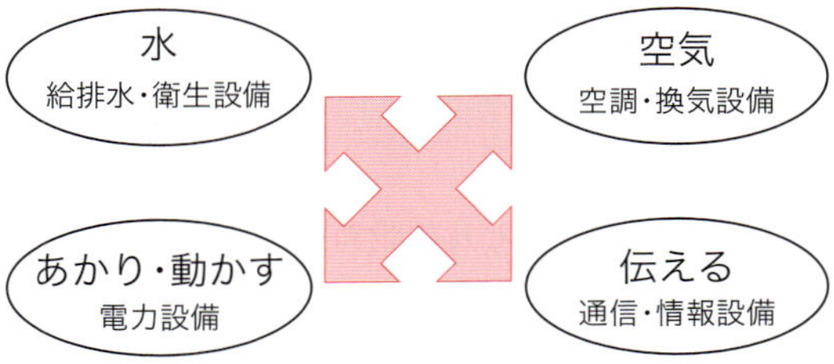

図1・3　建築設備の役割

1·2 建築設備の分類

建築設備を理解するには、わたくしたちの生活慣習と重ね合せれば容易に理解できるはずである。

建築設備を分類すると図1·4のようになる。

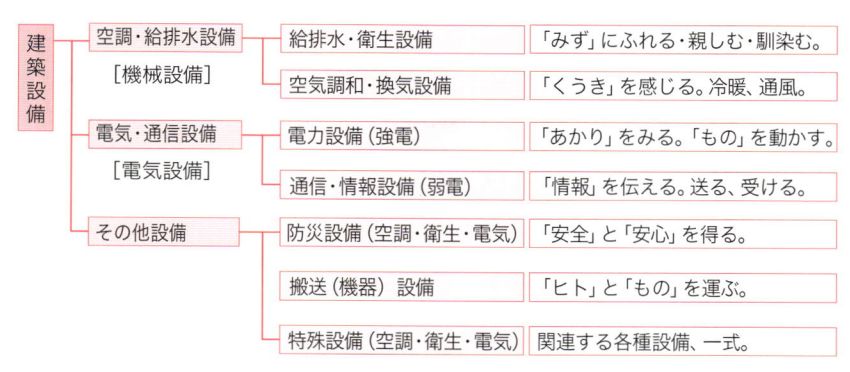

図1·4 建築設備の分類

1 給排水・衛生設備

給排水・衛生設備は生活において欠かせない水を建物の中へ供給し、排出する設備である。

大きくは給水、給湯、衛生器具、排水・通気等の各設備から構成される。また、排水処理、消火、ガス設備も含まれる（図1·5、表1·1）。

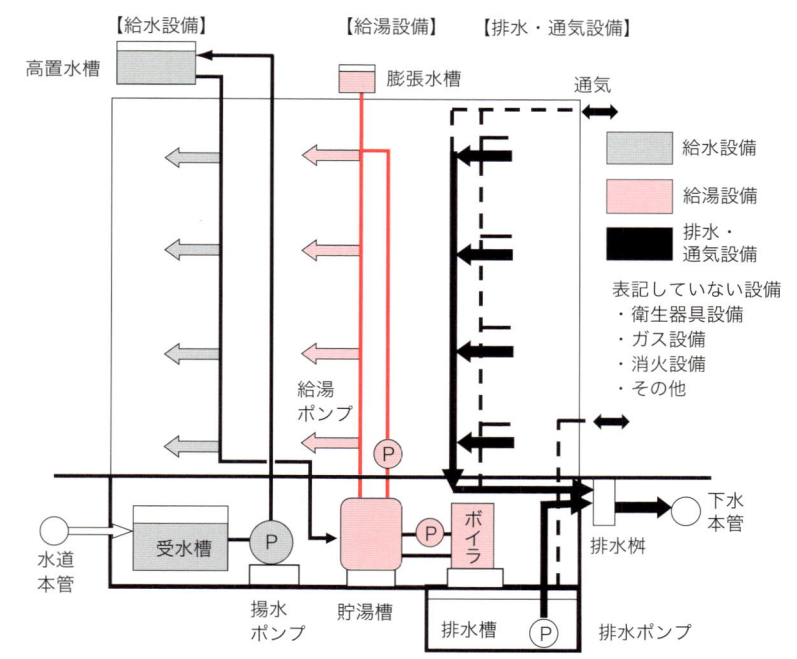

図1·5 給排水設備系統のしくみ

表1·1 給排水・衛生設備の項目と内容

設備項目	設備内容
給水設備	飲用・雑用水の供給。給水装置・配管
給湯設備	給湯機器・熱源・配管
衛生器具設備	衛生陶器・附属金具
排水通気設備	汚水・雑排水・通気。排水装置・器具・配管
汚水処理設備	浄化槽・雑用水製造・除害・廃液処理
消火設備	消火栓・スプリンクラー・泡・不燃ガス・粉末等
ガス設備	都市ガス・ＬＰＧ・配管等
厨房設備	厨房器具（流し・レンジ・フード・調理台等）
循環濾過設備	風呂・健康浴プール・水景等。濾過・昇温等
その他	洗濯設備・医療等特殊配管設備・他

2 空気調和・換気設備

空気調和は、空気を扱うということから、空気調和・換気設備と称されることが多い。また、「**空調設備**」とも呼ばれる。

空調・換気設備は、大きくは空気調和、換気、中央監視・自動制御、排煙設備から構成される（表1・2、図1・6）。

表1・2　空調・換気設備の分類と設備項目

設備項目	設備内容
冷温熱源設備	一次側熱源機器・ポンプ等の補機類
空調機設備	二次側機器（空調機・ファンコイルユニット等）
空調ダクト設備	空調ダクト・保温工事・吹出口・吸込口・ダンパー類
空調配管設備	冷・温水等配管及び弁類・保温工事等
自動制御設備	制御機器・制御盤・計装工事
中央監視設備	中央監視盤・リモートステーション
換気設備	送排風機・ダクト・吹出口・吸込口・ダンパー類
機械排煙設備	排煙機・ダクト・断熱工事・排煙操作装置他

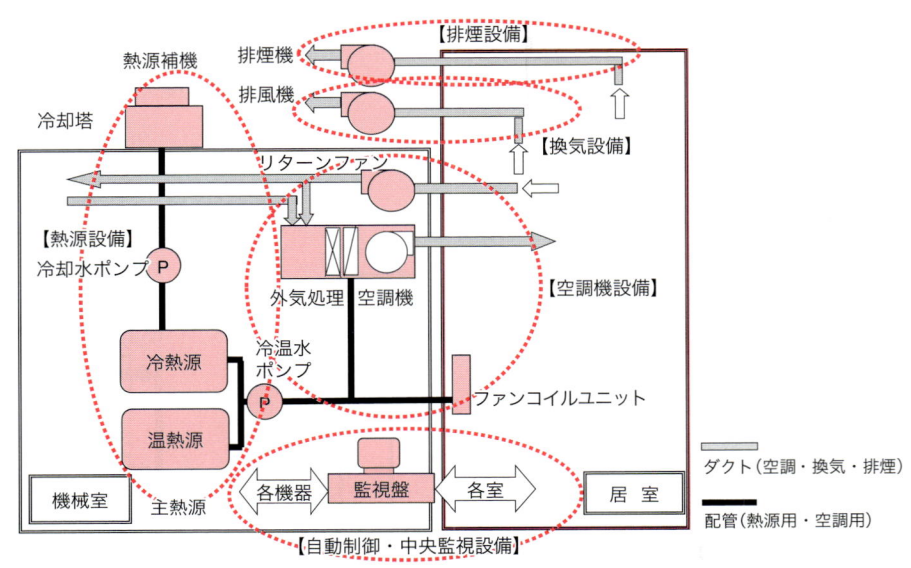

図1・6　中央式空調・換気設備のしくみ

3 電気設備

電気設備は大きく分けて、電力設備と通信情報設備に分類される（表1・3、図1・7）。

かつては、**強電・弱電**と呼称された。電力設備は、受電から始まり最終の電灯・コンセントに至るまでの設備をいう。一方、通信情報設備は、各設備が独立した形態で、必要性や法的要求により設備される。

表1・3　電気設備の分類

1. 電力設備	2. 通信・情報設備
・受電設備 ・変電設備 ・幹線設備 ・動力設備 ・電灯・照明・コンセント設備 ・非常電源設備 ・避雷設備	・電話設備 ・放送設備 ・共同聴視設備 ・インターホン設備 ・表示設備 ・管制設備 ・防災設備（自動火災警報） ・視聴覚設備 ・防犯・警備設備 ・その他

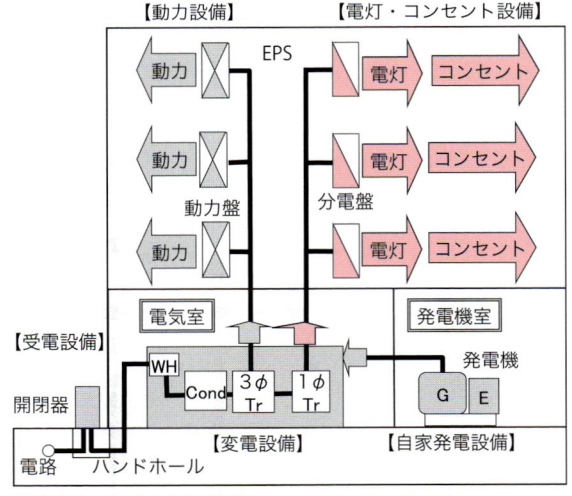

表記されていない電気設備
・避雷設備　　・通信・情報設備
・防災設備　　・その他

図1・7　ビル用電気設備のしくみ

2 建築設備の工費と手法

2・1 建築設備と工費

　建築設備の工事費は建物の種類によって図1・8のようになる。とりわけ病院では設備のウェイトが大きい。また、設備を構成する装置や機器類の寿命は建築本体・躯体の20〜60年に比し、5〜20年と極めて短いので、機器の更新が必要になってくる。

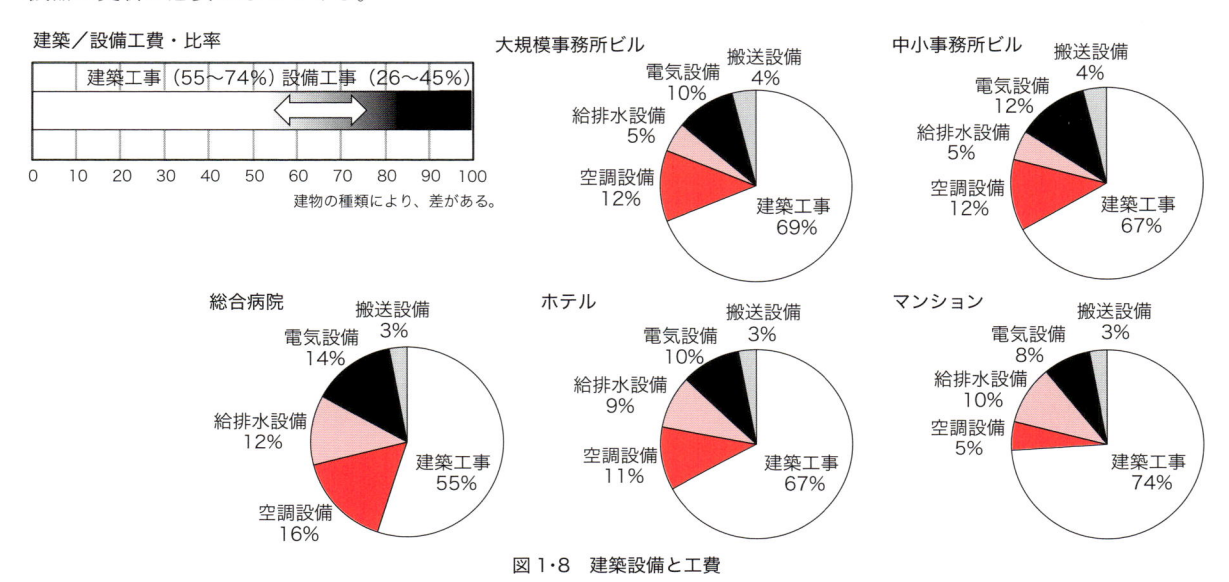

図1・8　建築設備と工費

2・2 パッシブ手法とアクティブ手法

1 パッシブ手法

　パッシブ手法とは自然のエネルギーを利用する手法をいう。建築計画では、伝統民家のようにその地域の自然環境が建物に与える**空気、熱、光、水、音**などを快適な室内環境のために受け入れ利用するとともに、一方では、遮ることが重要である。

伝統民家 (新潟県荻ノ島茅葺集落)

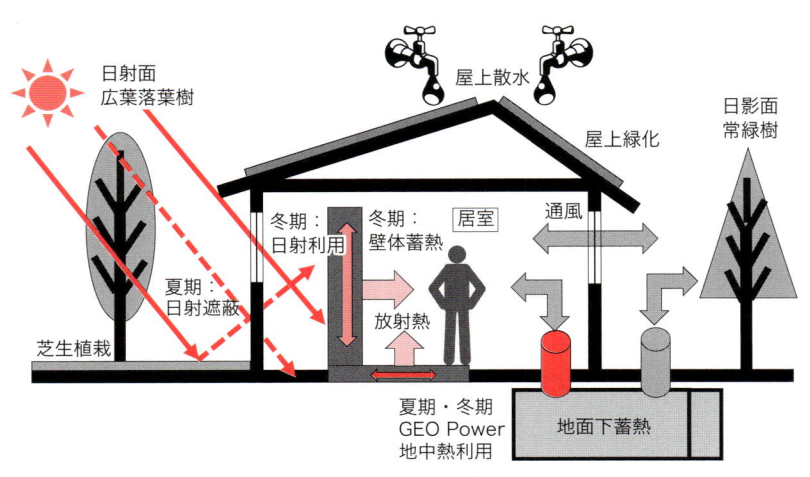

図1・9　パッシブ手法

> **Memo**　図1・9に示すようなパッシブ手法は、太陽光を窓ガラスから取り入れたり、太陽熱を蓄熱するレンガ壁を設け、放射熱を利用する太陽熱システムである。

2 アクティブ手法

　パッシブ手法の機械や設備をなるべく使わない手法に対して、アクティブ手法とは機械や設備に依存することにより、建物の省エネ化を図る方法である。

壁面ソーラーパネル
（法政大学小金井キャンパス）

Memo　図1・10のようにアクティブ手法は、太陽光発電、ヒートポンプ（heat pump）のほか、風力発電、地中熱利用がある。

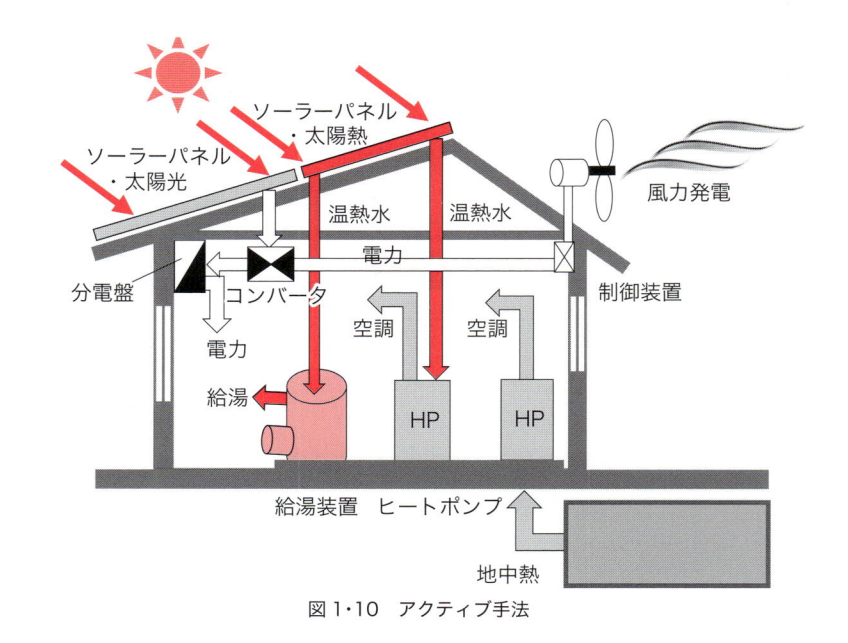

図1・10　アクティブ手法

3 アクティブ利用

　アクティブ利用は次のようなものがある。

■ 太陽光発電
太陽電池を用いて、太陽光を直接的に電力に変換して発電する。

■ 太陽熱発電
集熱器を用いて太陽光を熱に変換し、熱せられた空気や蒸気を用いてタービンを回して発電する。

■ 太陽熱温水器
集熱器を用いて太陽光を熱に変換し、加熱した空気や水を暖房や給湯に利用する（図1・11）。高温そのものを炉などに利用する場合もある。それぞれに特徴があり、地域や用途などによって使い分けられる。

図1・11　太陽熱温水コレクター（千葉県我孫子）

■ ソーラーヒートポンプ
低沸点の冷媒を蒸発させて動力として利用し、ヒートポンプを駆動して冷暖房などに用いる。

■ ソーラーウォール
建物の外壁に集熱器を取り付け、暖房や換気などに利用する。構造が単純なのが特徴。

■ ソーラーハウス
上記のソーラーシステムなどを用いた住宅を指す。

3 建築設備の歴史

給排水設備の歴史

1 給水設備の歴史

　世界の４大文明の発祥地は、すべて「河川」すなわち「水」が関係している。日本でも同様に水の豊富な、河口や河川流域に集落の痕跡が数多く発掘されている。このことからも分かるように、「水」は人間生活にとって、なくてはならないものである。水を得るために我々の先祖は多大な努力をしてきた。その考えは今の「給排水・衛生設備」の原点として受け継がれている。

　かつては図1・12のように、「水源」を神として祭り、尊重し、直接生活用水としていたが、江戸時代には人口の増加がみられると次第に水路や水道の発達がみられる。東京でいえば、玉川上水（図1・13）がこれに該当し、図1・14のような木管、または陶器製水路をもって各所に供給されてきた。

　世界においても歴史ははるかに古いが、ローマ時代の水道橋（図1・15）や水路は有名である。

　給排水設備の英語表現は、plumbing というが、元素記号で表される鉛（pb）であり、水道管に鉛を使用したものの名残であるとされる。

　江戸時代の住宅の給水設備関係は図1・16のような施設があった。

図1・12　水源・湧水と井戸（左：岐阜県郡上八幡、右：山口県柳井市）

図1・13　江戸時代の上水、玉川上水（東京都小金井市）

台所流し

かまど

図1・14　給水路（埋設木管路）

浴室（浴槽）

図1・15　ローマ時代の水道橋

手水鉢（手洗器）

図1・16　江戸時代の住宅設備

② 排水設備の歴史

　江戸時代から近世まで汚水（屎尿）は、近郷の農家が作物の「肥料」として買い入れ、これを「肥溜め」といわれる地中タンクで発酵無害化、いわば**コンポスト**化し、作物に与えて収穫物を町に売り歩いたとされている（図1·17）。一方、図1·18 〜 19 のように、町家や長屋に代表される住居からの生活排水は、いわゆる「ドブ（溝）」を経由して放流された。

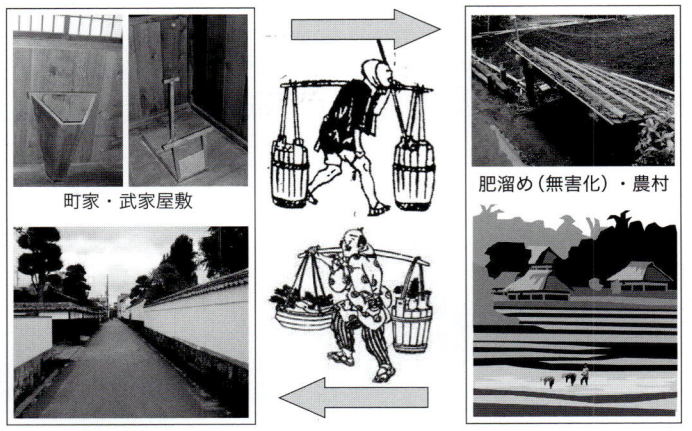
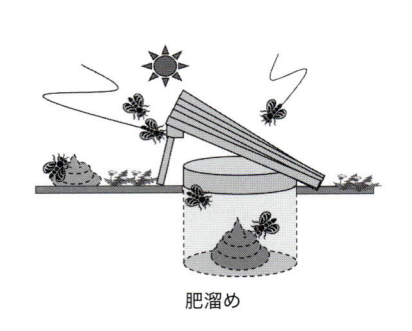

町家・武家屋敷

肥溜め（無害化）・農村

肥溜め

図1·17　江戸時代のリサイクル

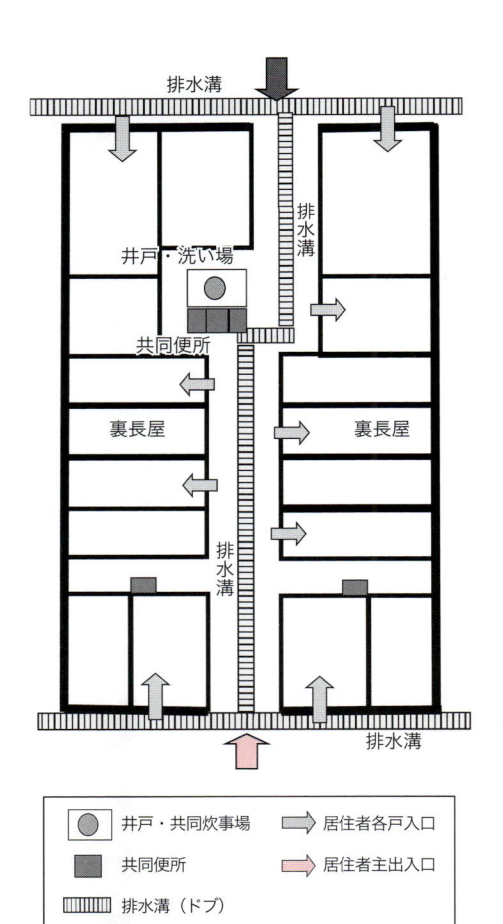

○ 井戸・共同炊事場	⇨ 居住者各戸入口
■ 共同便所	⇨ 居住者主出入口
▨ 排水溝（ドブ）	

排水溝

排水溝

井戸・洗い場

共同便所

裏長屋　　裏長屋

排水溝

排水溝

図1·18　江戸時代の共同住宅（長屋）の給排水設備

　明治・大正期頃には、浄化槽の発達がみられるが、未設置のいわば「汲取り便所」からの汚水の搬送方法は、昭和中期ごろまで人力から馬車、鉄道、自動車にかわり、処理する先も、田畑への肥料から海洋投棄、汚水処理場での無害化放流になり、現在は公共下水道から処理施設を経由して放流されている。

　図1·18 に示すように、江戸時代では井戸端に排水溝と便所が接近していた。これは衛生上問題があったことであろう。

図1·19　町家の排水路（宮崎県日南市）

1 冷房設備の歴史

　機器・装置としての冷房設備の歴史は、諸説あるもののアメリカの紡績工場での生産管理から飛躍的に発達したものとされる。分類上は産業（工業）用の空調である。「ヒト」を対象としたものの歴史は、**気化熱**と**通風**の組合せで涼を得ている。紀元前エジプト地方での素焼きの甕と通風による「**冷感冷房**」が知られている（図1・20）。

　日本の冷房の歴史もまた、水の蒸発による冷却効果と通風効果に依存している。例えば商家の店先の散水、屋形船による納涼船、京都の川床は、見た目の清涼感だけでなく、**蒸発潜熱**と通風による**体感温度**の低下が得られる（図1・21、表1・4）。

　水による納涼感覚は、水景における流れや噴水、滝壺での**誘引風**などによるものの他、水の粒子がぶつかり合うときに発生する、**マイナスイオン**（ネガティブイオン）による清涼効果（**レナード効果**）を得ることができる。

　マイナスイオンの量の実測値で、都市部では400個/cm³、郊外では1,500～1,600個/cm³が計測された。特に水場ではその増加は著しく、滝つぼ部では11,000個/cm³、都市の水景（噴水、流れ等）では2,000～4,500個/cm³が計測された。

団扇で風を起こし、甕の中の水を蒸発させてその周辺の空気の熱を奪い、涼しく感じる。日常の生活で、注射のとき皮膚にアルコール綿で消毒すると、皮膚の熱を奪い、冷やっとする感覚と同じ原理である。

図1・20　古代の水の蒸発による冷却

表1・4 自然を利用した冷感覚

手法	冷感と体感効果の目安	主な要因
打水、池、流れ	1～3℃低下	蒸発潜熱
滝、噴水	3～8℃低下	蒸発潜熱・誘引風・体感
氷柱	3～5℃低下	融解熱・蒸発潜熱・放射
自然通風	3～5℃低下	体感
屋根面熱溜り排熱	2～4℃低下	放射熱排除
屋根面撒水	2～3℃低下	壁体冷却放射

・1L、20℃　・水の蒸発潜熱：約585kcal/kg≒2450kJ/kg
・夏期条件（日本）：30～34℃／60～80％程度の条件
・低下する温度は、状況により変動要素がある。
・地中温度は一定深度で年間約15℃なので、利用可能である。

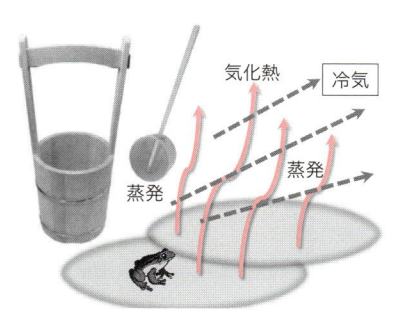

打ち水

川床（京都・貴船）

浮世絵に描かれた屋形船

図1・21　日本古来の冷房

2 暖房設備の歴史

　日本は比較的温暖であるとはいえ、南北に長く四季があるため、食物の煮炊きとあかりを兼ねた暖房設備が用いられてきた。原始的な焚火から囲炉裏（いろり）へ、それから火鉢（ひばち）へと移行する（図1・22）。

　燃料は、薪木から炭へと変遷するが、暖房方式は点熱源（thermal point source）の**直接暖房**である。現代の表現でいえば、全域を指すアンビエント（ambient）域（周辺領域）でなく、タスク（task）域（作業領域）のポイントへの暖房である。外国の寒冷地での暖房には、同じ直接暖房の暖炉、**放射暖房**のオンドル、カン、ペーチカなどがある（表1・5、図1・23〜24）。

表1・5　世界各国・地域の伝統暖房設備

暖房器具	暖房の種類	暖房方式	配置
日本	囲炉裏・火鉢・こたつ	直火・点火源	室内床置き
北欧等	暖炉	直火・点火源	壁面
韓国・朝鮮半島	オンドル（温突）	放射暖房	床面全域
中国大陸	カン（炕）	放射暖房	床面一部
中国東北部、ロシア	ペーチカ	放射暖房	壁面（片面）

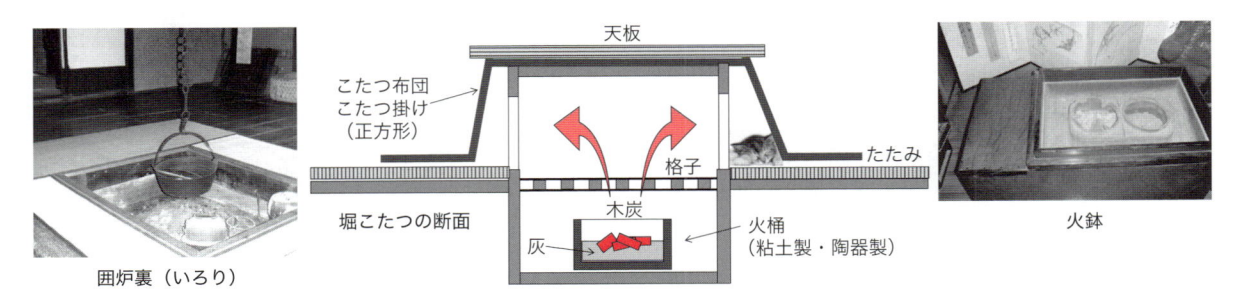

囲炉裏（いろり）

図1・22　日本の伝統暖房設備（囲炉裏・火鉢・こたつ）

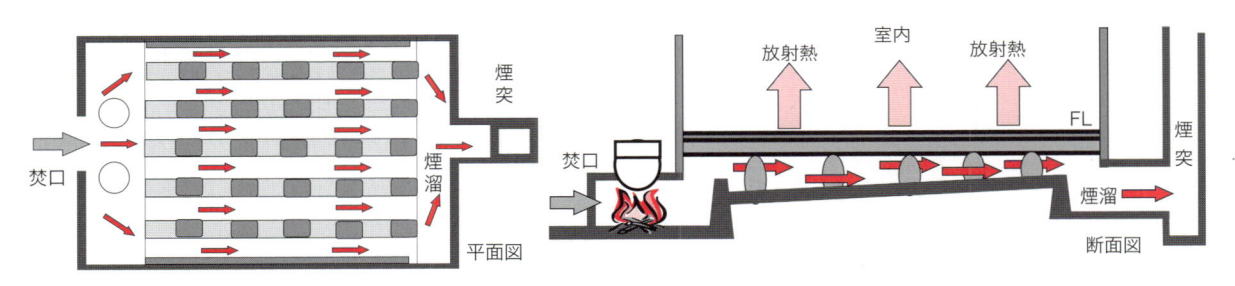

図1・23　韓国の伝統暖房設備（オンドル）

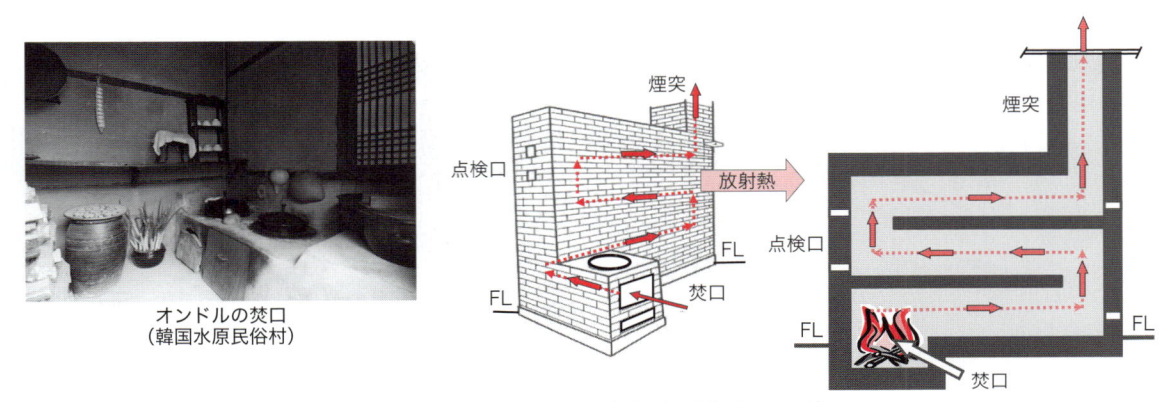

オンドルの焚口
（韓国水原民俗村）

図1・24　中国東北部・ヨーロッパの伝統暖房設備（ペーチカ）

3 換気設備の歴史

日本の家屋は元々、縄文期の竪穴住居から発展したものとされる。竪穴住居の中央部では、焚火を暖房、煮炊き、あかりの用途に用いたため、その煙出し・換気が必要であった。そのため、建物自体の通気性に加え、棟、軒、妻部から気抜きにより「重力式自然換気」がなされている（**chapter 3** **7・3** 参照）。

建物の間仕切上部には、欄間により各室への通風を確保している（図1・25）。このように、古民家では、当時は新建材によるVOC*の害を差引いても現行建築基準法でいう**24時間換気**の必要性はなく、それがおのずから形成されている。

伝統民家の屋根には煙出しという換気口があり、囲炉裏からの煙をだす。また、室内には欄間が換気の役割をする。

京都の町家にみられる格子に組んだ建具は、通風を得ることで冷感効果を増す。

煙出し（岩手県遠野市千葉家）

欄間

格子に組んだ建具（京都市）

図1・25　古民家の換気手法

3・3　電気・照明設備の歴史

電気の活用は比較的新しい。電気により人々は、照明、動力、熱、通信と計り知れない恩恵を受けている。電気が発明されるまでは、照明は火、動力は人力・畜力・風力・水力、熱は燃料による火力、通信は、音響、光、煙による伝達であった。

寺院や高級な住居では反射光が室内の奥まで届くための工夫でもある。箒目（ほうきめ）をつけた白砂や、白砂利敷が散見される。これは図1・26のように直射光は軒の出を通過して床面に反射し、部屋の奥まで照らすが、同じように庭の白砂に当たった直射光は天井に反射し、部屋の奥まで照らす。

障子や格子は、室内のプライバシー保護とともに、光の軟らかい拡散や直射日光の遮蔽に効果がある。

白砂の箒目（鎌倉明月院の庭）

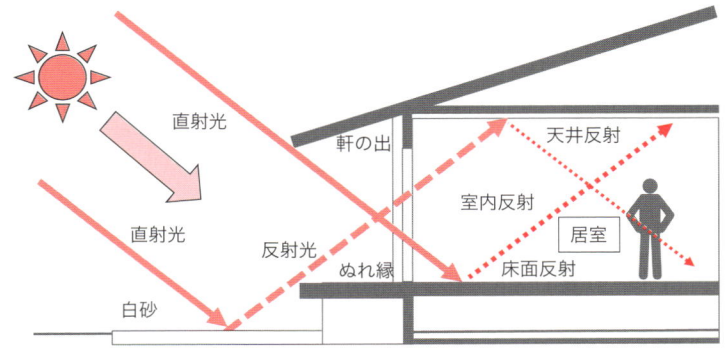
図1・26　自然照明

---

* VOC（volatile organic compound）：揮発性有機化合物の総称。大気汚染や土壌汚染の原因となる物質も多く、住居用の接着剤に含まれる有機溶剤などが室内空気汚染物質として問題になっている。

江戸時代の照明の消費量は現在より多い。コストは表1・6のようにかなりの出費があったことがみられる。現在では、安価な電力を用いることで、低コストで十分な照度が得られるようになった。現代までの照明の変遷を図1・27に示す。

　街路樹の根元に白色塗料を塗り、街路灯の代替にしているのを、中国やエジプト等の農村部や地方都市でいまだによく見かける（図1・28）。

表1・6　照明消費量の比較

項目	江戸期・6畳(約10m²)の町屋	現代・10m²級アパート
エネルギー	あかり用植物油	照明用電力
平均点灯時間	18：00〜21：00 （3〜4h/day）	17：30〜0：30 （6〜8h/day）
日平均消費量	油：60mL/day（5勺/day）	電力：2.5kWh/day
年平均消費量	21.9L年（菜種油）	915kWh/年（電力）
年間換算コスト	36,000〜70,000円/年	23,000円/年
備考	5勺：10文≒100円強 年間：灯油缶で1.5缶	照明電力：約10W/m² 電力単価：約24.5円/kWh

図1・28　街路灯代替
(中国の農村・地方都市)

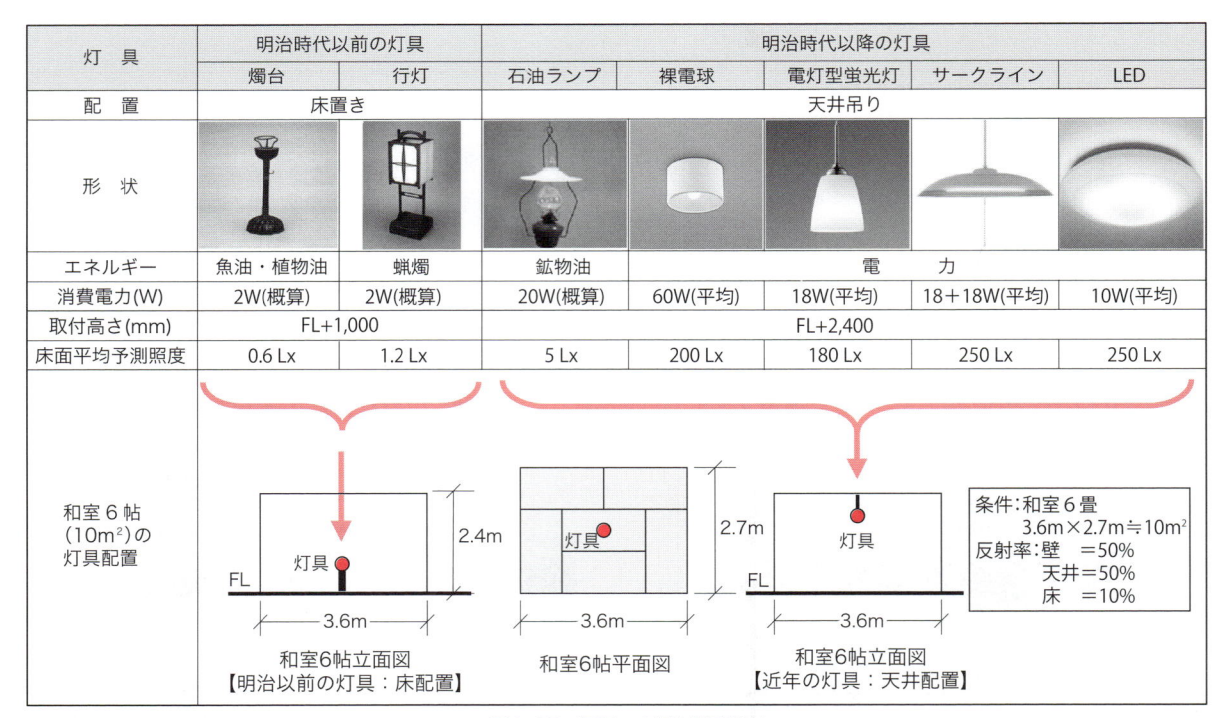

灯　具	明治時代以前の灯具		明治時代以降の灯具				
	燭台	行灯	石油ランプ	裸電球	電灯型蛍光灯	サークライン	LED
配　置	床置き		天井吊り				
形　状							
エネルギー	魚油・植物油	蝋燭	鉱物油	電　　　力			
消費電力(W)	2W(概算)	2W(概算)	20W(概算)	60W(平均)	18W(平均)	18+18W(平均)	10W(平均)
取付高さ(mm)	FL+1,000		FL+2,400				
床面平均予測照度	0.6 Lx	1.2 Lx	5 Lx	200 Lx	180 Lx	250 Lx	250 Lx

和室6帖（10m²）の灯具配置

和室6帖立面図【明治以前の灯具：床配置】　2.4m　3.6m　灯具　FL

和室6帖平面図　3.6m　灯具

和室6帖立面図【近年の灯具：天井配置】　2.7m　3.6m　灯具　FL

条件：和室6畳
　3.6m×2.7m≒10m²
反射率：壁　＝50%
　　　　天井＝50%
　　　　床　＝10%

図1・27　照明の変遷と照度比較

4・1 建物の部位

1 ペントハウス

　建物の屋上に突き出して設けられた階、あるいは屋上に設けた簡単な造りの小屋をいい、**塔屋**、**塔屋階**、**屋上階**とも呼ばれる（図1・29）。ここにはエレベーターなどの機械室、屋上への階段室、換気装置、給水タンク置き場などに利用される。

　また、屋上には外壁に沿って立ち上げた腰壁を**パラペット**というが、設備の配管、墜落防止、防水効果を高めるために取り付けられるもので、「**胸壁**」とも呼ばれている（図1・30）。

図1・29　ペントハウス(円の部分)
（法政大学小金井キャンパス）

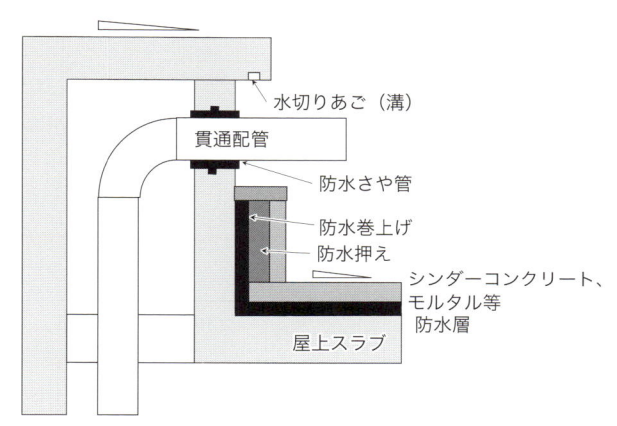

図1・30　パラペットの仕上げ
屋上床抜き配管（現場施工）

2 ハト小屋

　屋内からの配管が屋根面へ出るために必要な立ち上がり部分をいう（図1・31）。形がハトの小屋に似ていることからハト小屋と呼ばれるようになった。空調屋外機などを屋上に設置する場合、ある程度の高さが必要であり、雨水の浸入を防ぐための屋根が必要である。

壁抜き型の現場施工例(円の部分)

床抜きユニット型の施工例

図1・31　ハト小屋

3 ドライエリア

主に地下室の環境を改善するための空間で、採光・防湿・通風・閉塞感などの解消・避難経路の確保などのために設けられる（図1・32）。

地下室にはドライエリアとそれに面した開口部を設けることで、災害時の避難のしやすさが大いに向上し、安全性が高まる。また、屋外に直接つながった避難・救出の経路が確保され、設備機器の搬入、搬出の用にも供することができる。

図1・32　ドライエリア

4 コアシステム

コアは核、中心を意味し、オフィスビルなどで、階段、エレベーターホール、トイレなどの共用施設や設備スペースを建物各階の一定の位置に集中して配置することが多い（図1・33）。住宅などでも、水廻りなどを集中させた平面計画をコアシステムと呼ぶ。

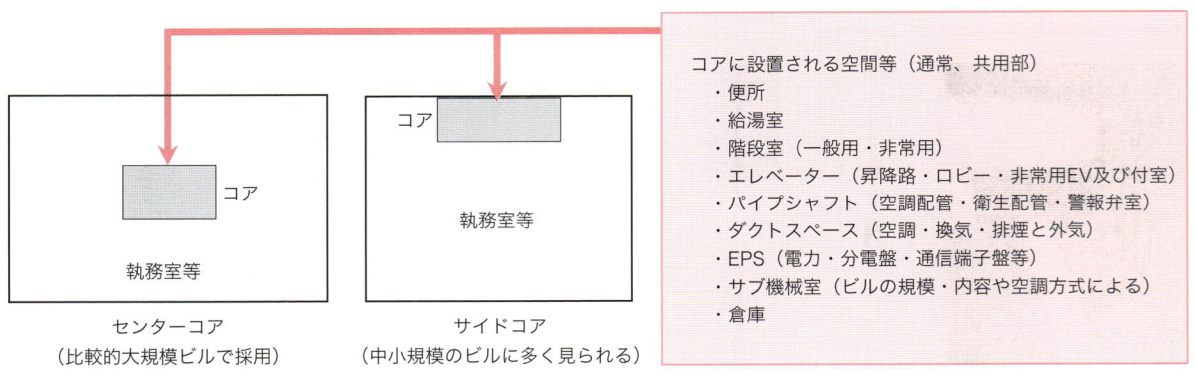

センターコア
（比較的大規模ビルで採用）

サイドコア
（中小規模のビルに多く見られる）

コアに設置される空間等（通常、共用部）
- 便所
- 給湯室
- 階段室（一般用・非常用）
- エレベーター（昇降路・ロビー・非常用EV及び付室）
- パイプシャフト（空調配管・衛生配管・警報弁室）
- ダクトスペース（空調・換気・排煙と外気）
- EPS（電力・分電盤・通信端子盤等）
- サブ機械室（ビルの規模・内容や空調方式による）
- 倉庫

図1・33　コアシステム

中庭を利用したコアシステムでは、透明な階段室、エレベーターホールが集中配置されている（図1・34）。

図1・34　中庭を利用したコアシステム

5 パイプスペース

　複数階建ての建築物で、給排水・空調などの配管を集中的に納め、各階を貫通して設けられる共用タテ管を通すための空間を指す（図1・35〜37）。給排水設備では給・排水、通気、給湯、ガス管類を共用タテ管に集める。

　水平に配置されるパイプスペースは通常、スラブ下（天井内）に設備される。また、横引きの排水管は自然に排水されるように勾配を付けなければならない。

　電気関係諸室の天井には配管を通してはならないが、万一、下階が該当したときは、**二重スラブ**にして、床下空間を確保する場合もある。

　マンションや、ホテルのバスルームでは、所有権や騒音の対策のほか、下階への水損を防止する必要上、「**床下スラブ上配管**」とするべきである。

> **Memo**　縦方向に配管やダクトが通すスペースを、パイプシャフト、ダクトシャフトという。
> ・パイプシャフト「PS」：間取り図などではパイプ（pipe）＋上下に細長く貫通した空間、シャフト（shaft）を「PS」と略す。
> ・ダクトシャフト「DS」：Duct Shaft の略。
> ・電気幹線シャフト「EPS」：Electric Pipe Shaft の略。
> ・「PS」「DS」と「EPS」は一緒にしてはならない。

図1・35　パイプシャフトの中の各種パイプ

図1・36　EPS（電気幹線シャフト）の外観

図1・37　屋上に置かれた空調設備機器と配管
（法政大学小金井キャンパス）

6 機械室

　機械室は一般に設備の機械が入る部屋をいう（図1・38）。空調設備の機械が入れば**空調機械室**といい、電気設備が入れば**電気室**である。エレベーターの最上部には、**エレベーター機械室**が設けられる。

図1・38　機械室（法政大学小金井キャンパス）

> ✏️**Memo**　空調機械室の規模は、延べ面積の5%を目安にして計画する。延べ面積が2,000m^{2}ならば、100m^{2}の空調機用機械室を設ける。あとは、地下にまとめるのか、各階に分散するかである。

4・2　建築設備の空間構成

1 スケルトン・インフィル（SI：Skeleton Infill）

　スケルトンは骨組み、構造体のこと。内部の設備や内装部分をインフィルという（図1・39）。スケルトンに対して内部の間仕切り、設備部分は施主が自由に変更可能である。すなわち、スケルトンを分譲し、購入者が自由に間取りや内装を決めることも可能である。

　最近では耐久性の高いスケルトンと、住まい手のライフスタイルの変化に応じて容易にリニューアルできる**SI住宅**もある。また、時代の変化に対応でき、社会的に長持ちできるスケルトン・インフィル型分譲マンションが見かけられるようになった。

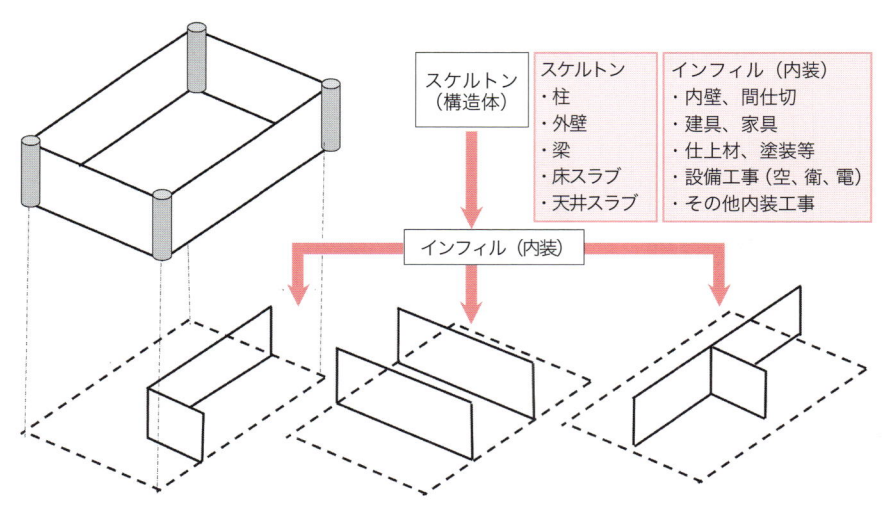

図1・39　スケルトン・インフィルのイメージ

> ✏️**Memo**　スケルトン・インフィル手法は設備の更新やリフォームのリスクをかなり減らすことができる。すなわち、サスティナブルな建築を目指し、膨大な環境負荷を防ぐことになる。

2 透明建築の設備

　スチールとガラスを使う「透明建築」は、他の建材を使用した空間とは異なり、建築的にも設備的にも、必然的に日射、外気温度等、外部の影響を直接かつ多大に受ける室内環境としての特徴を持つ（図1・40 ～ 41）。この空間は、アメニティ的な要素が主であり、居住や執務空間としての利用形態はさほど多くなく、外部空間と室内空間との**緩衝空間**、いわば「渡りの空間」として位置付けられる事例が多い。

　素材の持つ特性から、高天井、広面積を有する大空間を構成するものが非常に多い。

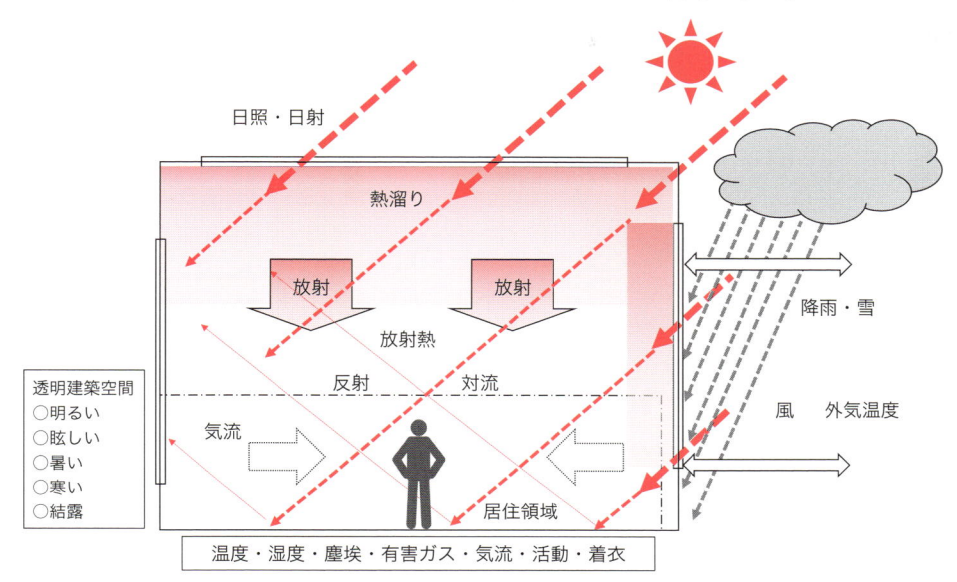

図1・40　透明建築の温熱環境要素

📝**Memo**　・透明建築は一般的に大空間が多く、空調によって快適にしようとすると、イニシャル・ランニングコスト＊の面で大きな負担がある。
・今後、透明建築の熱負荷に対する新しい手法が必要となる。

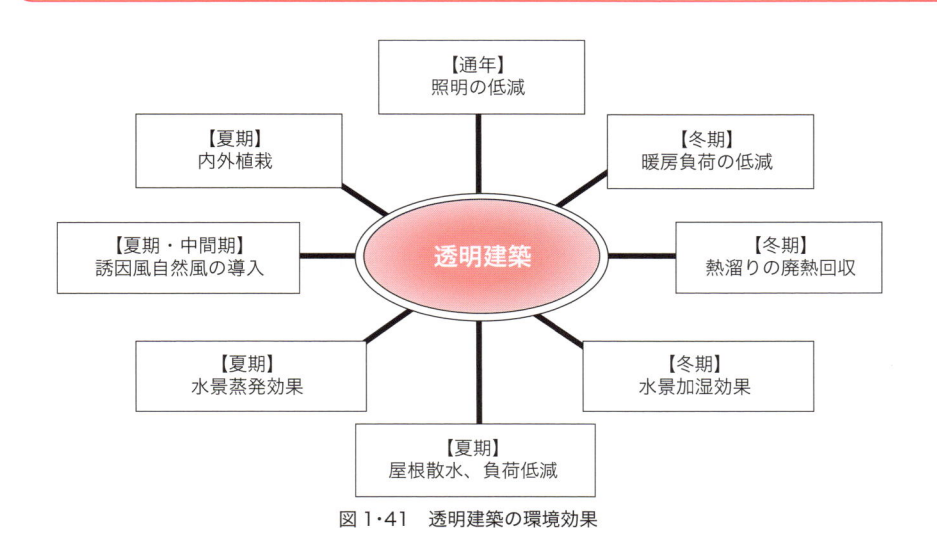

図1・41　透明建築の環境効果

＊イニシャルコストとは設備や機械を新規に導入するときに必要になる初期費用をいう。一方、ランニングコストは稼働後にかかるエネルギー消費、維持・管理のために発生する費用のこと。

3 ペリメータゾーン・インテリアゾーン

　ペリメータゾーンは建築の平面で、**外部からの熱的影響を受けやすい部分**である。インテリアゾーンは内部ゾーンともいい、外部からの熱的影響を受けない空調室内領域である（図1·42）。いわゆる、古民家における縁側はペリメータゾーンであり、畳部屋はインテリアゾーンである（図1·43）。

図1·43　古民家のペリメータゾーン（縁側）と
インテリアゾーン（畳部屋）

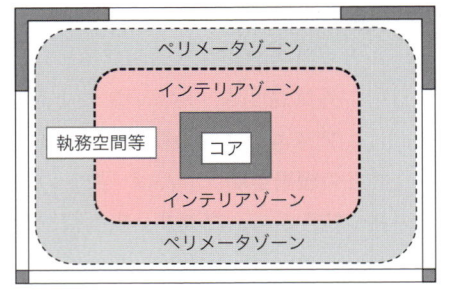

ペリメータゾーンは、概ね3〜5mとされるが、
アンビエント（全体）領域の場合、境界は曖昧でよい。

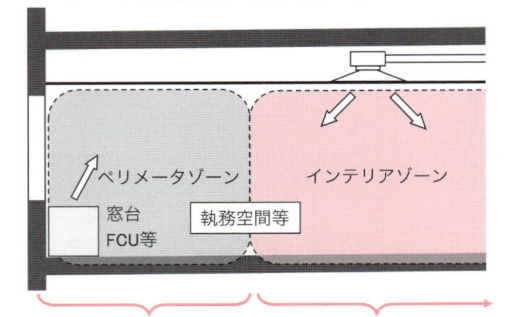

概ね3〜5mとされる　　次のペリメータゾーンまで

図1·42　ペリメータゾーンとインテリアゾーン

「単位」でわかる用語の定義

　日常使用している数値には、割合（パーセンテージ）を少数で表すとき（例50% = 0.5）を除き、必ず数値の次に、「単位」が来て、ものの大小を表現している。

　ところが、「血圧140（= 140mmHg）」、「速度50キロ（= 50km/h）」というように、慣習的に単位の全部または一部を省略することがある。紛らわしいのは、「100mmの雨」という表現は雨が、「1時間に100mmすなわち、危機的豪雨」のことなのか、例えば、降り始めから、丸1日かけて降った雨量の集積なのかで大きく違ってくる。このように単位を間違えば、大きな誤差になる。

　単位の重要性は、まだある。「単位」を覚えると、その用語の定義を理解できる。例えば、熱貫流率について、単位は（W/m²·K）であるが、これを言葉でいうと「1m²の壁体に、温度差1K（℃）当たりに通過する熱量（W）」で、まさに熱貫流率のことである。

　また、負荷計算の式で、$q(W) = A(m^2) \times K(W/m^2 \cdot K) \times \varDelta t(K)$ の、右辺にある（　）内の単位、m²とKを消去していくと、最後には両辺の単位に（W）が残り、左辺と同じディメンションになる。このように、「単位」**は定義を表現**し、数値の大小や、構成する**式の正当性を確認**するうえで絶対必要不可欠なものである。

　一方、単位にはアルファベットが使用されるが、大文字と小文字の表現、例えば絶対温度K（ケルビン）「大文字」と、10^3を表すk（キロ）「小文字」のようなものがある。その区別は、ケルビンという単位は、イギリスの物理学者、ケルビン卿すなわち、**人名からとった単位だから大文字**である。同じように、圧力:Pa(パスカル)、熱量·電力:W（ワット）、力:N（ニュートン）、電圧:V（ボルト）、電流:A（アンペア）、エネルギー量:J（ジュール）なども人名である。ただ、例外的に10^6を表すM（メガ）や、10^9のG（ギガ）は大文字標記であるが、小文字にすると、m（メートル）や、g（グラム）との混同を避けたのだと考えればよい。

4・3 建築設備の単位

現在、単位は**国際単位系(SI)**に統一されている(表1・7〜8)。SIは従来のメートル法を、よりシンプルで合理的なものにするため、1960年に国際的に決められた。日本では、SI単位に切り替えるための猶予期間があったが、1999年ごろからすべてSI単位を使用することになった。

日常生活においては、伝統的な単位についても完全に無視することはできない。なぜなら単位は文化と密接に関わっているからである。

SI単位で用いる接頭語

量	記号	呼称
10^{18}	E	エクサ
10^{15}	P	ペタ
10^{12}	T	テラ
10^{9}	G	ギガ
10^{6}	M	メガ
10^{3}	k	キロ
10^{2}	h	ヘクト
10^{1}	da	デカ
10^{-1}	d	デシ
10^{-2}	c	センチ
10^{-3}	m	ミリ
10^{-6}	μ	マイクロ
10^{-9}	n	ナノ
10^{-12}	p	ピコ
10^{-15}	f	フェムト
10^{-18}	a	アト

表1・7 SI単位

SI単位の基本

内容	記号	呼称
長さ	m	メートル
質量	kg	キログラム
時間	s	秒
電流	A	アンペア
温度	K	ケルビン
物質量	mol	モル
光度	cd	カンデラ

SI単位と共用単位

名称	記号	呼称
分	min	1min＝60sec
時	h	1 h＝60min＝3,600sec
日	d	1 d＝24 h＝1,440min＝86,400sec
度	°	$1°＝(\pi/180)\text{rad}$
分	'	$1'＝(1/60)°＝(\pi/10,800)\text{rad}$
秒	"	$1"＝(1/60)'＝(\pi/648,000)\text{rad}$
リットル	L	$1L＝10^{-3}m^3$
トン	t	$1 t＝10^3Kg$

表1・8 建築設備の単位

項目	通常使用記号	SI単位	解説	従来単位	換算
比重量・密度	ρ	kg/m^3	容積 $1m^3$ 当たりの重量 水 ：1,000kg/m^3 空気：1.2kg/m^3	kgf/m^3	$1kgf/m^3＝9.8N/m^3$
圧力	P	Pa	98Pa≒0.1MPa (俗称：圧力1キロ＝1kgf/cm^2 ≒0.1MPa) 1 kg＝9.8N	kgf/m^2	$1kgf/m^2＝9.8Pa$
				kgf/cm^2	$1mmAq＝1kgf/cm^2＝98kPa$
				mmAq、mmHg、mb	1mb＝100Pa＝1hPa 1mmHg＝13.59kgf/m^2≒133.15Pa
比熱	C	kJ/kg・K	物質 1kgを1K(℃)上昇させるのに要する熱量	kcal/kgf・℃	1kcal/kgf・℃＝4.186kJ/kg・K ≒4.2kJ/kg・K
熱量	q	J	物体間を伝わる熱	kcal	1kcal＝4.186kJ≒4.2kJ
熱流	q	W	物体を通る熱量 q＝A×K×⊿t	kcal/h	1kcal/h＝1.163W または、 1kW＝860kcal/h (A: 面積、K: 熱貫流率 (W/m^2・K)、⊿t: 温度差)
熱貫流率 熱伝達率	K α	(伝熱係数) W/m^2・K	建築躯体等における熱の通りやすさを示す度合	kcal/m^2・h・℃	1kcal/m^2・h・℃＝ 1.163W/m^2・K
熱貫流抵抗 熱伝達抵抗	R r	m^2・K/W	・建築躯体等における熱の通りにくさを示す度合 ・熱貫流率の逆数	m^2・h・℃/kcal	1m^2・h・℃/kcal＝0.86 m^2・K/W
熱伝導率	λ	W/m・K	建築材料等における熱の通りやすさを示す度合	kcal/m・h・℃	1kcal/m・h・℃＝ 1.163W/m・K
熱伝導抵抗	$1/\lambda$	m・K/W	・建築材料等における熱の通りにくさを示す度合 ・熱伝導率の逆数	m・h・℃/kcal	1m・h・℃/kcal＝0.86 m・K/W
比エンタルピー	h	kJ/kg（DA)	空気の持つ全熱量 ＝顕熱量＋潜熱量	kcal/kgf	1kcal/kgf＝4.186kJ/kg≒4.2kJ/kg

給排水・衛生設備

給排水・衛生設備は、我々の日常生活の中で水を使うために、
建物中へ水を供給し、使った水を排出するために必要な機器である。

1 給排水・衛生設備の定義

　給排水設備の"はじまり"は、水の供給である。「飲用適」の水質は水道法により規制されている（表2・1）。
給排水設備は、衛生設備と併記されているように、常に衛生的な水供給と、使用した水の排出が要求される。水
源から建物までの水の供給経路を図2・1に、建物内の水の流れを図2・4に示す。

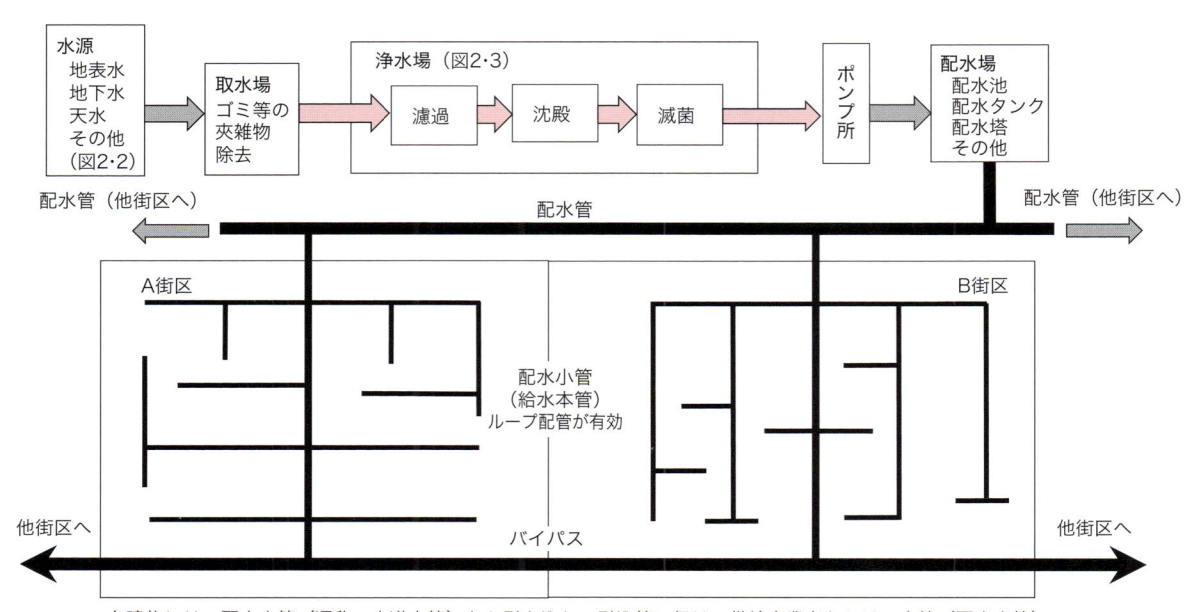

各建物には、配水小管（通称：水道本管）から引き込む。引込管口径は、供給事業者からは、本管（配水小管）
の2サイズダウン以内と指導される。

図2・1 水源から建物までの水の供給経路

図2・2　東京都の水源、多摩湖
（埼玉県所沢市）

図2・3　多摩湖から送水された浄水場
（東京都武蔵野市）

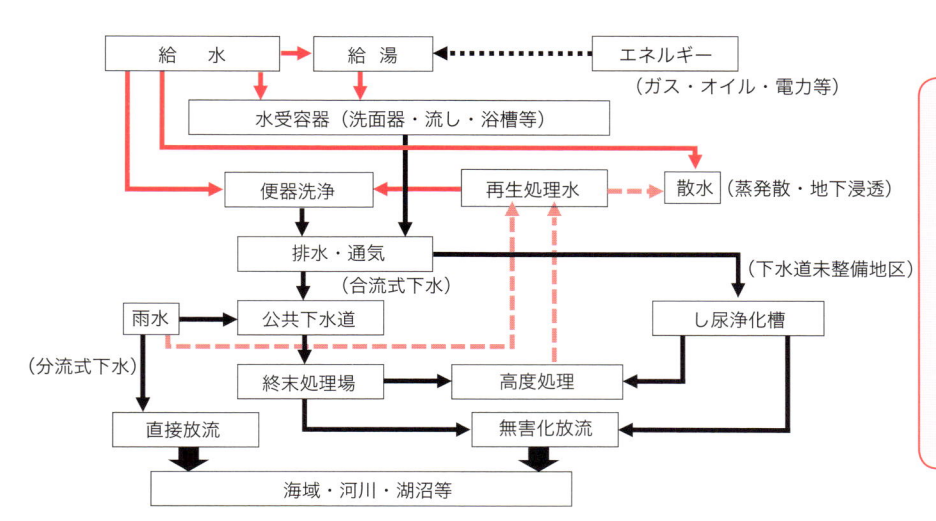

図2・4　給排水・衛生設備の概念図（建物における水の流れ）

Memo　水がかなり豊富である日本の水源は通常、河川、湖沼等の表面水と、伏流水、井戸に代表される地下水から得られる。離島などでは、降雨利用の天水による場合もあるが、これは特殊な例である。

表2・1　水道法による水質基準の規制値

項目	基準	項目	基準
一般細菌	1ml の検水で形成される集落数が 100 以下	総トリハロメタン	0.1mg/L 以下
大腸菌	検出されないこと	トリクロロ酢酸	0.03mg/L 以下
カドミウムおよびその化合物	カドミウムの量に関して、0.003mg/L 以下	ブロモジクロロメタン	0.03mg/L 以下
水銀およびその化合物	水銀の量に関して、0.0005mg/L 以下	ブロモホルム	0.09mg/L 以下
セレンおよびその化合物	セレンの量に関して、0.01mg/L 以下	ホルムアルデヒド	0.08mg/L 以下
鉛およびその化合物	鉛の量に関して、0.01mg/L 以下	亜鉛およびその化合物	亜鉛の量に関して、1.0mg/L 以下
ヒ素およびその化合物	ヒ素の量に関して、0.01mg/L 以下	アルミニウムおよびその化合物	アルミニウムの量に関して、0.2mg/L 以下
六価クロム化合物	六価クロムの量に関して、0.02mg/L 以下	鉄およびその化合物	鉄の量に関して、0.3mg/L 以下
亜硝酸態窒素	0.04mg/L 以下	銅およびその化合物	銅の量に関して、1.0mg/L 以下
シアン化物イオンおよび塩化シアン	シアンの量に関して、0.01mg/L 以下	ナトリウムおよびその化合物	ナトリウムの量に関して、200mg/L 以下
硝酸態窒素および亜硝酸態窒素	10mg/L 以下	マンガンおよびその化合物	マンガンの量に関して、0.05mg/L 以下
フッ素およびその化合物	フッ素の量に関して、0.8mg/L 以下	塩化物イオン	200mg/L 以下
ホウ素およびその化合物	ホウ素の量に関して、1.0mg/L 以下	カルシウム、マグネシウム等（硬度）	300mg/L 以下
四塩化炭素	0.002mg/L 以下	蒸発残留物	500mg/L 以下
1,4- ジオキサン	0.05mg/L 以下	陰イオン界面活性剤	0.2mg/L 以下
シス -1,2- ジクロロエチレンおよびトランス -1,2- ジクロロエチレン	0.04mg/L 以下	ジェオスミン	0.00001mg/L 以下
ジクロロメタン	0.02mg/L 以下	2- メチルイソボルネオール	0.00001mg/L 以下
テトラクロロエチレン	0.01mg/L 以下	非イオン界面活性剤	0.02mg/L 以下
トリクロロエチレン	0.01mg/L 以下	フェノール類	フェノールの量に換算して、0.005mg/L 以下
ベンゼン	0.01mg/L 以下	有機物（全有機炭素（TOC）の量）	3mg/L 以下
塩素酸	0.6mg/L 以下	pH 値	5.8 以上 8.6 以下
クロロ酢酸	0.02mg/L 以下	味	異常でないこと
クロロホルム	0.06mg/L 以下	臭気	異常でないこと
ジクロロ酢酸	0.04mg/L 以下	色度	5 度以下
ジブロモクロロメタン	0.1mg/L 以下	濁度	2 度以下
臭素酸	0.01mg/L 以下		

厚生労働省(令和 2 年 4 月 1 日施行)より
水道水は、水道法第 4 条の規定に基づき、「水質基準に関する省令」で規定する水質基準に適合することが必要。

飲用に適する水は、病原菌等有害細菌や重金属など有害物質を含まず、フッ素、銅、鉄などの物質が一定の許容量以下であり、無色透明で、異臭がなく、適度の酸・アルカリ性であることが水道法で規定されている。給排水設備で頻繁に使用される基礎的な水の物理・化学的性質を表2・2にまとめる。

表2・2　水の性質

項　目	物理的数値	備考
比重量	$\gamma = 1,000 kg/m^3$	$1m^3 \fallingdotseq 1 ton = 1,000 kg$　　　　　$1L = 1kg$
比　熱	c=4.186kJ/kg・K　　（c＝1kcal/kgf・℃）	水を1℃上昇させるに要する熱量。c≒4.2KJ/kg・K
水　圧	P(kPa)＝10×h(m)　　　　　P(kgf/cm²)＝0.1×h(m)	$1kgf/cm^2 \fallingdotseq 98.1kPa \fallingdotseq 100kPa = 0.1MPa$ $10m \Rightarrow 1kgf/cm^2 \fallingdotseq 0.1MPa$
pH値	pH＜7：酸性 pH＝7：中性 pH＞7：アルカリ性	飲用適：pH＝5.8～8.6
硬　度	ppm硬度・ドイツ硬度	水100cc中のカルシウム・マグネシウムイオンの量
条　件	1気圧のもと、3.9℃≒4℃の水	水┬流体：水（非圧縮性） 　├気体：水蒸気 　└固体：氷

1 おいしい水・まずい水

本来、水は無味無臭であるが、ヒトは水を"味覚"で表現する。実際は様々な条件があるが、味覚を左右するキーポイントの一つは、硬度である（表2・3）。

日本では通常、軟水といわれる水道水を直接飲用できる。しかし、造水過程や建物内の送水設備の状況や地域により、ヒトの味覚は変化する。

表2・3　おいしい水・まずい水

「水」の味	要　因
おいしい水	・蒸発残留物：30～200mg/L、硬度：10～100mg/L ・遊離炭酸 ：3～30mg/L、水温：20℃以下、その他
まずい水	・過マンガン酸カリウム消費量、臭気度、残留塩素（カルキ臭・カビ臭）、その他

一般的な数値であり、ヒトにより感覚は異なる。数値については、水質基準値を参考にするとよい。

2 水と錆

金属が液体・気体または異種金属と接触して、化学的・電気化学的に反応し、腐食する現象が錆である（表2・4）。最近の日本では配管材料の向上から水道管内の赤錆現象は、ほとんど見られなくなってきているが、管内外の錆による配管のダメージは、時に水損事故を起こす原因になる。錆自体は本来、**金属部を守る**ために発生するものであるが、配管に多く使用される鉄部では、**赤水**として嫌われる。

表2・4 錆の原因

■金属が液体(水)・気体(空気)または異種金属と接触して、化学的・電気化学的に反応し腐食する現象。	
■さび(錆・銹)の名称 ・接触腐食(異種金属) ・電喰(迷走電流) ・隙間腐食 ・粒塊腐食 ・選択腐食 ・応力腐食 ・擦過腐食	■赤錆(鉄の錆)酸化鉄 $Fe+2H_2O=H_2+Fe(OH)_3$ (赤水の原因) ・赤錆、黒錆:鉄 ・青錆:銅 ・白錆:アルミニウム ■表面を保護する錆 (本来は表面が酸化して、内部を保護するもの) 銅・アルミニウム・鉛・亜鉛など。

■配管内部(コブ錆)	■管表面(弁・配管)	■穿孔した例
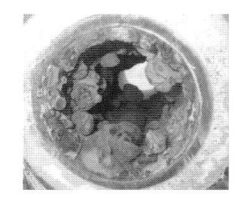		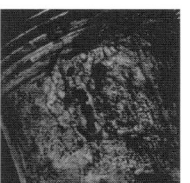

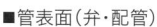

3 中水

「上水」でもない、「下水」でもない。これを「中水」と称する訳は、「水道より汚く、下水よりきれいな水」という、単純な発想である。中水は飲用には不適であるが、その他の雑用には使用できる水のことであり、本来なら "**雑用水**" とでも称した方が適切であろう。

中水と雑用水は使用用途はほぼ同じあるが、中水は再生した水であり、雑用水は上水でも使われる点が中水とは異なる。中水の使用用途は便所の洗浄、敷地内散水、冷却塔補充水、屋外清掃用水、消防用水等である。

建物内や敷地内では、飲用である上水と、雑用である中水は並行して設備されることが多いので、誤飲の防止のため配管接続のミスが絶対あってはならない。そのため、配管に「上水」「中水」の表示をハッキリさせるだけでなく、管種を替えたり、別の色を塗ったりして、誤飲や、誤接続（**クロスコネクション**）の防止に努めなくてはならない（図2・5）。

図2・5 中水給水ポンプユニット

4 ウォーターハンマー（水撃）

　水が流れると流速による発生音のほか、配管内に異常圧力が生じる。例えばバルブや水栓の急閉止等により、配管を叩くような異常音を発する場合がある。これを、ウォーターハンマー（水撃）という（図2·6）。

　ウォーターハンマーの防止にはバルブ操作に注意するほか、**ショックアブソーバー**（shock absorber、図2·7）をつけると改善される。

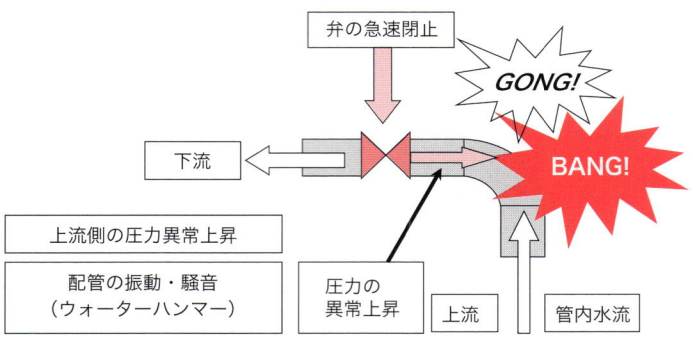

図2·6　ウォーターハンマー

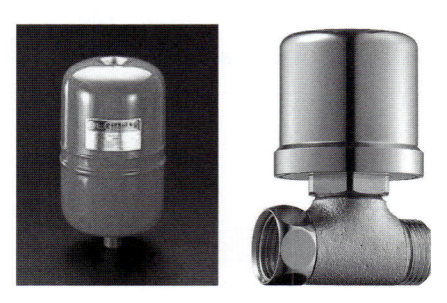

図2·7　ショックアブソーバー

5 サイフォン現象

　給排水系で、忘れてはならない現象の一つは、サイフォン現象である。サイフォン現象とは、水が詰まった配管が大気圧と重力の働きで、管内の水が引っぱられたり、押されたりする現象である（図2·8）。

　万が一給排水管系統で、水の清浄域と汚染域がつながっていると、清浄な水系に汚染水が引き込まれる場合がある。これは給水設備ではあってはならない。

> **Memo　クロスコネクション**
>
> 上水の給水・給湯系統とその他の系統が、配管・装置により直接接続されることである。汚染防止のため、水道法によって禁じられている。クロスコネクションの接続をしなくても、サイフォン現象による逆流で汚染される可能性もあるので注意が必要である。

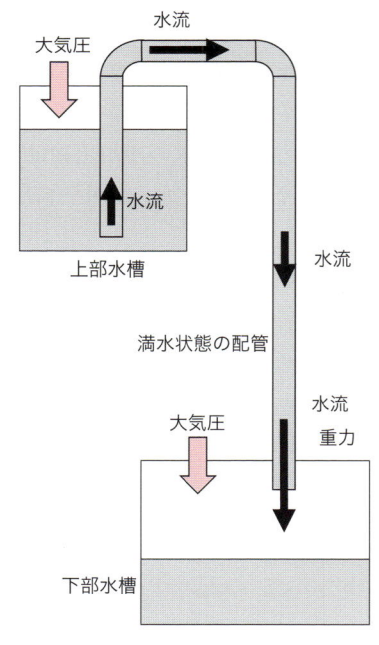

図2·8　サイフォン現象

　給排水設備を計画するには、現場調査（現調）からはじまる。基本調査は給排水計画の基礎となる重要な作業である。

1 給水設備の調査

　給水設備の調査は給水方式、設計水量、給水管口径、メータ口径の決定に影響するので、慎重に行う必要がある。水道本管（**配水小管**）の埋設位置や深度は水道供給事業者（水道局）の配管図で調査する（図2・9）。

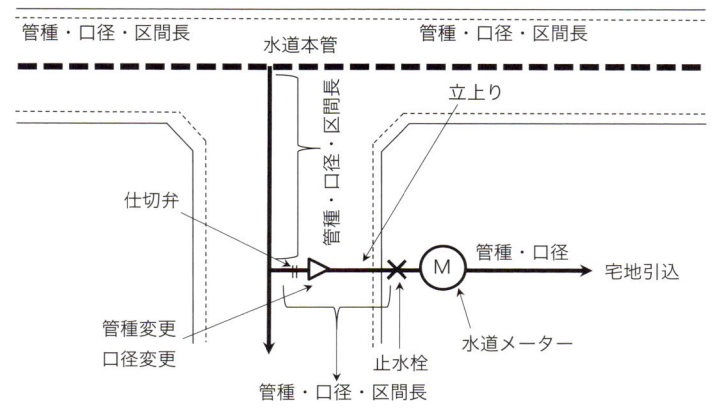

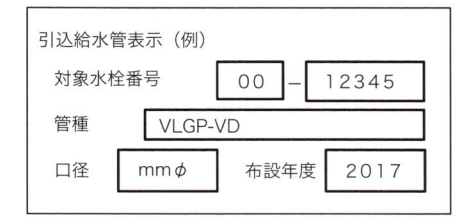

引込給水管表示（例）

対象水栓番号	00 － 12345
管種	VLGP-VD
口径	mmφ　布設年度 2017

・行政など、水道事業者により表示方法や、指定管材等が異なる場合がある。

・該当地域の水圧は、水道事業者及び、消防署で調べることができる。

・埋設管深度は、公道内では通常、H=1.2m以下で、宅地内H＝0.6m程度である。

・主な管種を左表に示す。

（表示例）管種・口径・区間長 ⇒ （PP φ50mm L=2.5m）

記号	管種名	記号	管種名
VLGP-VD	両面硬質塩ビライニング鋼管	HIVP	耐衝撃性硬質塩化ビニル管
SGP-P	ポリ粉体ライニング鋼管	PP	ポリエチレン管
SSP	ステンレス鋼管	XPEP	架橋ポリエチレン管

図2・9　上水道配管の調査、配管図

2 排水設備の調査

　排水設備の調査は、流せる水の種類（汚水・雑排水・雨水その他）、排水量の決定、放流管口径の決定に影響する。特に放流は、一般的に自然流下であるため、放流管や桝類の**埋設深度**を十分に調査する必要がある。排水設備は、下水供給事業者（下水道局）の配管図で調査する（図2・10）。

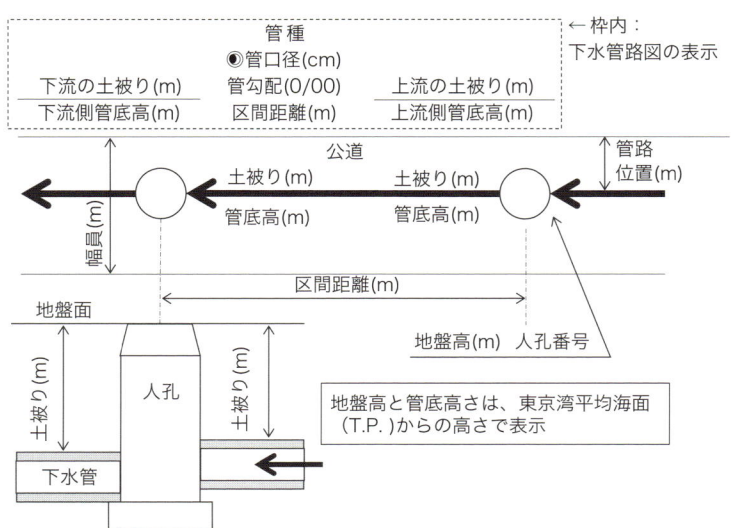

・地盤高：地面から平均海面までの高さ
・土被り：地面から排水管の上面までの高さ
・管底高：排水管の下面から平均海面までの高さ
・人孔（マンホール）：人間が内部で作業できるサイズの桝。通常 1,200 φ

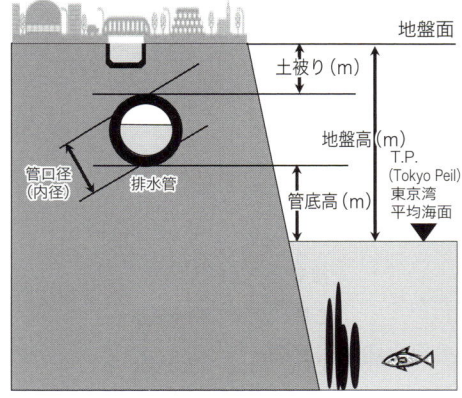

a. 下水道の配管図　　　　　　　　b. 下水道配管の見方

図2・10　下水道配管の調査、配管図

2 給水設備

水は私たちの生活に欠かせないものである。その関わりを理解することは必要不可欠である。

2・1 給水

1 飲用水と雑用水

日常生活で消費される水の用途は、飲用と雑用に大きく分けられる。

- **飲用水**：飲用、厨房用、洗面浴用、洗濯用
- **雑用水**：便器洗浄用、掃除用、散水、空調冷却水

2 水の消費率

一般住宅での飲用・雑用の水消費は表2・5の通りである。一方、事務所ビル等の一般建築では、便器洗浄を主とする雑用水の消費率が多くを占めている。

表2・5　住環境の水消費率概算

区分	用途	比率(%)	L/d・人	利用できる水源
飲用	飲む	20	50〜75	・水道水 ・水質が良好な 　井水や湧き水
	料理			
	風呂・シャワー	15〜20	38〜50	
	洗面・歯磨	5〜10	13〜38	
	洗濯	25	64	
	計	65〜75	165〜227	
雑用	便器洗浄	20	50	・水道水 ・井水・湧き水 ・河川・湖沼水 ・工業用水・中水道 ・再生水・雨水等
	掃除	3〜8	10〜20	
	洗車	2〜7	5〜13	
	散水			
	計	25〜35	65〜83	
合計		100	230〜310	

3 給水の算定

給排水設備を計画するには、まず給水量を確定する必要がある。給水量を感覚的に理解するには、自分自身の生活形態を分析すれば容易に踏み込むことができよう。

■ 水を消費する人員把握（人数）

一般建物においてはヒトが水を消費することを踏まえ、収容人員や来場人員を把握した上で使用（予定）人員を検討する。建物別の人員算定の例を表2・6にまとめた。

■ 給水量

各建物で消費される水量は用途により異なる。なお、季節や時間帯によっても変動することを認識する必要がある。

■ 日平均使用時間

「水を消費する時間」は建物種別によって異なる。建物が使用される時間（例えば、ホテルの開業時間は24時間）とは異なるので、留意する。

■ 給水量の計算

給水量計算は、建物施設の種類・用途・各部門面積（m²）を事前に把握して、表2·6の給水人員を調査した上で、表2·7を考慮し、表2·8により計算する。

時間平均給水量は、**日平均給水量**を対象建物の使用時間で均したものであるが、**瞬間最大給水量**は、通常15～30分のピーク消費である。通常これが持続するのは稀であるが、配管口径の選定に利用される。

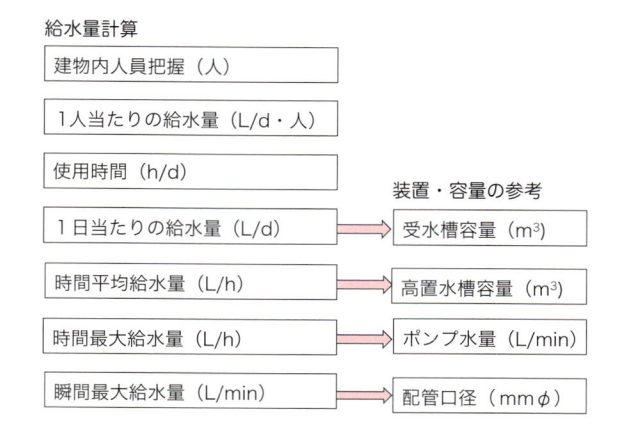

給水量計算

| 建物内人員把握（人） |
| 1人当たりの給水量（L/d·人） |
| 使用時間（h/d） |

装置・容量の参考

1日当たりの給水量（L/d） ➡ 受水槽容量（m³）
時間平均給水量（L/h） ➡ 高置水槽容量（m³）
時間最大給水量（L/h） ➡ ポンプ水量（L/min）
瞬間最大給水量（L/min） ➡ 配管口径（mmφ）

表2·6　建物別給水量と使用時間および人員算定の例

建物の種類	1日の給水量(Qn)	使用時間(T:h/d)	人員算定
住宅・マンション	200～400L/d·人	10	250L/d·人×4人/戸=1m³/d·戸
オフィスビル	60～100L/d·人	9	0.1～0.2人/有効m²
ホテル(客室部)	350～450L/d·人	12	2人/室：ベース
病院	1500～3500L/d·床 30～60L/m²	16	患者ベッド数
大型店舗	15～30L/d·人	10	0.5～1.0人/m²
飲食店舗	55～130L/d·食	10	席数 x 回転数(4～7)
学校	70～100L/d·人	9	学生+教職員
劇場・映画館	25～40L/d·人	14	席数 x 回転数(2～4)
公園・グラウンド	5～10L/d·人	16	来場者(変動が多い)

出典：空気調和・衛生工学会『空気調和・衛生工学便覧』第14版より

表2·7　衛生器具の平均占有時間

衛生器具	男性(sec)	女性(sec)
大便器	240～360	90～180
小便器	30～45	
手洗器	20	30
洗面器	75～150	200～210
個別浴室	900～1,200	1,200～1,800
温泉・公衆浴場	1,500	2,100

・実態調査による平均値。
・建物・施設により微妙に異なる場合がある。

表2·8　給水量の計算

給水量	算定式
Qd:日平均給水量(L/d)	$Q_d = n \times Q_n$ n：対象人員(人) Q_n：1日の給水量(L/d·人)
Qh:時間平均給水量(L/h)	$Q_h = Q_d / T$ T：使用時間(h/d)
Qm:時間最大給水量(L/h)	$Q_m = (1.5～2.0) \times Q_h$
Qp:瞬間最大給水量(L/min)	$Q_p = (3.0～4.0) \times Q_h/60$　または、 $Q_p = (1.5～2.0) \times Q_m/60$

建物への給水方式の選定は水の予定消費量、末端器具の必要圧力、スペース、コスト、信頼性の必要度等により決定されるものである。

1 水道直結方式

■ 水道直結直圧方式

水道直結直圧方式は最も単純な給水方式である（図2・11）。

供給圧力は通常、0.1MPa（100KPa）以上あり、配管抵抗を無視すれば10m、抵抗と器具の必要圧力を差し引くと6〜7m（2〜3階建て）までは供給可能である。

留意点は配水小管（水道本管）の圧力が、水が押し上がる力、摩擦抵抗、端末水栓器具等の必要圧力を加えた圧力以上でなくてはならない。

■ 水道直結増圧方式（ブースターポンプ方式）

水道直結増圧方式は、配水小管の水圧が、直結では圧力が十分取れない場合に用いられる（図2・12）。

タンクレスで、配水小管から**ブースターポンプ**で直接加圧して必要個所に供給するものである。

2 受水槽方式

■ 高置（高架）水槽方式

高置水槽方式は最もポピュラーな給水方式で、高架水槽方式ともいう（図2・13）。受水は配水小管から定水位弁を経て、受水槽に蓄えられ、受水槽から揚水ポンプにて高置水槽に揚水し、以降重力により必要各所に給水する方式である。

高置水槽は普通、建物塔屋（ペントハウス）上の基礎・架台上に設置され、高架水槽は地面上に必要水圧が得られるだけの高さを持った鉄骨造（S造）や鉄骨（鉄筋）コンクリート（SRC造・RC造）のタワー上に設置される。

受水槽の容量が1日の水消費の40〜60%であるのに対し、高置水槽はこの建物のピーク消費に対応する貯水の役目があり、通常20〜30分の容量である。

最近はポンプの性能の向上で、高置（高架）水槽方式が減少傾向にある一方、直結増圧方式やポンプ直送方式は増加傾向である。

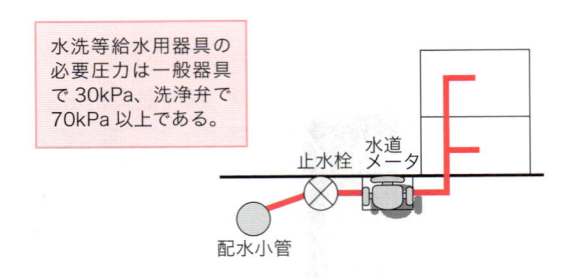

水洗等給水用器具の必要圧力は一般器具で30kPa、洗浄弁で70kPa以上である。

図2・11　水道直結直圧方式

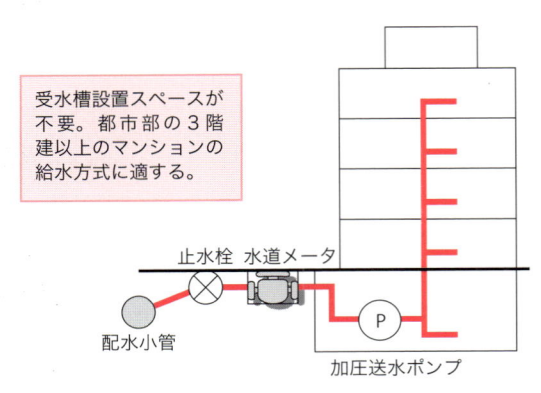

受水槽設置スペースが不要。都市部の3階建以上のマンションの給水方式に適する。

図2・12　水道直結増圧方式

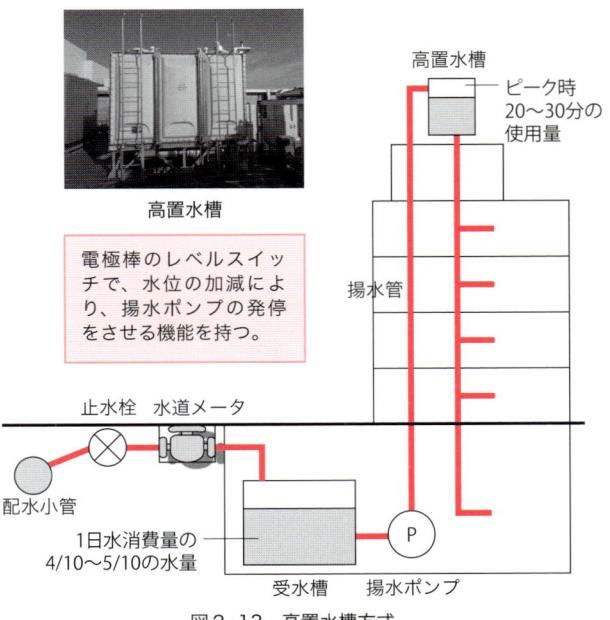

高置水槽

電極棒のレベルスイッチで、水位の加減により、揚水ポンプの発停をさせる機能を持つ。

図2・13　高置水槽方式

■ ポンプ直送方式

　ポンプ直送方式は、受水槽から可変速モーター付給水ポンプで必要各所に送水する方式である（図2・14）。インバーターで回転を制御し、安定した必要水量を送水できる。

加圧ポンプとFRP製受水槽

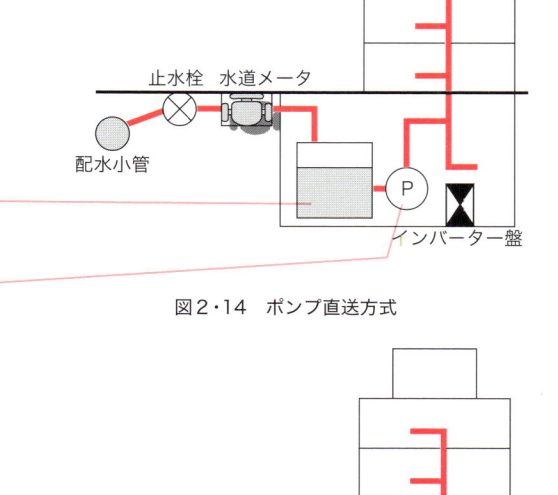

止水栓　水道メータ

配水小管

インバーター盤

図2・14　ポンプ直送方式

■ 圧力タンク方式

　圧力タンク方式は、給水ポンプで圧力タンク内の空気を圧縮・加圧して、その圧力をもって必要各所に給水する方式である（図2・15）。

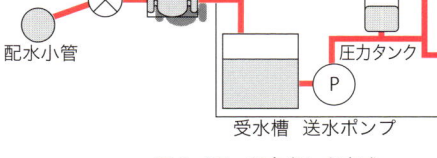

止水栓　水道メータ

配水小管

圧力タンク

受水槽　送水ポンプ

図2・15　圧力タンク方式

3 給水方式の特徴比較

　各々の給水方式には建物自体の要求のほか、水供給の状況が地域により異なる場合があるため、それに適応した給水方式の選定が必要になる（表2・9）。

表2・9　給水方式の特徴と比較

方　式	水道直結方式		受水槽方式		
	直結直圧	直結増圧	高置(高架)水槽	ポンプ直送	圧力タンク
適用建物	1〜3階建店舗 戸建住宅等	中・小規模の 集合住宅等	中・大規模の あらゆる建物	中・大規模の あらゆる建物	中・小規模の あらゆる建物
停電対応	可	断水	一定量可	断水	一定量可
断水対応	断水	断水	一定量可	断水	一定量可
給水量	変動あり	任意確保	任意確保	任意確保	変動あり
給水圧力	変動あり	変動小	一定	一定	変動あり
必要な設備空間・機器	なし	ポンプ室	受水槽、高置水槽	受水槽	受水槽、圧力タンク
建設費	◎	○	○	△	○
衛生面	◎	◎	○	◎	○
水槽清掃	不要	不要	年1回　法定点検	年1回　法定点検	年1回　法定点検

高層ビルの給水にあたっては、次の点に留意する。

- 本管の水圧を含め、前述の給水方式をそのまま採り入れることはできない（図2・16、表2・10）。
- 給水方式を1系統で行うと、底部・下層階において給水圧力が高くなり、**ウォーターハンマー**や器具配管類のシール劣化、水の飛散、水漏れや、器具の消耗故障の原因になる。
- 通常、器具類の保障圧力は 0.5MPa 以下とされるので、50m 以内ごとに系統を分ける。
- 実際は騒音等も考慮し、40m 以内とし、ホテル客室・劇場・病棟・マンション等は 30m ごととするのがよい。

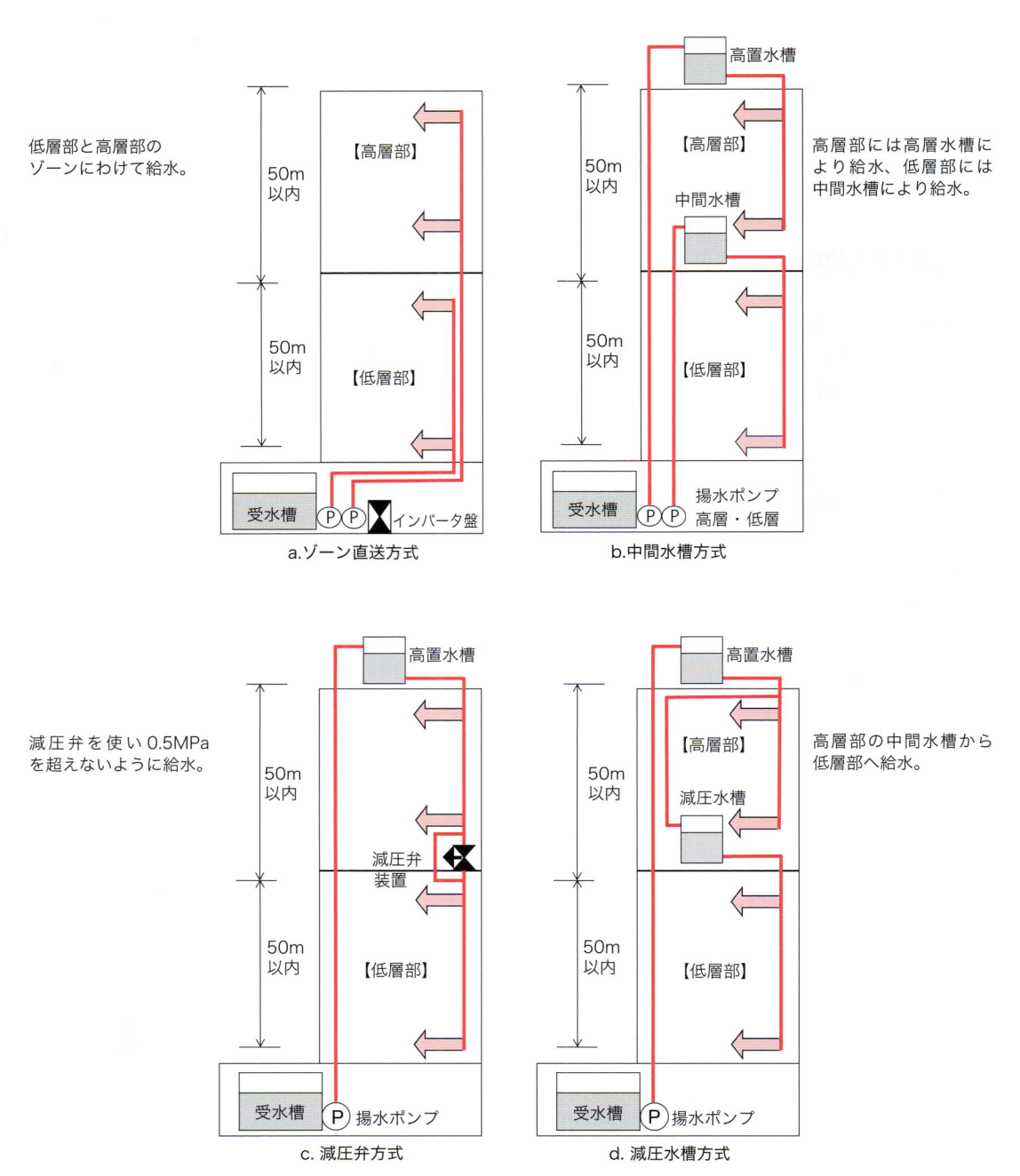

図2・16　高層ビルの給水方式

表2・10　高層ビルの給水方式

給水圧が高い	使用勝手に支障	水が飛び散る
	流水音が発生	トラブル・居住環境悪化
	ウォーターハンマーが発生	配管系・機器の故障・騒音
	継手・シール部分の摩耗	パッキングの劣化・寿命：漏水
	器具の保障圧力オーバー	耐圧（一般：0.5MPa以下）

最適水圧

集合住宅・ホテル客室	0.3MPa(3kgf/cm^2)以下
一般的建物	0.4MPa(4kgf/cm^2)以下
端末器具の一般保障圧力	0.5MPa(5kgf/cm^2)以下

0.5MPa≒5kgf/cm^2⇒50m　（1kgf/cm^2≒0.981MPa）
実際の器具耐圧は、上記以上だが、パッキングなど、接合部にダメージをうける。

2・3　飲用水系統の汚染防止

　飲用水は絶対に汚染されないようにしなくてはならないので、汚染防止には細心の注意を要する(図2・17、表2・11)。留意することは次の点である。
　・機器・配管類は水質に影響を与えないものとする。
　・開放水槽には異物が混入しない構造とする。
　・他用途の配管との接続となる**クロスコネクション**を行ってはならない。
　・受水槽や高置水槽は点検のため、点検空間を設けなくてはならない。

表2・11　飲用水系統の留意事項

留意項目	内容
機器・管類	水質に影響ない材料の使用
開放水槽	異物混入防止。保守点検・清掃容易
クロスコネクション	他用途配管との接続の禁止
吐水口空間の確保	逆サイフォンの防止（バキュームブレーカー）

📝Memo　水槽や水受容器に吐水口が浸っている場合は、**逆サイフォン**により管内圧が負圧になったときに管内の清浄域に汚染水が混入することがあるので、吐水口空間を設ける。大便器の洗浄弁等、構造上どうしても吐水口空間の確保ができない場合は、**バキュームブレーカー**により逆流を阻止する。

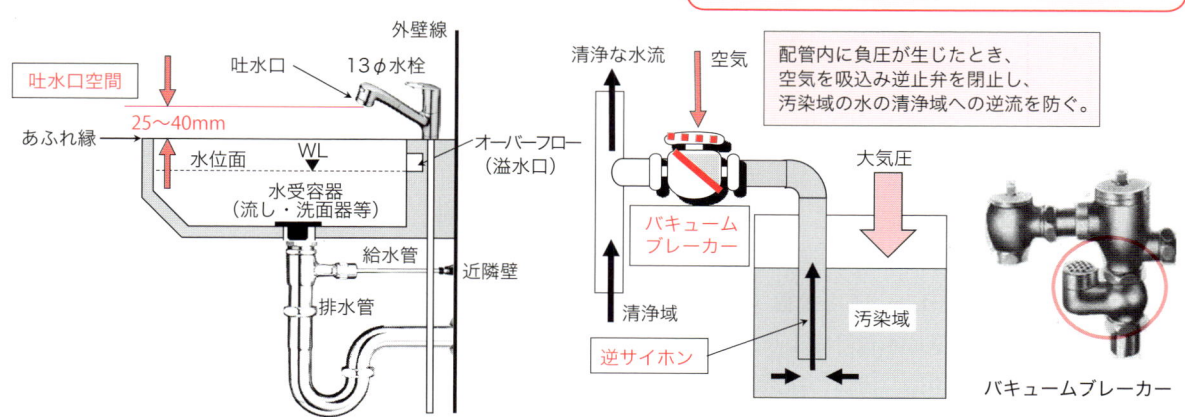

図2・17　飲用水系統の汚染防止

1 受水槽

■ 容量

受水槽の水量は貯蔵時間の長期化を考慮し、良質な水を保つために1日分の40〜60%を受水槽の実容量とする。いわゆる**死に水**（腐った水）の防止のためである。受水槽は年に1回の清掃義務があり、清掃する時間・期間は、水の使用に支障を来たさないため、1/2ずつの2槽に分ける。これを2槽式という。

■ 設置

受水槽は水の衛生的な供給の中心であるので、絶対に汚染があってはならない。そこで設置場所を地上とし、FRP等、毒性のない材料が使用され、また外部から汚染されないように常時点検ができなくてはならない。従って槽の全面、すなわち六面点検できるように、標準寸法として壁面と床は600mm以上、天井面は1,000mm以上の**点検スペース**をとる（図2・18）。

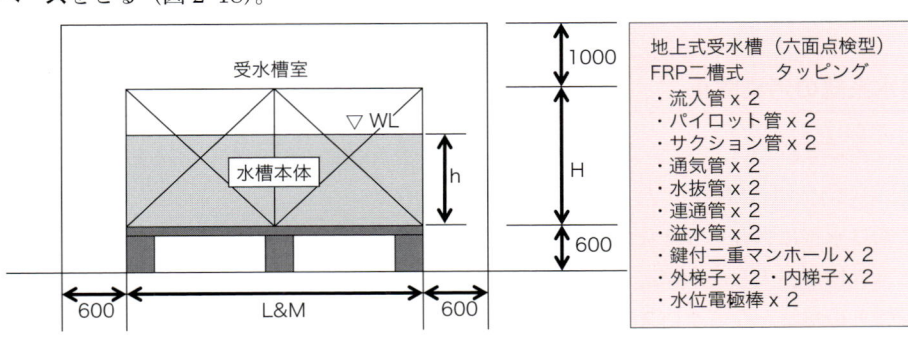

・水槽材質：FRP・SUS・鉄板・コンクリート・木
・実容量　：v(m³)=L(m)×W(m)×h(m)
・風袋容量：V(m³)=L(m)×W(m)×H(m)

図2・18　受水槽の必要点検距離（mm）

> 📝 **Memo**　屋外設置の場合は、槽に設置されるマンホールも二重の防水構造とし、鍵付にする必要がある。受水槽や高置水槽は点検のため、点検空間を設けなくてはならない。

図2・19　ステンレス製受水槽

2 ポンプ

雨の水滴が付いた傘を回転させると水が飛び散る。ポンプにおいては、その水を集めた量が水量で、傘の柄を回す力がポンプ動力と同じである（図2・20）。

ポンプの決定は**水量**（L/min）と**揚程**（m）を算出し、カタログ等により、ポンプ動力（kW）とポンプ口径（φ）を決定する。ポンプ水量は水量計算より求め、ポンプ揚程は水を押し上げる力を意味する。ポンプの種類は、水量や揚程のほか、使用用途、流体の種類等により、渦巻ポンプ、多段タービンポンプ、ラインポンプ、水中ポンプ、歯車ポンプ等がある。

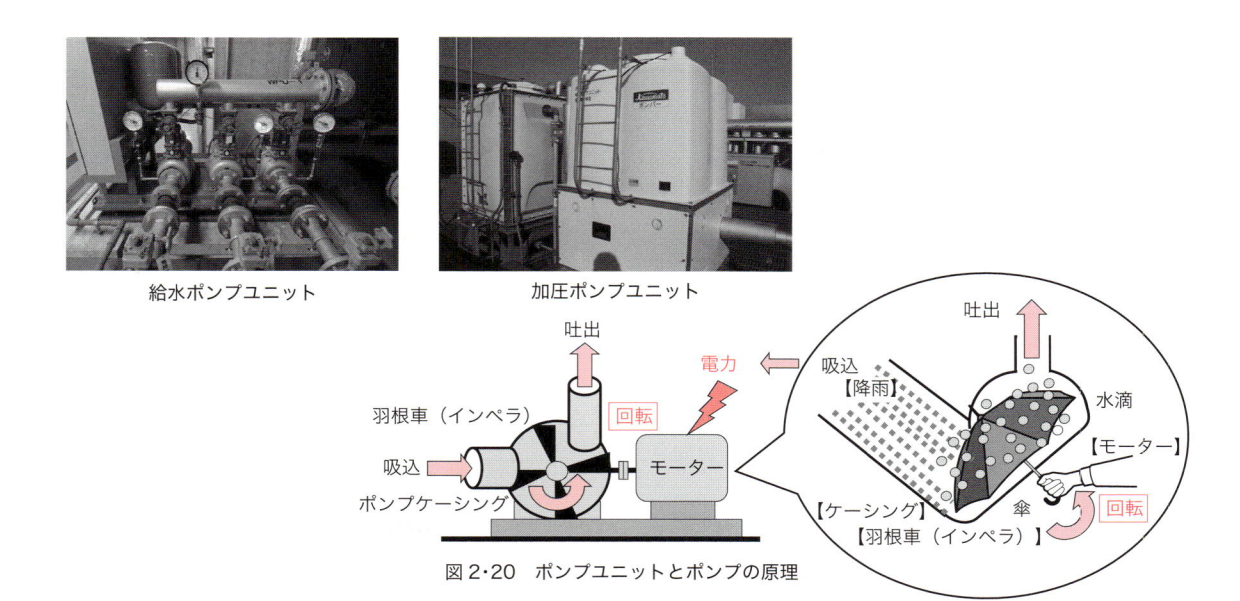

給水ポンプユニット　　　　　　加圧ポンプユニット

図 2・20　ポンプユニットとポンプの原理

2・5　水量の算定と必要な水圧

1 利用形態

給水配管口径は、各建物で水を使用する状況を認識する必要がある。利用が集中する時間帯がある場合は、口径を太くしなければならない。仮に自分がトイレを利用する場合、「すぐ行けるか、あるいは一定時間経過後に行くか」という違いである。

建物では、即時利用可能なものを**任意利用形態**といい、事務所ビル、病院、デパート等がこれに該当する。一方、待時利用となる**集中利用形態**は、学校、工場、劇場、駅、サービスエリア、スポーツ観覧場が該当する（表 2・12）。

表 2・12　施設・器具の利用形態

利用形態	任意利用形態（即時式）	集中利用形態（待時式）
建物・施設名	事務所 大型店舗 飲食店 病院 研究所 その他	学校 工場・寮 劇場・集会所 駅・サービスエリア スポーツ観覧場 その他
（衛生）器具名	大浴場の浴槽 厨房器具	掃除用流し

2 器具類の瞬間最大流量と負荷流量

主要な水栓金具の使用状況によって流量を選ぶ。負荷流量は、計画時の**瞬間最大流量**をいい、複数の水栓等器具の流量には、実際の利用をもとにした**同時使用率**を考慮する。

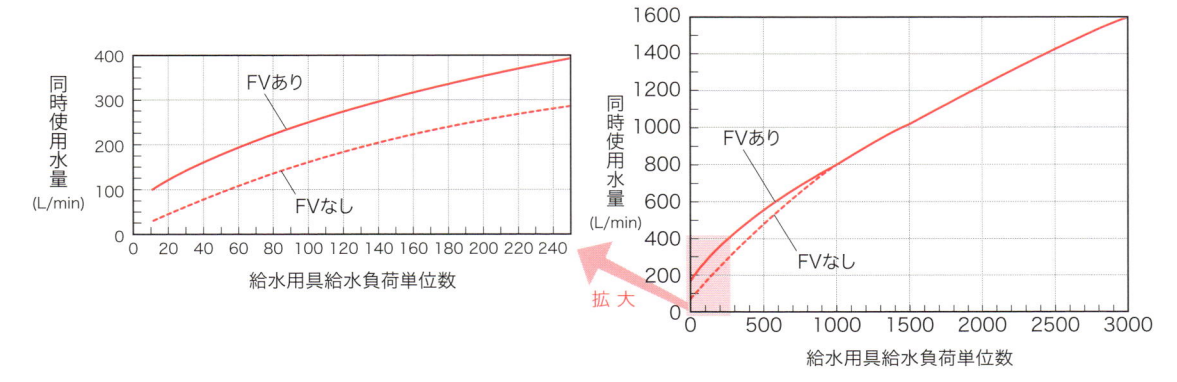

図 2・21　給水負荷流量曲線（資料：空気調和・衛生工学会）

各器具数の拾い出し(個)
↓
器具ごとの給水単位（FU）
↓
系統別器具単位（FU）
↓
給水負荷流量曲線
↓
同時使用水量（L/min）
↓
管摩擦損失（Pa/m）
↓
配管口径（mmφ）

表 2·13　器具の給水負荷単位　（FU）

器具名称	器具給水単位		器具名称	器具給水単位	
	公衆用	私室用		公衆用	私室用
大便器（洗浄弁）	10	5	洗濯流し	4	3
大便器（タンク式）	5	3	掃除流し	4	3
小便器（洗浄弁）	5		浴槽	4	2
小便器（タンク式）	3		シャワー	4	2
手洗器	1	0.5	ユニットバス（洗浄弁）		8
洗面器	2	1	ユニットバス（タンク式）		6
事務室流し	3		水飲器	2	
台所流し		3	湯沸器	2	
料理場流し	4	2	散水栓	5	
食器流し	5		給湯栓併用：1個水栓あたり、3/4単位。		

　表 2·13 の各管に接続された器具の**器具給水負荷単位**[*] を累計して、図 2·21 の給水負荷流量曲線より水量を求める。

　管口径を決める一般的な手法は、器具給水負荷単位から水量を出す方法である。水量の算出には、負荷単位を集計し、水量を読み取る。

　図 2·22 は建物における衛生器具の個数による**同時使用率**を示したものである。器具数が少ないと同時使用率は高くなるが、器具数が増えると同時使用率は徐々に減る。

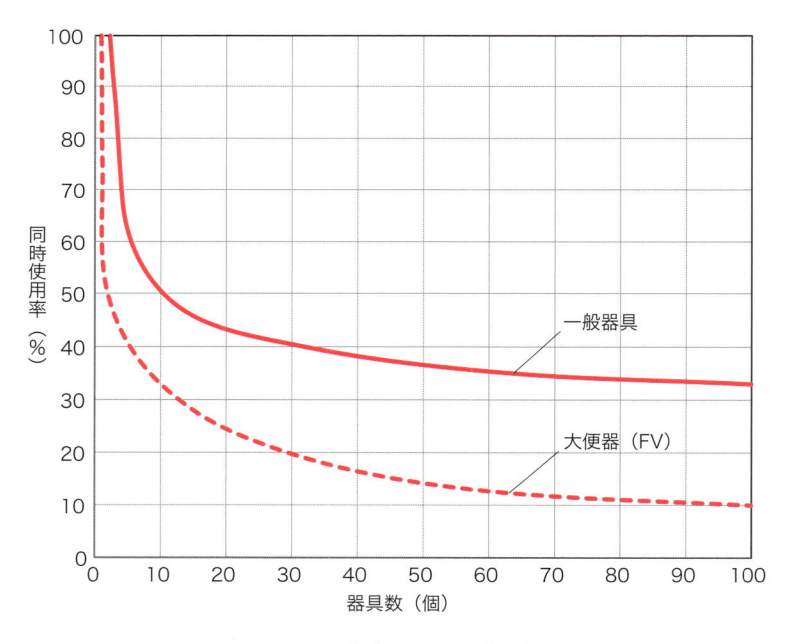

図 2·22　衛生器具の同時使用率

---

[*]器具給水負荷単位：各器具の使用頻度、使用状態、使用時間を考慮した負荷率を見込んだ器具総合単位。

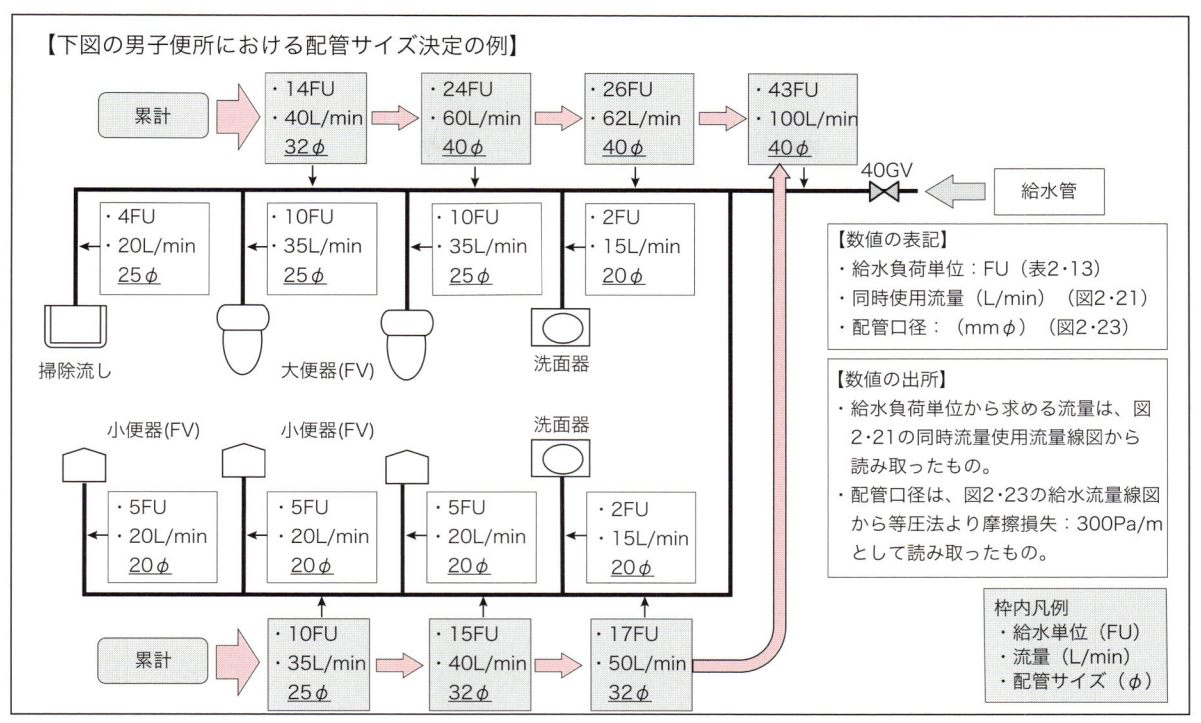

この例は、実施設計において、最近の衛生器具類の低水量・小水量化を鑑み、給水圧の程度、使用勝手、コスト、配管施工等を勘案し、給水負荷単位から同時流量を求め、サイズ決定したものである。

3 必要水圧

端末の器具が十分に機能を発揮するためには、その器具の必要とする水圧が十分確保されなければならない（表2·14）。

給水方式が高置水槽方式の場合は、圧力が最も低い器具の必要圧力を確保するために、高置水槽の設置高さを決めなくてはならない。

水道管直結となることが多い一般住宅では、引き込まれる都市水道本管（配水小管）の圧力は通常、0.1MPa（100kPa≒1kgf/cm^2≒10m）以上の**源水圧**が確保・保証されている。水道の本管では、地域や季節および時間帯によっても変動はあるが、一般には150〜250kPaはあるとされる。ただし器具の必要圧力は、その器具の耐用圧力以下とすることは言うまでもない。

表2·14　各種器具の必要圧力

器具名称	必要圧力(MPa)	高さ（m）	備　考
一般水栓	0.03	3.0	
大便器洗浄弁	0.07	7.0	フラッシュバルブ
温水洗浄式便器	0.05	5.0	通常タンク式
小便器洗浄弁	0.07	7.0	押ボタンフラッシュバルブ
シャワーセット*	0.04〜0.16	4.0〜16.0	混合栓・シャワーヘッド
ガス給湯機　5号以下	0.04	4.0	
ガス給湯機　7〜16号	0.05	5.0	
ガス給湯機　22号以上	0.08	8.0	概ね30号まで
（参考）水道本管の給水圧	0.1〜0.3程度	10.0〜30.0	0.1MPaは最低保証圧

＊シャワーは0.03MPaでよいと記された文献も多々あるが、この場合、水勢に問題がある。
　欧米各国では、0.07MPa以上の圧が望ましいとされているが、ここでは最低でも0.04MPa以上必要とした。

2·6 給水配管

1 給水配管口径

　配管口径の算出は、**水量（流量）（L/min）**と**摩擦損失（Pa/m）**の交点から管径を読み取る。この手法を等圧法という。

　水量は、各種器具数に給水負荷単位を掛けてその合計負荷単位に対し、図2·23より同時使用水量（L/min）を読み取るとよい。摩擦損失は、等摩擦損失の手法を用い、一般には、300～500Pa/mである。

　図2·23では縦軸に水量（流量）を取り、横軸に摩擦損失を取っている。この交点の右上がりの線が管口径である。もし交点が中間に位置した場合は、状況とコストにより、上下いずれかにすることもある。一方、図の右下がりの管内流速を一定とする手法を、等速法という。

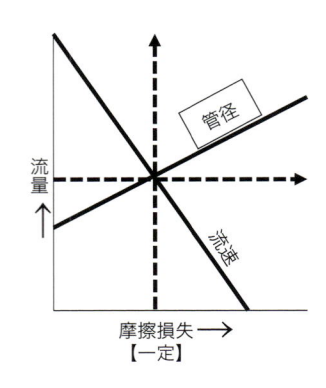

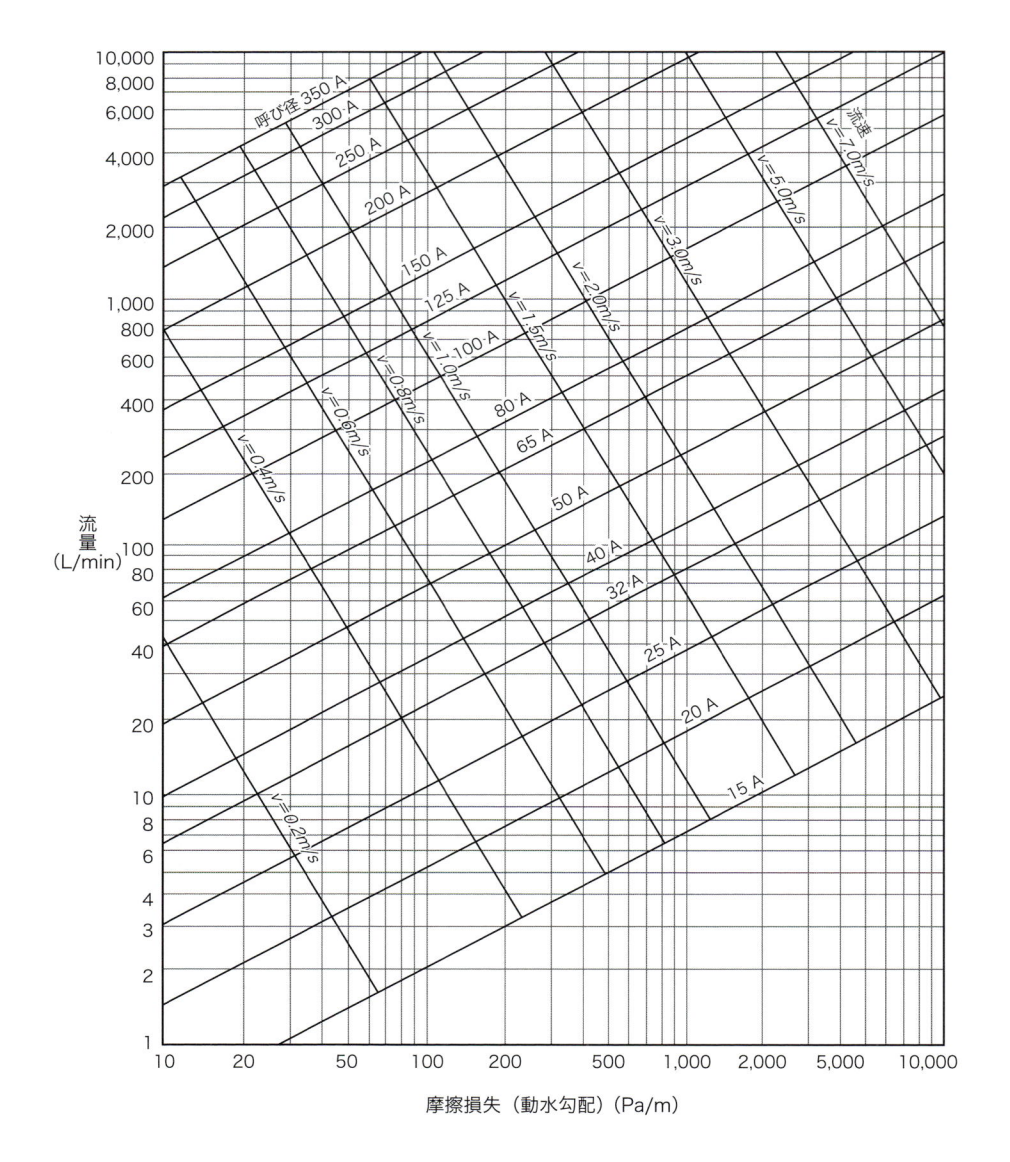

図2·23　給水流量線図 (出典：空気調和・衛生工学会)

表2・15　建築設備用配管サイズ

mmφ（A）	インチ（B）	別称・俗称	mmφ（A）	インチ（B）	別称・俗称
6	1/8	1分	100	4	4インチ
8	1/4	2分	125	5	5インチ
10	3/8	3分	150	6	6インチ
15(13)	1/2	4分	200	8	8インチ
20	3/4	6分	250	10	10インチ
25	1	インチ	300	12	12インチ
32(30)	1¼	インチクォーター	350	14	14インチ
40	1½	インチ半	400	16	16インチ
50	2	2インチ	450	18	18インチ
65	2½	2（インチ）半	500	20	20インチ
75(80)	3	3インチ	600	24	24インチ

・90mmφと、175mmφは、「建築設備」ではほとんど使用しないため省略した。
・通常、空調・給排水の設計時の最少管口径は、20mmである。ただし給水栓のような末端は、タッピングの口径などで、13φ、15φを使用する。

■ 配管サイズ

　給排水設備だけでなく、空調配管設備も含めた建築設備全般で使用される配管口径は、表2・15による。自治体によっては使用しない管口径（32A、65A、125A等）もある。

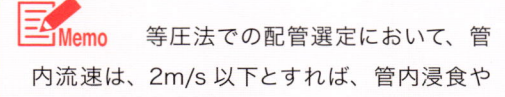

Memo　等圧法での配管選定において、管内流速は、2m/s以下とすれば、管内浸食や騒音発生が抑止できる。

　ところが、等圧法で配管選定したとき、水量が1,000L/minを超え大口径になってしまい、コストや収まり上の不具合があるときは、1.5〜2m/s程度の等速法で選定することがある。

2 配管材料

■ 配管

　給水設備で用いられる配管の種類は、使用される現場の状況に合わせて使用する。また管種は、水道局等の水道供給事業者の規定により限定されることもある。最近は図2・24のようなポリエチレンの給水管が多く使われている。給水管の種類を表2・16に示す。

　かつては、給水管といえば、**プランビング**（Pb）に代表されるように、加工が容易で安価な鉛管が多く使われていたが、溶解に対する懸念、すなわち**トリハロメタン**の問題* で、今はまったく使用されていない。

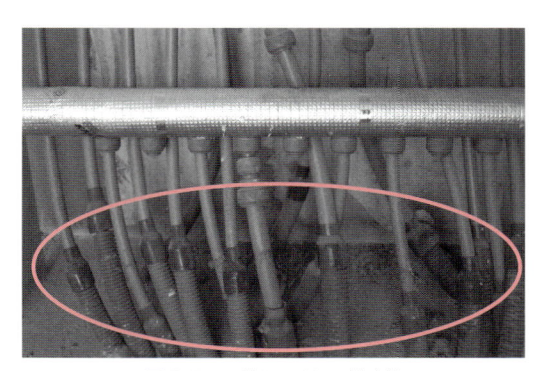

図2・24　ポリエチレン給水管

＊トリハロメタンの問題：水道水の鉛のリスクとして健康に悪い物質であると指摘されている。

表2·16 給水管の種類

分類	呼び方	解説	備考
硬質塩ビライニング鋼管	VLP-VA	黒ガス管（鋼管）内部に塩ビライニングをしたもの	ビル用
	VLP-VB	白ガス管（亜鉛メッキ鋼管）内部に塩ビライニングをしたもの	ビル用
	VLP-VC	水道用白ガス管（水道用亜鉛メッキ鋼管）内部に塩ビライニングをしたもの	ビル用
	VLP-VD	一般ガス管の内外両面に塩ビライニングをしたもの	ビル用 土中埋設配管
硬質塩化ビニール管	VP	一般管	
	VU	薄肉管	他に極薄管（VS管）もあるが水道用は不適とされる
	HIVP	耐衝撃性塩ビ管	土中配管に用いられる
	HTVP	耐熱塩ビ管	給湯用配管に多く使われる
ステンレス管	SUS 管		プレス継手、MR継手
銅管	CU 管		ロウ付け、MR継手
架橋ポリエチレン管	（ポリ管）	ヘッダー配管に多く用いられる	熱可塑性プラスチック素材 サヤ管で被覆されたものが多い

■ 被覆材（保温・防露・防凍）

　一般に給水配管を室内で使用する場合は、管に被覆をする（図2·25）。これは、給水管内の水と、室内環境温度との温度差により結露するのを防止するのが主目的である。

　被覆材としては、**グラスウール**、**ロックウール**、**ポリエチレン**の成形材が多く用いられている。被覆は、建物内の配管が通る位置により、各種被覆外装材工法がある。

■ バルブ（弁）

　給水設備で使用される弁類は、口径50mmくらいまでで、ON·OFF並びに流量を制御する場合は、仕切弁と称するゲート弁（GV·砲金製仕切弁）またはボールバルブが多く用いられる（図2·25）。

　口径65mm以上は、かつては鋳鉄製が用いられていたが、現在はステンレス製のバタフライ弁（BFV）が多く用いられている。給水管系では、水の逆流を防ぐため、揚水ポンプの吐水側に逆止弁（CV：チェックバルブ・俗称チャッキ弁）が用いられる。

ポリエチレンの被覆材

ゲート弁 (GV)

ボールバルブ

逆止弁（チェックバルブ CV）

バタフライ弁（BFV）

図2·25　配管材料

3 給水管の凍結防止

　水は、凍結すると体積が膨張する性質がある。このとき、配管内や器具の弱いところが**凍結膨張**による内部圧により破壊され、漏水事故の原因となる。寒冷地などでは十分な注意を必要とするが（図2・26）、一般的な気候の地域でも、冬期の屋外で凍結破損事故の事例が見受けられる。

寒冷地における水の凍結防止手法

・室内設置の機器や配管は、0℃以上に保つ。

・室外設置の機器や配管は、使用しないときは水抜きをする。

・土中配管は、**凍結深度**より深く埋設する。

・機器や配管は寒冷地対応の被覆を施し、水を加熱するなどして、水を0℃以上に保つ。

・水が停滞しないように流動させ、凍結しにくくする。

・直接飲用のない循環配管系に、装置に影響のない不凍液を混入させる。

・衛生陶器などは、**寒冷地仕様**の機器・装置を使用する。

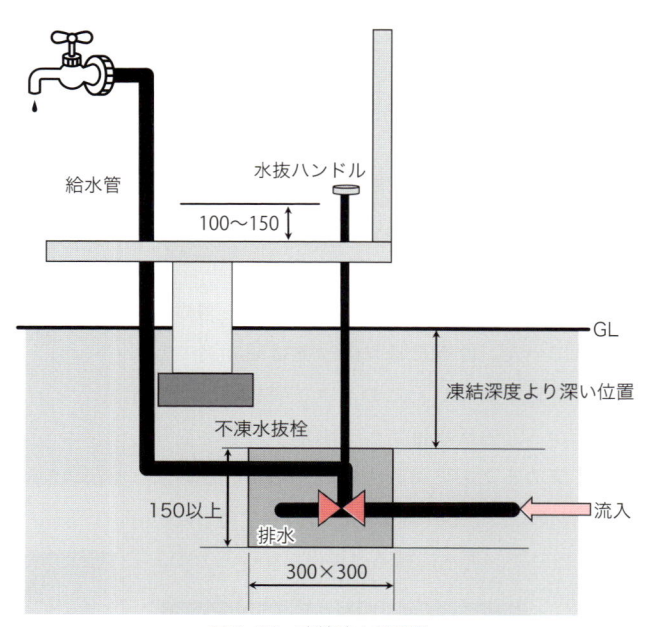

図2・26　凍結防止設置例

2・7 雨水利用設備

雨水は屋根だけではなく、外壁、庇、ベランダなどから集め、貯水槽に貯め、濾過装置で処理することによって、散水、洗車、トイレ洗浄水、防火用水、冷却塔補給水等の生活用水に利用することができる（図2・27）。

このように水道水を使わずに雨どいから集めた雨水を利用することで、水道料金と下水道料金の節約にもなる。

雨水貯留タンクの設置など雨水利用に対して、補助金制度を設けている自治体も増えている。

基本的には、初期雨水には大気中の汚染物質が多く含まれるため、一定時間排除する方が安心である。

図2・27　二子玉川公園の雨水利用

沖縄の雨水利用

過去の沖縄の島々では必ずと言っていいほど雨水（天水）を溜める伝統的壺やタンクが設置されていた。沖縄の島々の岩盤は珊瑚礁であり、雨水はそのまま地下に吸い込まれていくため、水が流れる川が少なく、井戸も少なかった。昔から、生活水はすべて雨水やわずかな井戸に頼っていた。雨水を多く集めるためには屋根を利用した。このような雨水（天水）を上水として使ったのも沖縄の文化の一つであった。

沖縄の井戸（沖縄市）

現在は簡易上水道が完備したので、雨水に頼る必要はない。しかし、今でも雨水を利用する習慣が続いているようで、洗濯や雑用水に利用している。島に設置されている雨水タンクは、コンクリート製が多いが、ステンレス製やドラム缶を利用したものも見かけられる。

伝統的雨水壺（竹富島）

ドラム雨水タンク（竹富島）

3 給湯設備

　給湯設備は、風呂・台所・洗面所などに湯を供給する設備である。湯を作るためには加熱機器が必要になり、その湯を循環させるためには様々な工夫が必要である。また、湯は加熱すると体積が膨張するため、注意しなければならない。

3・1　給湯の性質・特徴

　生活空間において使用される水の 40 〜 65％は、温度の高低はあるものの、「湯」として消費されている。給湯は生活にとって必要不可欠なものである。水の**比重量**、**比熱**、**水圧**は図 2・28 のように換算できる。

1 水の比熱

　比熱は物質の温度を 1℃上げるのに要する熱量である。水の比熱は通常、4.186 ≒ 4.2 kJ/kg・K として扱う。

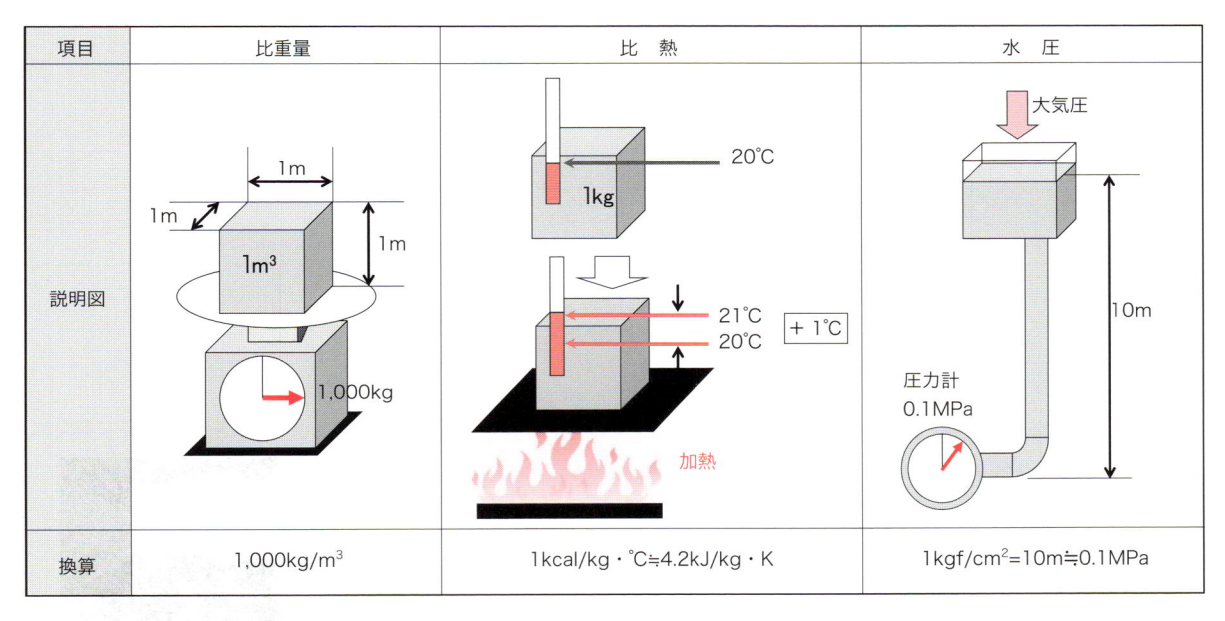

項目	比重量	比　熱	水　圧
説明図			
換算	1,000kg/m³	1kcal/kg・℃≒4.2kJ/kg・K	1kgf/cm²=10m≒0.1MPa

図 2・28　水の性質

Memo　**比重量**：物質にかかる単位体積当たりの重量（重力の大きさ）。 密度は、単位体積当たりの質量であり、比重は無次元量である。水の水温 4℃での比重量は、約 9.8kN/m³ である。

　比熱：1kg の水の温度を 1K（＝ 1℃）上げるのに必要な熱量は 4.186kJ である。

　水圧：水が物体や水自体に及ぼす圧力。静止している水では深さに比例して大きくなり、深さが 10m 増すごとに約 1 気圧増加する。

2 水（湯）の比重量

　水の各温度における比重量は異なる（図2·29）。給湯設備として扱う場合は、さほど厳密さを要求されない限り、給湯装置などに影響がない場合に限り給水設備と同様、比重量 $\gamma = $ kg/m³ として扱う。すなわち、1L≒1kg であり、1m³ ≒ 1,000kg である。

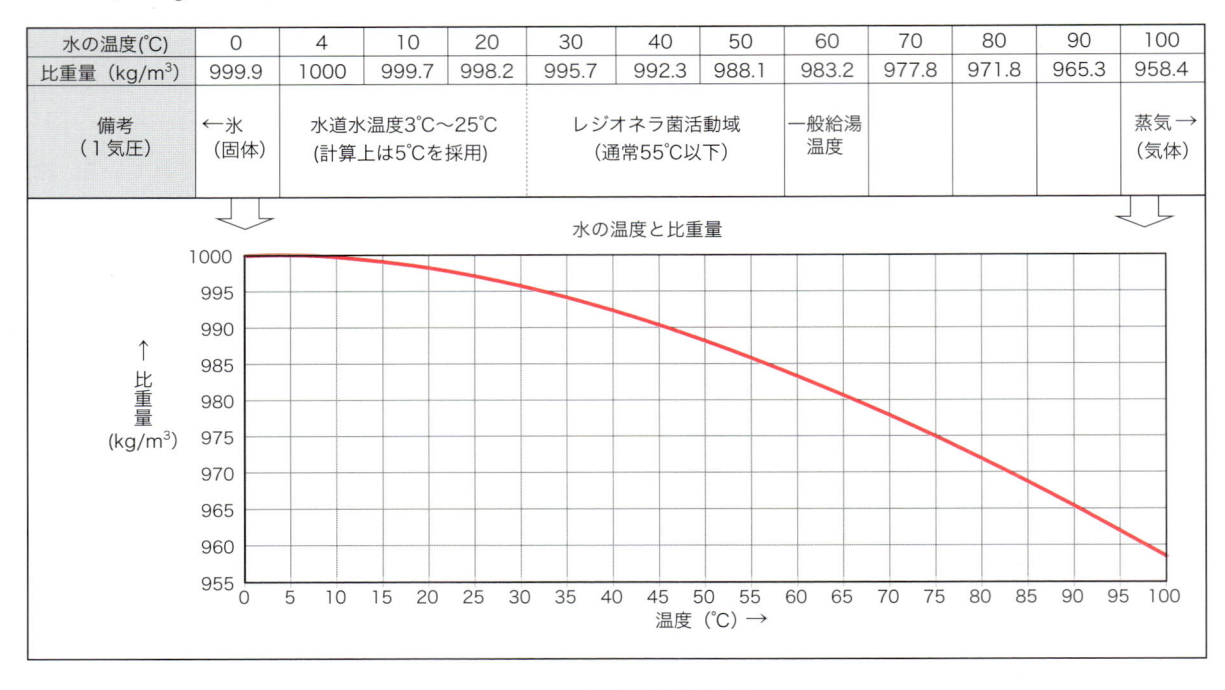

水の温度(℃)	0	4	10	20	30	40	50	60	70	80	90	100
比重量（kg/m³）	999.9	1000	999.7	998.2	995.7	992.3	988.1	983.2	977.8	971.8	965.3	958.4
備考 （1気圧）	←氷 （固体）	水道水温度3℃～25℃ （計算上は5℃を採用）			レジオネラ菌活動域 （通常55℃以下）			一般給湯 温度				蒸気→ （気体）

図2·29　水の温度と比重量例

3 水の膨張

　水を加熱すると**比体積**（m³/kg：比重量（kg/m³）の逆数）が増え、体積は膨張する。湯の膨張は管の膨張・収縮に関連して、管継手からの水漏れや給湯装置の膨張破壊など、給湯系に様々な問題を起こす危険性をもつ。水は給湯すると体積が膨張するので膨張タンクが必要である（図2·30）。

　水の昇温による体積膨張量は、

膨張量：$\Delta v = (1/\gamma_1 - 1/\gamma_0) \times V$

V（m³）：給湯装置内にある水の総水量

γ_0：原水温度における比重量

γ_1：加熱後の温度による比重量

図2·30　膨張タンク

4 給湯管の伸縮

給湯管は熱により伸縮することがある。管の伸縮は管の折損や、建築構造・仕上げの破損を招き、湯の膨張によることと同様、水損事故につながりかねない。ここで、給湯管には通常、管の**固定端**間で概ね 15 〜 20m ごとに伸縮を吸収する装置を設置する。

一般には、**ベローズ式伸縮継手**が用いられるが、小規模なものや管口径があまり大きくない場合、管エルボを組み合わせる、エルボ返し（スイベルジョイント）を用いる（図 2·31）。

元の管長を L（m）と温度 t_0（K）での状態下で、t_1（K）に温度が上昇（$\varDelta t$ 温度差）し、元の管長 L（m）から $\varDelta L$（m）だけ管が伸びたとき、管の熱による伸縮量は、

伸縮量：$\varDelta L = 1000 \times L \times C \times (t_1 \sim t_0)$

C：配管材料の線膨張係数

給湯で使用される管材の膨張係数

鋼管（ステンレス管もほぼ同じ）：0.0000110

銅管：0.0000171

ベローズ式伸縮継手

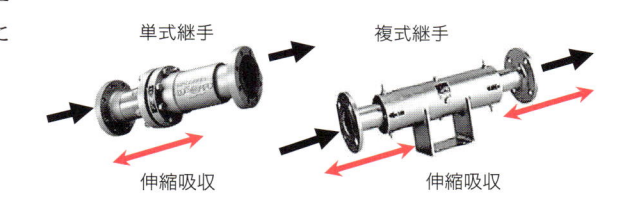

単式継手　　　　　　複式継手

伸縮吸収　　　　　　伸縮吸収

エルボ返し

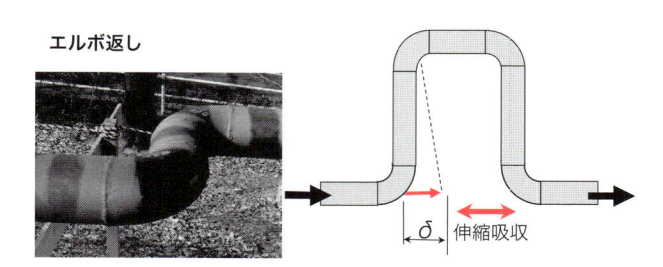

δ　伸縮吸収

図 2·31　管の伸縮吸収方法と伸縮継手

5 給湯による現象

基本的に湯は無色透明であるが、表 2·17 のような現象が起こる場合がある。

これは主に給湯設備の設計、施工上に原因がある。これらは基本的にはあってはならないことなので、水（湯）の性質や特徴を理解して給湯計画をたてなくてはならない。

表 2·17　給湯による現象

【給湯での現象】		【考えられる原因】
赤茶色の湯	⇒	配管や装置の鉄錆（赤水）
緑がかった湯	⇒	配管や装置の銅錆（緑青）
灰・黒の湯	⇒	黒錆・管のシール材の溶込み
白濁した湯	⇒	系統内の気泡（放置後透明）
浴槽内で身体に気泡が付着	⇒	系統内の気泡が体毛等に付着
湯と水が交互に出る	⇒	湯の息継ぎ・圧力や流量の変動
湯と水の勢いが異なる	⇒	水湯の圧力・水量の設定の相違
始めは冷たく、しばらくして湯になる	⇒	管内の残湯が冷えている

6 給湯温度・使用温度

　給湯温度は供給される湯の温度をいい、一般に 55 ～ 60℃とし、用途に応じて水を混ぜ使用温度まで下げて使用する。使用温度の目安は表2・18の通りである。給湯温度は、**原水温度**とともに、給湯装置を決定する上での重要な要素となる。給湯装置を決定する際には、使用目的・使用区分そして生活習慣を参考にする。

表2・18　給湯使用温度

用途	行為／温度	温度（標準温度）	流量L/min	備　考
入浴	成人	42 ～ 45℃		
	小児	40 ～ 42℃		
	シャワー	40 ～ 42℃	8.5(ハンドシャワー)	固定式は12.0～18.0L/min
洗面	洗顔	43℃	8.0 ～ 10.5	
	髭剃り	46 ～ 52℃		
台所	一般	45℃	5.0 ～ 7.5	
	食器洗浄機	60℃以上		
洗濯	絹・毛繊維	33 ～ 49℃		
	綿繊維	49 ～ 50℃		
掃除		24 ～ 30℃		
プール	競泳(スポーツ)	25 ～ 28℃		日本水泳連盟
	遊泳(遊び要素)	30℃以上		浴場と混同する利用者が多い
医用	治療浴	35℃程度		
（参考）飲料茶		50 ～ 55℃		口喉通過限度・茶煎温度は95℃前後

3・2　給湯方式

　建物の給湯の分類は表2・19に示すように、方式別では個別式と中央式があり、形式上の分類では主に瞬間式と貯湯式に分けられる。

表2・19　給湯方式の分類

分類形態	方式	特徴	対象建物等
方式別	個別（局所）式	使用量：小	住宅・事務所（号数*1） いわゆるガス湯沸器と呼称。
	中央（集中）式	使用量：大	ホテル・病院・工場 集合住宅では稀である。
形式別	瞬間式（瞬間湯沸器）	すぐに供給が可能 （ガス式が主流）	住宅等小型施設（号数*1）
	貯湯式（給湯器）	焚始め時間が必要 （電気式が主流）	住宅等小型施設 自然冷媒ヒートポンプ給湯機*2
	中央貯湯式	燃料：ガスまたはオイルが 主燃料	ホテル等大型施設。住宅では希である。 大型ビルには貯湯式が多い。

＊1：湯沸器の号数とは、原水+25℃の出湯量をいう。15号とは、15L/minの能力。
＊2：エコキュート（自然冷媒ヒートポンプ給湯機）

　個別方式は主に、住宅の給湯設備で採用される。大きく分けて、ガス式と電気式がある（図2·32）。ガス式には、**瞬間式**と**貯湯式**があるが、住宅設備では瞬間式が多く採用されている。一方、オール電化を謳っている住宅では、追い焚き機能の有無や、機能自体の賛否があるものの、最近の傾向として、自然冷媒ヒートポンプ給湯機（電力会社呼称：エコキュート、図2·33）が、使用されるケースが増えてきている。

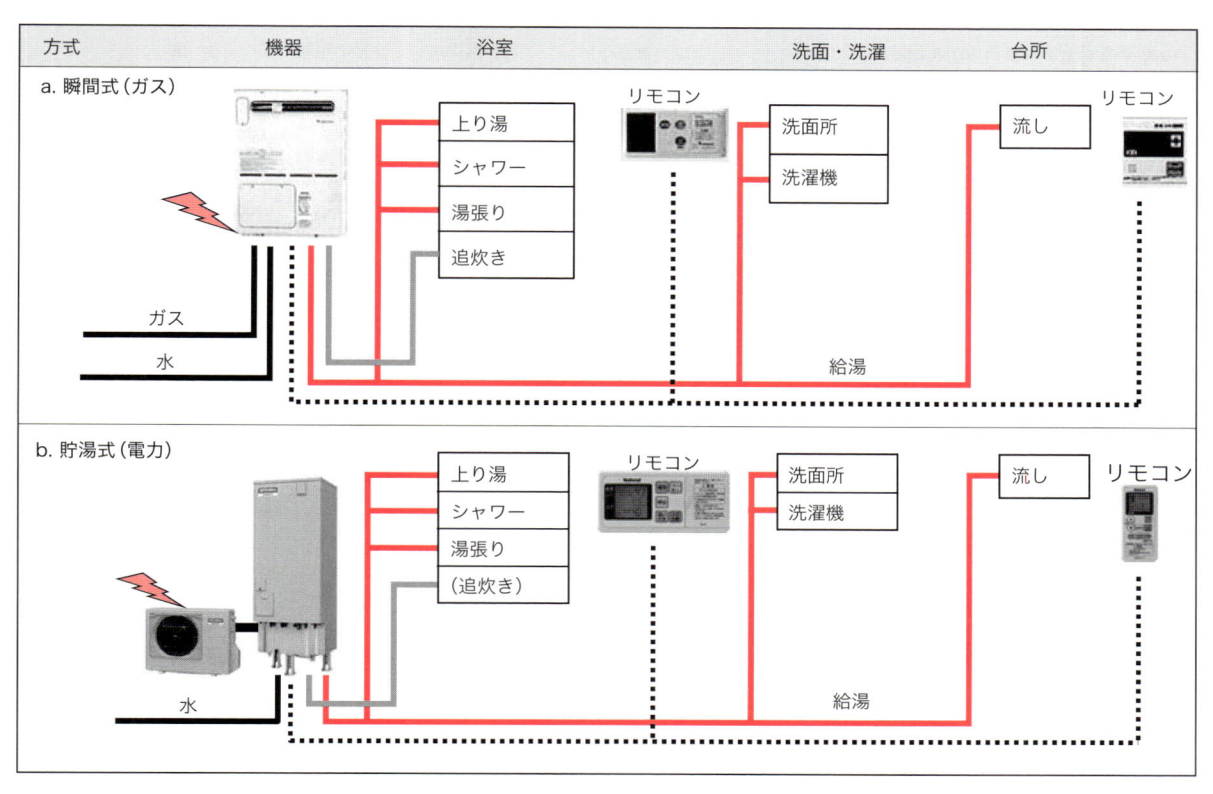

図2·32　個別式給湯系統

 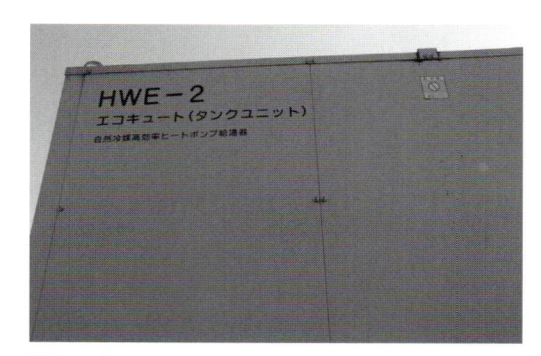

図2·33　自然冷媒ヒートポンプ給湯器（エコキュート）

2 中央式給湯方式

　中央式は、主にホテル、病院、大型工場等で採用される給湯方式である。エネルギーは、ガスやオイルによるものが多い。熱源機は、給湯専用熱源機によるほか、別熱源から、**熱交換器**により湯（温水）を製造する場合がある。中央式給湯方式のしくみと要点を図2・34に示す。

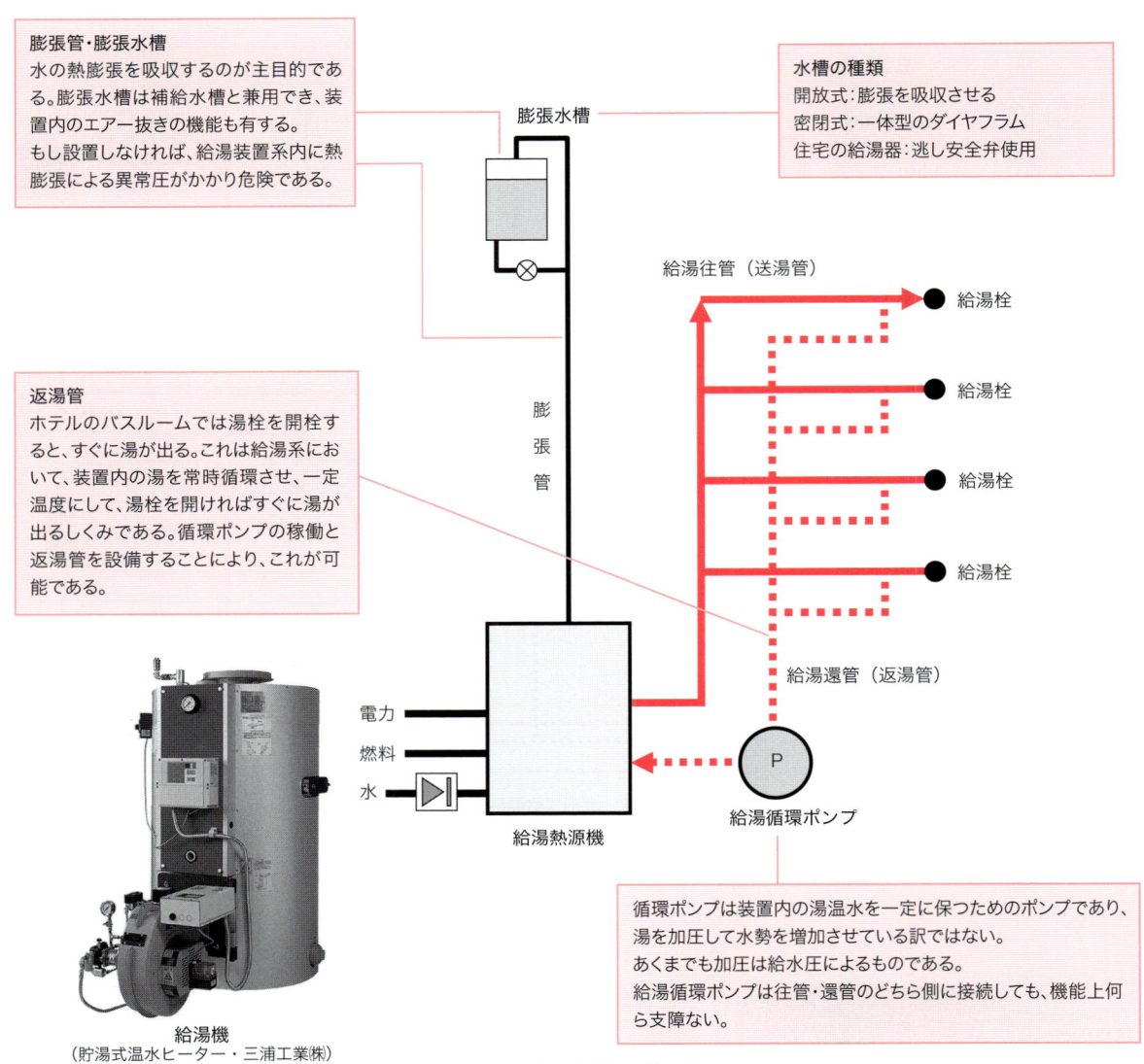

膨張管・膨張水槽
水の熱膨張を吸収するのが主目的である。膨張水槽は補給水槽と兼用でき、装置内のエアー抜きの機能も有する。
もし設置しなければ、給湯装置系内に熱膨張による異常圧がかかり危険である。

水槽の種類
開放式：膨張を吸収させる
密閉式：一体型のダイヤフラム
住宅の給湯器：逃し安全弁使用

膨張水槽

給湯往管（送湯管）

給湯栓
給湯栓
給湯栓
給湯栓

返湯管
ホテルのバスルームでは湯栓を開栓すると、すぐに湯が出る。これは給湯系において、装置内の湯を常時循環させ、一定温度にして、湯栓を開ければすぐに湯が出るしくみである。循環ポンプの稼働と返湯管を設備することにより、これが可能である。

膨張管

給湯還管（返湯管）

電力
燃料
水

給湯熱源機

P
給湯循環ポンプ

循環ポンプは装置内の湯温水を一定に保つためのポンプであり、湯を加圧して水勢を増加させている訳ではない。
あくまでも加圧は給水圧によるものである。
給湯循環ポンプは往管・還管のどちら側に接続しても、機能上何ら支障ない。

給湯機
（貯湯式温水ヒーター・三浦工業㈱）

図2・34　中央式給湯設備の例

📝**Memo**　給湯循環ポンプは、給湯管内の湯温の低下による不便さを解消させるために接続するもので、給湯栓への圧は給水圧により、水量、揚程ともごく僅かである。ポンプ接続位置は、湯を動かすだけのため、給湯系内の往管、還管のどこにつけても基本的に機能上、何ら支障はない。しかし最近、省エネルギーの観点から、常時湯を使用するような施設では、給湯循環ポンプの運転を停止、もしくは撤去してしまう事業所もある。これは、ポンプ動力は大きくても0.25〜0.4kW程度であるが、24時間365日稼働させると、2,500〜3,500kWh/年の電力消費があり、電力単価を25円/kWhとすると、約6〜9万円/年の出費となる所以である。

３ 中央式給湯の熱源機器

　中央式給湯は各種ボイラ（熱源機）で直接加熱し、湯を供給する方式と、別熱源で熱交換機能を持つ貯湯槽から湯を供給する方式がある（表2・20、図2・35）。一般的に、前者は中小規模のビルで用いられ、後者は蒸気ボイラ等の主熱源を空調用や生産用と併用させるシステムをもつ大型規模の病院、ホテル、工場等で採用されるケースが多い。

表2・20　中央式給湯設備機器

形式	加熱装置	タンク	加熱する エネルギー	備考
直接加熱式	温水ボイラー 鋼板製 真空式 無圧式　　他	タンク内蔵機もある	オイル、ガス	中小規模のビル
		直接貯蔵（貯湯槽）		
熱交換式	蒸気ボイラ	貯湯槽	オイル、ガス	大型ビル、工場
	温水ボイラ	貯湯槽	オイル、ガス	大型ビル、工場
	高温水ボイラ	貯湯槽	オイル、ガス	大型ビル、工場
	地域熱源	貯湯槽	蒸気、高温水	大型ビル

大型貯湯タンクユニット
（法政大学小金井キャンパス）

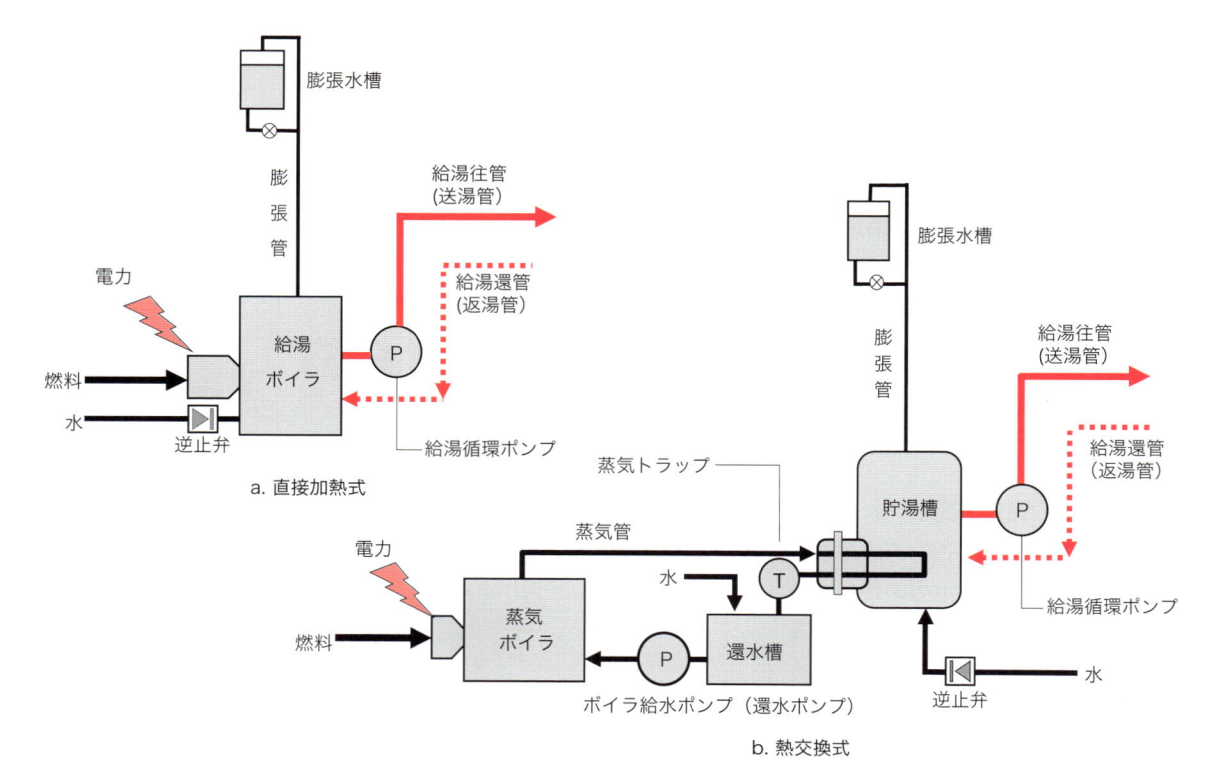

図2・35　中央式給湯設備系統

4 太陽熱給湯方式

　家庭用の単純型（個別式）と、セントラル型（中央式）がある（図2・36）。太陽エネルギーは、季節、時間、天候状態により、かなりのバラツキがある。そのため機器としては、100%の能力を保持しなくてはならない。給湯装置の稼働に際しては、太陽熱利用を第一優先とし、夜間、雨天、曇天時に通常の機器を運転する方式をとる。

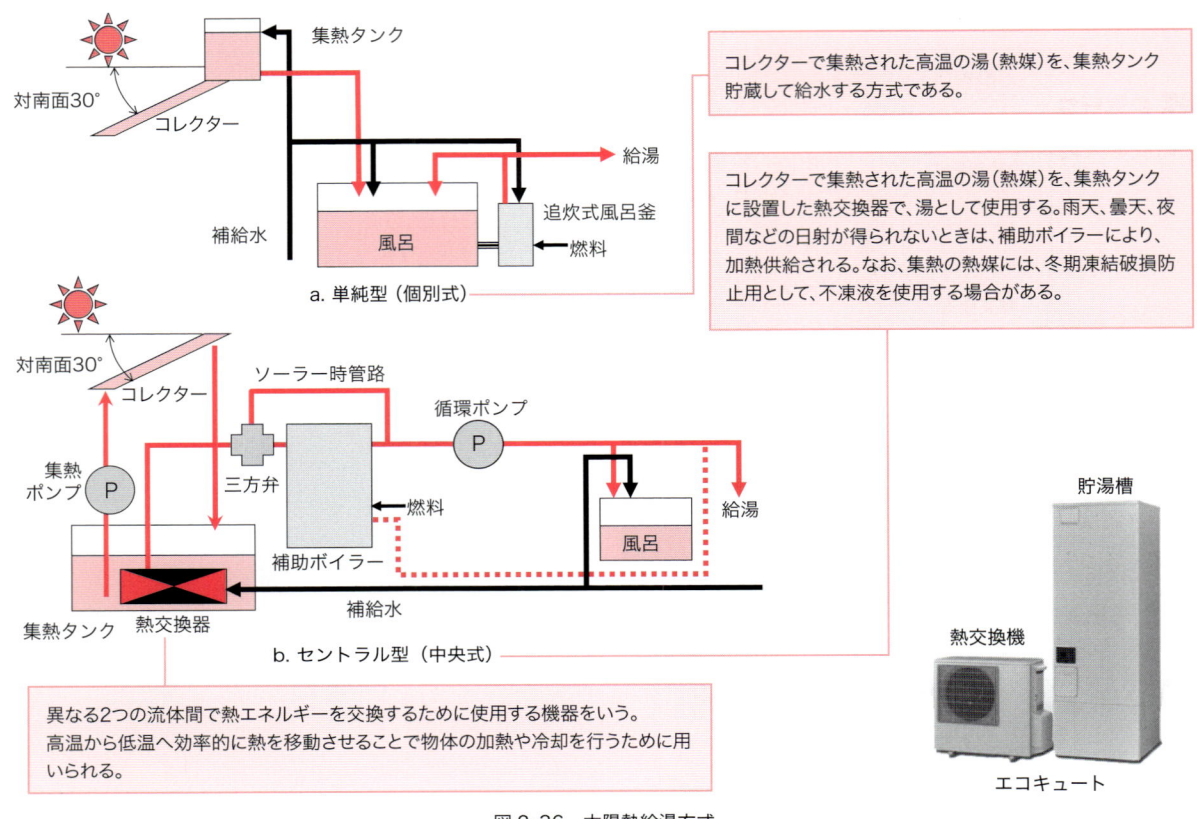

コレクターで集熱された高温の湯（熱媒）を、集熱タンクに貯蔵して給水する方式である。

コレクターで集熱された高温の湯（熱媒）を、集熱タンクに設置した熱交換器で、湯として使用する。雨天、曇天、夜間などの日射が得られないときは、補助ボイラーにより、加熱供給される。なお、集熱の熱媒には、冬期凍結破損防止用として、不凍液を使用する場合がある。

異なる2つの流体間で熱エネルギーを交換するために使用する機器をいう。高温から低温へ効率的に熱を移動させることで物体の加熱や冷却を行うために用いられる。

図2・36　太陽熱給湯方式

5 自然冷媒ヒートポンプ給湯器
（俗称：エコキュート）

　自然冷媒ヒートポンプ給湯器は、ヒートポンプ（第3章、p.102参照）により空気の熱で湯を沸かす電気給湯器であり、冷媒は二酸化炭素（CO_2）を使用する（図2・37）。

　一般のガス給湯器と比較すれば機器価格はかなり高価である一方、割引制度を利用しながら深夜電力の使用で運転費用が抑えられる。ただし、**深夜電力**の使用は機器が夜間に運転されるため、住宅地における**低周波騒音**が問題視されている。

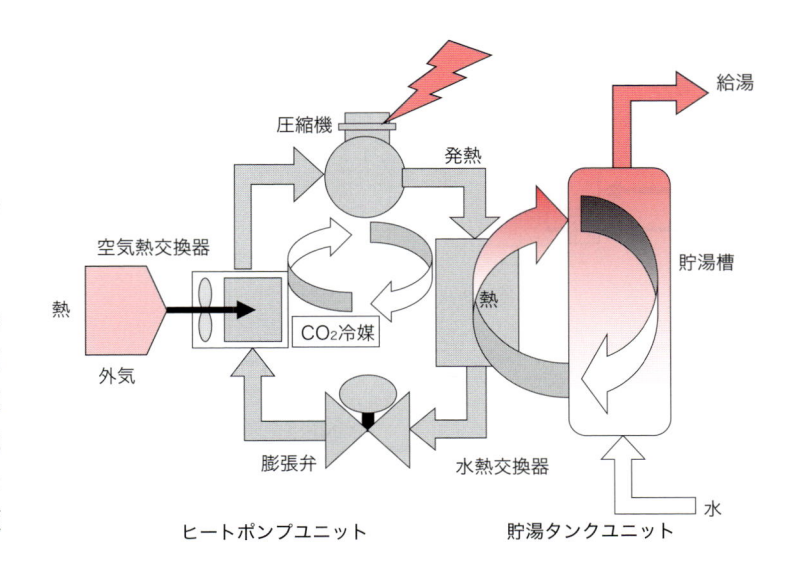

図2・37　自然冷媒ヒートポンプ給湯方式

1 建物別、器具別給湯量

給湯計算をするには、給湯供給量、給湯温度、加熱される原水温度等の諸要素を考慮する。

給湯設備計画をする上での給湯量の目安を表2·21に示す。また、実施設計時における、衛生器具の建物別給湯の消費量を表2·22に示す。

2 給湯計算

・時間最大給湯量：Q_h (L/h) $= \sum (Q_{hm} \times N) \times \eta$

$\quad\quad\quad\quad Q_{hm}$：器具1個の給湯量 (L/h) （表2·22）

$\quad\quad\quad\quad N$：各器具の個数

$\quad\quad\quad\quad \eta$：同時使用率

・貯湯容量：V (L) $= K \times Q_h / 0.7$

$\quad\quad\quad\quad K$：貯湯係数

・加熱容量：H (kW) $= Q_h \times (t_h - t_c) / 860$

$\quad\quad\quad\quad t_h$：給湯温度 $\fallingdotseq 60 \sim 65℃$

$\quad\quad\quad\quad t_c$：原水温度 $\fallingdotseq 5 \sim 10℃$（冬期の水温をベースとする）

源水温度（水道水の温度）が高くなれば当然、加熱量は減るので、これに伴い、お湯を沸かすエネルギー消費を抑えることができる。

表2·21　建物別給湯（60℃基準）

施設名称	給湯量	参考
住宅・集合住宅	150〜250 L/d·戸	住宅・共同住宅の全使用水量 200〜400L/d·人　250L/d·人（平均）
ホテル・旅館	150〜250 L/d·人	
飲食店舗	40〜 80 L/d·人	60〜120L/d·席
病院・医院	100〜200 L/d·床	2〜4L/m²·d

出典：空気調和・衛生工学会『空気調和・衛生工学便覧』第14版

表2·22　建物別、衛生器具の給湯 Q_{hm} (L/h：60℃基準)

器具名	住宅		ホテル	病院	体育館	工場	学校
	戸建	アパート					
個人洗面器	7.5	7.5	7.5	7.5	7.5	7.5	7.5
共用洗面器	－	15	30	22	30	30	57
洋式バスタブ	75	75	75	75	100	75	-
シャワー	110	110	280	280	850	850	850
厨房流し	38	38	110	110	-	75	75
配膳流し	19	19	38	38	-	-	38
洗濯流し	75	75	106	106	-	-	-
掃除流し	57	75	110	110	-	75	75
同時使用率（η）	0.30	0.30	0.40	0.25	0.40	0.40	0.40
貯湯係数（K）	0.70	1.25	1.00	0.80	1.00	1.00	1.00

1 循環濾過系統

　循環濾過設備は公衆浴場の大浴槽、温水プールおよび、池・噴水・流れ・人工滝等の水景の水質保持に用いられる（図2・38）。

　濾過設備は、濾材の選定、循環回転数（**ターンオーバー**）、薬液注入が重要となる。槽内にヒトが入る水質の汚染の大半は、体から出る油分によるものである。特にプールや浴場の場合は、油分は表面に浮く傾向があるので、リターンはオーバーフローから取るのがよい。濾材は、吸着性の高いものが優秀である。当然ながら、最終的にはメンテナンスが重要である。

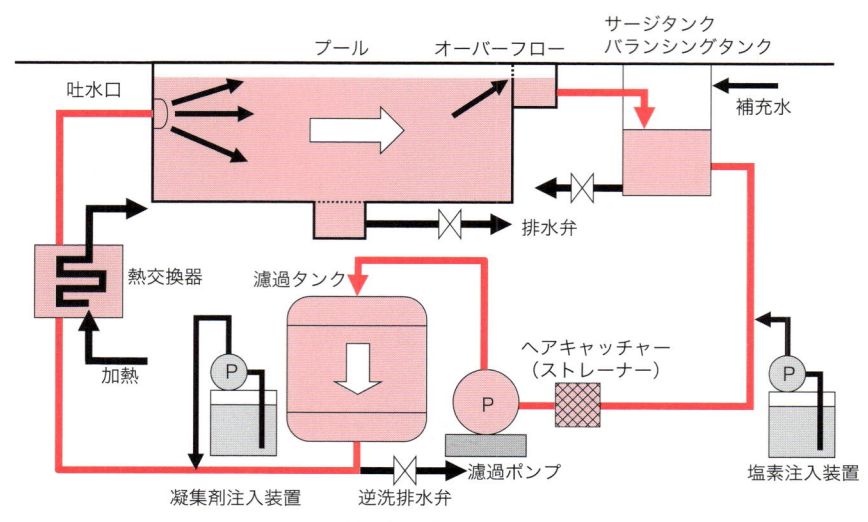

図2・38　循環濾過（プール濾過）設備系統

2 循環水量とターンオーバー

　濾過装置を計画・設計する場合、予め計算する必要があるものは循環水量の算出である。循環水量 Q（m³/h）は、

循環水量：Q（m³/h）$= N \times V / 24$

V：装置内全水量（m³）≒プール容量×1.05 〜 1.15

N：ターンオーバー（プール水が1日に入れ替わる回数、表2・23）

表2・23　循環水量算定用循環時間とターンオーバー

プール・池		循環時間	ターンオーバー		備考
			屋内	屋外	
プール	学校用	7〜9h	4〜6	5〜7	文部科学省規定など参照
	競泳用	7〜9h	4〜8	6〜10	水泳連盟規定など参照
	練習用	7〜9h	4〜8	6〜10	水泳連盟規定など参照
	レクリエーション	4〜6h	6〜10	8〜12	遊泳、渡渉プール含む
	子供用	4〜6h	8〜12	10〜14	
	幼児用	4〜6h	24以上	24〜28	
修景池など	公園池	12〜15h	—	5〜7	参考値
	観賞魚飼育池	24h	—	7〜10	参考値・専門業者と要協議
	養殖池	24h	—	10〜15	参考値・専門業者と要協議

3 レジオネラ属菌

　循環濾過で特に留意する点は、循環装置系統内を棲家とする、レジオネラ属菌に対する防護・予防である。レジオネラ属菌は、空調用冷却塔の循環系から発見された病原菌で、それと同種の菌が給湯および循環濾過系に多く含まれ、シャワーや気泡浴で発生する**エアロゾル**（細かい水滴）を吸入することで発症する（図2・39）。

　この菌は、池・湖沼等の自然界に多く存在する。建物では、冷却塔循環水系（図2・40）をはじめ、一般家庭や中央式給湯設備を有するホテル・旅館、老人福祉施設や、温水プールの循環濾過装置（図2・41）に存在する。この菌の生殖・繁殖・活動域は 20℃〜 45℃といわれている。

　レジオネラ属菌を防止するには、一般に 55℃以上（推奨は 60℃）の湯温と滅菌消毒を怠らないようなメンテナンスが必要である。また、循環濾過のない、いわゆる"かけ流し"の場合、当然菌は検出されていない。

　また、図2・42 のように滅菌装置を設置することによってレジオネラ属菌を防止する。

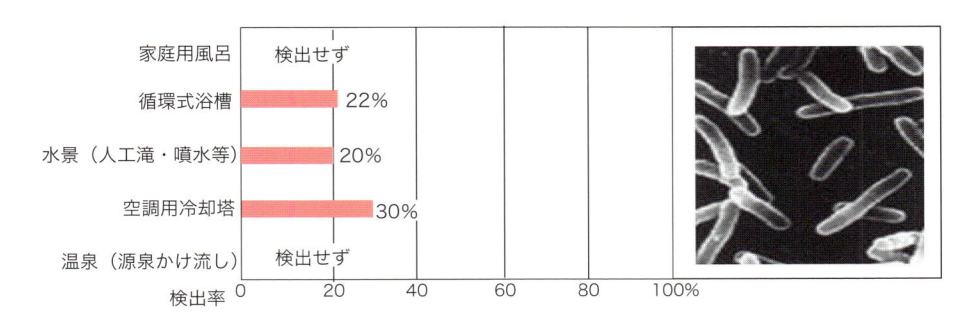

図2・39　レジオネラ属菌検出率

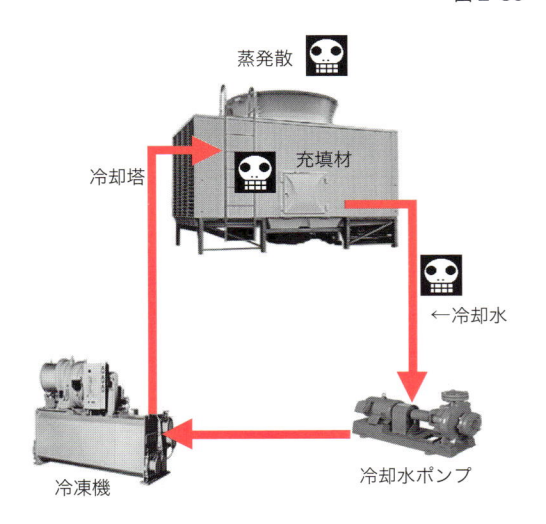

図2・40　冷却塔循環水系

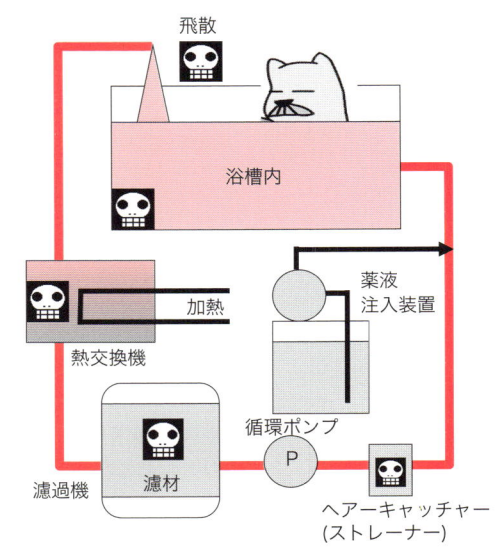

図2・41　給湯循環濾過装置系統

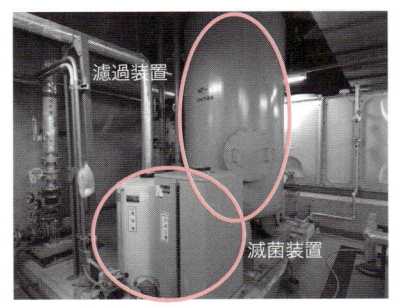

図2・42　濾過装置と滅菌装置

建物から排出される「水」は、“生活排水”と、“雨水”を主とした自然現象によるものに大きく分けられる。

4・1　排水設備の基礎

1 排水・通気設備の考え方

　排水・通気設備は、一般に給水・給湯配管に比べ、管径が大きいだけでなく、自然勾配になることが多いので、屋内では天井の確保が重要である。身近な現象で考えれば容易に理解できよう（図2・43）。排水・通気設備の性質を表2・24に示す。

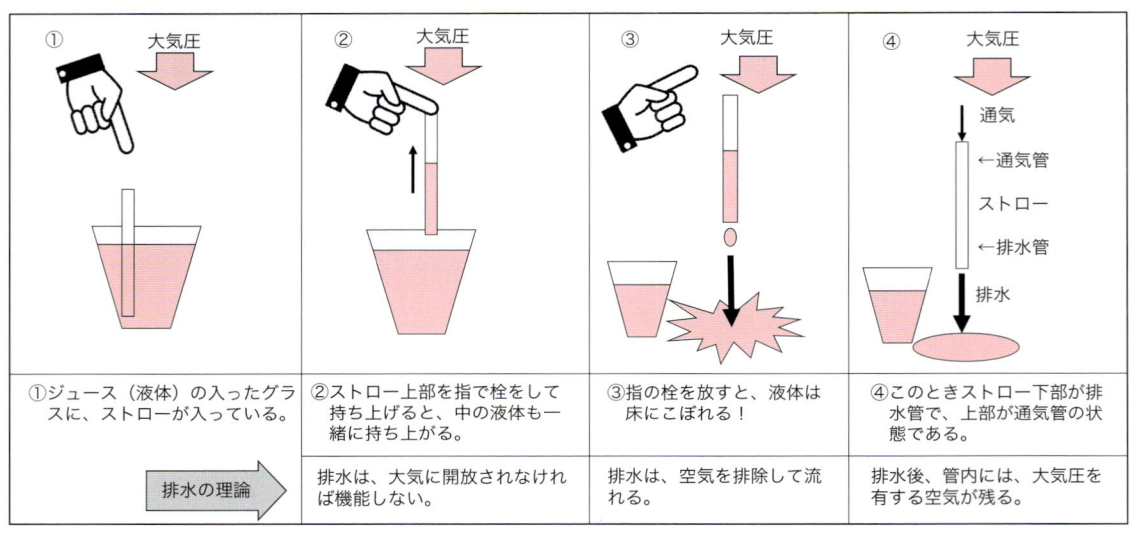

図2・43　排水・通気設備の原理

表2・24　排水・通気設備の性質

1. 基本は重力による自然流下である
2. 管内の水は、間欠的に流れる
3. 水は管内の空気を排除しながら流れる
4. 流出後の管内は、大気圧を有する空気が残る
5. 管内は排水の集中的流入と、短時間排出の繰り返しである
6. 排水中、管内水速・水深・気圧は常に変動している
7. 建物内の排水管は、下水道と直結している
8. 有害ガス・臭気・小動物・昆虫・ウジムシの通路になりかねない
9. 排水管は空気と接触し、適温・適湿で、カビ・雑菌が繁殖し、管の内壁に付着する
10. 排水管の先端には必ず排水トラップをつける

2 排水の分類と呼称

排水は通常、呼び方、方式別、排出方法別に分類される（表2·25）。

- **汚水**：便所からの洗浄水排水。
- **雑排水**：便所排水以外、風呂、シャワー、洗面所、洗濯等からの排水。
- **厨房排水**：通常大·中型厨房排水。小型厨房や住宅は、通常、一般雑排水とともに流す場合が多い。
- **特殊排水**：工場、病院等からの有害物質を含む排水。
- **ドレーン**：空調凝縮水の排水。
- **湧水**：地下に浸透した雨水や、地中水位面からの排水。
- **雨水**：天水（雨水·雪·雹等も含む）の排水。

表 2·25　排水の分類と方式

呼称	建築設備	呼称	行政、一般的な扱い
汚水	便所排水	汚水	生活排水・特殊排水の全て
雑排水	便所以外の排水		
特殊排水	有害物質の排水	雨水	雨雪等、降水に限定湧水・空調ドレーン*
雨水	雨・湧水・空調ドレーン*		

* 湧水・空調ドレーンは、放流先の状況や、行政の考え方で、汚水に分類される場合がある。

方式	建築設備	行政、一般的な扱い
合流式	汚水・雑排水の合流	生活排水と雨水を合流
分流式	汚水・雑排水の分流	生活排水と雨水を分流

設置場所	自然排水（重力式）勾配	機械排水（動力式）
建物	上階⇒下階（垂直～1/50）	下階⇒上階（ポンプアップ）
敷地	山⇒谷（1/100以内）	谷⇒山（ポンプアップ）

3 排水の系統

建物から排出される**生活排水**や**雨水排水**は、特定の経路で放流される（図2·44）。放流先は各地方自治体により、直接終末処理場に放流できる場合や、各建物で汚水処理装置の設置が義務付けられる場合がある。

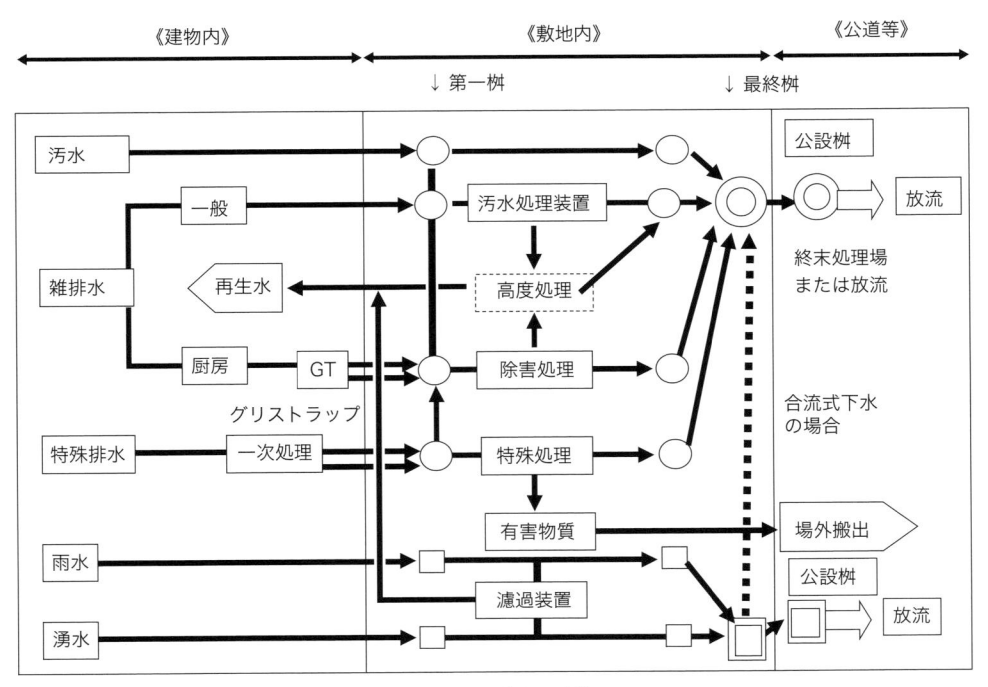

図2·44　排水の系統

4 間接排水

　間接排水は、清浄域から直接排水する場合、上流の清浄域が汚染されないように、直接に配管接続することをしないで、間接排水として一定の距離間隔をもたせて排水することである。この排水系との隔離された距離を、**排水口空間**という（図2・45）。間接排水を必要とする器具を表2・26に示す。

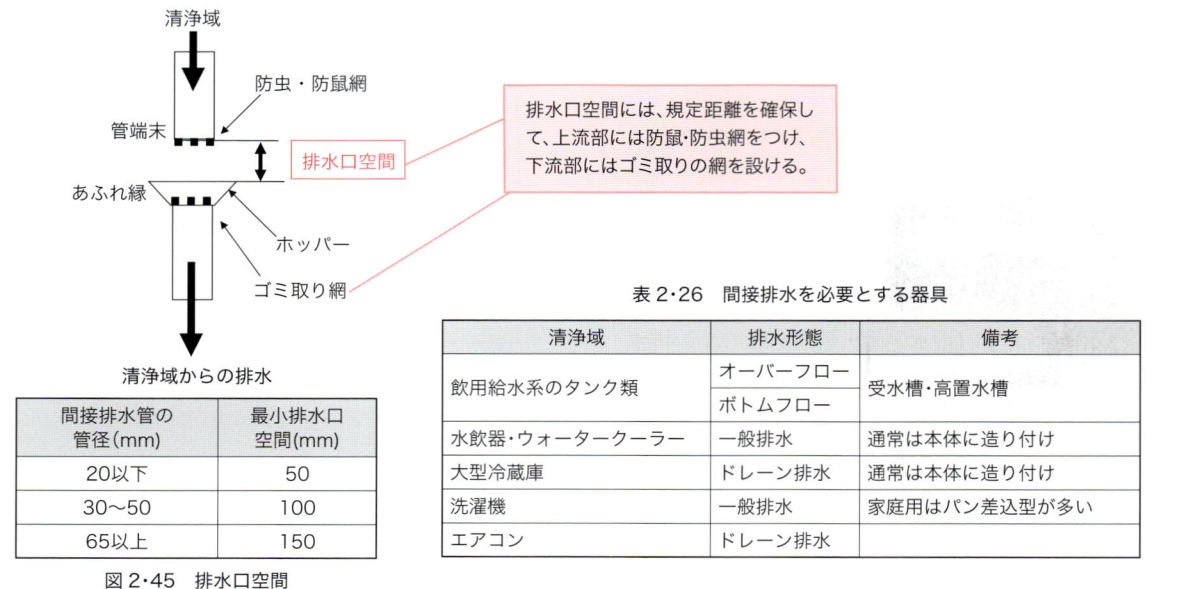

排水口空間には、規定距離を確保して、上流部には防鼠・防虫網をつけ、下流部にはゴミ取りの網を設ける。

清浄域からの排水

間接排水管の管径(mm)	最小排水口空間(mm)
20以下	50
30～50	100
65以上	150

図2・45　排水口空間

表2・26　間接排水を必要とする器具

清浄域	排水形態	備考
飲用給水系のタンク類	オーバーフロー	受水槽・高置水槽
	ボトムフロー	
水飲器・ウォータークーラー	一般排水	通常は本体に造り付け
大型冷蔵庫	ドレーン排水	通常は本体に造り付け
洗濯機	一般排水	家庭用はパン差込型が多い
エアコン	ドレーン排水	

5 屋内排水通気

　建物内の排水・通気配管は、便所付近にあるパイプシャフトに給水や給湯等の配管とともに平行布設される（図2・46）。ポンプアップ配管を除く排水管は、建物内では1/50以上の勾配を持つ先下がりである。一方、通気管は先上がり勾配を取る。

> ✎**Memo**　通常3階建て以上のビルでは、上階からの排水管と最下階(1F)部の排水管の直接接続は、下階排水の流れを阻害するため、桝で合流させるとよい。
>
> 　通気は、ループ通気とし、排水管頂部の伸頂通気、環状通気、最下流器具との逃がし通気を設け、排水を円滑にし、**排水トラップ**を保護する。

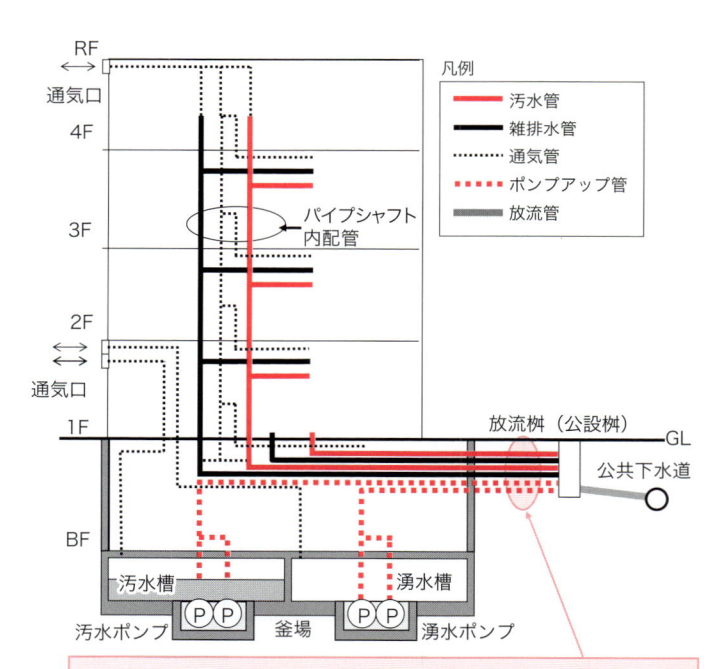

上階からの排水管と最下階(1F)部の排水管は、上層からの落差による高速の水流が、最下部の横引で流速が急に遅くなるため、最下階の排水の流れを阻害する。そこで、図のように直接接続せず、桝で合流させると、排水妨害や、トラップからの汚水吹出しを防止できる。

図2・46　屋内排水・通気系統

排水の先端には必ず排水トラップが付けられている。

1 排水トラップの目的と種類

排水トラップの目的は、下水管からの臭気や害虫の侵入を防ぐことである（図2・47）。トラップの種類は、建物の排水場所、位置、排水方向、使用目的により、様々な種類があり、状況に応じて選択し設置する（図2・48）。

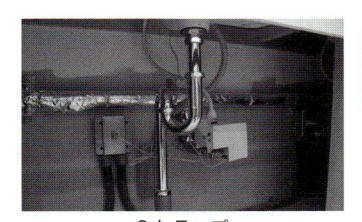

Ｓトラップ

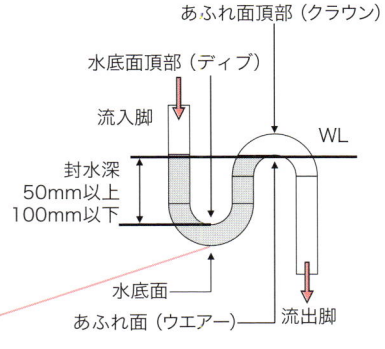

あふれ面頂部（クラウン）
水底面頂部（ディプ）
流入脚
WL
封水深 50mm以上 100mm以下
水底面
あふれ面（ウエアー）
流出脚

図2・47　排水トラップ

封水とは、「水の壁」で臭気、有害ガス、小動物や昆虫の室内進入を防止するものである。

排水トラップ			阻集器付トラップ		
排水トラップ名称	トラップの形状	備考	排水トラップ名称	トラップの形状	備考
P型		壁側に排水	グリース阻集器付		厨房等の油脂阻集 図2・50参照
S型		床側に排水	ガソリン	通気	ガソリン等、蒸発性気体の阻集・大気放散 通気（通常GL＋4m以上）
U型（ランニング）		配管途上、横引配管に設置	プラスター	形状等はほぼ同じ	石膏類の阻集
ベル型（椀型）		床排水（通称：T-5） A：一般床 B：防水床	ヘアー		頭髪等の阻集 理髪・美容室洗髪
造り付け型		流し排水（通称：T-14） A：一般床 B：防水床 流し付属でない場合	サンド	阻集カゴ	研磨砂等の阻集
ドラム型		阻集かご付 少量の夾雑物阻集可能	備考		便器等、衛生陶器には陶器製一体型造り付けトラップになっている。

図2・48　主なトラップの形状

2 排水トラップの注意

封水破壊は建物内に臭気等の進入を招くので、十分留意しなければならない。また、トラップは臭気等の進入を防止できる優れものであるが、排水の流れを阻害するので、トラップを二重に設けてはならない（図2・49）。

阻集器付トラップ（図2・50）は、排水の流出を妨げる夾雑物や油脂を水際で除去し、排水系統を防護させる目的をもつ。

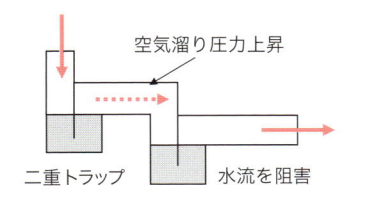

空気溜り圧力上昇
二重トラップ　水流を阻害

図2・49　二重トラップ

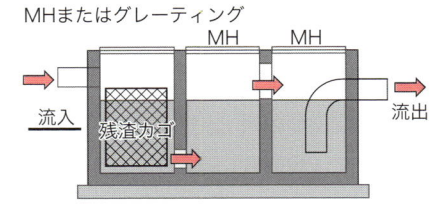

MHまたはグレーティング
MH　MH
流入　残渣カゴ　流出

図2・50　阻集器付トラップ（グリーストラップの例）

2 給排水・衛生設備

3 封水の破壊（破封）

　排水トラップは排水管からくる臭気など、室内に対する悪影響を「水の壁」つまり封水で守っている。この封水が破壊されると、室内環境に様々な悪影響を与える。

　封水破壊の要因を表2·27に示すが、排水管内の圧力変動や、室内環境条件のほか、諸現象により、封水が破壊される可能性を秘めている。

表2·27　排水トラップの封水破壊

原因	説明	関連事項
自己サイフォン作用	トラップ内の封水が、通常満水で機能しているはずの水が引っ張られる	・大容量 ・自浄作用効果
誘導サイフォン作用	大気圧と管内気圧差で管内水位が変化する	・封水流下
毛細管現象	毛髪・糸屑がトラップのあふれ面（ウエアー）に溜まり、封水が破壊される	・浴槽の床排水 ・洗面器
蒸発作用	封水が蒸発して、トラップが機能しない	・冬期に使用しない別荘等で多発 ・空調ドレン管（通常冬期にドレンは出ない）の接続・放流先に注意する
はね出し作用	一度に多量の水を排出すると、封水がはね出す	・管内の空気圧が上昇する

4·3　通気設備

　通気設備は、通気管を有効に配することで、排水管内の水流を円滑にし、**サイフォン現象**（図2·8参照）を主とする排水管内圧力変動を抑制する。そして排水管内に異常圧力が生じないようにして、トラップの封水を保護している。

　通気設備は**封水保護**のほか、水流の保護や管内換気による清潔保持を目的とする。一方、サイフォン現象を引き起こす圧力変動は、封水を破壊する要因の一つであるが、管内の自浄作用効果がある。以下に3つの通気方式を示す。

1 各個通気方式

　通気管を各器具からそれぞれ立ち上げ、通気横枝管に結び、その枝管の末端を通気立て管、または伸頂通気管に接続する通気方式である（図2·51）。**自己サイホン**作用を防ぎ、通気の機能を果たすには最も良い方式であるが、設置費は最も割高である。

2 ループ通気方式

　排水横枝管の最上流の器具の下流側から通気管を立ち上げて通気横枝管に連結し、その末端を通気立て管に接続する通気方式である（図2·52）。自己サイホン作用は防止できないが、最も多く使われている方式である。

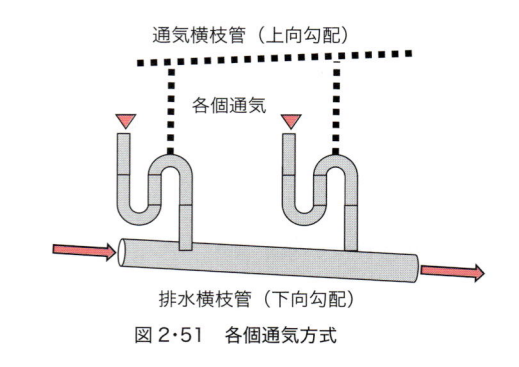

図2·51　各個通気方式

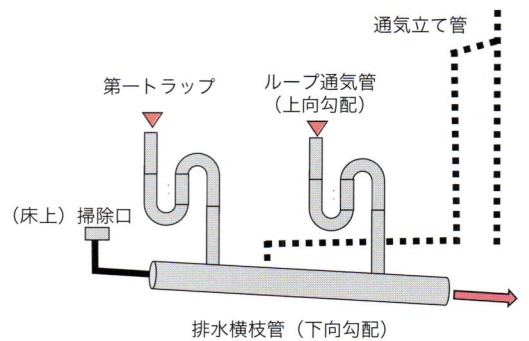

図2·52　ループ通気方式

③ 伸頂通気方式

排水立て管とその頂部の伸頂通気管だけで通気するもっとも単純な通気方式である（図2・53）。設置費は最も安価であるが、排水立て管と器具が接近していて、かつ各器具排水管が単独に排水立て管に接続する場合にのみ採用が可能である。

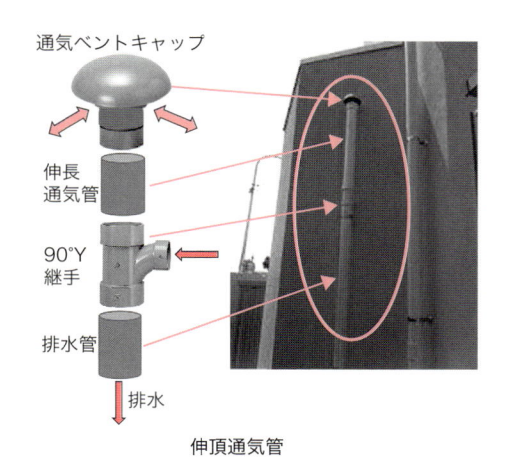

伸頂通気管

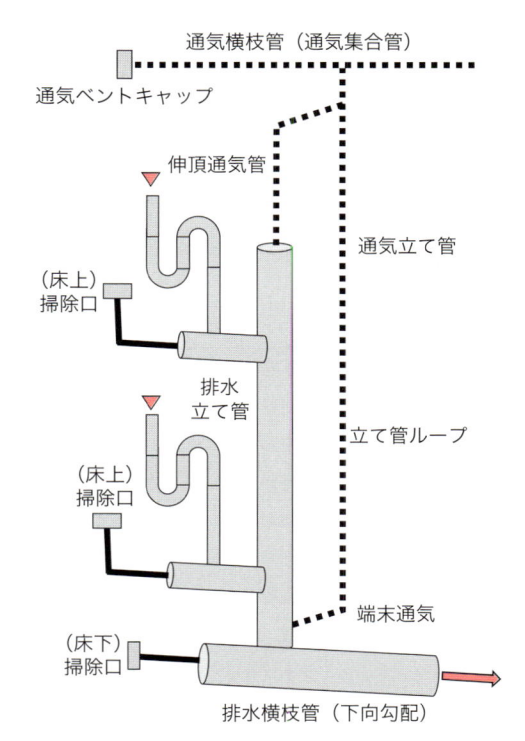

図2・53　伸頂通気方式

4・4　排水量

生活排水量の算出は、基本的に給水設備における、給水量から算定される。下記に示す、排水されない水を差引くと、給水量×約85％が一般的である。

① 排水されない水

生活等で使用されても排水されない水には、飲料消費、池や散水での蒸発散、植栽散水等の地下浸透、タンク補充、空調設備冷却塔補給水がある。

■ 散水：蒸発散・地下浸透

散水量 Q（m³/d）は、

Q（m³/d）＝散水面積（m²）×散水量（m/d）

で求める。通常、ゴルフ場や公園での芝散水量は、3mm/d ＝ 0.003m/d で計算する。

■ 冷却塔補給水：蒸発・飛散

冷却塔のキャリーオーバー（蒸発散）量 Q（m³/d）は、

Q（m³/d）＝蒸発散率×冷却水循環量（m³/h・Rt.）×REF（Rt.）×H（h/d）

H（h/d）：日運転時間

蒸発散率：循環量の 2 ～ 3％

循環量の 2％：ウォーターチラー、ターボ冷凍機、往復動冷凍機等、電動式冷凍機

循環量の 3％：ガス吸収式冷温水機、蒸気吸収式冷凍機等、吸収式冷凍機

冷却水循環量：0.78 ～ 1.06 m³/h・Rt

1（Rt.）＝ 3,516（W）＝ 3,024（kcal/h）{1(kW)=860（kcal/h）}

Rt.（冷凍トン：米トン）は、USRT で表示される場合がある。

2 排水管口径

　管口径は、流量・摩擦抵抗・流速・内面粗度・勾配・充水率により求められる。通常は、排水負荷単位、管勾配、管ブランチ間隔、そしてトラップ口径を見すえながら決定する。ブランチ間隔とは、排水立管に接続流入する排水横管の間隔が、2.5m を超えるものをいう。

　管口径の決定法は、まず排水系統中、表 2・28 に示す排水負荷単位を求め、次に表 2・29 の管口径に対する許容排水負荷単位より管口径を求めるとよい。

表 2・28　排水負荷単位表

排水器具	トラップ口径 (mmφ)	排水負荷単位	備　　考
大便器・ＦＶ式	75	8	
大便器・タンク式	75	4	
小便器・ＦＶ式	40 or 50	4	
小便器・タンク式	40 or 50	4	
洗面器	32	1	
手洗器	32	1	
浴槽	40 or 50 (50〜65)	3 (4〜6)	（　）は洋式
シャワー	40 or 50	3	
台所流し	40 or 50	0.5	
料理場流し	50	3	業務用
食器洗流し	50	4	業務用
掃除用流し	65	2.5	業務用
公衆浴場	50、65、75	4〜6	業務用
その他	32、40、50、65、75、100	1、2、3、4、5、6	

表 2・29　管口径別許容排水負荷単位

管口径 (mmφ)	許容排水負荷単位				
	横管	縦管		間隔4以上の縦管	
		間隔3以下	1縦管	1の最大値	
32	1	2	2	1	
40	3	4	8	2	
50	6	10	24	6	
65	12	20	42	9	
75	20	30	60	16	
100	160	240	500	90	
125	360	540	1,000	200	
150	620	960	1,900	350	
200	1,400	2,200	3,600	600	
250	2,500	3,800	5,600	1,000	
300	2,900	6,000	8,400	1,500	

TU ：総排水単位
　＝ Σ（n×排水U）
　n ：器具数量
　排水U：器具の排水単位

排水管口径は、設備設計上は厳密な場合を除き、第1番目の器具にある、トラップ径または、それ以上とし、さらに下流へは、最終主管口径とすることが多い。通気管は通常排水管の1サイズ落ちとする。

4·5　雨水排水

　建築と雨水は、人類が住居を形成して以来、切っても切れない関係がある。雨水は、生活排水と異なり、現在の気象学を駆使しても排出量と時間的予測が、全くできないわけではないが相当困難である。しかも、排出量は生活排水に比べ、短時間で遥かに大量である。

1　雨水量の計算

　建物の屋根や、敷地内に降る雨水量の計算式は、国土交通省による**合理式**により以下の通りである。

　雨水量 Q（m³/sec）$= 1/360 \times C \times I \times A$

　　C：流出係数

雨が降った場所における、流出（浸透）の度合いである。地域性を考慮して数値を決めている場合がある。右の数値を目安とすればよい。

　I：降雨強度（mm/h）

　各地域により、降雨強度の値は変わる。通常、ビルでは、3〜5年に1回程度の降雨を想定している。

　道路では3年確率、10分強度、土木では通常、10〜100年確率で考えている。

　各地の降雨強度を表2·30に示す。東京の降雨強度は東京都算定式によって次のようになる。

　$I = 5,000 / (t + 40) \fallingdotseq 110$mm/h

　　t：流達時間（3〜10分）

　　A：排水（流域）面積（ha）

　　1ha $= 10,000$m² である。

> 流出係数は、水面に降った雨を、$C = 1.0$（全部流出）として決めたもので、下の1.0との差は地面浸透または蒸発散したものである。
>
> ・屋根：0.85〜0.95
> ・舗装道路：0.8〜0.9
> ・舗装歩道：0.75〜0.85
> ・芝地：0.05〜0.25
> ・土（ダート）：0.1〜0.2
> ・山地（緩→急）：0.2〜0.4〜0.6

表2·30　各地の降雨強度

区分	都道府県・地域名	降雨強度 （mm/h）
1	北海道	60
2	青森	70
3	秋田　岩手　山形　宮城　新潟　福島　長野　山梨の盆地	80
4	茨城　長野　山梨　富山　石川　福井　滋賀　京都　大阪　兵庫 島根　鳥取　岡山　広島　山口　香川　愛媛　徳島（吉野川流域）	90
5	静岡　愛知　岐阜　三重（志摩以北）　奈良（大和川以北）　大分　小笠原諸島	100
6	栃木　群馬　埼玉　東京　千葉　神奈川　福岡　熊本　宮崎	110
7	奈良（紀ノ川以南）　三重（志摩以南）　和歌山　徳島（吉野川以南） 高知　佐賀　長崎　鹿児島　伊豆諸島	120
8	沖縄	130

降雨強度は、1961-2008年気象官署データに基づく、3年確率10分間降雨強度　　　　　出典：（社）日本道路協会資料

2 雨水配管

　建築における雨水は、基本的には縦樋により、そして、極力横引きを少なくして、即座に建物外に排出しなくてはならない。

- ・雨水管径は屋根面積に対応する雨水量から算出。
- ・表2·31は屋根の受持ち面積に対する雨水配管口径の略式の決定法であり、東京付近の降雨強度（$I = 110mm/h$）に基づく数値である（**4·5** **1** 参照）。
- ・屋根面へのゴミや落葉により降雨時、ルーフドレーンの詰まりが予測されるため、それへの対応として、縦樋を複数設置するべきである。ただし、屋根面積を小さく、縦樋管口径を太めに設定すると、縦管は一本で対応できる場合がある。

表2·31　屋根の受持ち面積に対する雨水配管口径の略式決定法

口径 (mmφ)		50	65	80	100	125	150	200
屋根受持ち面積(m²)	縦樋	67	135	197	425	770	1,250	2,700
屋根·管勾配対応面積(m²)	1/25	–	127	186	400	–	–	–
	1/50	–	90	131	283	512	833	–
	1/100	–	–	–	200	362	589	1,270

出典：空気調和・衛生工学会

3 屋外排水配管

　屋外排水配管には、通常、硬質塩化ビニール管や、PC製ヒューム管が用いられる。

Memo 　・雨水はこれら配管の他、U字側溝やカルバートによる。

- ・埋設深度は、敷地内は最低でも、GL-600㎜とし、自動車等、重量物の通過が予測される場合は、GL-1,200㎜以上を確保する。
- ・敷地内の管勾配は1/100より急勾配であることが望ましい。

　＊建築では1/50、1/100という表現が多いが、土木・造園では1/50勾配を、2％または20‰、1/100勾配を1％または、10‰と称する。これは、土木では、1/100 = 10/1,000で分母を1,000として表す場合が多い所以である。‰は、パーミルまたは、パーミリと呼ばれている。

4 排水桝

　排水桝は、屋外排水設備として排水管内の清掃と点検のために設けられる。屋外桝は配管の合流点、曲がり角に配置し、桝間距離は屋外配管口径の120倍（100φ、100mm×120 = 12m）以内とする。

　桝は、雨水用と汚水（汚水・雑排水）用がある（図2·54）。雨水用の桝は、**溜桝**（雨水桝）といい、底部に$D = 150$㎜以上の**泥溜り**を設ける（図2·55）。

　汚水・雑排用水の桝は、**インバート桝**といい、底部にインバート（水路：みずみち）を切り、水流を良くする。

　大型桝はPC製桝ブロックの組合せが用いられ、小口径桝は硬質塩化ビニール製が多く採用される。一方、桝の現場施工は減ってきてはいるが、配管口径に適合せず、特殊な形状や深さを要求される場合には現場で施工される。

図2·54　集水桝

■ マンホール

マンホールは、マンホール蓋とリングで形成される。形状としては、丸型・角型・格子型等がある。耐荷重に応じて、重耐重・中耐重・軽耐重型があり、さらに、防臭型・防水型が、目的やデザインに応じて設置される。マンホールは、穴の中に蓋が落ちないようにするため、丸型が圧倒的に多い。

目的	合流点に設置。水流の円滑化。管内の清掃・点検。
機能	溜(ため)桝（雨水）：泥溜り－D=150mm以上付き
	インバート桝（汚水）：内部"水みち"付。流れやすくする。
形状	コンクリート現場製作型・PC組合せ型・小口径塩ビ桝

> **Memo** マンホール (man hole) は人孔(じんこう) といい、その名の通り人が管理点検用に入ることのできる構造である。

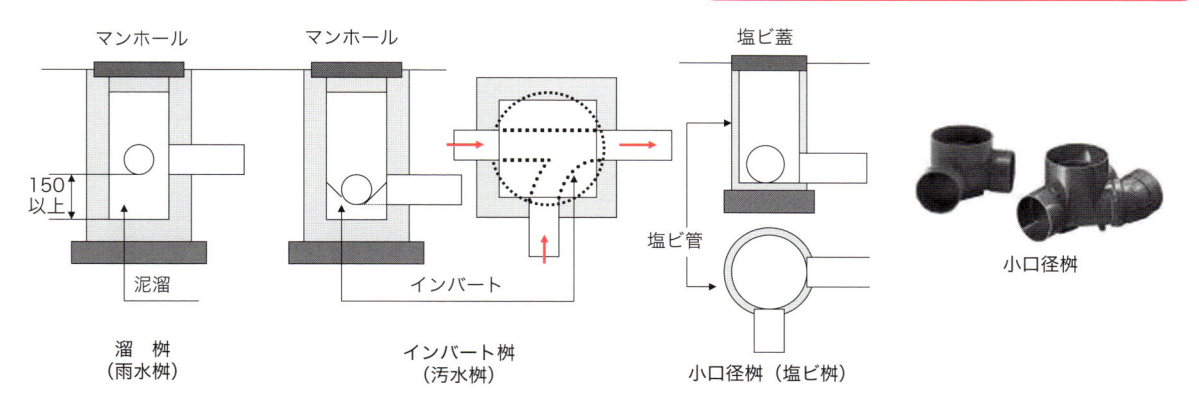

図2・55 桝の形状

マンホール蓋は、丸型？ 角型？

元々マンホールは地中等に、隠ぺいされた設備用各種機器や配管、配線類を点検やメンテナンスのため設置するものである。寸法は、上部から点検や作業をする場合は、300 〜 450mm であり、中に半身乗り出しての作業には 450 〜 600mm、地下下水道のように桝の中に入る場合には最低 600mm 以上が必要である。街なかでみられるマンホールには、上下水道用、電力用、通信用、地域冷暖房用のものがある。

これらのマンホールは、図のように、丸い型のものと四角いものがみられる。本来マンホールは、設備管理上必要なもので、基本的には、地下マンホールが丸型の場合は共に丸蓋、一方、角形桝は常角蓋が使用されることが多い。

マンホールは地下設備に対する点検口で、通常は浅くても 600mm、深いものは 1,000mm をはるかに超えるものがある。ここで、蓋の形状が問題となる。**丸蓋は、桝底に決して落下することはない。**しかし**角蓋は、対角線上に持って行くと蓋は桝底に落下する。**角蓋が桝底に落下しない寸法は、図のように、「辺長 (a) ×$\sqrt{2}$ ≒ 1.5a」でなくてはならない。

角蓋が落ちない寸法
$\sqrt{2}$×a≒1.5×a

■ ドロップ桝

ドロップ桝は、主に屋外排水設備に用いる桝のうち、上流・下流の排水管の**落差が大きい箇所**に設ける桝である（図2・56）。これは、管路の根伐り深さが深くなりすぎるのを防いだり、流速が下流で加速することを防ぐために設ける。固形物等がはね出し固着して、流れが阻害される恐れがある管路の下流側に設ける。大きくなったり、急勾配になる場合は、副管を設置する。（図2・56・b）

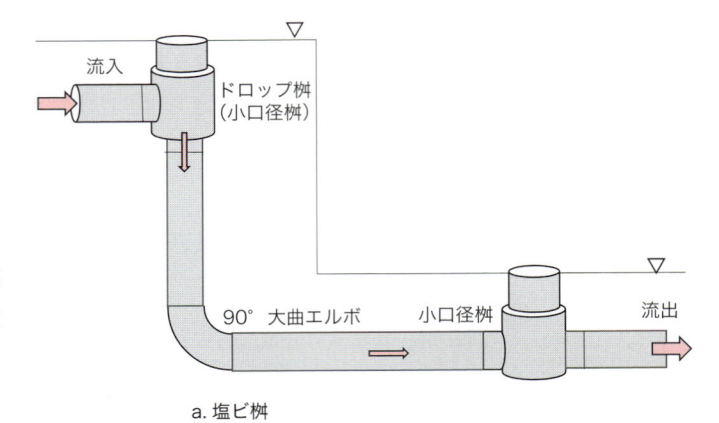

a. 塩ビ桝

ドロップ桝

b. 人孔桝 副管付

図2・56　ドロップ桝

■ トラップ桝

間接排水口や、エアコンドレーン等を汚水または雑排水系に放流する場合、排水口が開放されていると、汚水または雑排水管から室内に臭気が流入する恐れがある。

このような臭気を防止するために、排水系の桝にトラップを付けたものをトラップ桝という（図2・57）。

> **Memo**　トラップ桝は、洗面器や流し等の器具にすでにトラップが付いている場合は、二重トラップになり、水の流れが阻害されるため、注意する。

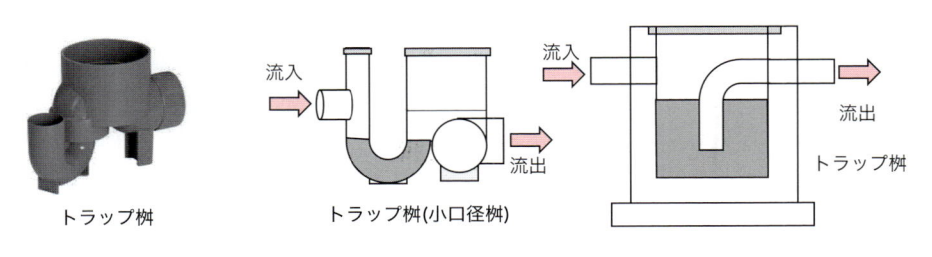

図2・57　トラップ桝の形状

5 雨水排水利用

雨水利用の主目的は、敷地外への雨水排水の流出を抑制することと、貯留した雨水をトイレや雑用水に利用することにある。

今後は一般住宅向けの簡易処理による**雨水再利用**（図2・58）は**酸性雨**への対応、非常用飲用水源利用など、さらに多様な対策や展開が期待されている。

> **Memo** ・雨水利用は経済性の観点より、都市の貴重な水資源や環境における水循環の要である。
> ・雑排水や厨房排水を集水し、適度に処理した後に散水やトイレ洗浄水としてリサイクルする最適な中水道システムもある。

図2・58　雨水排水利用（東京都武蔵野市）

4・6 　汚水処理設備（浄化槽）

1 概念

人類の発展とともに人口が増加するに従い、水の消費も増大すると同時に、汚水（汚水・雑排水）も増加する。人口が疎な状態では、汚水はその一定範囲の地域の中で、長い時間を掛けて自然処理できていた（図2・59）。

人口が増加すると、汚水の処理が問題となってくる。そこで、長い時間を掛けてきた汚水処理を、短時間で処理する技術が汚水処理設備である。

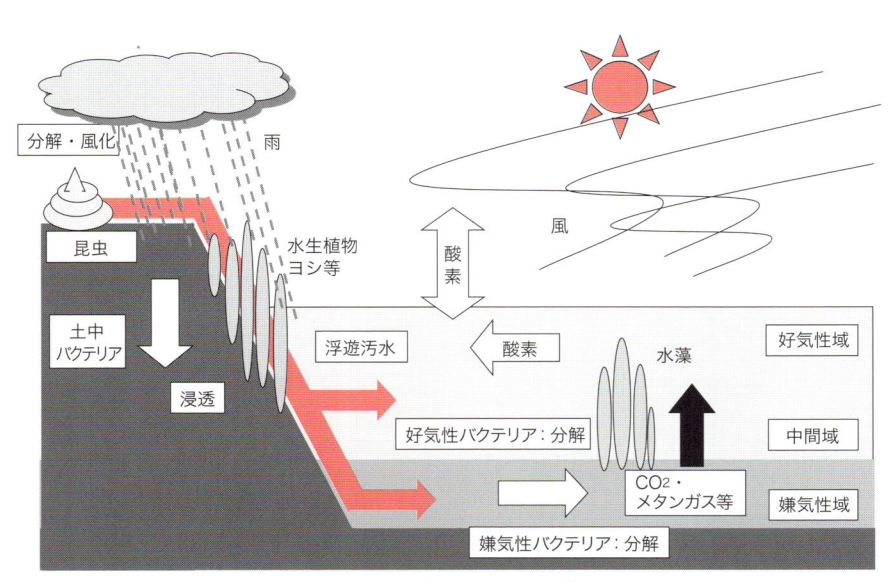

図2・59　自然浄化のメカニズム

2 汚水処理施設

し尿は、腐敗を促す「**嫌気性菌**」と、曝気により浄化する「**好気性菌**」により無害化する工程で浄化する（図2・60）。汚水処理施設には、し尿（汚水）のみを処理する単独処理方式と、し尿と生活排水（雑排水）を同時処理する合併処理方式がある。また、多量の油分を含む排水処理する**除害処理施設**や重金属類等を処理する特殊排水処理施設がある。

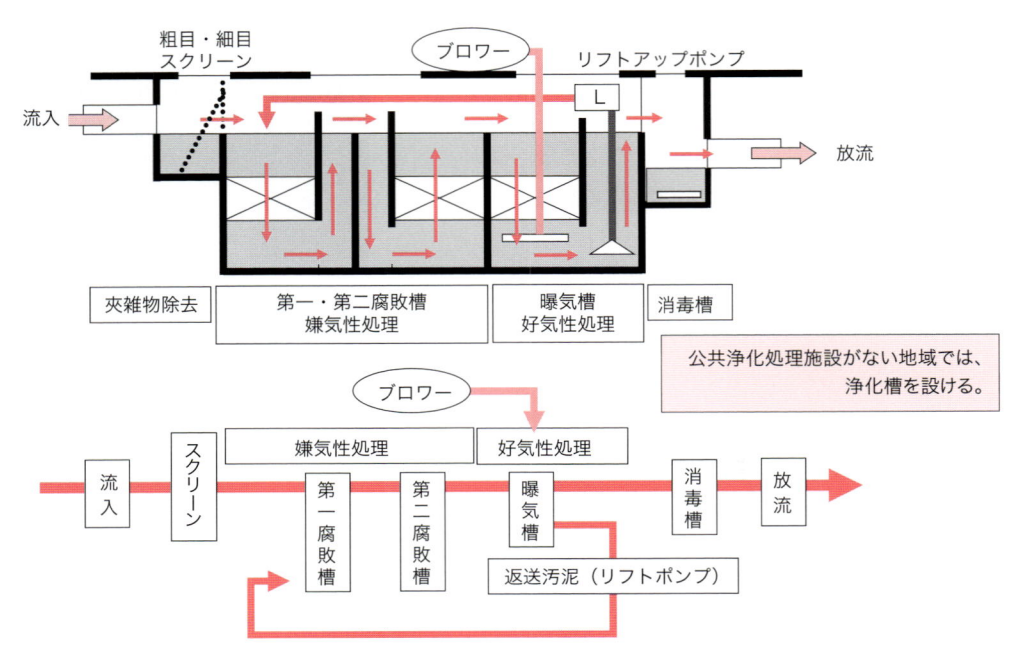

図2・60　汚水処理の工程と構造

3 処理対象人員と処理水量

汚水処理施設の設備容量は、処理対象人員と処理水量で決められる。

抜粋であるが処理対象人員計算の算定式を表2・32に示す。小さすぎる汚水処理施設は十分な機能を発揮しないのは当然であるが、大きければよいというものではない。

表2・32　処理対象人員

施設		算定式	備考
住宅	A <130m²	n=5	約40坪以下
	A >130m²	n=7	約40坪以上
共同住宅		n=0.05A	3.5〜6人/室・1ルームに2人
下宿・寄宿舎		n=0.07A	
老人ホーム・寮・隊舎等		n=p	人員がはっきり確定している施設
ホテル旅館	バンケットあり	n= 0.15A	式場or宴会場
	バンケットなし	n=0.075A	※モーテル：n=5R　（R：客室数）
	ユースホステル・合宿所	n=p	簡易宿泊所・青年の家
病院	300床以下	n=8B n=5B	厨房または、洗濯施設あり 厨房または、洗濯施設なし
	300床以上	n=11.43×(B-300)+2,400 n= 7.14(B-300)+1,500	厨房または、洗濯施設あり 厨房または、洗濯施設なし

処理対象人員：n（人）　A：延面積(m²)　p：定員　B：ベッド数　　　　　　　　　　　　出典：JIS A 3302-2000（抜粋）

し尿の流入が処理施設規模に比べて少ない場合は、汚水すなわちバクテリアの餌が少なくなるので、バクテリアの働きが悪く公衆便所では、繁華街と公園内の便所では使用人員が極端に異なるので、人員に見合った容量に修正しなくてはならない。汚水と雑排水の両方を処理する合併式汚水処理装置の処理水量は、処理対象人員によって定められる給水設備の水量計算から求める。

4 放流水質

汚水処理施設からの放流水の水質は、建築基準法、各自治体、放流先管理者等で、施設規模の大きさにより決められている（表2・33）。通常の水質、BOD：生物化学的酸素要求量、（表2・34）の数値で規制される。

表2・33　建築基準法上での放流水質

し尿浄化槽または、合併処理処理浄化槽を設ける区域	対象人数（単位：人）	性 能	
		BOD除去率（単位：%）（生物化学的酸素要求量の除去率）	BOD（単位：mg/L）（し尿浄化槽浄化槽または合併処理からの放流水の生物化学的酸素要求量）
特定行政庁が衛生上特に支障があると認めて規則で指定する区域	50以下	65以上	90以下
	51以上500以下	70以上	60以下
	501以上	85以上	30以下
特定行政庁が衛生上特に支障がないと認めて規則で指定する区域		55以上	120以下
その他の区域	500以下	65以上	90以下
	501以上2,000以下	70以上	60以下
	2,001以上	85以上	30以下

・処理対象人員の算定は、国土交通大臣が定める方法により行うものとする。
・生物化学的酸素要求量の除去率とは、
　BOD除去率（%）＝{（処理前のBOD値：mg/L）－（処理水のBOD値：mg/L）}÷（処理水のBOD値：mg/L）
　　例えば、本表の「衛生上特に支障があると指定された区域」での、処理対象人員が501人以上のとき、処理前汚水の水質が、
　　260mg／L（一般汚水）であった。そのとき法令上処理水のBOD値は、30mg/L以下であるので、
　　BOD除去率（%）＝（260－30）÷260≒88.5%→85%以上である。

 Memo　排水の汚染度の評価基準
排水の汚染度を評価する放流水質は、表2・34のように、建築基準法で定められているが、各地域は自治体の独自の基準を設けている場合が多い。

表2・34　きれいな水・よごれた水

名称		単位	解説	数値	備考
BOD	Biochemical Oxygen Demand	生（物）化学的酸素要求量	mg/L（ppm）	汚水をきれいにしようとして、微生物が働くために要する酸素量	小さいほどきれいな水	mg/L（1L中の濃度の単位）ppm:便宜上の表現1/1,000,000のこと。10,000ppm⇒1%
COD	Chemical Oxygen Demand	化学的酸素要求量	mg/L（ppm）	水中の汚染物質を酸化するために必要とする酸素量	小さいほどきれいな水	
SS	Suspended Solid	浮遊物質（濁度）	mg/L（ppm）	水の濁りの度合いを表す	小さいほどきれいな水	
DO	Dissolved Oxygen	溶存酸素	mg/L（ppm）	水中に溶け込んでいる酸素量	大きいほどきれいな水	

5 ガス設備

ガスは、建築設備で直火として厨房や浴槽加熱、シャワー等の給湯用熱源として利用される。

5・1 ガス設備の概要

1 ガスの種類

ガスの種類は、大きく分けて「**都市ガス**」と「**液化石油ガス（プロパンガス）**」に分けられる（表 2・35）。

都市ガスは、ガス供給事業者から地下供給網を通して各消費先へ供給される。液化石油ガスは、専門事業者から、ボンベ本体またはタンクローリーで搬送供給される。

表 2・35　ガスの種類

名称	分類・種別等	
都市ガス	石炭ガス（コールガス）：Coal Gas	
	LNG（天然ガス）：Liquefied Natural Gas	
液化石油ガス	LPG（プロパンガス） Liquefied Petoroleum Gas	ボンベ方式
		集中供給（バルク）方式

2 ガスの比較

都市ガスと液化石油ガスは、基本的に大きな違いがある。ガスの種類は建築される地域で異なる場合があるので、ボイラー、厨房器具、暖房器具、燃焼器具のバーナーやノズルチップを確認する必要がある。

最近、都市ガスは、天然ガスとしての 13A・13B・12A・12B などである。一方、地方都市では、コールガスとして、5A・5B 等がある。

都市ガスと液化石油ガス LPG（プロパンガス）の比較を表 2・36 にまとめた。

表 2・36　ガスの比較

項目・表示	都市ガス(13A)	液化石油ガス(LPG)
原料・組成	天然ガス（LNG）	プロパン
供給事業者	ガス会社供給	専門業者搬入
単位	m^3	kg（または、m^3） m^3 表示をkgに換算するときは密度から $1/0.458 ≒ 2.2 kg/m^3$ で計算する
発熱量(kJ/Nm^3)	46,050	100,000
（$kcal/Nm^3$）	11,000	24,000
理論空気量(m^3)	11	24
比重量(kg/m^3) （空気=1,0）	0.65 空気より軽い	1.6 空気より重い

Nm^3：0℃、1気圧状態の基準空気の体積（空気量）

3 バイオマスとエネルギー利用

バイオマスの語源は、生物を表す「バイオ」に、まとまった量を意味する「マス」を合成して作られた言葉であり、エネルギー利用やマテリアル利用ができる程度にまとまった生物起源による物質という意味である。このバイオマスは有機物であることから、燃焼させエネルギー利用を行った場合には、CO_2 が発生するが、同時に植物が生長することにより CO_2 を吸収するため、全体で見ると CO_2 の量は増加しない「**カーボンニュートラル**」という特性を持っている。

従って、このバイオマスを化石系燃料に代替させることによって、地球温暖化ガスの一つである CO_2 の発生量を抑制することができるため、**地球温暖化防止対策**の有効な手段の一つとされている。

バイオマス・エネルギーは原料面から廃棄物系と植物（栽培物）系とに分類される。

1 都市ガス

　一般のビルや住宅等で使用されるガス器具は、ガス会社から低圧で供給される。しかし、大容量の消費や団地など一定の地域に対する都市ガスは、中圧で供給され、**ガスガバナー**（調圧装置）で、各器具で使用できる低圧に調圧される（図2・61）。

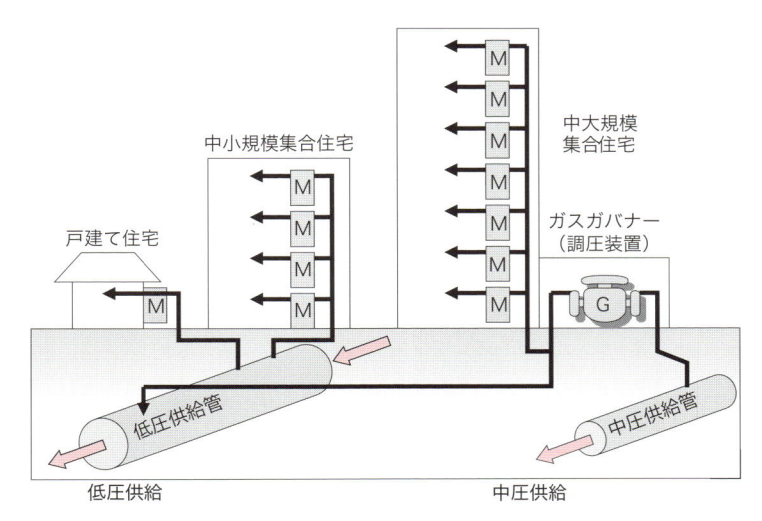

都市ガス
（東京都西東京市）

図2・61　都市ガスの系統

2 液化石油ガス

　液化石油ガスには、**ボンベ方式**と**バルク方式**がある（図2・62）。ボンベ方式は、住宅や中小規模のビルで採用されるが、大型ビル、または地域供給用には、LPGタンクをもつバルク方式がある。ガスボンベやガス貯留タンクは、労働安全衛生法、労働安全衛生法施行令の圧力容器としての規制を受ける場合があるので、設置にあたってLPG供給事業者との協議が必要である。

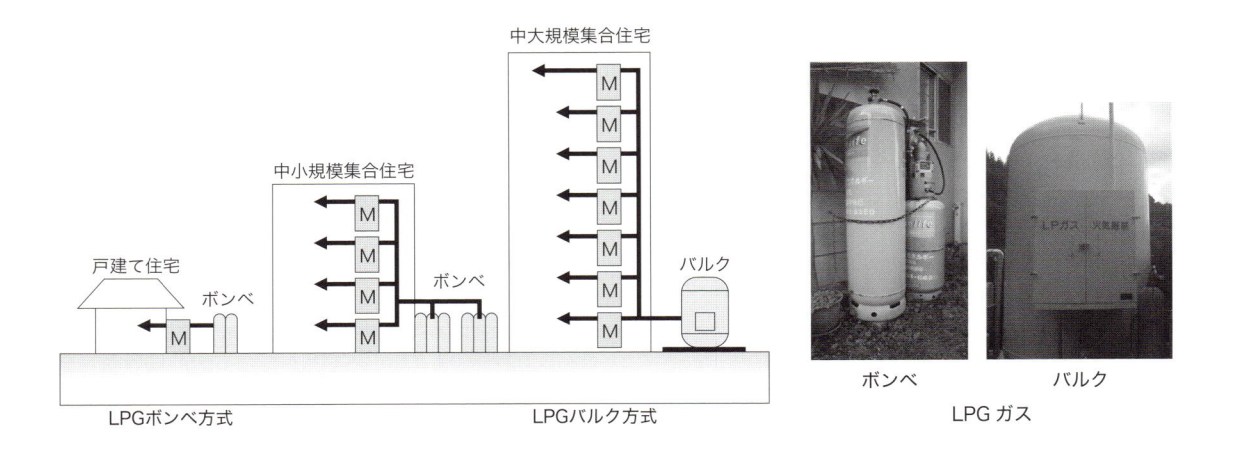

ボンベ　　　　　バルク

LPGガス

図2・62　液化石油ガス(LPG)の系統

2 給排水・衛生設備

衛生器具設備は、水受容器などの衛生器具並びに付属金具をいう。

1 衛生器具

衛生器具は、主として陶器製、FRP（強化プラスティック）製、鉄板または鋳鉄琺瑯引き製、SUS（ステンレス）製、金属製がある。付属金具は、給水金具と排水金具およびその付属品がある。付属金具はクロームメッキ黄銅製が主体だが、FRP製もある。

2 衛生器具の種類

衛生器具は、大便器、小便器、洗面器、手洗器、掃除流し、厨房シンク、浴槽、その他付属品を称する（表2・37）。

表2・37　主な衛生器具の種類

分 類			名称・主な種類
衛生器具	水受容器	便器(図2・63)	流水洗浄（洗出し・洗落し） サイフォン（サイフォン・サイフォンゼット） タンク式（タンク付洗落し・タンク付サイフォン・タンク付サイフォンゼット・サイホンボルテックス） 吹飛ばし（ブローアウト）
		小便器	壁掛けストール・トラップ付ストール
		洗面器	そでなし・そで付・カウンター埋込み
		流し	掃除流し・シンク・実験流し
		浴槽	鋼、鋳鉄製・陶器・FRP・木・RC
	給水器具	水栓(図2・64)	給水栓・給湯栓
		フラッシュ弁	ハンド、人感・足踏み・肘押し
		ボールタップ(図2・65)	タンク内
	排水器具	排水金物	床排水・流し排水
		トラップ	単独・器具付
		排水口	目皿
	付属品	金具等	ペーパーホルダー・鏡・化粧台・手すり・タオル掛け

> **Memo**　衛生器具の種類の記号は、JIS、国土交通省、メーカーとも基本的に同じである。
> 大便器：C、小便器：U、洗面器・手洗器：Lと称している。
> 付属水栓金具は、国土交通省記号においてFの記号が付せられている。

掃除しやすく、清潔である。

図2・63　壁掛け式大便器

 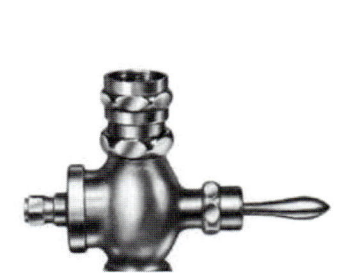 

小便器用　　　　　　　大便器用　　　　　小・大便器用センサー

便器洗浄のために給水管から直結して給水圧によって洗浄する。瞬時に多量の水を供給することが可能で、公衆トイレなど人が多く使用するところに用いられる。

図2・64　フラッシュ弁

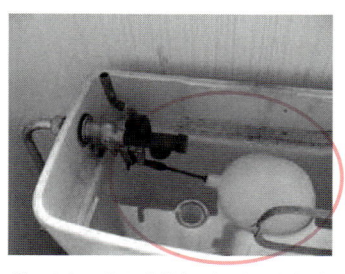
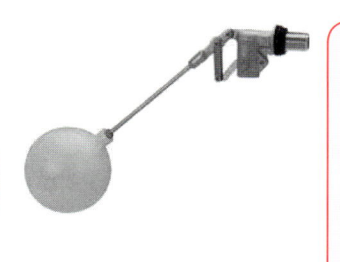

ボールタップは、水洗便所のタンクなどで満水時に給水を止めるための用途。水位が下がって給水が必要になると浮き玉が下がることにより、つけ根の弁を開き、給水が始まるしくみ。

図 2·65　ボールタップ

Memo
・タンクレス大便器は作動水圧と配管径に注意する必要がある。タンクレス大便器はタンクがないため、奥行きが短く、スペースが広く取れ、掃除などメンテナンスに有利である。
・大便器の場合、便器底から洗浄水を出す方式より、便器内上部から100％水流を起こしながら吐水し、効率よく少ない水量で洗浄する節水方式を選ぶのがポイントである。

3 器具数の決定法

適正器具数は、建物・施設の利用形態＊、利用人員、男女比率、待ち時間の長短度合いにより決められる。数量決定法は通常、空気調和・衛生工学会の、衛生器具適正数算定法による算定方法か、衛生器具メーカーの研究による算定法がよく利用されている。

事務所や作業所では、大便器は、男子用 60 人ごとに 1 個、女子用 20 人ごとに 1 個とされ、小便器は 30 人ごとに 1 個と労働安全衛生規則等で規定されている（表 2·38）。

表 2·38　法令による最小衛生器具数算定表

種　類	関係法令	区　分	最小器具数（人／個）		備　考
			大便器	小便器	
作業所・事業所	労働安全衛生規則	男性	就労者／60	就労者／30	同時就業者
		女性	就労者／20		
事務所	事務所衛生基準規則	男性	就労者／60	就労者／30	
		女性	就労者／20		
第一種寄宿舎	事業所付属寄宿舎規定	収容：100人以下	収容／15		
		収容：101〜500人	7＋(収容者－100／20)		
		収容：501人以上	27＋(収容者－500／25)		
単身共同宿舎	住宅金融公庫融資住宅建設基準		階の収容者／8　(最小1穴)　洗面：各階収容者／15・水栓1個以上		便所・洗面所は各階に設置
幼稚園	幼稚園設置基準	79人以下	園児数／20		
		80〜239人	4＋(園児数－80／30)		
		240人以上	10＋(園児数－240／40)		
保育所	児童福祉施設最低基準	男児	幼児数／20	幼児数／20	
		女児	幼児数／20		
劇場・観覧場・集会場等	東京都建築安全条例	客席床面積300m²以下	客室床面積／15		男性大便器＋小便器数＝女性便器。男性大便器は小便器5穴以内ごとに1穴設ける。
		300〜600m²	20＋(客席床面積－300／20)		
		601〜900m²	35＋(客席床面積－600／30)		
		901m²以上	45＋(客席床面積－900／60)		

＊任意利用形態としてオフィス、店舗ビル、病院、ホテル等、集中利用形態：駅、サービスエリア、　学校、工場、劇場、スポーツ観覧場等がある。

　浴槽は、和風、洋風、和洋風折衷の種類がある。設置方式はフラットな床面に設置する据置き型と、接地面を床面より下げ、また高さを抑えた埋込み型がある（図2・66）。

　浴槽の材質はFRP製をはじめ、様々な素材がある。材質を選ぶときは強度や肌触り、掃除性、デザイン性などを考慮して選ぶ。

　シャワーは湯水の開閉をする混合栓と散水部のヘッド、これらを連結する配管、ホースで構成される。混合栓は湯と水の混合方式により、2バルブ式、ミキシングバルブ式、シングルレバー式、温度調節が容易なサーモスタット式に分けられる。

据置き型

埋込み型

図2・66　浴槽の種類

Memo　衛生器具は主に便器、洗面器、水栓類のほか付属品としてペーパーホルダー、タオルバー、石鹸受け、鏡などがある。衛生器具は意匠的選定をされることが多いが、汚れにくさや掃除しやすさは衛生器具を選ぶ大きなポイントである。

5 設備ユニット

　設備ユニットは、1964年東京オリンピックのためのホテル建設で、工期短縮など施工の合理化によって誕生したものといわれており、現在、様々な種類がある（表2・39、図2・67）。

　設備ユニットは、工場で生産されるため、一般工法に比べ現場での工数・取合いが減り、材料の余長がなく、材料の削減による省力化がなされ、**生産性・採算性が向上**する。

　施工にあたっては、工数が削減できるほか、施工精度の向上により特殊技能を持った専門技術者は必要なく、一般技術者での対応が可能である。ただ、台数がそろわないと割高になる傾向がある。

表2・39　設備ユニットの種類

ユニット名	設置方式	主要衛生器具	その他内蔵機器・器具
バス	単独	バスタブ	水栓・湯栓・シャワー・排水・換気（乾燥機）・照明・コンセント
トイレ	単独・男女トイレブース・小便器	大小便器・手洗器	水栓・湯栓・排水・換気・照明・コンセント・温水洗浄便座
洗面	単独・洗面室	洗面器・(電気温水器)	水栓・湯栓・排水・換気・照明・コンセント
シャワー	単独	シャワー	水栓・湯栓・シャワー（多機能シャワー）・排水・換気・照明
サウナ	サウナ室	サウナ	ヒーター・水（蒸気）・照明・換気・コンセント・インターホン・時計・温度計
キッチン	単独	流し（ガス温水器）	水栓・湯栓・ガスコック・排水・換気・照明・コンセント
ユニットバス（UB）	単独	バスタブ・便器・洗面器	水栓・湯栓・シャワー・洗浄弁・排水・換気・照明・コンセント・電話・インターホン・スイッチ
パイプ		配管・弁類	給水管・汚水管・雑排水管・給湯管（往管・還管）・通気管・弁類

小便器ユニットと配管ユニット　　　　　　　配管ユニット製作と揚重

図2·67　小便器ユニットとパイプユニット

6 ユニットバスの設備計画

　浴室には在来工法とユニットバス方式がある(図2·68)。在来工法は自由度が高いが、手間と技術が必要である。メンテナンスを考えたらユニットバスが有利である。

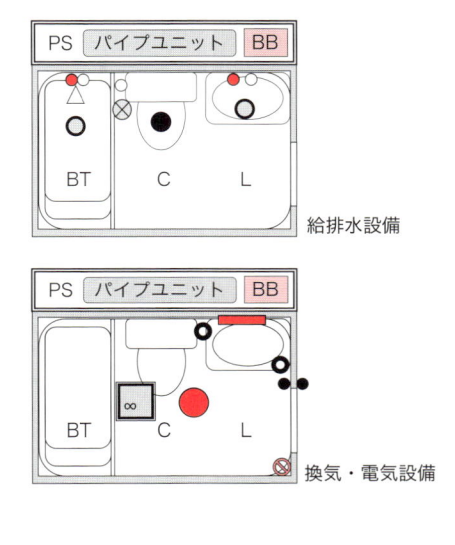

記　号	名　称
○	給水栓
●	給湯栓
◎ ●	排水口（雑排水・汚水）
⊗	床上排水口
▽	シャワー
∞	換気設備
● ▬	照明（天井・鏡面）
◉	コンセント
⊘	電話
●	スイッチ
BB	分電盤

図2·68　ユニットバス

7 ヘッダー工法

　従来の先分岐配管方式の工法とは異なり、ヘッダーを給湯器やパイプシャフト周辺に設け、あらかじめヘッダーから各給湯器までタコ足状に敷設したさや管に、後から樹脂管を設備する工法である（図2·69〜72）。

　床下やユニットバス上部に設置したヘッダーから、柔軟性のある**フレキシブル樹脂管**を用いて、各水栓まで途中で配管を分岐せず施工する工法で、継手の接合がないため、施工不良による漏水を防止できる。

　ヘッダー工法の特徴は次のとおりである。

・配管作業が簡単。

・故障時修理中に他の器具への影響がない。

・施工中の釘打ちによる事故の低減。

・配管の接続数の減少による漏水等のトラブルを低減。

・複数同時使用による流量変化が少ない

・結露の発生が抑えられる。

・配管部材は、熱伝導率の低い樹脂製である。

・さや管内の空気層が断熱効果を高め、給湯配管では保温効果がある。

・きれいな水を供給できる。

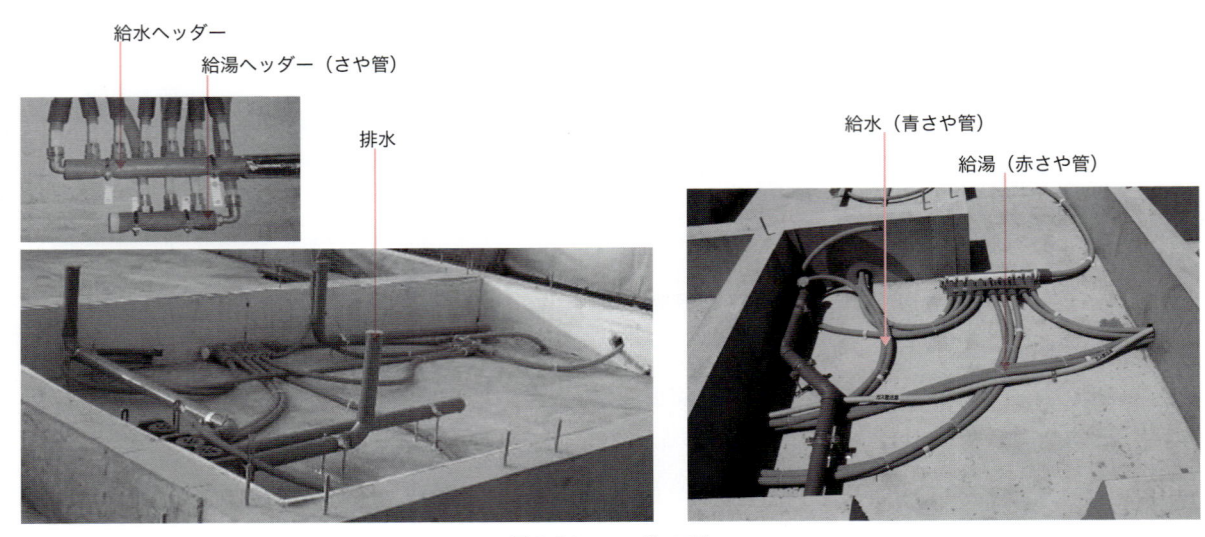

図2·69　ヘッダー工法

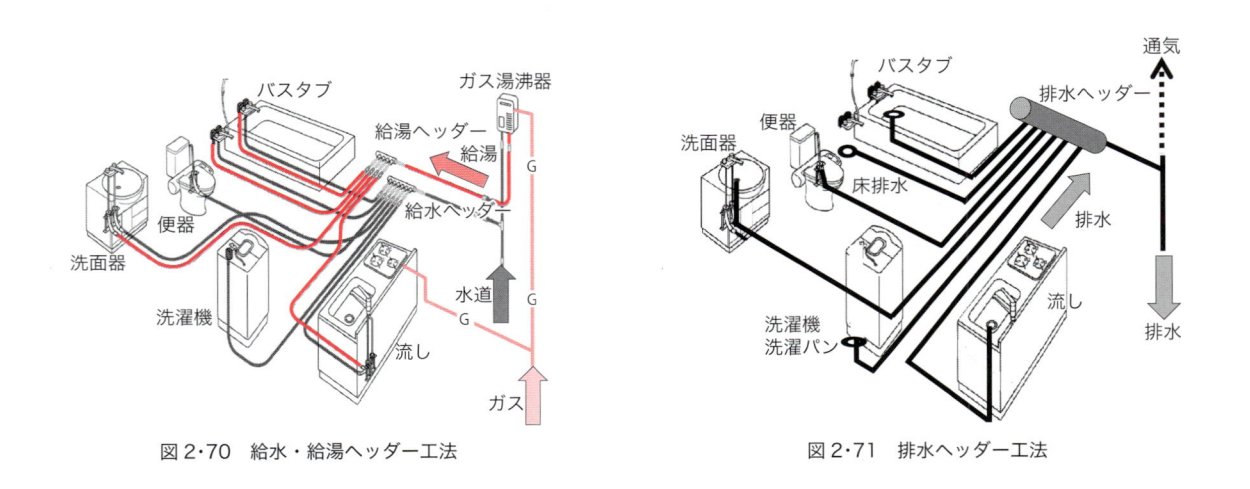

図2·70　給水・給湯ヘッダー工法

図2·71　排水ヘッダー工法

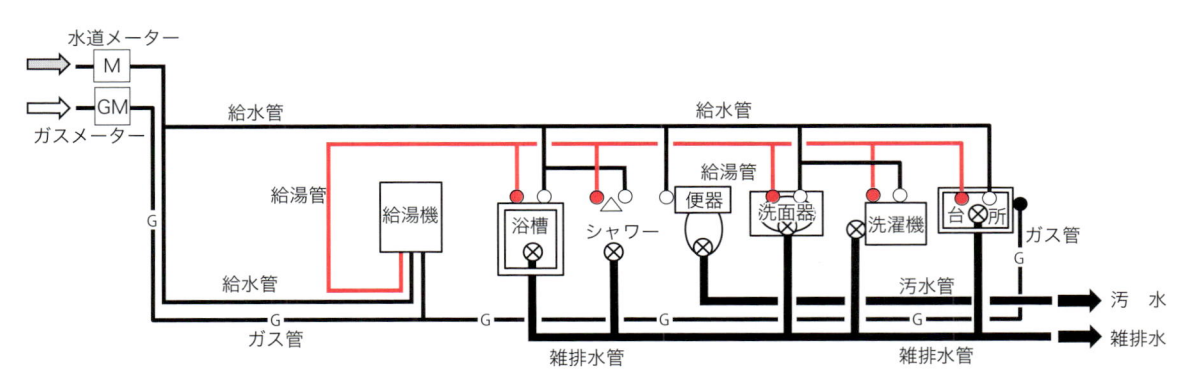

図2·72　従来工法概念図（給水・給湯・排水）

【第2章　給排水衛生設備　○×問題】

1. 2階建程度の住宅などの小規模な建築物には、一般に、水道直結方式が採用される。
2. 給水管内の流速が速い所では、ウォーターハンマーが発生しやすい。
3. 水道直結方式で水圧が不足する場合は、加圧給水ポンプを水道管に直結して水圧を確保する。
4. 圧力水槽（タンク）式の給水設備では、給水栓での水圧は、ほとんど変化しない。
5. 給水栓の吐水口の位置は、衛生器具などのあふれ縁より高くする。
6. クロスコネクションとは、給水・給湯の飲用系配管に対し、飲用系以外の配管が直接接続されてしまうことをいう。他系統の水が飲用系に混入すると誤飲の危険があるため、水道法で禁止されている。
7. 一般的な事務所建築における1人当たりの平均的な1日の使用水量は、100〜120Lである。
8. 給水管の汚染原因の一つに、逆サイホン作用による他用途の水の給水管への逆流がある。
9. 圧力タンク給水方式は、高架タンク方式より維持管理が簡単で故障も少ない。
10. 断水時の飲料水を確保するために、水道管に井水管を接続する。
11. ポンプ直送方式でも、受水タンクは必要である。
12. 浴室や洗面所のある住宅における1人当たりの平均的な使用水量は、50〜60Lである。
13. 給水タンクの天井、底、周壁は、建築物の他の部分を利用し空間を広くした。
14. 飲料用の給水には、残留塩素を含んではならない。
15. 高置タンク方式には、一般に、受水タンクおよび揚水ポンプが必要である。
16. 飲料水用の受水タンクを建築物内に設置する場合、原則として、周囲および下部に60cm以上、上部に100cm以上の保守点検スペースを設ける。
17. 高置タンク方式の高置タンクの設置高さは、最上部の水栓、器具などの必要圧力を考慮して求める。
18. 排水トラップの封水深は、一般に、5cm以上10cm以下とする。
19. 排水トラップの目的は、排水管内の下水ガス、臭気、害虫などの室内への侵入を防止することである。
20. し尿浄化槽は、単独処理（し尿汚水の処理）と合併処理（し尿汚水と雑排水の処理）の2つの方式がある。
21. 毛管作用とは、トラップに糸類などが引掛かった場合に、毛管現象により封水が失われる作用である。
22. PトラップやSトラップなどの管トラップは、自浄作用が弱いトラップなのであまり使われていない。
23. 封水トラップの機能を上げるために、二重にトラップを設けたほうがよい。
24. 自己サイホン作用は、排水トラップの封水が破れる原因の一つである。
25. 給茶機は、直接排水としてもよい。
26. 建物内の排水方式が合流式の場合、雨水排水立て管と汚水排水管を兼用してもよい。
27. LPガス（プロパンガス）のガス漏れ警報器の検知部は、天井の近くに設置する。
28. 液化石油ガスの発熱量は、都市ガスより大きい。
29. 液化石油ガスの容器に入っているのは、液体である。
30. 液化石油ガスの比重は、都市ガスより大きい。

【解答と解説】

1. ○　2. ○　3. ×水道直結方式は水道管の給水圧をそのまま利用する方式。どうしても水圧が不足する場合で水道管直結とする場合は、加圧給水ポンプ方式とし、それ以外は別の供給方式を選択して水圧を確保する。　4. ×圧力タンク方式は水圧の変化があるのが短所である。
5. ○　6. ○　7. ○　8. ○　9. ×高架タンク方式は維持管理が簡単で故障も少ない。10. ×井戸水は細菌の存在などの恐れがある。11. ○　12. ×住宅において1人当たりの平均的な使用水量は、約200Lである。13. ×躯体を兼用してはならない。14. ×飲料水は消毒のため残留塩素が残る。15. ○　16. ○　17. ○　18. ○　19. ○　20. ○　21. ○　22. ×PトラップやSトラップは自浄作用が強いトラップであるためよく使われている。23. ×二重にトラップは禁止されている。24. ○　25. ×給茶機は、間接排水にしなければならない。26. ×建物内では排水方式が合流式でも、雨水排水立て管と汚水排水管は分離しなければならない。27. ×LPガス（プロパンガス）は空気より重いため、ガス漏れ警報器の検知部は、床の近くに設置する。28. ○　29. ○　30. ○

空気調和設備

ここでは空気調和設備の基幹となる熱源機、エネルギー搬送装置、制御装置などを学ぶ。

1 空気調和設備の概要

1・1 空気調和設備の目的

空気調和の目的は、室内の「ヒト」あるいは「モノ」に対して、適切で良好な「環境条件」を保つことをいう（図3・1）。

1 空気調和の分類

■ 保健用（快感用）空気調和

保健用空気調和は、人の健康と快適性の追求を目的としたものである。

■ 工業用（産業用）空気調和

工業用の空気調和は、物品の生産や貯蔵を目的とし、品質の保持と製品の向上を図るものである。

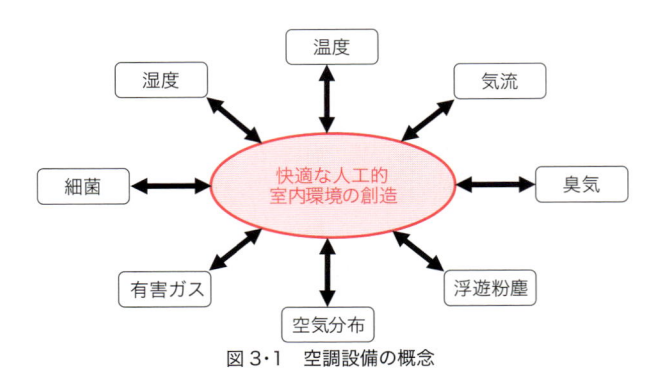

図3・1　空調設備の概念

2 温熱感覚

ヒトの温熱感覚は、**環境4要素**と**人体2要素**の6要素に加え、感覚的要因がある。（表3・1）

表3・1　温熱感覚の要素

a. 室内環境としての温熱感覚の要因（基本6要素）

環境要因（4要素）		
1 空気の温度	K ℃ ℉	ケルビン セルシウス(摂氏) ファーレンハイト(華氏)
2 湿度	% kg/kg (DA)	相対湿度 絶対湿度
3 気流	m/sec km/h	他に、MPH\<mile/h\> kt\<ノット\>
4 周囲表面温度（放射温度）	K ℃ ℉	ケルビン セルシウス(摂氏) ファーレンハイト(華氏)
人体要因（2要素）		
5 活動量	met\<メット\>	1(met)=58.2(W/m²)
6 着衣量	clo \<クロ\>	1(clo)=0.155(m²・℃/W)、(m²・K/W)：スーツ着用状態の熱抵抗

b. 室内環境としての温熱感覚の要因（特殊要因：感覚的要因）

要因		項目	実例
特殊要因	人間的要因	年齢	老齢者：寒がり
		性別	女　性：冷え性多い
		人種・国籍	北方系：寒さに強い 南方系：暑さに強い
		生活習慣	慣れ(順応する)
		感情	怒　り：熱くなる
		体調	風　邪：発熱悪寒
		体重	肥　満：汗かき
		個人差・他	多様にわたる
	視聴覚等感覚的要因	色彩	暖色、寒色
		音・騒音	清流・滝：涼感 アブラゼミ：暑苦しい 工事・鉄道：涼感を感じない
		風貌・風体	肥満体の人：暑苦しい
		景色	自然：広々、清涼感 都会：雑然、暑く感じる
		その他	多様にわたる

標準的な人間の快適条件を乾球温度と相対湿度で表すと、図3・2のようになる。条件を設定する上でヒトには、一定の順応域があるため、極端な条件に陥らないように空調条件を設定する。

このように、人間には自己調節機能が働くほか、人間の温熱感覚は、個人的要因のほか、皮膚感覚、視聴覚的感覚など複雑な要因がある。これらは個人差があり定量化しにくいが、間違いなくヒトの温熱感覚を左右している。

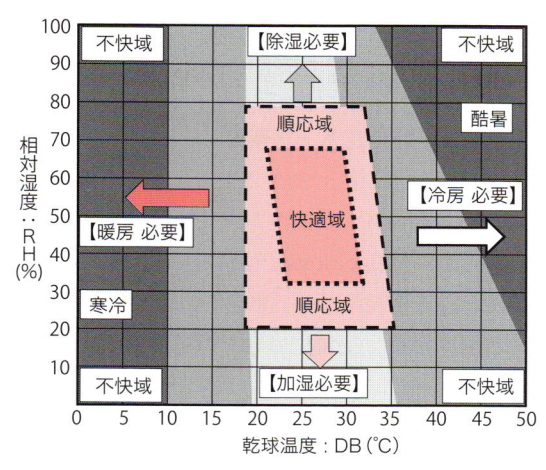

図3・2　ヒトの快適域と不快感

1・2　空気の状態・性質

空気の状態表現を表3・2に示す。

1 中央管理方式ビルの環境条件指標

ビル管理法（建築物の衛生的環境の確保に関する法律）に規定されている室内環境基準を、表3・3に示す。

2 地表の気圧

室内環境で扱う空気は、特殊な状況を除いて、0.1MPaの環境下にある。

1気圧 = 10.33mH₂O = 1.0332kgf/cm² = 760mmHg
= 1,013mbar = 1,013hPa = 100kPa = 0.1MPa

3 空気の比重量

空気の**比重量**は、$\gamma = 1.2 \text{kg/m}^3$（DA）である。

比容積は、$\nu = 0.83 \text{m}^3/\text{kg}$（DA）で、比重量の逆数である。

計算上は、温度条件で多少変わるものの、この数値で扱って大差ない。

4 空気の比熱

1K（℃）を加熱するのに要する熱量を比熱という。空気の場合は、定圧比熱と定容比熱がある。

定圧比熱とは、1kgを1K（℃）加熱する熱量をいう。

C_p（空気0℃）= 1.005kJ/kg・K

定容比熱とは、1m³を1K（℃）加熱する熱量をいう。

C_v（空気0℃）= 0.719kJ/m³・K

空気を扱うには、重量表現として kg/h、容積表現として m³/h を用いる。

表3・2　空気の状態表現

状態の名称	記号	単位・その他
乾球温度	DB、t	℃、℉、（K）
湿球温度	WB、t'	C=5/9×(F-32)
露点温度	DP、t''	F=9/5×(C+32)
絶対温度	T(K)	K：ケルビン：T=273+DB
相対湿度	RH、φ	%:湿り空気分圧と飽和空気分圧との比
飽和度（比較湿度）	PH、ψ	%:絶対湿度と飽和空気の絶対湿度との比
絶対湿度	x	kg/kg(DA):水蒸気量/乾き空気
比容積	v	m³/kg(DA):空気の比重量1.2の逆数、0.83
水蒸気分圧	h	Pa、kPa:湿り空気の水蒸気圧力
顕熱比	SHF	SHF=顕熱/全熱=顕熱/(顕熱+潜熱)
熱水分比	U	U=⊿h/⊿x
比エンタルピー	h、i	kJ/kg(DA):湿り空気のもつエネルギーx=0のとき、t=20℃なら、h=20である。

表3・3　ビル管理法による、室内環境基準（中央管理方式のビル）

温度	18℃以上、28℃以下 居室温度を外気温度より低くする場合は、その差を著しくしない。
相対湿度	40%以上、70%以下
二酸化炭素	1000ppm（0.1%）以下
気流	0.5m / sec以下
一酸化炭素	6ppm（0.0006%）以下
浮遊粉塵	0.15 mg / m³以下
落下細菌	病原体汚染防止の措置を講ずる。
ホルムアルデヒド	0.1 mg / m³以下（0.08 ppm以下）
換気	粉塵・CO₂、CO、気流、VOC:空気を浄化し、風量を調節。

1・3 湿り空気と絶対湿度

1 湿り空気

湿り空気＝乾き空気＋水蒸気（図3・3）

建物が存在する地上の空気中には必ず「水蒸気」が包含されている。この水蒸気が、温度だけでなくヒトの温熱感覚に大きく作用する。絶対湿度 x（kg/kg（DA））は、定量的に理解しやすい一方、通常使われる相対湿度は、感覚的に理解しやすい。

絶対湿度とは、空気中に含まれる水蒸気と乾き空気との**重量比**をいう。

相対湿度 RH（%）は、飽和空気の分圧（h_0）と湿り空気の分圧（h）の比で、RH（%）$= h/h_0 \times 100$ で計算する。

湿り空気 ＝ 乾き空気＋水蒸気		
圧力	Pa+Pv	Pa	Pv
体積	V	V	V
重量	1＋x	1	x

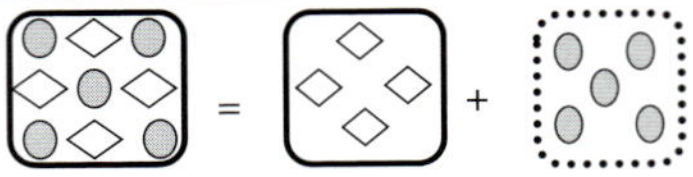

図3・3 湿り空気

2 全熱量

全熱量（湿り空気の持つ熱量）＝温度変化による乾き空気のもつ熱量（顕熱量 H_S）＋状態変化による水蒸気のもつ熱量（潜熱量 H_L）

全熱量 h（kJ/kg・DA）＝乾き空気のエンタルピー（h_S）＋水蒸気のエンタルピー（h_L）

h（kJ/kg・DA）$= h_S + h_L = (1.005 \times t_1) + (2501.6 + 1.846 \times t_1) \times x$

t_1：乾球温度（℃）

x：絶対湿度（kg/kg・DA）

3 空気の化学的成分

空気中の成分で主なものは、窒素：78%、酸素：21%、アルゴン：1%、二酸化炭素＝$0.03 \sim 0.04$%（$300 \sim 400$ppm）である。生活環境悪化の一因とされる二酸化炭素（CO_2）は、室内環境の限度値は1,000ppm 以下と規定される。また一酸化炭素（CO）は、人間生活の過程で生成されるもので、表3・2に示した。ビル管理法では、10ppm 以下と規定される。

1・4 空気の状態・性質と湿り空気線図

湿り空気線図は、線図上に乾球温度、湿球温度、露点温度、絶対湿度、相対湿度、比エンタルピーなどを表す。湿り空気の各状態値は、一気圧下で一定とすると、線図中のいずれか2点の数値を決めれば、あらゆる空気の状態値が決定できる。（図3・4）

1 加熱・冷却

空調装置では空気がコイルを通過するとき熱交換される（図3・5・a）。線図上のある点から、右側への移動が加熱で、左側が冷却である。加熱・冷却量は、風量を Qm³/h とすると、下記で算出される。

加熱・冷却量 q（W）$= 0.33 \times Q \times \varDelta t$

2 加湿・除湿

空調装置では装置内で加湿器により蒸気や水を噴霧する。ビル設備での除湿は、冷却コイルによる冷却除湿でまかなわれる。（図3・5・b）線図上のある点から、上側への移動が加湿で、下側が除湿である。加湿量は、風量を Qm³/h とすると、下記で算出される。

加湿量 L（kg/h）$= 1.2 \times Q \times \varDelta x$

3 空気の混合

　空気の混合とは、空調機でいえば新鮮空気（OA）とリターン空気（RA）がミキシングボックスで混合される状態をいう。図3・4における、条件①の空気Q_1 m³/h、②の空気Q_2を混合したとき、空気線図から、条件③の空気Q_3 m³/hが求められる。計算での求め方は下記による。

　顕熱 $t_3 = \{(Q_1 \times t_1) + (Q_2 \times t_2)\} / Q_3$

　潜熱 $x_3 = \{(Q_1 \times x_1) + (Q_2 \times x_2)\} / Q_3$

　全熱 $h_3 = \{(Q_1 \times h_1) + (Q_2 \times h_2)\} / Q_3$

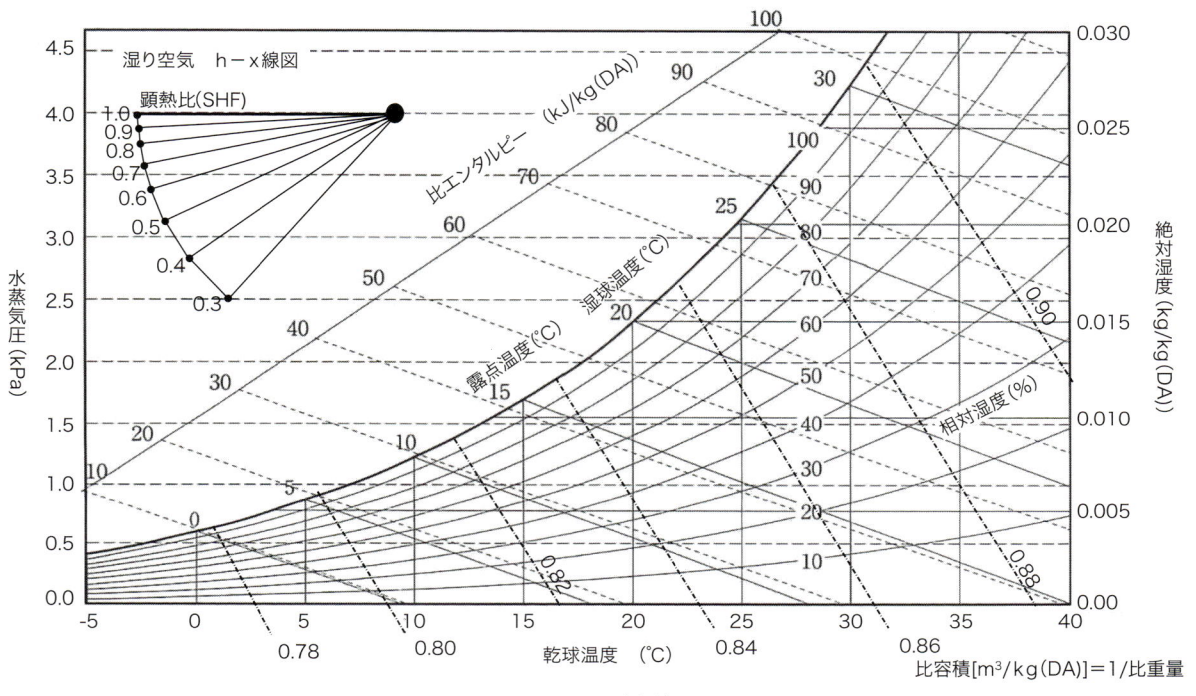

図3・4　湿り空気線図

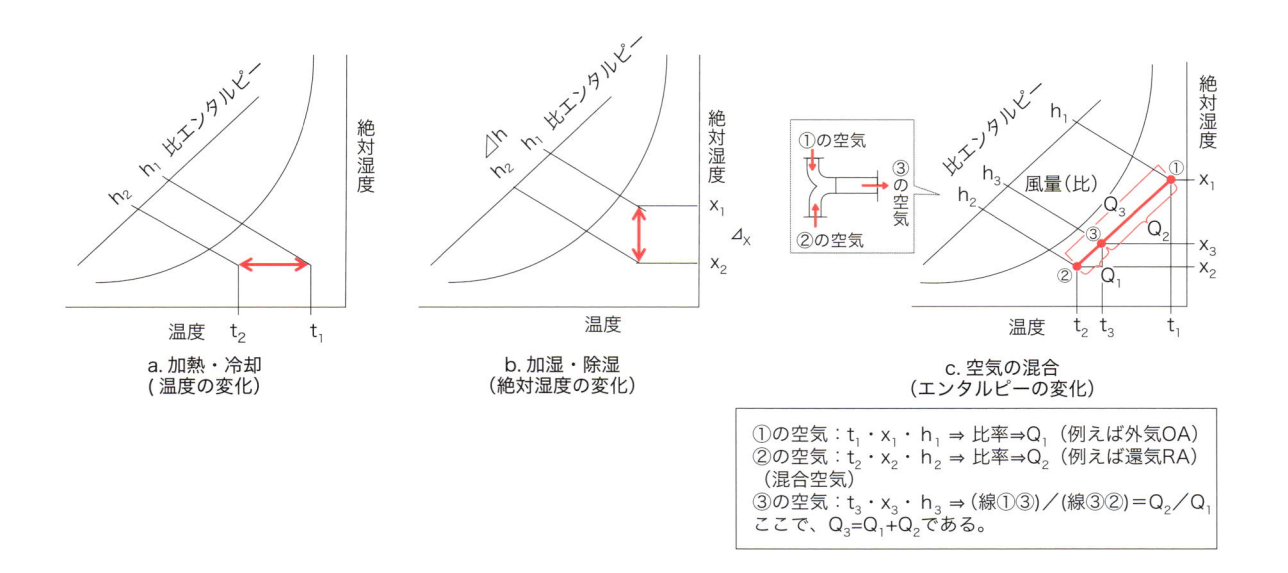

a. 加熱・冷却
（温度の変化）

b. 加湿・除湿
（絶対湿度の変化）

c. 空気の混合
（エンタルピーの変化）

①の空気：$t_1 \cdot x_1 \cdot h_1 \Rightarrow$ 比率$\Rightarrow Q_1$（例えば外気OA）
②の空気：$t_2 \cdot x_2 \cdot h_2 \Rightarrow$ 比率$\Rightarrow Q_2$（例えば還気RA）
（混合空気）
③の空気：$t_3 \cdot x_3 \cdot h_3 \Rightarrow$（線①③）／（線③②）＝$Q_2 / Q_1$
ここで、$Q_3 = Q_1 + Q_2$ である。

図3・5　空気線図での状態

　結露は、建物にダメージを与え、寿命を縮める（図3·6）。発生要因は、空気中の水蒸気が、凝縮され**露点温度以下**になると、気体の状態を保てず「水」になる現象である。結露の代表といえば、冬の暖房された室のガラス面に見られる水滴付着現象である。結露は計算のほか、線図で判定できる（図3·7）。

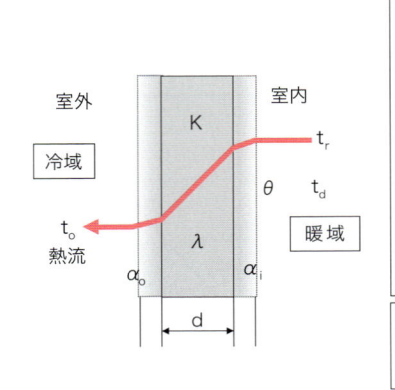

t_o　：外気温度（℃）
t_r　：室内温度（℃）
t_d　：室内露点温度（℃）
K　：熱貫流率（W/m²·K）
λ　：熱伝導率（W/m·K）
α_o　：室外壁表面熱伝達率
　　≒23～35（W/m²·K）
α_i　：室内壁表面熱伝達率
　　≒9（W/m²·K）
θ　：壁体表面温度（℃）
d　：壁体厚さ（mm）

$\theta = t_r - \{(K/\alpha_i) \times (t_r - t_o)\}$
$t_d \leqq \theta$：結露しない（しにくい）
$t_d > \theta$：結露する

結露防止策	手　法
内外温度差を大きくとらない	室内外壁表面熱伝達率などが影響する
熱貫流率を小さくする	壁体などの熱貫流率
室内換気を十分にとる	湿気除去
室内水蒸気の発生を抑える	湿度を上昇させない

図3·6　結露について

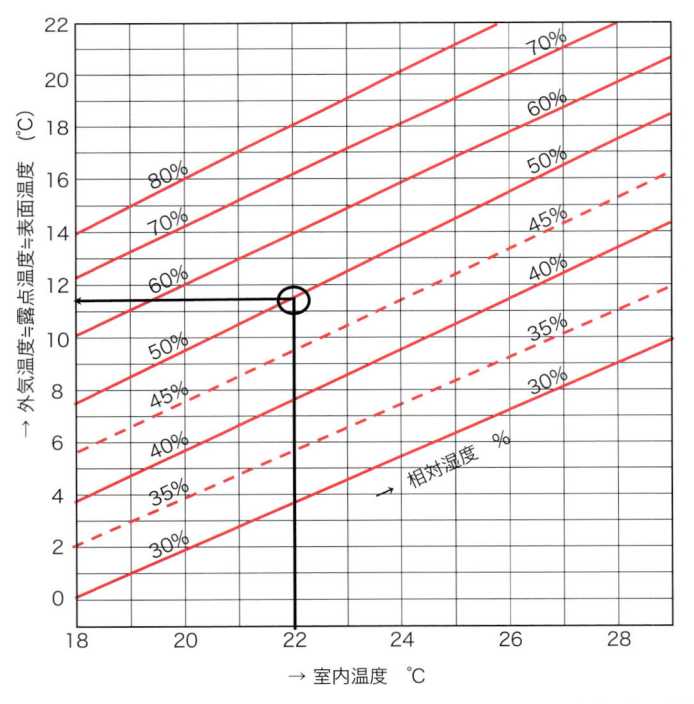

図3·7　結露の簡易判定

・結露の簡易判定
一般的な冬期室内環境条件の、温度＝22℃、相対湿度＝50％のとき、ガラス面や壁体の表面温度が、11℃になったとき、結露が発生する。
このとき、外気温度≒表面温度になったとして、室内の露点温度以下になれば、結露が発生する環境にある。

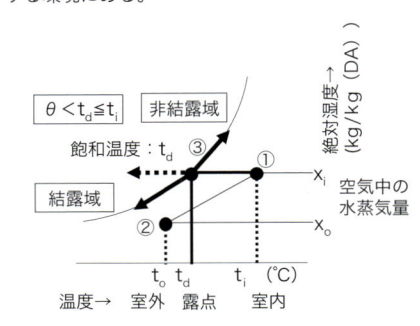

・空気線図上の動き。
①：室内の温度＝t_i（℃）、絶対湿度＝x_i（％）
②：室外の温度＝t_o（℃）、絶対湿度＝x_o（％）
の条件とき、①の空気が冷却されるか、②の外気温度が下がり表面が、③飽和温度＝t_d（℃）以下になったとき、結露が発生する。

2 空調負荷

2・1 空調負荷計算

1 熱負荷計算

熱負荷計算は、空調設計における、あらゆる装置・機器類決定の基礎となる。負荷計算において、各種室内・室外条件は、最もクリティカルな状況下を想定して設定する（図3・8）。

室外条件は、時間の経過による室外温度を考慮する。

室内条件では、最も人員が多く、照明も全点灯の状況下で計算される。

2 負荷の種類

空調負荷（図3・9）を計算するとき、冷房負荷は「室内に熱が流入する」こと、暖房は「熱が室内から放出される」ことに対して行われる（表3・4）。

3 負荷計算式

負荷計算では、冷房負荷と暖房負荷の両方を計算する（表3・5）。

冷房計算においては、**顕熱**と**潜熱**は分けて算出する。暖房計算において、室内熱環境に有利に働くもの（窓面日射・照明・人員等）は、暖房装置に大きく影響を与えるものを除き、安全側として通常算入しない。

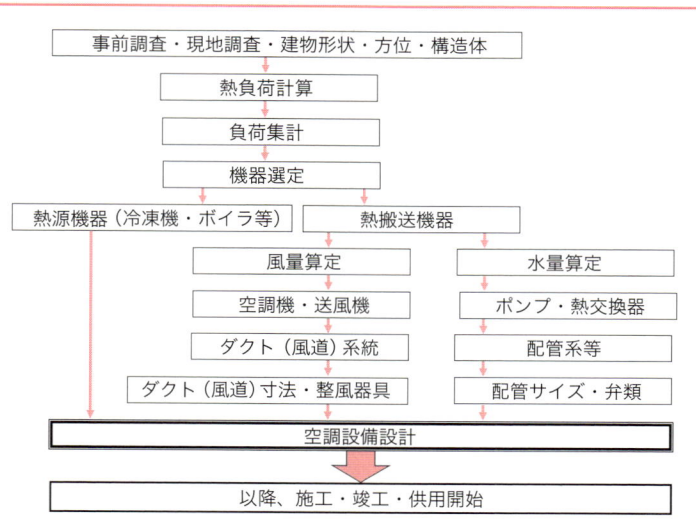

図3・8 空調設備設計の手法

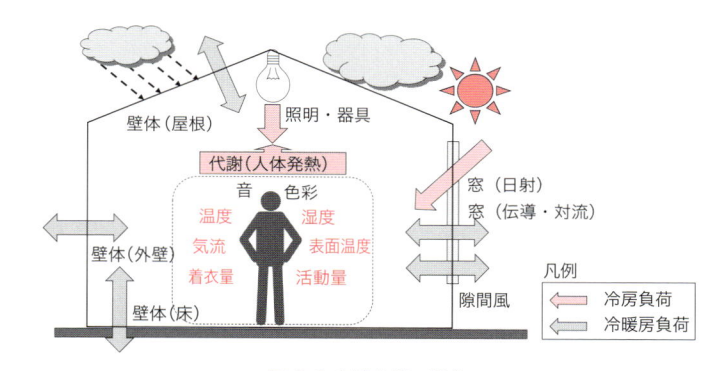

図3・9 空調負荷の概念

表3・4　空調負荷の種類

負荷の種類			冷房負荷 顕熱	冷房負荷 潜熱	暖房負荷	備 考
空調負荷	室内負荷（外皮負荷）	貫流熱(壁・床・天井・窓)	○	×	○	
		窓面日射	○	×	※	
		隙間風	○	○	○	
	室内負荷	照明器具	○	×	※	
		人体	○	○	※	
		設置機器発熱	○	(○)	※	(○)潜熱発生の場合
	機器負荷	ダクトロス	○	×	○	
		送風機発熱	○	×	※	
	取入外気負荷（新鮮空気）		○	○	○	

外皮負荷：ペリメーター負荷
室内負荷：インテリア負荷
顕熱（H_s)sensible heat：温度変化を伴う発熱
潜熱（H_l)latent heat：状態変化＝蒸発・融解を伴う発熱
※負荷が安全側に作用するもの。通常、負荷計算には算入しない。

表 3·5　空調負荷計算方法

負荷の種類				冷房負荷　計算式	暖房負荷　計算式	備　考
空調負荷	室負荷	外皮負荷	貫流熱（壁・床・天井・窓）顕熱	$q = A \times K \times \Delta t_e$	$q = A \times K \times (t_i - t_o) \times \delta$	
			間仕切壁　顕熱	$q = A \times K \times \{(t_o - t_i)/2\}$	$q = A \times K \times \{(t_i - t_o)/2\}$	室内外の中間温度
			窓面日射　顕熱	$q = A \times I_{gr} \times \kappa$		暖房：安全側に作用
			隙間風　顕熱	$q = 0.34 \times n \times V \times (t_i - t_o)$	$q = 0.34 \times N \times V \times (t_i - t_o)$	
			隙間風　潜熱	$q = 830 \times n \times V \times (x_o - x_i)$	$q = 830 \times N \times V \times (x_o - x_i)$	
		室内負荷	照明器具　顕熱	$q = \eta \times W$	—	暖房：安全側に作用
			人体　顕熱	$q = H_s \times N$	—	暖房：安全側に作用
			人体　潜熱	$q = H_L \times N$	—	暖房：安全側に作用
			設置機器発熱　顕熱	$q = \eta \times W$	—	暖房：安全側に作用
	機器負荷		ダクトロス　顕熱	通常、全顕熱負荷の10％を見込む	同左	
			送風機発熱　顕熱		—	暖房：安全側に作用
	取入外気負荷（新鮮空気）		顕熱	$q = 0.34 \times OA \times (t_i - t_o)$	$q = 0.34 \times OA \times (t_i - t_o)$	
			潜熱	$q = 830 \times OA \times (x_o - x_i)$	$q = 830 \times OA \times (x_o - x_i)$	

A：固有部位の面積(m²)　　　　K：固有部位の熱貫流率（W/m²・K）　Δt_e：実行温度差（K or ℃）
t_o：外気温度（℃）　　　　　　t_i：室内温度（℃）　　　　　　　δ：方位係数
I_{gr}：窓からの日射量（W/m²）　κ：遮蔽係数
n：換気回数（回/h）　　　　　　V：室容積(m³)
H_s：1人当りの顕熱（W/人）　　H_L：1人当りの潜熱（W/人）　　　N：人員数（人）
η：発熱の割合　　　　　　　　W：電力容量(W)　　　　　　　　　OA：外気量（m³/h）

4 設計用室外環境条件

空調設計用外部環境条件は、定常負荷計算上、その地域における、特異条件を排除した最も過酷な状態を設計条件として使用する（表3·6）。

5 設計用室内環境条件

室内環境は、各建物、施設の種類によりその要求条件が様々である（表3·7）。一般的に夏期は、乾球温度：26℃、相対湿度：50％、冬期は、22℃・45％程度が標準である。

ただし、室内条件は、建物を利用する人々のために決定しなくてはならない。例えば冬期、老人の居住・利用が見込まれる場合は、23℃以上で平均24℃に設定する。ホテルの客室では、全世界の人種や老若男女の利用が見込まれるため、夏期・冬期とも、24℃・50％に条件を設定する必要がある。

表 3·6　外部環境の設計条件（外気条件）

主要地域名	冷房設計条件			暖房設計条件		
	乾球温度（℃）	相対湿度（%）	比エンタルピー（kJ/kg（DA））	乾球温度（℃）	相対湿度（%）	比エンタルピ（kJ/kg（DA））
札　幌	30.8	61.7	75.17	−10.7	60.1	−8.84
仙　台	32.1	62.5	83.00	−3.1	53.5	0.59
新　潟	33.1	59.7	82.22	−2.0	64.7	3.00
東　京	33.4	58.1	82.02	0.8	32.7	4.07
名古屋	34.4	56.6	84.56	−0.8	50.8	5.88
大　阪	34.6	53.5	82.51	1.3	43.6	5.82
広　島	32.3	63.7	82.39	−1.4	56.0	5.82
高　松	33.8	58.6	84.00	0.6	50.9	5.61
福　岡	33.5	60.7	84.65	0.9	49.8	5.91
那　覇	32.1	71.5	87.85	11.8	56.1	23.98

表 3·7　居住環境の設計条件（室内条件）

主要施設・室名		冷房設計条件		暖房設計条件	
		乾球温度(℃)	相対湿度(%)	乾球温度(℃)	相対湿度(%)
住宅	住宅一般	26	50	22	50
	居間	26	50	22	50
	寝室	26	50	22	50
	台所	27	50	20	50
	食堂	25	55	20	50
	子供室	26	50	22	50
	老人室	26	60	24	50
	便所	—	—	18~20	—
ビル一般	ホテル客室	24	50	24	50
	病院・病棟	26	50	23	50
	学校・教室	27	50	20	50
	一般事務室	26	50	22	50
	劇場客席	26	50	22	50
	店舗	26	50	22	50

1 壁体の熱負荷

建物の壁体は、外界からの条件に左右される。壁に作用する熱が、壁体を構成する材料を透過して（冷房は外から内、暖房は内から外）が空調負荷となる。

壁体の熱容量が大きいと、熱が壁体に蓄えられ、それが壁体蓄熱負荷として、冷房時には室内に放射される。冷房時、外界から受ける熱の時間的経過は、**相当温度差**（実効温度差）＝$\triangle t_e$として計算する。

冷房：$q = A \times K \times \triangle t_e$
暖房：$q = A \times K \times (t_i - t_o) \times \delta$
間仕切壁（冷暖共）：$q = A \times K \times (\triangle t / 2)$

q：冷・暖房負荷量（W） A：壁体の面積（m²） K：熱貫流率（W/m²・K）（W/m²・℃） $\triangle t_e$：相当温度差（K）、（℃） t_i：室内温度（℃） t_o：室外温度（℃） δ：方位係数

間仕切壁の熱負荷計算をするときの温度差は中間温度といい、一般に内外温度の平均を使う。

中間温度：$\triangle t / 2 = (t_i - t_o) / 2$

2 相当温度差：$\triangle t_e$(K)、(℃)

壁体は、熱容量を有するため、内外の温度差は**タイムラグ**があり、外気条件に対し、一定の時間を経過後に加熱された温度が室内に流入する。相当外気温度と室内温度の関係を相当温度差または、実行温度差として計算に用いる（表3・8）。

冷房期において、壁体に蓄えられた外気の熱

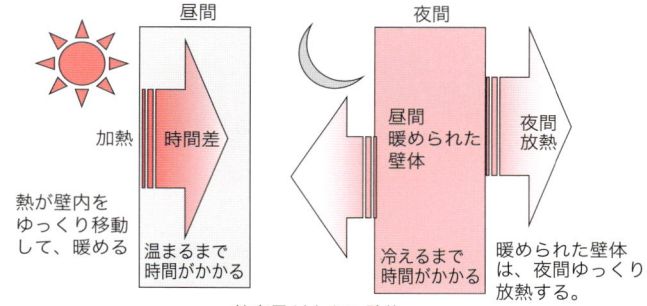

図3・10　日射を受ける外壁の状態

は、時間の経過とともに室内に放射熱として作用する。夜間に冷房が止まったときから徐々に室内に放熱され、翌日冷房を入れるまで、または壁体が冷えてきて室内と同じ条件になるときまで放熱は継続する（図3・10）。これは壁体だけでなく、内装材・家具・什器にも蓄熱され、放熱している。

そこで、冷房期の朝、冷房を入れるとき、この熱が**ウォーミングアップ**時に負荷として作用する。このロスを防止するために、空調停止時には、室内換気（自然換気が省エネ上有効）を行い、蓄熱された壁体等を外気で冷却させるとよい。この手法を**ナイトパージ**という。一方、暖房期にあっては、これが暖房効果として有利に働く。

表3・8　標準的な壁体の相当温度差（K）、(℃)

方位	時刻						備考
	8	10	12	14	16	18	
北	3	4	5	6	7	8	
東	7	11	13	13	12	10	
南	3	4	6	9	10	10	
西	3	4	5	7	12	16	
水平	6	10	17	22	25	24	屋根
日影	2	2	3	4	5	6	日射の影響がない壁体
外気温度との差	3	6	7	7	6	5	$\triangle t = t_o - t_i$

・東京7〜8月の条件で、室内温度が26℃の場合、室温が異なる場合は温度補正をする（25℃のときは、表の数値+1℃）。
・条件は、一般壁体として、下記を標準とする（表3・9の外壁A、外壁Bに相当）。
　①RC壁【RC100〜200mm保温有】
　②パネル壁【全体厚50〜100mm 保温有】

3 熱貫流率：K（W/m²・K）

熱貫流率は、建築壁体に対して、熱の通りやすさ（にくさ）を示す指標で、単位は（W/m²・K）である。

熱貫流率の数値が小さいほど熱を通しにくく、保温性がある（表3·9）。

熱貫流率の計算は、下記による。

$$K = \frac{1}{R} = \frac{1}{\dfrac{1}{\alpha_o} + \Sigma \dfrac{d}{\lambda} + \dfrac{1}{\alpha_i}}$$

R：熱貫流抵抗（m²・K/W）：熱貫流率 K の逆数

α_o、α_i：室外、室内の熱伝達率（W/m²・K）

λ：壁体材料の熱伝導率（W/m・K）

d：壁を構成する材料の厚さ（m）

表 3·9　標準的な壁体の熱貫流率

壁体部位	概略仕様 主要材料	熱貫流率 （W/m²・K）	標準断面	備考
外壁 A	RC150mm	3.0 ～ 4.1	①外装材 ②RC150 ③内装材	
外壁 B	同上保温 (25mm厚)付	0.8 ～ 1.7	①外装材 ②RC150 ③保温材 ④内装材	保温材： グラスウール ロックウール
屋根 A	RC120mm	1.4 ～ 1.7	①仕上材 ②防水層 ③RC120 ④空気層 ⑤内装材	
屋根 B	同上保温 (25mm厚)付	0.6 ～ 1.2	①仕上材 ②防水層 ③RC120 ④保温材 ⑤空気層 ⑥天井材	保温材： グラスウール ロックウール
間仕切壁 A	コンクリートブロック＋ ボード	2.3 ～ 2.5	①内装仕上材 ②コンクリートブロック ③内装仕上材	
間仕切壁 B	軽量鉄骨＋ボード	2.5 ～ 2.8	①内装仕上材 ②空気層 ③内装仕上材	軽量鉄骨下地
床 天井	RC120mm	1.4 ～ 1.7	①床仕上材 ②RC120 ③空気層 ④天井仕上材	
ガラス A	普通板	5.9 ～ 6.4	①普通板ガラス	
ガラス B	二重G（空気層10t）	3.0 ～ 3.5	①普通板ガラス ②空気層 ③普通板ガラス	
ガラス C	吸熱（サーモペーン等）	3.5 ～ 6.3	①吸熱ガラス	

4 暖房負荷計算

暖房負荷計算で使用する温度差は、実用計算上は室内温度 t_i と、外気温度 t_o との差とする。屋根や外壁に日射や風の影響を加味して、**方位係数** δ（表 3·10）を加味する。

暖房負荷 q（W）$= A \times K \times (t_i - t_o) \times \delta$

q：暖房負荷量（W）　　　　A：壁体の面積（m³）　　　K：熱貫流率（W/m²・K）

t_i：室内温度（℃）　　　　t_o：室外温度（℃）　　　　δ：方位係数

一般建築物において、窓面から流入する日射熱、照明発熱、人体発生熱、コンセントや OA 機器等からの発熱等、暖房時の室内熱環境に有利に働くものについては、安全側に作用するものとして、一般空調設計においては通常算入しない。

方位係数は、各方位において、地域や日射の諸状況、風の影響等によって変わる。また、省エネ計算等においては、夏期でも方位係数の概念がある。

表 3·10　方位係数 δ

方位	北	東	南	西	水平
方位係数 δ	1.2	1.1	1.0	1.1	1.2
備考	北東・南東・南西・北西は、$\delta = 1.15$ とする。				屋根

COLUMN

顕熱と潜熱

物質が固体から液体、液体から気体、固体から気体、あるいはその逆方向へと状態変化する際に必要とする熱のことを「潜熱」と言い、温度変化はない。

一方、温度変化を伴う熱を「顕熱」と言う。

状態変化（顕熱変化／潜熱変化）の種類と、水が状態変化するときの熱エネルギーと温度の関係を図に示す。0℃の水の持つ熱量を基準（ゼロ）にして横軸に示す。

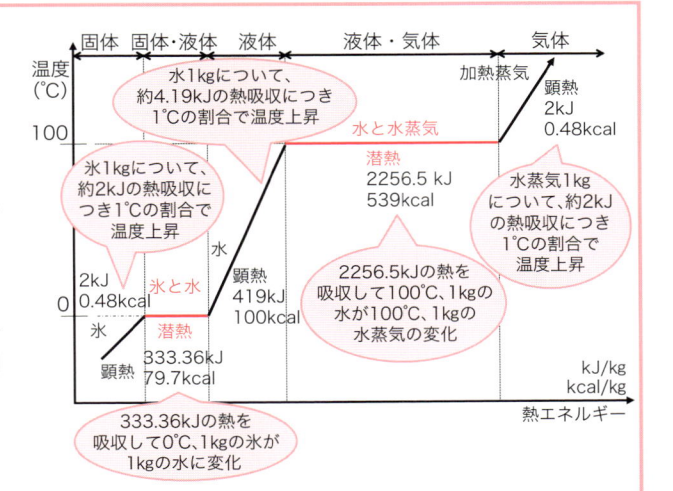

2·3　窓ガラスの熱負荷

1 熱負荷の計算

伝導・対流によるものと、日射によるものがあり、それらを合わせたものが窓ガラスからの負荷である。伝導・対流によるものは、ガラスの面積と、ガラスの熱貫流率と室内外の温度差との積で求められ、日射によるものは、ガラスの面積と、ガラスを透過する**日射量**と**遮蔽係数**との積で求められる。

伝導・対流 $q_c = A \times K \times (t_o - t_i)$

日射 $q_r = A \times I_{gr} \times \kappa$

窓の熱負荷 $q = q_c + q_r$

q_c：ガラスの伝導対流による負荷量（W）　　　t_i：室内温度（℃）

q_r：ガラスの日射による負荷量（W）　　　　　t_o：室外温度（℃）

A：ガラスの面積（m²）　　　　　　　　　　　I_{gr}：ガラスを透過する日射量（W/m²）

K：ガラスの熱貫流率（W/m²・K）　　　　　　κ：遮蔽係数

冬期の暖房負荷計算時には、ガラスの伝導による負荷量 (kW) に方位係数（δ）を掛ける。

② 日射量 $I_{gr}(W/m^2)$ と遮蔽係数 κ

　日射負荷は、室内の熱負荷に大きな影響を与える。日射量は、地域と季節、時間、そして天候により変動がある（表3・12）。

　日射負荷は、熱線吸熱ガラスや、熱線反射ガラス等、ガラスの種類によって、減らすことができる。また、日射を受けるガラス面に、ルーバー、カーテン、ブラインド、軒の出、外部植栽を施すことによる日射遮蔽の手法で、効果的に減少する。窓面日射の遮蔽は、室内側より室外側で遮蔽した方が効果は大きい。

　日射の遮蔽は、冷房期にあっては、負荷の大きな低減に寄与するが、暖房期の日射を受ける室は、不利となる場合もある。

表3・11　遮蔽係数

状態	遮蔽箇所	遮蔽係数	備考
普通板ガラス	−	1.0〜0.95	ガラス本体
吸熱ガラス	−	0.8〜0.65	ガラス本体
熱線反射ガラス	−	0.7〜0.5	ガラス本体
複層ガラス	−	0.9〜0.7	ガラス本体
遮熱フィルム	−	0.3前後	ガラス本体
不透明遮熱フィルム	−	0.2	ガラス本体
カーテン	室内	0.5〜0.4	窓側設置
室内ブラインド	室内	0.75〜0.65	窓側設置
室外ブラインド	外部	0.25〜0.15	窓側設置
軒・庇	外部	0.3	窓側設置
粗い植栽	外部	0.6〜0.5	外部植栽
密な植栽	外部	0.5〜0.3	外部植栽

表3・12　窓面からの日射量 (W/m^2)

方位	6時	8時	10時	12時	14時	16時	18時	備考
日影	24	38	43	43	43	36	20	天空輻射量
北	100	38	43	43	43	38	99	
東	480	591	319	43	43	36	20	
南	24	46	131	180	108	36	20	
西	24	38	43	50	400	609	349	
水平	122	498	765	843	723	419	63	天窓

・東京：7月下旬の数値
・天空輻射：直達日射 $=0\,(W/m^2)$ の値

2・4　隙間風の熱負荷

　近年の建築は高密化が進み、隙間風は減少傾向にあるが、ドアや窓の開閉による進入（放出）で、室内環境に影響がある。隙間風は外気であり、温度変化を伴う顕熱と、状態変化を伴う潜熱をもつ。

　窓の開閉がない室の場合は、基本的にゼロとみなしてもよいが、エントランスロビーでは算入しなくてはならない。また、エレベーターシャフトに生じる**ドラフト**[*] は、温度差上昇気流や空気の**換気回数**に起因する。

　隙間風負荷は以下により求められる。

顕熱 $q_S = 0.34 \times n \times V \times \varDelta t$

潜熱 $q_L = 830 \times n \times V \times \varDelta x$

　n：換気回数（回/h）

　V：室容積 (m^3)

　$\varDelta t$：室内外温度差（℃）

　$\varDelta x$：室内外絶対湿度差 $(kg/kg\,(DA))$

表3・13　隙間風の換気回数

外気に面した扉	冷房（回/h）	暖房（回/h）	備考
有	0.1〜0.2	0.3〜0.5	開閉窓も含む
無	0.5〜2.0	1.0〜4.0	風上側：大きい値

換気回数：室内にある空気が、1時間に入れ替わる回数(回/h)

＊ドラフト（draft）：一般的に空気の流れることをいい、人体に不快感を与える気流の意味をもつ。不快な冷感を与える気流をいう。

照明器具の消費電力は、基本的にワット（W）数がそのまま熱負荷で冷房負荷に影響する。通常、暖房計算では安全側として、暖房負荷に算入しない。

一般のビルでは、照明による負荷は概ね室内負荷の25〜30%程度である。近年LEDの普及により、照明負荷は減少傾向にある。照明容量低減の結果、冷房負荷の減少がみられる反面、暖房負荷への支援が減少し、暖房用エネルギーが増加傾向にある。特に**ヒートポンプエアコン**等、電力の空調方式による暖房期の消費電力の上昇が顕著である。

各光源の照明負荷は下記の通りである（表3·14）。

白熱灯 $q = W$

蛍光灯 $q = 1.2 \times W$

LED $q = W$

W：照明器具の消費電力

LEDは基部発熱があるが、LEDの光は赤外線をほとんど含んでおらず、消費電力が少量のため、$q = W$ と考えてよい。実用計算上、蛍光灯主体で、20〜30W/m² の照明容量を見込む。この場合、OA機器等について、他の特殊な発熱機器がない場合は、通常のコンセント負荷のみが見込まれる。

表3·14 照明発熱（安定器発熱を含む）

電球		白熱球	蛍光管	LED
①電球型A	消費電力	40W型＝36W	電球型 8W	4.1W
	発熱量	36W	10W	4.1W
②電球型B	消費電力	60W型＝54W	電球型 13W	7.8W
	発熱量	54W	16W	7.8W
③直管型A	消費電力	−	直管型 20W	直管型20W型 10W
	発熱量	−	24W	10W
④直管型B	消費電力	−	直管型 40W	直管型40W型 20W
	発熱量	−	48W	20W

2·6 人体負荷

人体からは、体温に起因する顕熱に加え、呼吸・発汗による潜熱がある。これらは、在住する室の温度や活動状態によって変化する。涼しいところでの活動は、発汗が少なく、暑いところでの活動は発汗が顕著である。これは、人体から発生する顕熱と共に、発汗による潜熱が増加するということである。

人体発熱量は、現実には、体重、性別、年齢などにより異なるが、日本人の平均値として表3·15に示す。人体発生熱は次式により計算する。

顕熱 $q = H_S \times N$

潜熱 $q = H_L \times N$

H_S：1人当たりの顕熱量（W/人）

H_L：1人当たりの潜熱量（W/人）、N：人員（人）

表3·15 人体発生熱

作業等の状況	設置場所例	室内温度								
		28℃			26℃			24℃		
		顕熱 H_S	潜熱 H_L	全熱 H_T	顕熱 H_S	潜熱 H_L	全熱 H_T	顕熱 H_S	潜熱 H_L	全熱 H_T
軽作業・安静・授業・観劇	学校・劇場・病院	48	58	106	55	51	106	62	44	106
軽歩行・事務	事務所	47	72	119	55	64	119	63	56	119
座業・食事	レストラン・店舗	51	94	145	59	86	145	68	77	145
着座作業・軽作業	工場	50	148	198	63	135	198	76	122	198

1 顕熱比

負荷計算より、顕熱比（SHF）を求める。

$$\text{SHF} = qH_S / (qH_S + qH_L) = qH_S / qTH$$

SHF：顕熱比

qTH：全熱量（W）

qH_S：顕熱量（W）

qH_L：潜熱量（W）

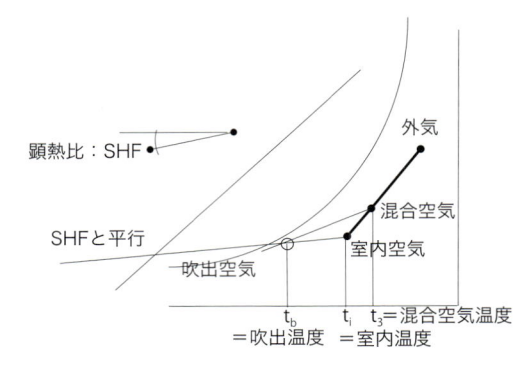

a. 空調装置風量の算定 (空気線図の作図法)

2 吹出空気量（送風量）

負荷計算より、空調機の装置風量は、下記より算出する（図3·11）。

$$Q = qH_S / \{0.34 \times (t_i - t_b)\}$$

qH_S：顕熱量（W）

t_i：室内温度（℃）

t_b：吹出空気温度（℃）

一般状況下で、$(t_i - t_b)$ は、10℃前後である。

吹出空気は、本来理論上は、**飽和空気**（露点温度）で吹かれる。しかし、コイルを通過する空気が、効率上すべて熱交換されないため、概ね相対湿度90〜80%の線図上の温度が吹出温度となる。このとき、コイルを透過してしまうことを、**バイパスファクター**、コイルに接触することを、**コンタクトファクター**という。

3 外気量と混合点

外気量：OA（m³/h）を求める。

OA（m³/h）＝ 25 〜 30（m³/h・人）×N（人）

次に、吹出風量を使用し、空気の混合の手法を用いれば混合点が求められる。

外気負荷は空調負荷の 25 〜 30% に及ぶ。通常ビルの外気取入は、人員対象で、25m³/h・人が標準である。建築基準法では、20m³/h・人が最低限度であるが、快適性と安全のため、25 〜 30m³/h・人とするのが一般的である。

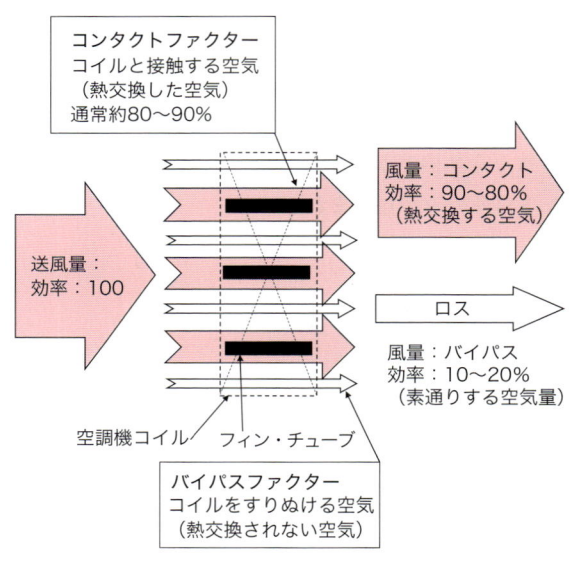

b. コンタクトファクターとバイパスファクター

図 3·11 空調装置風

3・1 空調系統

① 空調設備の系統

　現在、各種建物で使用される空調方式は、大きく分けると空気・水・冷媒の3方式と、それらの組合せからなる。主な機器は、空気調和機、ファンコイル、パッケージ等とそれらの組合せである（図3・12）。

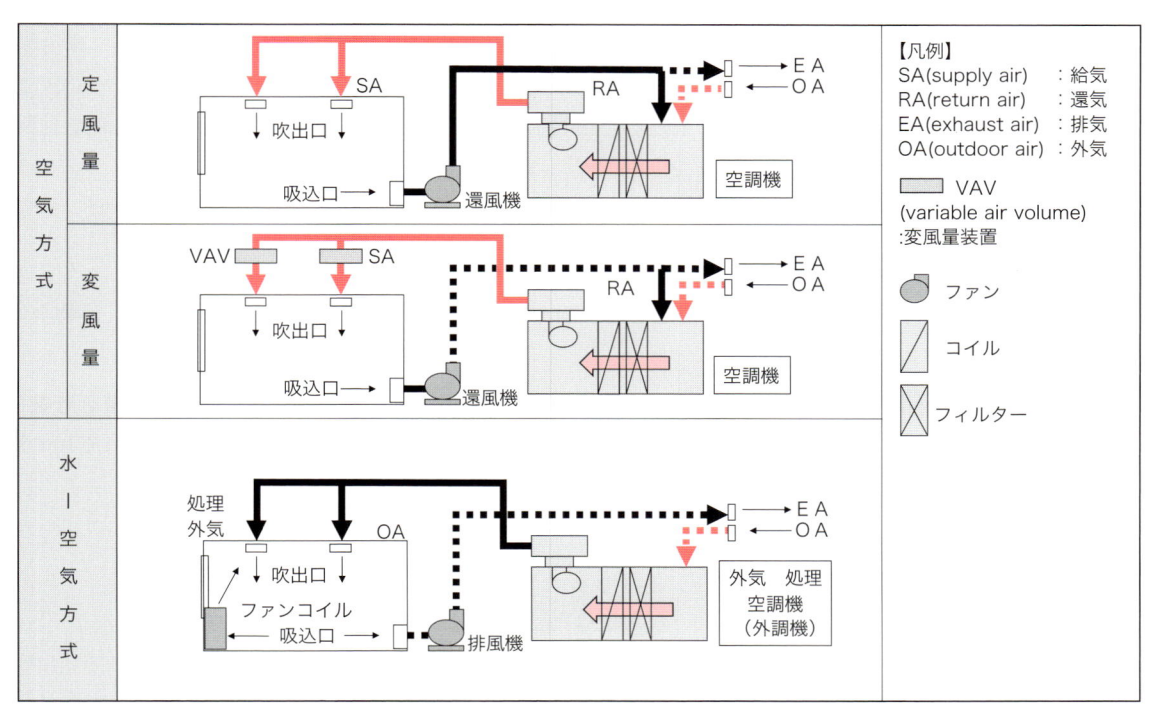

図3・12　各種建物で使用される空調方式

② ゾーニング

　空調設備におけるゾーニングとは、室内環境条件、使用時間、目的、使用勝手の異なる場合に応じ、空調系統を分けることである。これにより、室内環境の改善を図ることができ、熱負荷のバランスが保たれ、余分な機器の運転を抑制できるため、省エネ効果が大きい。

■　方位別ゾーニング

　太陽の運行により、窓面周辺の熱負荷が、時間ごとに変動することに対処する。ペリメーターゾーンは、5m 以内程度（図3・13）。例：オフィス空間

■　使用時間別ゾーニング

　同時使用のない室空間を別系統として、運転時間の抑止をはかる。

　例：食堂と執務空間、劇場客席とラウンジ

■　使用条件、負荷条件別ゾーニング

　環境条件が異なる室空間を別系統として、室内環境の適正化をはかる。

　例：病院外来と病室、劇場客席とラウンジ

■ 使用目的別ゾーニング

　臭気、細菌などが発生する恐れがある他用途空間を系統分けして、影響を抑止する。例えば、手術室と外来など病室各部門、店舗の食品売場と衣料品売場などである。

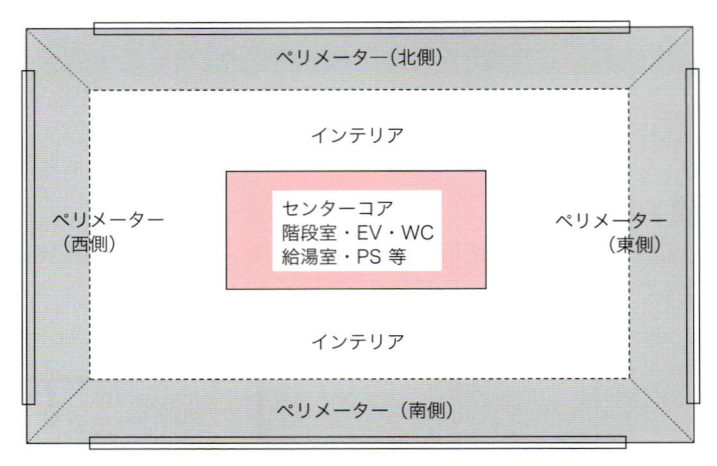

図3·13　方位別ゾーニングの例

■ 空調制御の方式

① **個別制御方式**：各室に空調ユニットを設置し、室ごとに空調する方式。

② **全体制御方式**：建物全体を一つの空調設備で空調する方式。各室の熱負荷に差がある場合でも、建物全体が同一条件で空調される。

③ **ゾーン制御方式**：建物内の空調区域（ゾーン）を室の使用目的による使用別ゾーン、使用時間帯を考慮した時間別ゾーン、日射などの熱負荷を考慮した方位別ゾーンなどに分割（ゾーニング）し、それぞれに対して空調を行う方式である。

COLUMN

カビとダニ

　室内において、快適性・健康性を損ねるものの一つに、カビとダニが挙げられる。これらの生き物は、地球上いたる所で生息しているといわれているが、適切な空調により、適切な環境状況を保持すれば、その生育を抑制することができる。

　図は、札幌、那覇、東京の3都市におけるクライモグラフ上に、カビとダニの生育範囲と、空調用設計条件（冷房期：26℃ /50%、暖房期：22℃ /45%）の標準値を重ね記したものである。この図から、カビとダニは、北

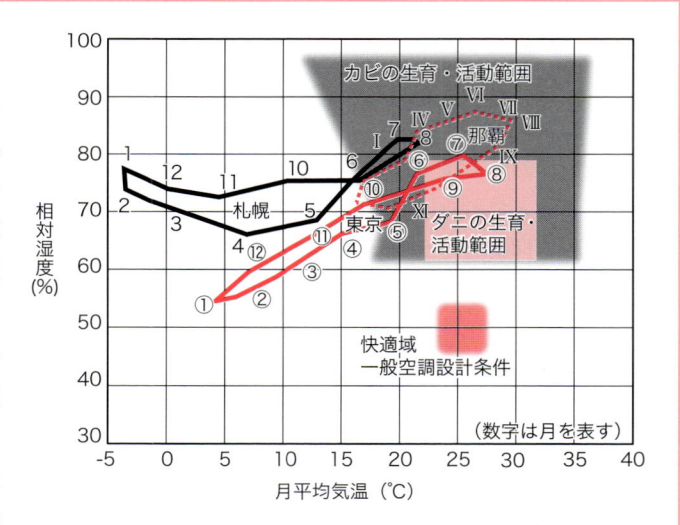

へ行くにつれて減少し、南は年間をとおしてダメージを受けていることが分かる。予防するためには、空調による適切な温度・湿度の保持が欠かせない。

1 中央方式

主に単体の空調機により、空調を行う方式である（図3・14）。室内環境条件は、基本的に全空間が同一になる傾向があるため、設定条件への留意が必要である。

■ 中央ダクト方式

中央機械室に空調機を設置する方式。維持管理が容易で大規模空調に適し、主機械室は、全体的に少なくなるが、ダクトやパイプ類のスペースが大きくなる。

■ 定風量単一ダクト方式
（CAV：Constant Air Volume）

空調機から、1本のダクトを通して冷風、温風を給気する方式。各室内に吹き出す風量は一定であり、室内環境を一定に保つことができるが、各室の条件に対応困難。

■ 変風量単一ダクト方式
（VAV：Variable Air Volume）

室内に給気される空気量は、建物全体あるいはゾーンで一定であるが、冷暖房負荷に応じた送風量が調整でき、各ゾーンの熱負荷変化に対応できる方式。ただし、低負荷運転時、換気量や外気量が不足することがある。

■ 二重ダクト方式

温風と冷風を2本のダクトで送風し、各室で熱負荷に応じて混合ボックスで混合し、吹き出す方式である。暖房する室と冷房する室が混在しても対応できるが、混合する際の熱損失によるエネルギー損失が大きい。そのため、今はほとんど使われていない。

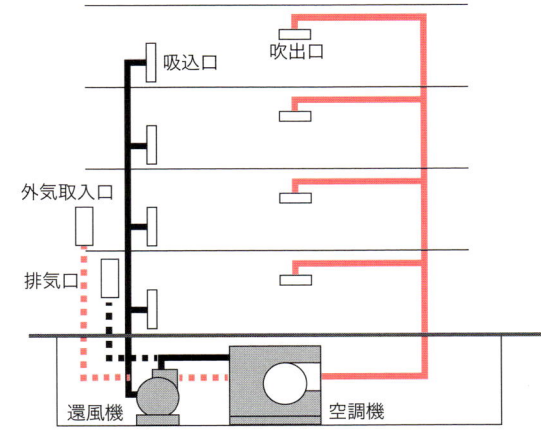

a. 中央ダクト方式

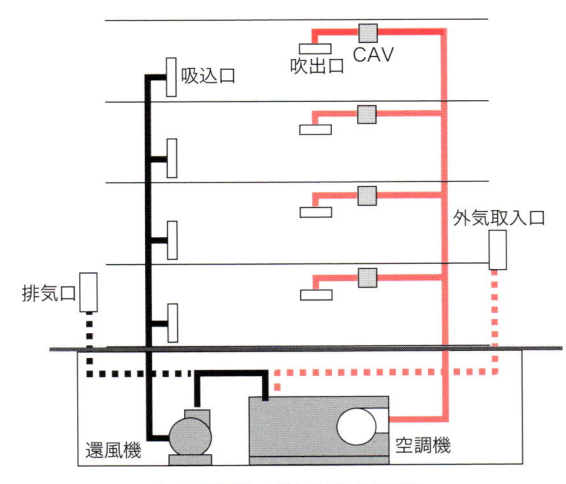

b. 定風量単一ダクト方式 (CAV)

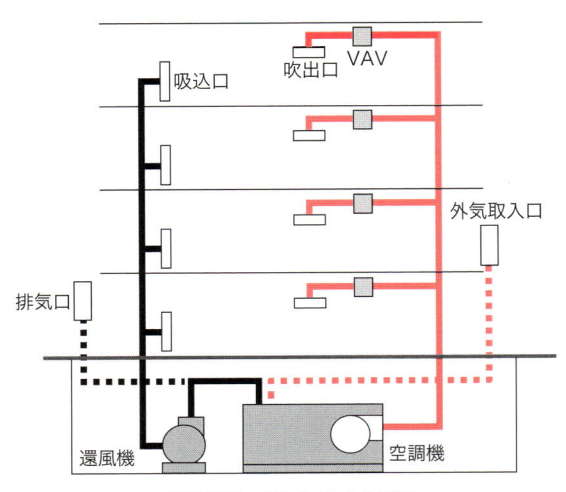

c. 変風量単一ダクト方式 (VAV)

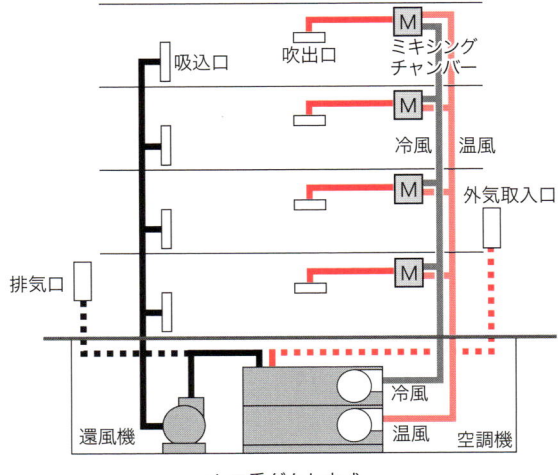

d. 二重ダクト方式

図3・14　中央方式

2 分散方式

　各室、各ゾーンに空調機を設置する方式であり、各機器が単独運転で、室内環境には有利だが維持管理に手間がかかる（図3・15）。

■ 各階ユニット方式

　各階ごとに空調機を設置して、階または、区域ごとに空調を行う方式である。

■ ファンコイルユニット方式（FCU方式）

　中央機械室で冷水または温水をつくり、各区域に設置されたファンコイルユニットにパイプで供給し、空調を行う方式である。空調機とファンコイルユニットは冷温水配管だけで結ばれ、ダクトは所要外気量程度に抑えられるので、大きなダクトスペースを必要としない。ユニットごとに風量の調節ができるので、個別制御は容易である。また、外壁面・窓面に向け、ファンコイルユニットの送気を吹き出すと、夏期は窓面日射負荷が水際で防御され、冬期はコールドドラフトや結露防止に有効である。

■ ダクト併用ファンコイルユニット方式

　ファンコイルユニット方式では十分な換気が行えないため、中央機械室の外気処理空調機からダクトで外気を供給する方式である。

　定風量単一ダクト方式に比べて必要とするダクトスペースは小さくできる。

3 空調機内部の主要構成機器

　空調設備における、中央方式および分散方式で使用する空調機内部の主要構成機器を、図3・16に示す。

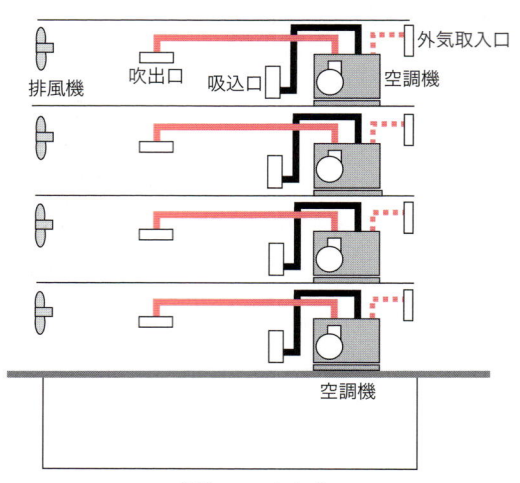

a. 各階ユニット方式

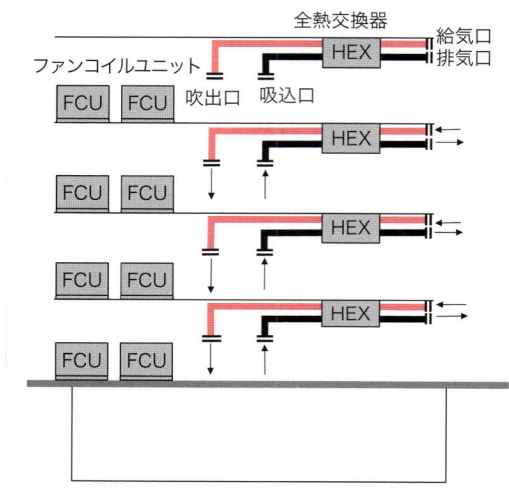

b. ファンコイルユニット方式

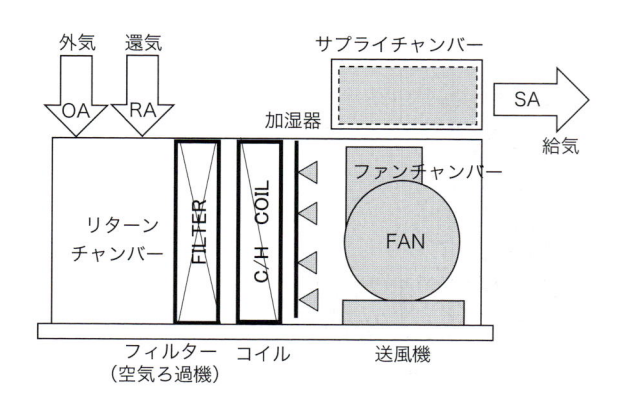

図3・16　空調機内部の主要構成機器

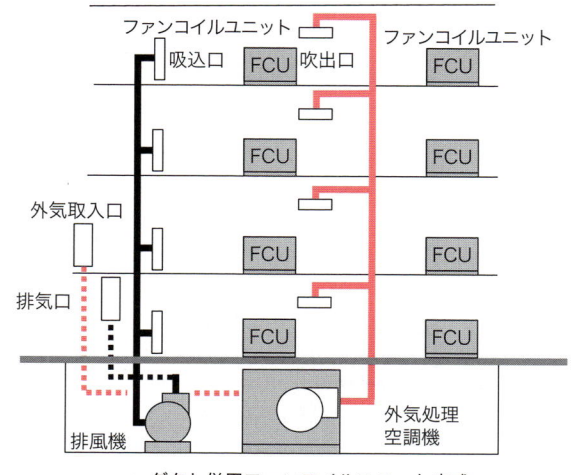

c. ダクト併用ファンコイルユニット方式

図3・15　分散方式

全熱交換器は、換気（外気導入、排気）によって失われる空調エネルギーを回収する「空調換気装置」である（図3・17）。

一般の居住空間においては、法令上だけでなく、環境維持のため外気の導入が必要であるが、排気によって、冬は冷えた空気、夏は暑い外気の導入が余儀なくされる。そこで、排気される室内空気のもつエネルギーのみを回収して省エネを図る機器を、全熱交換器という。機器の形態は、ローターをもつ**回転型全熱交換器**と、**静止型全熱交換器**がある。また、全熱を交換するものと、顕熱のみを交換する、**顕熱交換器**といわれる機種もある。

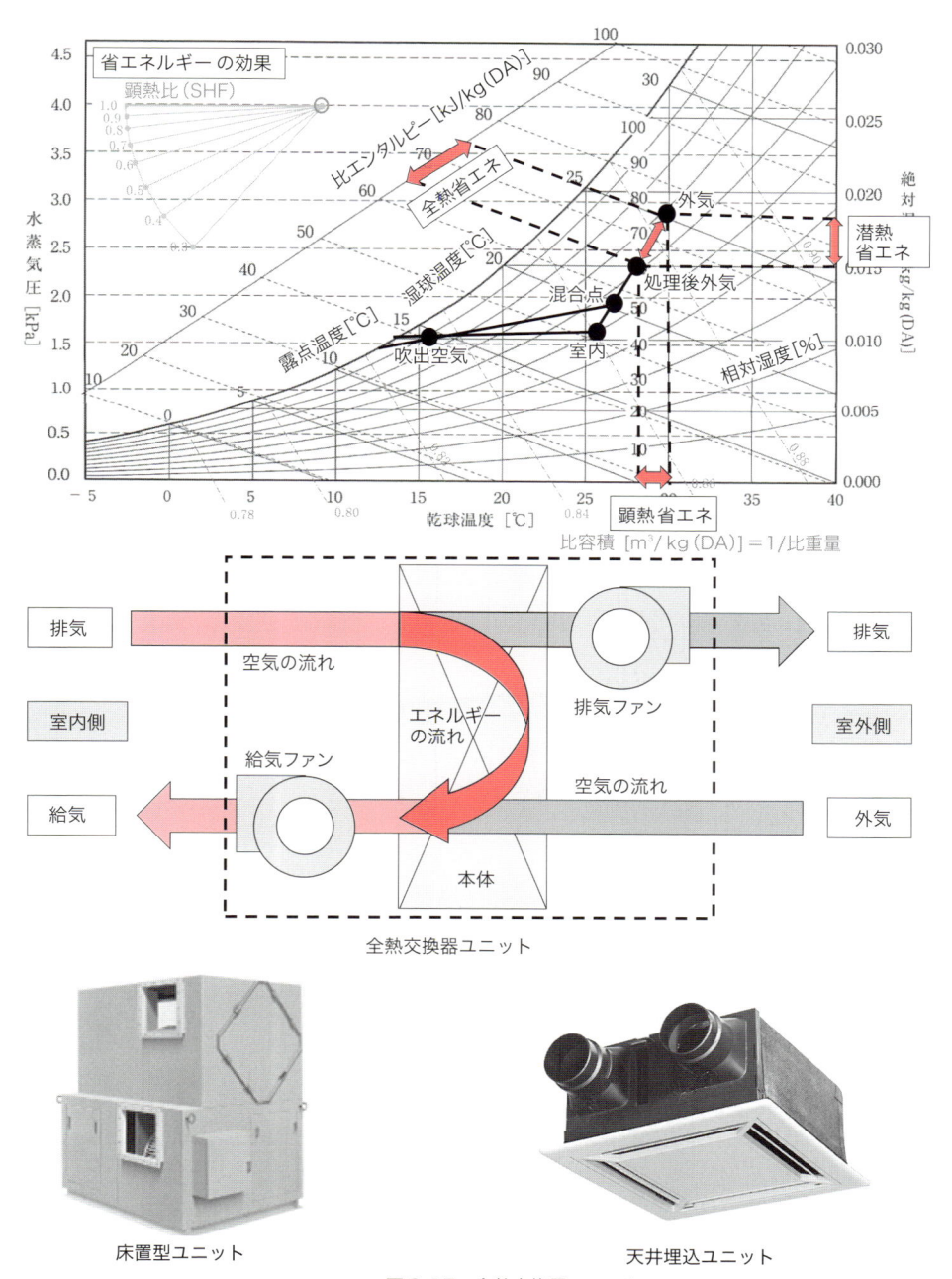

図3・17　全熱交換器ユニット

　室内空気分布は、居住者が居住域で、快適な室内環境を確保することを追求するものである。このため、室内の形状、天井高さ、整風器具（吹出口・吸込口）の配置と形状の選択、様々な条件をクリアする必要がある（図3・18〜19）。通常の空間では、室内空気の分布を考慮して、**ドラフト**を感じさせず、発生する負荷、特に**ペリメータ**負荷をすぐに排除させるように、窓面に空気を吹き付ける手法が有効である。

　天井高が大きい空間では、天井から吹き出すとき、冷房と暖房とでは同じ風量で、同じ吹出口でも空気は異なった動きをする。冷風吹出しはあまり問題視されないが、暖房時の温風吹出しの場合、暖かい空気は天井に溜って、居住域（FL＋2m以下）までは到達しない。つまり、足元が冷える。そこで、温風を到達させるため、風量を増加させたり、吹出し風速を上げたりすると、不快なドラフトや、騒音が発生する。

　高い天井の空間で劇場や映画館、音響を重視する空間では特別な注意を要する。床面吹出しは、高天井空間の空気分布上、有効な手段の一つである。

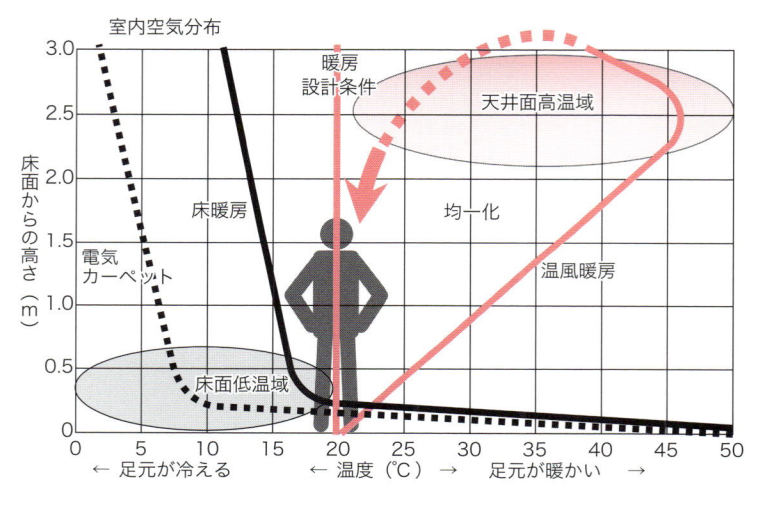

図3・18　室内空気分布（床暖房の効果）

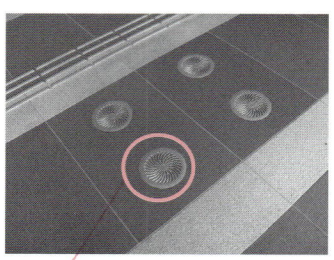

床面吹出口

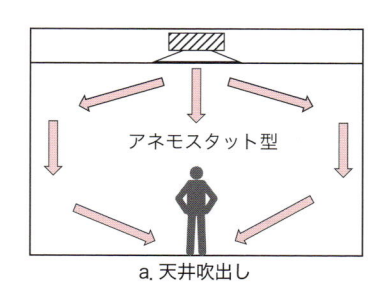

a. 天井吹出し

b. 壁面吹出し

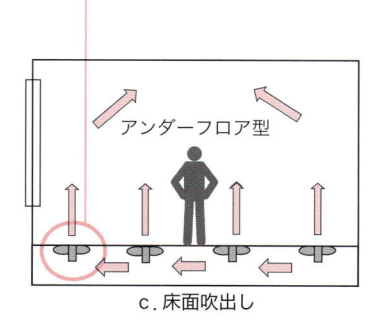

c. 床面吹出し

図3・19　吹出口による空気の流れ

冷媒を使用する空調機器を図3・20に示す。冷媒方式は、冷房専用もあるが、ヒートポンプ方式で代表される。

■1 パッケージユニット方式

パッケージ型空気調和機（パッケージユニット）を各空調区域や各室に設置して空調を行う方式である。また、冷凍機の凝縮器から出る排熱を暖房に利用したものを、空気熱源パッケージ型空調機という。

■2 マルチパッケージ方式

空気熱源マルチパッケージ型空調機は、室外機から複数の室内機を冷媒配管で接続し、ヒートポンプで空調する方式である。空気の搬送エネルギーは小さくなる。また、冷暖房同時型のマルチパッケージ型空調機は冷房負荷と暖房負荷が同時に発生する場合、冷房による排熱を暖房に利用できるため、消費電力を軽減することができる。

■3 ルームエアコン方式

小型のパッケージ型空調機を各室ごとに設置して、空調を行う方式である。インバータ方式のルームエアコンは、部分負荷運転時の効率が高く、省エネルギー効果が期待できる。

3 空気調和設備

床置きパッケージユニット方式

ヒートポンプ式空冷チラーユニット

マルチエアコン

ルームエアコン

図3・20　ヒートポンプ機器

熱源方式は、消費されるエネルギーから大きく、電力、燃料（ガス、オイル等）とその組合せ、および地域冷暖房に分けられる（表3・16）。熱源機器は、これらをエネルギー源とする冷熱源機、温熱源機の組合せのほか、吸収式冷温水発生機やヒートポンプのように、一種類のエネルギーで夏冬運転可能な熱源機がある。

表3・16　空調熱源方式の種類

熱源方式	冷熱源	《使用エネルギー》	温熱源	《使用エネルギー》
電力と燃料	電動冷凍機　《電力》		ボイラ	《ガスまたはオイル》
全燃料	吸収式冷凍機《蒸気》＋蒸気ボイラ			《ガスまたはオイル》
	直焚吸収式冷温水発生機			《ガスまたはオイル》
全電力	空冷（水冷）ヒートポンプチリングユニット			《電力》
太陽熱	吸収式冷凍機《温水》		集熱器（コレクター）補助熱源	《ガスまたはオイル》
コージェネレーション	吸収式冷凍機《蒸気》		排熱ボイラ	《発電排熱》
地域熱供給（D.H.C.）	地域冷暖房　《冷水・蒸気または高（低）温水》			

4・1　空調熱源

皮膚にアルコール綿を塗ったとき、ヒンヤリすることと同じで、冷凍の原理は、冷媒が蒸発し熱が奪われることである。建物で使用する冷凍機は主に、電動式と吸収式が挙げられる。

1 電動式冷凍機

電動式冷凍機は、圧縮した冷媒の蒸発により、冷水を作り出す。構成される主機器は、**圧縮機・凝縮器・蒸発器・膨張弁**である（図3・21）。

循環する冷媒が蒸発器内で気化するときに周囲から熱を奪う作用により、空気や水を冷却する。気化した冷媒は圧縮機で圧縮された後、凝縮器で冷却され液化する。凝縮器は機内で発生した熱を冷却水に放熱し、この熱は冷却塔により処理される。

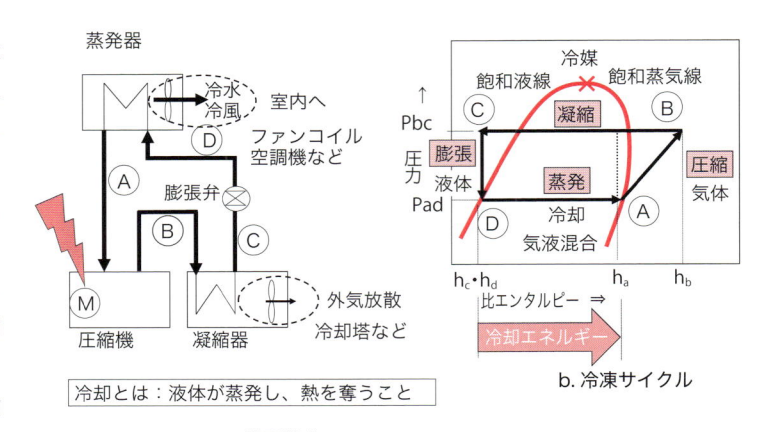

冷却とは：液体が蒸発し、熱を奪うこと

a. 機器構成

b. 冷凍サイクル

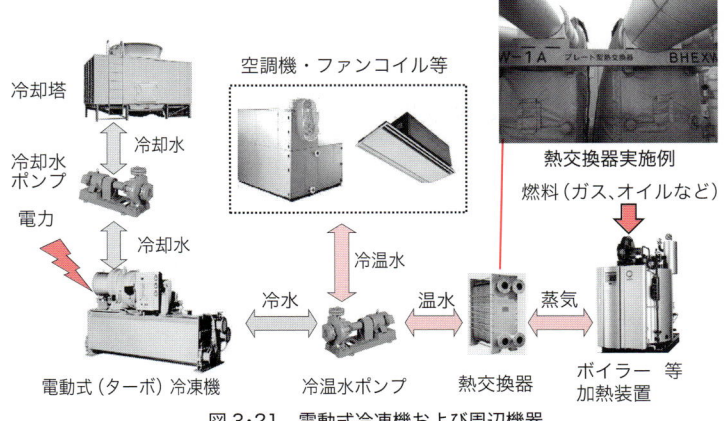

図3・21　電動式冷凍機および周辺機器

2 吸収式冷凍機

吸収式冷凍機は、真空中の蒸発器内で吸収液の混入した水（冷媒）を低温蒸発させ冷水をつくる（図3・22）。冷媒に水を使用することで、水が蒸発するときに周囲から熱を奪う作用を利用する。器内の**臭化リチウム**の濃縮液が水蒸気を「吸収」し、**蒸発器**内の圧力を下げることにより、蒸発を促進させる。水蒸気を吸収した**吸収液**は、**再生器**で、水と臭化リチウムに分離し再利用される。圧縮機が必要ないため、振動や騒音が少ないのが特徴である。

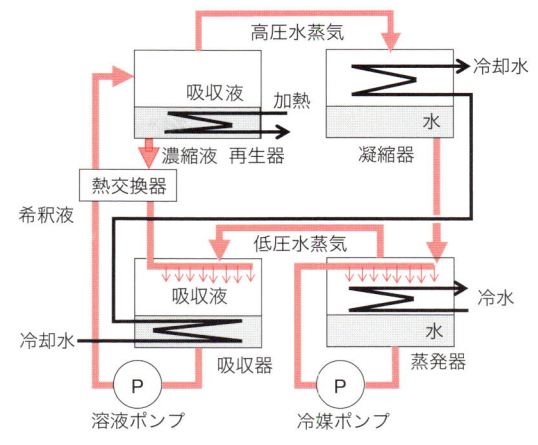

a. 吸収式冷凍サイクル

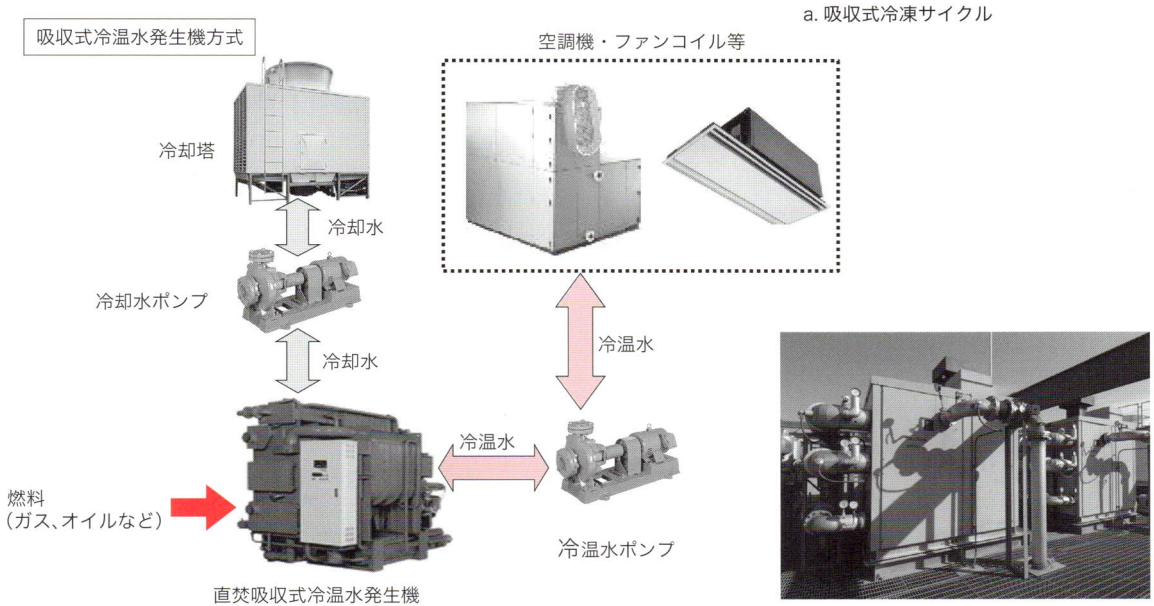

図3・22　吸収式冷凍機周辺機器

b. 屋外型吸収式冷温水発生機

3 冷却塔 (クーリングタワー)

■ 冷却塔

凝縮器や吸収器から出た温度の高い冷却水を冷却塔内でシャワー状に噴霧し、冷却水の一部が蒸発するときに周囲から熱を奪う作用により冷却水の温度を下げる装置である（図3・23）。

■ 冷凍機類と冷却塔

電動式冷凍機や吸収式冷凍機（吸収式冷温水機を含む）の主機から出る高温の水を冷却する機器として、冷却塔が必要である。主機から冷却塔に送る系統は図3・21～22による。

図3・23　クーリングタワー（冷却塔）

4 ヒートポンプ

　冷房時と暖房時で圧縮冷凍機の冷媒の流れを変え、冷房時は室内の熱を外に放出し、暖房時には屋外の熱を室内に運んで暖房する（図3・24）。冬期において、外気温が低いと機種によっては効率が悪くなる。なお、ガスエンジンヒートポンプはエンジンの排熱量を合計して暖房に利用できるので、効率的に暖房できる。

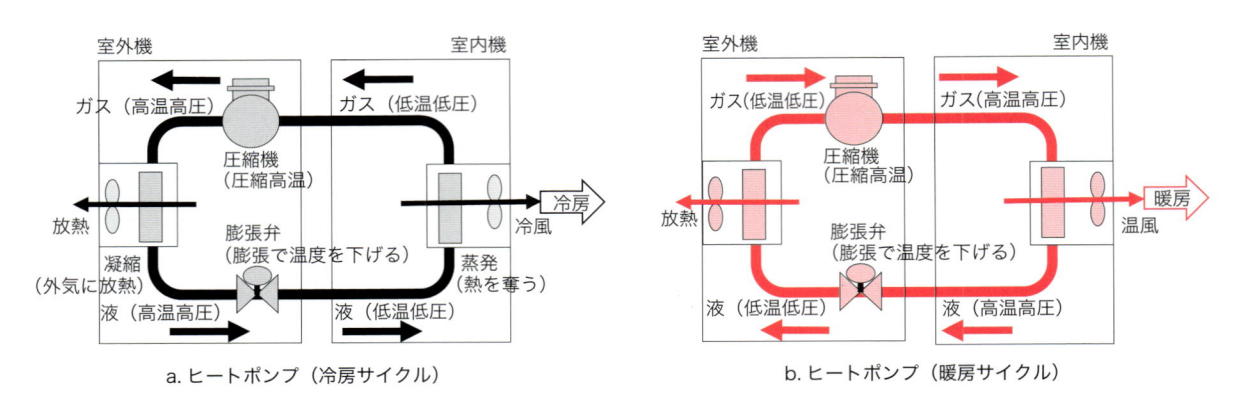

a. ヒートポンプ（冷房サイクル）　　　　　　　　　b. ヒートポンプ（暖房サイクル）

図3・24　ヒートポンプの概念

5 冷媒

　冷媒は、冷凍装置を循環する熱の搬送媒体である。古くは、アンモニアやフロン系が使用されていたが、安全性や、オゾン層の破壊による地球温暖化の要因となるため、現在**代替フロン**（R22、R123、R141b 等）、新冷媒（R32、R410a 等）、二酸化炭素冷媒（R744）等が冷凍装置に封入されている。なお代替フロンは、2020年以降、規制の方向にある。冷媒方式の空調機器構成は、図3・25 による。

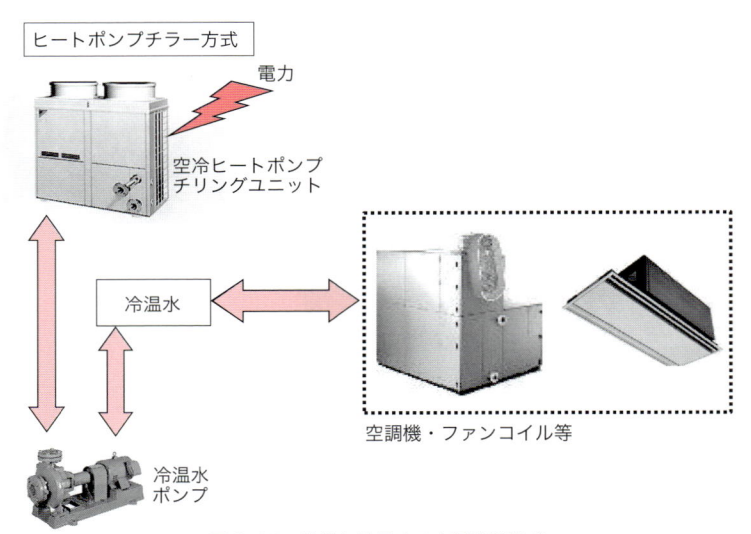

図3・25　冷媒を使用する空調機器構成
（ヒートポンプチラー方式）

6 成績係数（COP）

　熱源機の成績係数とは、熱源出力に対して、それをつくるために必要なエネルギー量の割合をいう。

　計算方法は冷房または暖房の能力を消費電力で割ったものであり、冷暖房熱源の効率を表す指標である。成績係数は、機器の経年劣化とともに低下する。逆に通常、**トップランナー**（新製品）であるほど、COP は高く効率が良い。計算は次の通り。

　成績係数（COP）＝定格冷房（暖房）能力［kW］／定格消費電力［kW］

　この、COP の値が大きいほど効率が良く、省エネルギーとなる。

　　電動冷凍機　　：COP ＝冷凍出力（kW）／消費電力（kW）＝ 4.0 〜 6.0

　　吸収式冷凍機：COP ＝冷凍出力（kW）／再生器加熱量（kW）＝ 0.7 〜 1.2

　　電気ヒータ　　：COP ＝消費電力（kW）／発熱量（kW）＝ 1.0

4・2　コージェネレーションシステム

　コージェネレーション（CGS：Co-Generation System）は、電力と熱を総合的に利用できる省エネを視野に入れた熱電同時供給の方式である。すなわち、内燃機関等の排熱を利用して本来捨てられる熱を取り出し、総合エネルギー効率を高めるエネルギー供給システムをいう（図3・26）。

　発電効率は、消費エネルギーに対し、約36％で残りは排熱である。この排熱を冷温熱源に使用する方式である。計画に際し、発電、冷暖房、給湯の負荷バランスがうまく取れれば、省エネ効果とともに地球環境にも優しく有効であるが、イニシャルコストの点で、**熱電比**＊や、使用時間等を考慮しながらシミュレーションする必要がある。主機システムとして、ディーゼルエンジンを始めとして、ガスタービン、ガスエンジン、燃料電池がある。家庭用には、燃料電池（エネファーム）、小型ガスエンジン発電（エコウィル）がある。

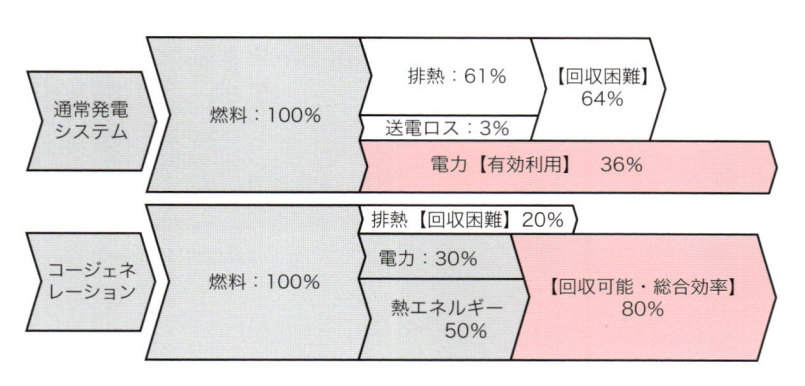

a. 効率の比較

b. ガスタービン
エンジン駆動発電機

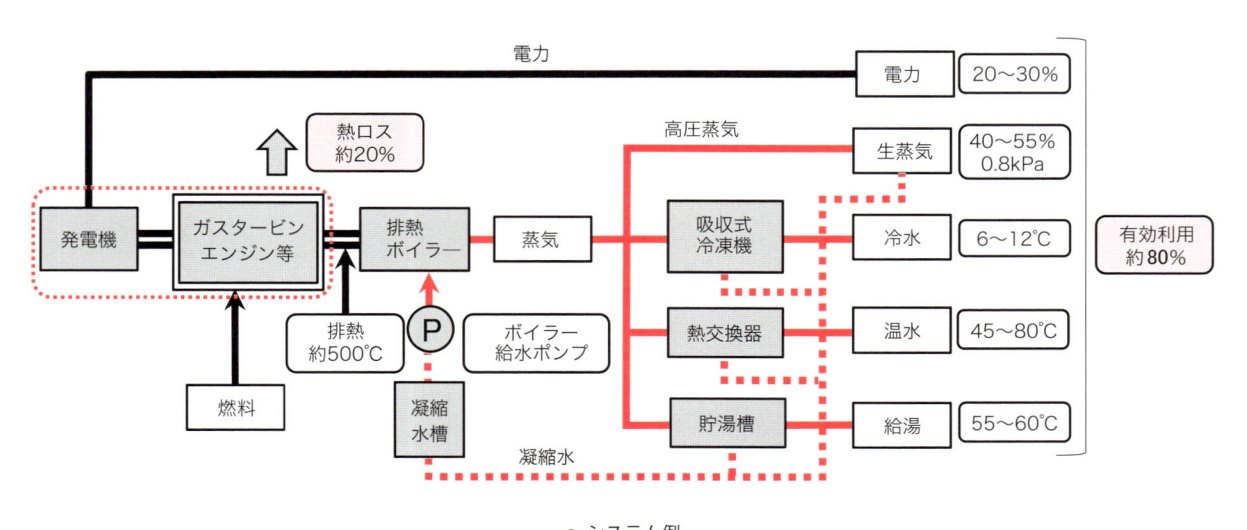

c. システム例

図 3・26　コージェネレーション

＊熱電比：建物で必要な熱量を、電力量で割った数値をいう。通常、ホテルや病院では大きく、オフィスビルやデパートなどでは小さい値を示す。

4・3　地域冷暖房

　地域冷暖房は、都市の街区・地区で熱源プラントを有し、区域内の各建物に冷暖房用の冷水、温水、蒸気または高温水（HTHW）を、年間を通じて集中供給する方式である（図3・27）。

　熱供給プラントとして、発電所やゴミ処理場もある。熱媒体の種類、温度、圧力等は、プラントにより変動がある。地域冷暖房の特徴は、表3・17に示す。また、供給管路は図3・27cのように、都市インフラと共同溝内に敷設されることが多い。

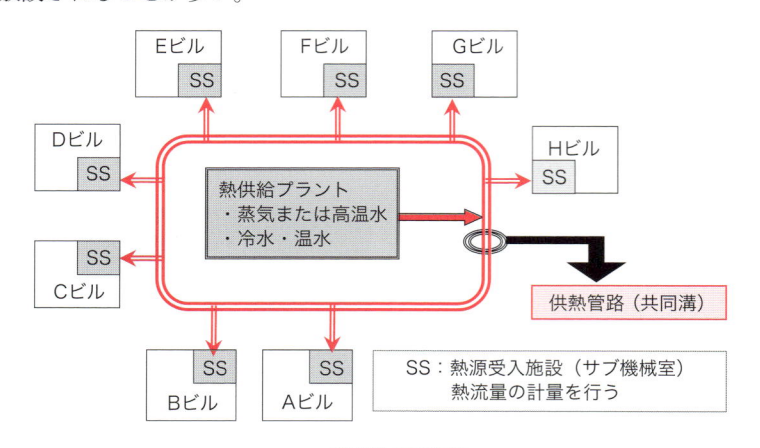

a. 熱供給の系統例

b. 地域熱供給プラント

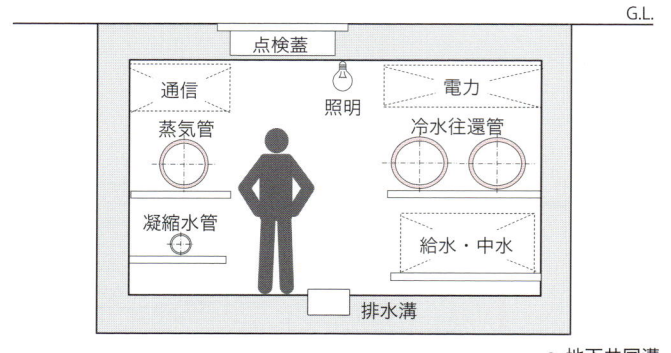

c. 地下共同溝

図3・27　地域冷暖房（DHC）

表3・17　地域冷暖房のメリット・デメリット

メリット	デメリット
・供給建物には主熱源機器の設置が不要で、面積の有効利用ができ、主機械室は、熱流量計と熱交換器を設置するだけでよい。 ・供給地域内各施設でピーク負荷時間の一致がほとんどなく、地区内各建物で設置する熱源容量の合計に比べて、全容量が小さく、トータル的にエネルギー消費が抑えられる。省エネ効果がのぞめる。 ・地域冷暖房は基本的に、24時間・365日熱が供給され、利便性、安全性があり、信頼度が大きい。	・プラント、供給管路等の建設費がかさむ。 ・使用料金は、各エネルギーに年間を通じて基本料金が徴収され、思わぬランニングコストの増加になる場合がある。 ・返送温度・圧力条件等の制約があり、施設によっては負担になることもある。 ・熱媒体の種類、温度、圧力等は、プラントにより変動があるため、供給区域では、自己熱源は原則的に所持しないので、施設に見合う有利な熱源システム導入の放棄をせざるを得ない場合がある。

4·4 蓄熱方式

1 システムの構成

　一般の空調方式は熱源機器と空調機器とが配管によって直結された**密閉回路**で形成されており、熱の製造と熱の消費が同時に行われる方式である（図3・28）。

　蓄熱式空調システムでは、熱源機器と空調機器との間に蓄熱槽が存在し、図3・29のように**開放回路**方式となっている。この方式は、**深夜電力**を利用して蓄熱槽に冷水や温水を蓄えておき、熱エネルギーを昼間の空調に利用することができる（表3・18）。

2 氷蓄熱と水蓄熱

　氷蓄熱は、氷が水に変わるときの**融解潜熱**を利用するため、蓄熱槽の容量を小さくできる。ただし、冷凍機の運転温度が低くなり、運転効率や冷凍能力は低下する。

3 蓄熱槽

　深夜、建物を使用しない時間帯にエネルギーを蓄熱し、使用時間帯にこれを放熱させることにより、蓄熱槽は縮小化できる。また、深夜電力利用によりコスト削減ができる。ただし、槽本体の建設費が増加するほか、水蓄熱で開放回路の場合は、**水搬送動力**が増加する。蓄熱は、水を使用した顕熱蓄熱のほか、熱容量の大きい蓄熱材や氷を使用する**潜熱蓄熱**がある。氷蓄熱は、製氷率50％の場合、蓄熱される量が大きいので、槽本体容量は、水蓄熱の約1/7でよい。

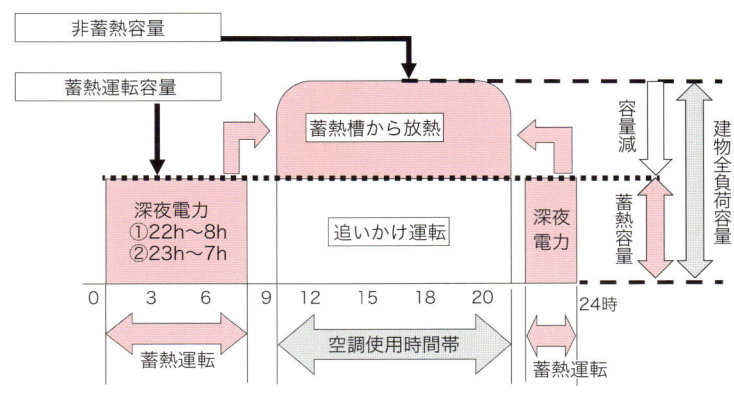

図3・28 蓄熱運転の概念

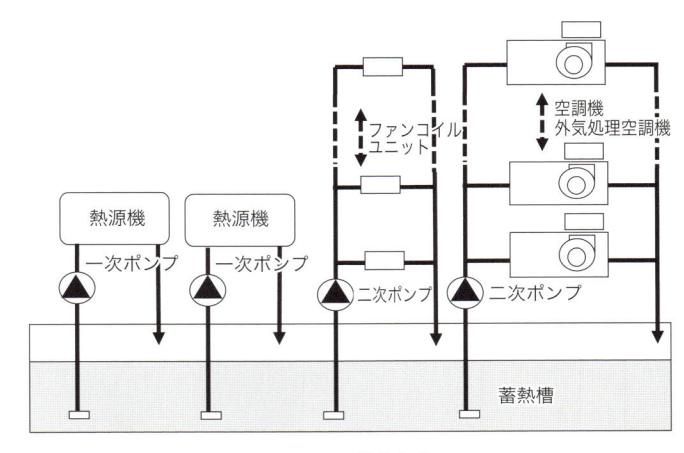

図3・29 蓄熱方式

表3·18 蓄熱式空調システムのメリット・デメリット

メリット	デメリット
・昼間の負荷のピークを平滑化し、冷凍機等、熱源機の容量を小さくできる。 ・夜間に蓄熱運転する熱源機器は負荷変動がないので、常に高効率で運転できる。 ・安価な深夜電力の利用ができ、ランニングコストを低減できる。	・床面断熱や防水等を含め、槽本体のイニシャルコストがかかる。 ・蓄熱槽からの熱損失がある。 ・地下開放水槽から上層部へ冷温水を搬送する場合、揚程の大きくなり、二次側ポンプの搬送動力が大きくなる場合がある。

顕熱蓄熱 q_s（MJ）＝ $c \times \rho \times v \times \varDelta\theta$

潜熱蓄熱 q_L（MJ）＝ $\rho \times v \times r + c \times \rho \times v \times \varDelta\theta$

v：体積（m³）　$\varDelta\theta$：温度差（K）、（℃）　　r：融解熱＝334（MJ/kg）

c：比熱＝2.09（MJ/kg・K）　ρ：密度＝992（kg/m³）

3
空気調和設備

1 水搬送

冷温熱源機器で製造されたエネルギーは、ポンプや配管設備により、空調機・ファンコイルユニット等の**二次側空調機器**に搬送される。この一連の配管系を、エネルギーの水搬送という。水搬送系は、図3・30のように、蓄熱運転の開放回路と、通常の空調系統でみられる密閉回路がある。

■ 水搬送機器

水搬送の機器は、ポンプに代表される（図3・31）。ポンプの仕様は、**水量（流量）**と**揚程**から、**ポンプ動力**と**ポンプ口径（mm ϕ）**を決定する。

水量 Q（L/min）の算出：熱量 q（W）、冷または温水の温度差が Δt（℃）のとき、

$Q = (3.6 \times q)/(4.2 \times \Delta t \times 60)$

揚程 H（m）：計算法は、開放回路と密閉回路とで異なる。揚程は、ポンプが水を押し上げる力をいう（表3・19）。

$H = (H_1 + H_2 + H_3 + H_4) \times$（安全率 $1.1 \sim 1.2$）

H_1：吸上揚程（m）＝約3m以下であること

H_2：押上揚程（m）

H_3：バルブや管路の摩擦抵抗（$H_2 \times$ 約50％）

H_4：機器内部抵抗（m）機器類仕様による

a. ポンプまわりの配管接続

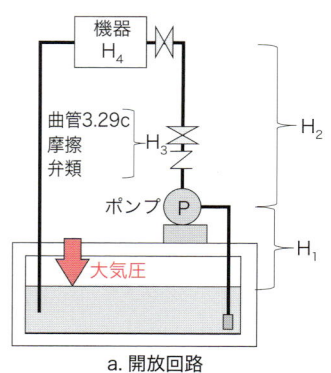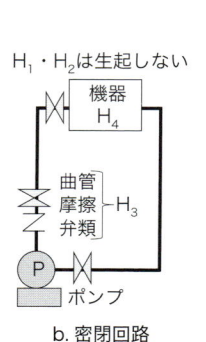

a. 開放回路　　　b. 密閉回路

図3・30　水搬送回路の配管

b. ポンプ

図3・31　水搬送機器

表3・19　実用計算における、ポンプ揚程計算法（概算算出法）

機器等	概　数	備　考
直管	実長（m）	管内流速、1〜2m/s程度で、最延長の距離。
曲り・分流等	直管長さの50〜100％	系の状況をみて増減する。本来は、継手やバルブ類の相当長から直管換算により算出する。
バルブ・コック類		
冷温水コイル管内	10〜60m	

・これらの合計値に対して、余裕率10〜20％を見込む。
・配管長1m当たりの摩擦損失は、100Pa/mの定圧法による算出である。

2 配管口径

配管口径は、水量（流量）と摩擦損失の交点から読み取る（図3・32）。

ビル設備における管口径の決定には、通常等摩擦損失の手法を用いる。この手法は**等圧法**といわれ、一般には、300〜500Pa/mで選定する。また管内流速を2m/s以下とすれば、管内浸食や騒音発生が抑止できる。他に、管内流速を一定にする**等速法**がある。

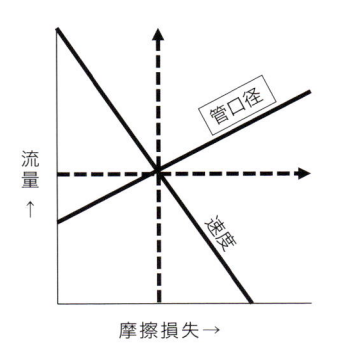

Memo 冷温水量Gは、

$G=3.6×(q/c×⊿t)$ で算出される。

q：負荷量（W）

c：水の比熱≒4.2(kJ/kg・K)

⊿t：冷温水コイルなど、出入口温度差

　　通常、冷水→5℃

　　温水→5から10℃

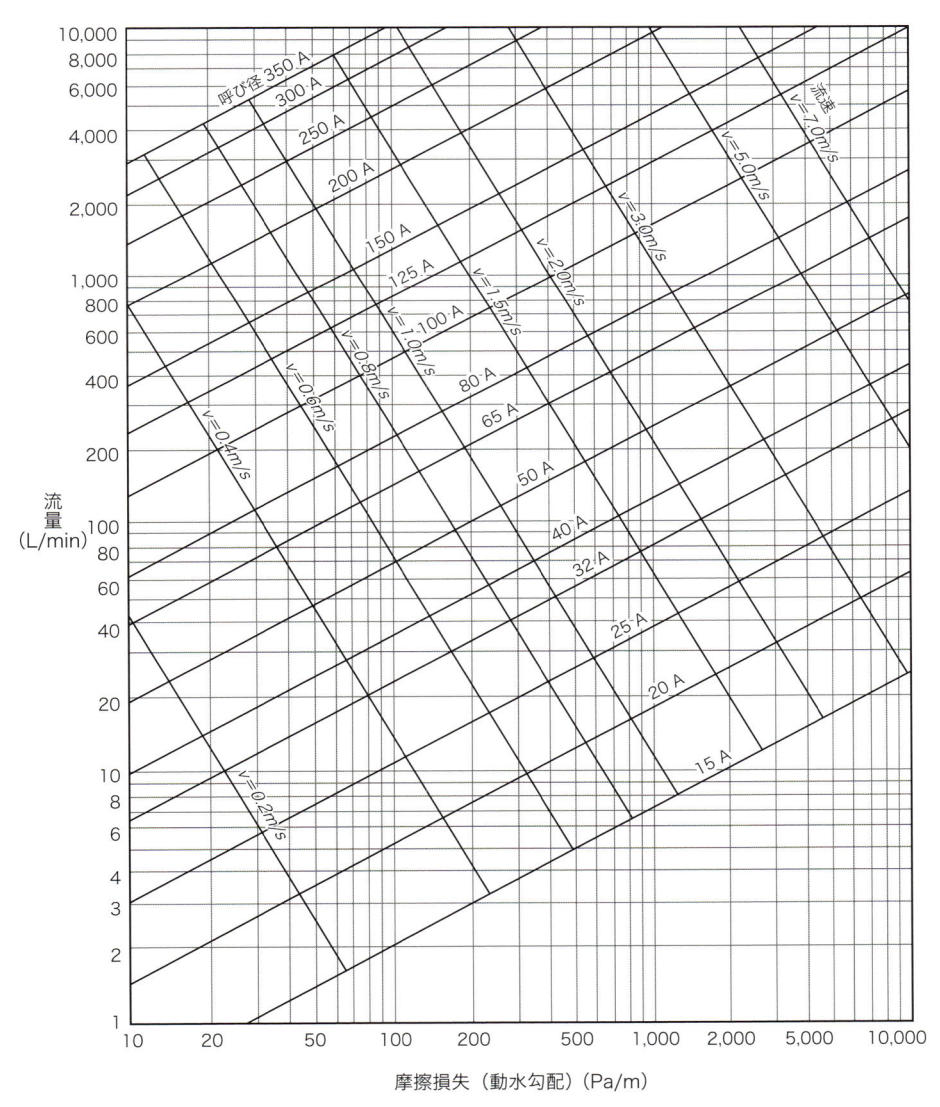

図3・32　配管口径算出図（出典：空気調和衛生工学会）

3 配管設備

図3·33に、各機器まわりの代表的な配管法を記す。なお、配管設備の記号と名称は表3·20の通りである。

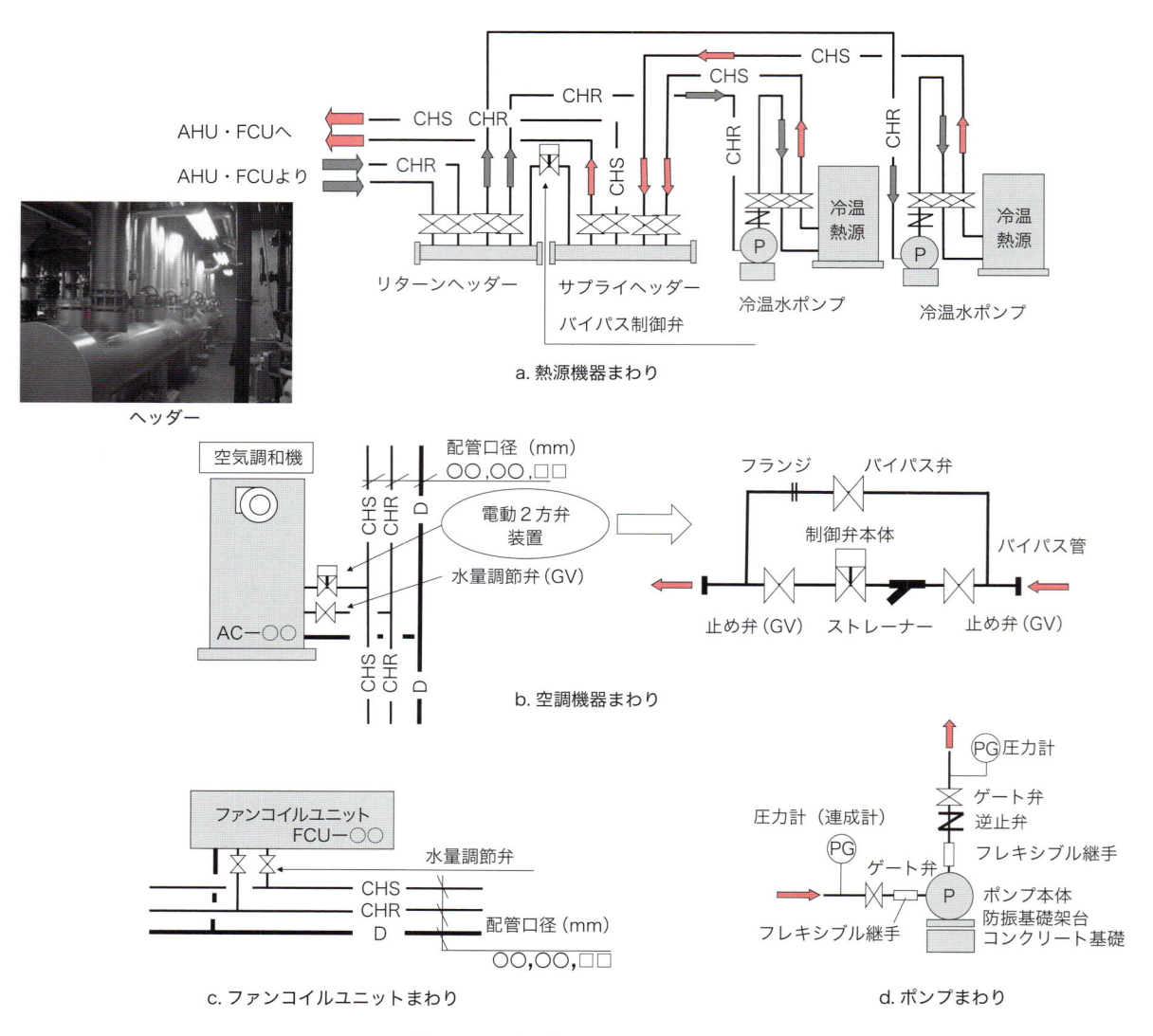

図3·33　配管設備機器まわりの配管方法

表3·20 配管設備の記号と名称

記　号	名　称	備　考
⊠	流量調整弁	ゲートバルブ（GV）等
Ｎ	逆止弁	チェックバルブ（CV）
⊠	二方弁	電動制御弁
⊼	ストレーナー	
⊏⊐	可撓継手	フレキシブルジョイント
CHS	冷温水往管	
CHR	冷温水還管	
D	ドレーン管	空調凝縮水

ファン・ダクト設備で表される空気搬送は、空調機内の冷温水等のコイルで熱交換された空気を、空調機内のファンから、対象となる室内に送風することである。この一連のダクト系を、エネルギーの**空気搬送**という。

1 空気搬送

空気搬送の機器は、ファンで代表される。ファンの仕様は、**風量**（m³/h）と**静圧**（Pa）から、**ファン動力**（kW）と**ファン番手**（例えば、図3・34のシロッコ型の場合は、SS# ○と記す）を決定する。

風量（m³/h）：負荷計算や、換気回数等から算出する。

静圧SP（Pa）：ダクト系における摩擦抵抗（表3・21）。

$$SP = \Sigma\ SP \times 安全率\ 1.1 \sim 1.2$$

表3・21　実用計算における、ポンプ揚程計算法（概算算出法）

機器等	概　　数	備　　考
ダクト直管	1.0（Pa/m）	10m/s以下の低速ダクトで、最延長の距離のとき
曲り・合流・分流等	直管抵抗の50～100%	系の状況をみて増減する
ダンパー・シャッター類	直管抵抗の50%程度	500m³/hのとき5Pa、1,000m³/hのとき20Pa程度を見込む
吹出口・吸込口	30～50Pa/ヶ所	面風速＝5～10m/s以下のとき
冷温水コイル	60～100Pa/ヶ所	
エアフィルター	60～150Pa/ヶ所	
チャンバー	100～150/ヶ所	消音チャンバー共

シロッコファン　　軸流ファン

図3・34　送風機

・これらの合計値に対して、余裕率10～20%を見込む。
・ダクト1m当たりの摩擦損失は、1.0Pa/mの定圧法による算出である。

2 ダクト用整風機器

空気の吹出口・吸込口・ダンパー等を、**整風器具**または**制気口**という（表3・22）。ダンパーは、風量調整（VD）、防火（FD）、兼用（FVD）、防煙（SD）、自動調整（MD）等があり、目的別にダクト配管途上に設置する。

表3・22　吹出口・吸込口の形状

吹出口・吸込口		形状	主な設置箇所	効果	特徴	主な適用施設
アネモ型		丸、角	天井	全域拡散	ドラフト少ない	事務室・店舗他多数
ユニバーサル型		角	天井、壁、床	面線状拡散	換気用に多く使用	機械・電気室、空調吸込口
ライン型		線状	天井、壁、床	線状拡散	線状分布	窓面処理、照明器具併用
ノズル型		丸	天井、壁	到達距離大	静音	劇場、工場、アトリウム空間
パンカー型		丸	天井、壁	局所	風向調整可	厨房、作業所
アンダーフロア型		丸、角 線状	床、窓面床	居住域	特に暖房期に有効	大空間・美術館・博物館・劇場客席（吸込口呼称：マッシュルーム）
家具付型	背もたれ 吹出口	ライン（一般）	椅子の背もたれ部	居住域	特に暖房期に有効	大空間・講堂・劇場客席

3 ダクト口径

ダクト口径は、風量と摩擦損失の交点から読み取る。ビル設備における
ダクト口径の決定には、等摩擦損失の手法を用いる（図3・35）。

この手法は等圧法といわれ、一般には、1.0Pa/m で選定する。またダク
ト内風速は、10m/s 以下とすれば、騒音発生の抑止ができ、ファン動力も
削減できる。

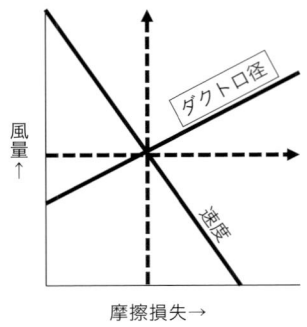

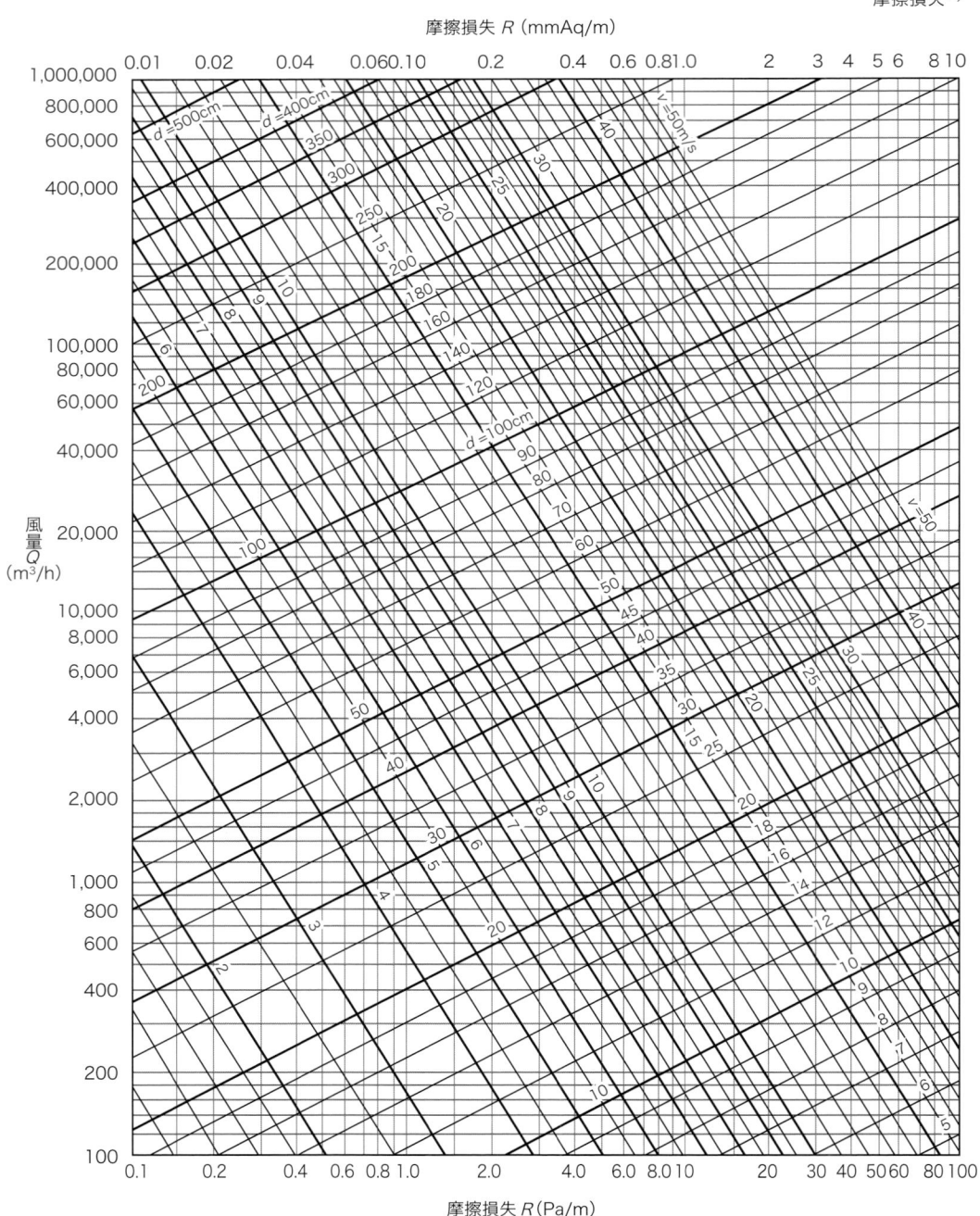

図3・35　ダクト口径算出図（出典：空気調和衛生工学会）

4 円形、矩形ダクトの置換

ダクトの断面形状は、スパイラルダクトに代表される**円形ダクト**（丸ダクト）と、**矩形ダクト**（角ダクト）が一般的である。風の流れからは、円形ダクトの方が抵抗は少なく、効率もよいが、天井高さの確保等に起因する現場の取り合わせ等で、ダクトの形状変更を余儀なくされる場合が多い。

円形ダクトの場合、風は管内壁に沿って比較的円滑に流れるが、矩形ダクトの場合はどうしても四隅付近の管内の流れに均一性が保てないため、丸→角、角→丸に変形するには、同一面積で行ってはならない（図3・36）。

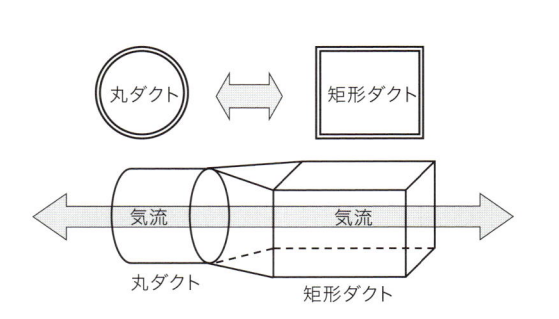

矩形ダクト
実施例

（丸ダクトの断面積）≠（矩形ダクトの断面積）
（丸ダクトの断面積）＜（矩形ダクトの断面積）

長辺(cm) ＼ 短辺(cm)	5	10	15	20	25	30	35	40	45	50	60	70	80	90	100
5	5.5														
10	7.6	10.0													
15	9.1	13.3	16.4												
20	10.3	15.2	18.9	21.9											
25	11.4	16.9	21.0	24.4	27.3										
30	12.2	18.3	22.9	26.6	29.9	32.8									
35	13.0	19.5	24.5	28.6	32.2	35.4	38.3								
40	13.8	20.7	26.0	30.5	34.3	37.8	40.0	34.7							
45	14.4	21.7	27.4	32.1	36.3	40.0	43.3	46.4	49.2						
50	15.0	22.7	28.7	33.7	38.1	42.0	45.6	48.8	51.8	54.7					
55	15.6	23.6	29.9	35.1	39.8	43.9	47.7	51.1	54.3	57.3	62.8				
60	16.2	24.5	31.0	36.5	41.4	45.7	49.6	53.3	56.7	59.8	65.6				
65	16.7	25.3	32.1	37.8	42.9	47.4	51.5	55.3	58.9	62.2	68.3	73.7			
70	17.2	26.1	33.1	39.1	44.3	49.0	53.3	57.3	61.0	64.4	70.8	76.5			
75	17.7	26.8	34.1	40.2	45.7	50.6	55.0	59.2	63.0	66.6	73.2	79.2	84.7		
80	18.1	27.5	35.0	41.4	47.0	52.0	56.7	60.9	64.9	68.7	75.5	81.8	87.5		
85	18.5	28.2	35.9	42.4	48.2	53.4	58.2	62.6	66.8	70.6	77.8	84.2	90.1	95.6	
90	19.0	29.9	36.7	43.5	49.4	54.8	59.7	64.2	68.6	72.6	79.9	86.6	92.7	98.4	
95	19.4	29.5	37.5	44.5	50.6	56.1	61.1	65.9	70.3	74.4	82.0	88.9	95.2	101.1	106.5
100	19.7	30.1	38.4	45.4	51.7	57.4	62.6	67.4	71.9	67.2	84.0	91.9	97.6	103.7	109.3

（丸ダクト 420φ ⇔ 矩形ダクト 500×300）

例）500mm×300mm の矩形ダクトに相当する、円形ダクトは、420mmφと読み取る。

図3・36　ダクトの変形手法形

1 自動制御設備

　自動制御は、室内環境を最適な条件に保つように、室内の温度、湿度等を自動的に調整させる装置である。室内や機器、配管・ダクト内に設置したセンサーにより、空調機や冷温熱源機器の水量や風量を電動弁やモーターダンパーで調整したり、機器の発停等を自動的に行うことができる。自動制御設備で室内環境を制御する例を図 3・37 に示す。

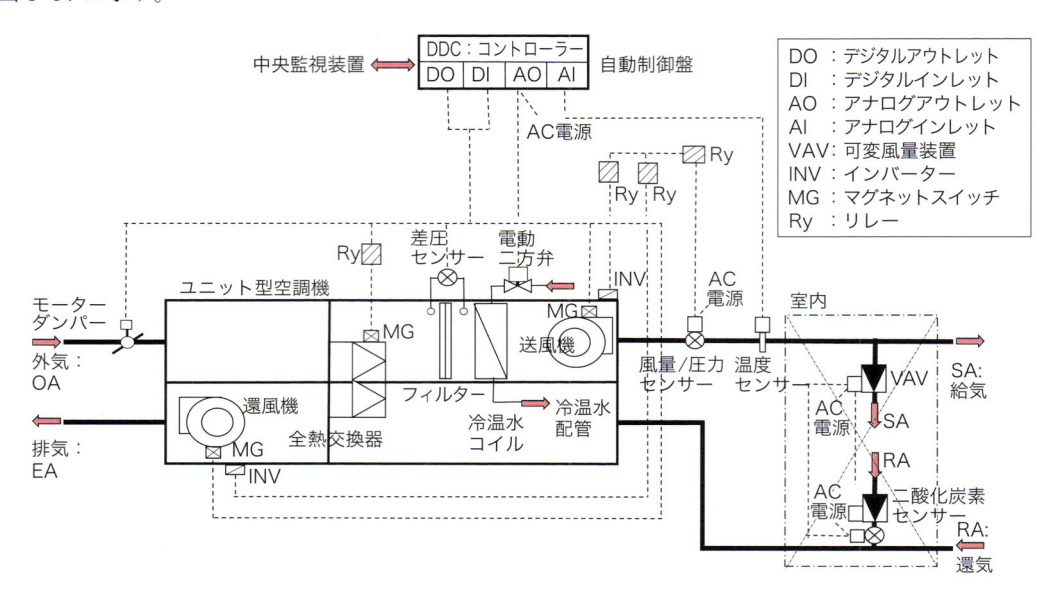

図 3・37　自動制御設備

2 中央監視設備

　中央監視設備は、室内の環境条件や、多くの機器類の運転状況を監視し、発停や設定値の変更、最適制御や運転データーの集積を、中央監視室で行う装置である。

　近年、遠隔地の本・支店のデーターを BEMS（building energy management system）によりセンターで一括管理する方式がある（図 3・38）。BEMS は消費エネルギーも一括管理できるので、省エネ効果が大きい。

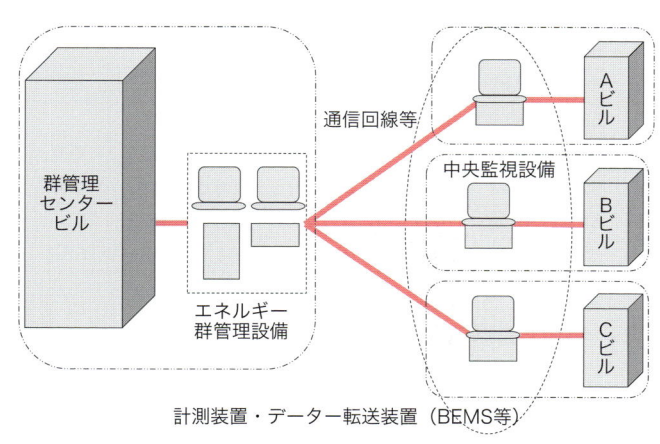

図 3・38　BEMS の例

中央監視システム

7 換気設備

環境工学ならびに建築設備工学、特に空気調和設備で使用するのは、酸素（O_2）と二酸化炭素（CO_2）である。酸素は生活環境に加え、設備工学では燃焼に供するものである。二酸化炭素は、生活環境悪化の一因であり、室内環境の限度値は 1,000ppm 以下とされ、一酸化炭素（CO）は、**ビル管理法**（建築物の衛生的環境の確保に関する法律、表3・3参照）では、10ppm を超えてはならないと規定されている。

7・1 換気の目的・種別

1 換気の種別

換気の種類は大きく分けると、**自然換気**と**機械換気**がある。自然換気は、風によって起きる室内外の風圧力による換気法と、空気の温度差による浮力に起因する圧力差で、上と下の自然開口部によって行われる換気法をいう。機械換気は、送・排風機や換気扇の配置状態により、第1種、第2種、第3種に分けられる（図3・39）。

a. 自然換気

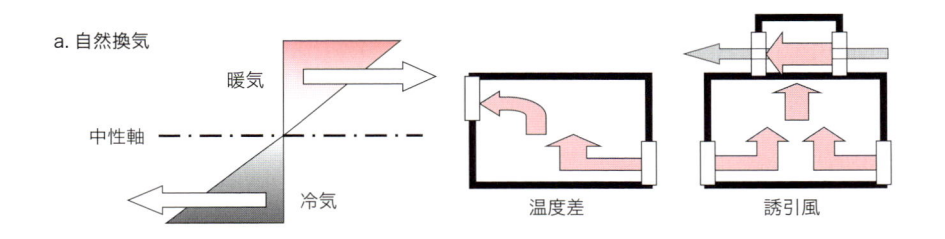

b. 機械換気

種別	第1種	第2種	第3種
形状	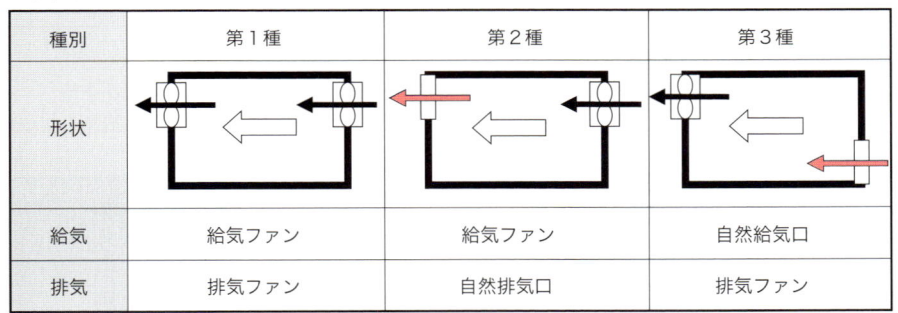		
給気	給気ファン	給気ファン	自然給気口
排気	排気ファン	自然排気口	排気ファン

図3・39　換気の種類

2 換気目的と換気回数

換気目的は、室内の汚染した空気を排除し、新鮮な外気を供給することである。また、燃焼器具で出る煙や臭気、二酸化炭素など、汚染空気を排除し、燃焼器具の燃焼に必要な酸素を供給することである（表3・23）。

換気回数とは、必要換気量を室容積で割ったものである。必要換気量は二酸化炭素の濃度基準として、1人につき1時間当たり25〜30m^3 が標準である。

表3・23　主な換気回数と換気目的

室名称	換気回数(回/h)	種別	臭気除去	熱気除去	外気導入	湿気除去	有害ガス除去
便所・洗面	10〜15	3	●			●	
浴室・シャワー	5〜10	3	●			●	
台所	20〜40	1 or 3	●	●	●	●	
物置・倉庫	3〜5	3				●	
水槽・ポンプ	10〜15	1 or 3				●	
ボイラー室	15〜25	1 or 2		●	●		
電気室	15〜25	1		●		●	
駐車場	10〜15	1 or 3					●

1 換気回数による一般室換気量の計算

一般的な空間の換気量 Q（m³/h）は以下により計算する。

$$Q = n \times V$$

$Q = n \times V$

Q：換気量（m³/h）

n：換気回数（回/h）

V：室容積（m³）

2 燃焼機器の換気量計算

ガスやオイルが燃焼する場合には、必ず空気（酸素）が必要である。建築基準法上の計算は、

$$Q = N \times K \times q$$

Q：換気量（m³/h）

N：排気筒等形状による係数

K：燃料の単位燃焼量当たりの理論廃ガス量（m³）

q：火を使用する設備または器具の実情に応じた燃料消費量（kW、kg/h）

表3・24　燃焼機器の換気計算法

a. 換気筒形状による係数

排気筒等	N値	備　考
煙道・煙突	2	直接排気できるもの
フード（II型）	20	火源からフード下端までの、H=1m以下でLがH/2以上のもの
フード（I型）	30	火源からフード下端までの、H=1m以下でLがH/6以上のもの
直火・フードなし	40	電熱器や、IH調理器は燃焼用排気は不要。熱排気は必要。

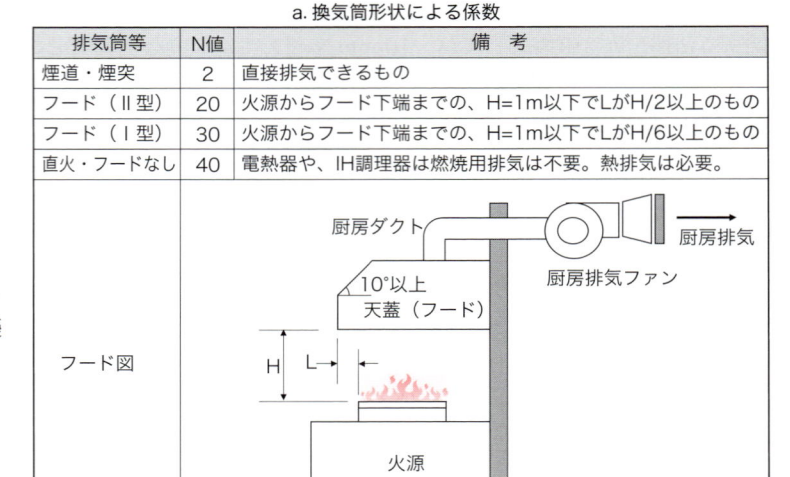

フード図

b. 燃焼のための理論廃ガス量

燃料の名称	発熱量	理論廃ガス量
都市ガス（LNG）	45 MJ/m³　（13A）	0.93 m³/kWh
LPG	50.2 MJ/kg	0.93 m³/kWh
灯油	43.1 MJ/kg	12.1 m³/kWh

COLUMN

天然換気装置バードギール（採風窓）

　イランの砂漠都市にはバードギールと呼ばれる風採り塔が見られる。建物の中央に煙突のような高い塔がつくられ、円形のもの・方形のものがある。風を通気口で取り入れて、溜めた水で冷やされた空気は室内へ、熱い空気は屋外へと流される仕組みになっている。

中近東のバードギール

　バードギールは外気温と室内気温の温度差と塔の高さを利用した重力換気を有効に利用した見事な天然のクーラーであり、換気装置である。形は異なるが、パキスタンでも同様の原理で、採風窓が設けられている。

　採風窓は中近東地域を中心とする高温乾燥地域に良くみられるパッシブな換気装置である。これは酷暑を緩和するために風を効率的に屋根に採風するこの地域の知恵である。

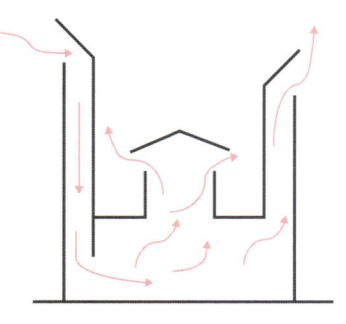

中近東の採風窓の仕組み

3 汚染物質許容濃度量による必要換気量の計算

一般的な建物では馴染みが薄いが、研究所、作業所・工場等で、汚染物質が排出されるような施設では、必要換気量を検討する必要がある。

$$Q = \frac{M}{C - Co}$$

Q：必要換気量（m³/h）

M：汚染物質発生量（m³/h）

C：室内汚染物質許容濃度（m³/m³）

Co：外気汚染物質濃度（m³/m³）

4 換気用通風口の計算

通風口のサイズは、風量 Q（m³/h）、**面風速** v（m/s）、**有効開口率** η（外部 30 ～ 50%、室内 50% 前後）から求められる（図3・40）。

$$A(\text{m}^2) = \frac{Q}{v \times 3{,}600 \times \eta}$$

面風速 v は、通常 3 ～ 5m/sec が標準である。これを遅くすれば、騒音値は低下する。フードの場合は、1m/sec 前後が望ましい。

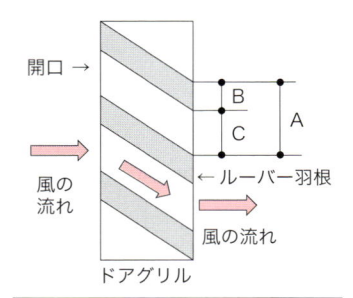

$$有効開口率：\eta(\%) = \frac{C}{A} \times 100$$

 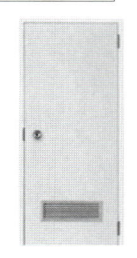

換気口　　　　　ドアグリル

図 3・40　換気用通風口

7・3　自然換気

1 圧力差による換気量

開口部内外の圧力差による空気の流動は、以下の式により算出できる（図3・41）。

流入空気量 Q (m³/h) $= \alpha \times A \times \sqrt{\dfrac{2 \times \varDelta P}{\rho}} \times 3{,}600$

α：流速係数または、流量係数（通常の開口部では 0.6 ～ 0.7）

A：開口面積（m²）

特に αA：実行面積、有効面積または、相当開口面積（m²）

ρ：空気の密度 $\fallingdotseq 1.2$（kg/m³）

$\varDelta P$：内外圧力差（Pa）$= P_1 - P_2$

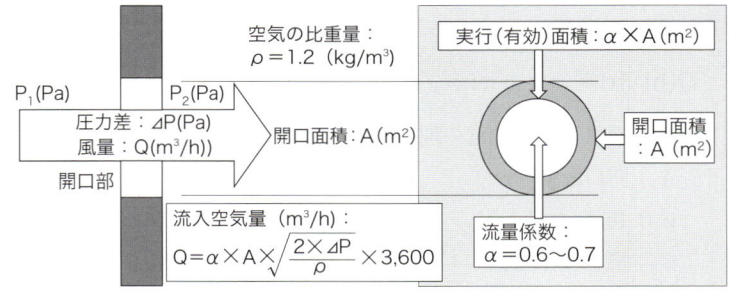

図 3・41　圧力差換気

2 重力換気（温度差換気）

暖かい空気は軽く上昇し、冷たい空気は下降し、圧力差が生じる。ここで、上部と下部に開口があれば、温度差、圧力差により、その空間に空気が流れる（図3・42）。これら開口部の温度差による圧力差 $\varDelta P$ は、次のように表わされる。

$$\varDelta P = (\rho_o - \rho_i) \times g \times h$$

ρ_o：外気の空気密度（kg/m³）

ρ_i：室内の空気密度（kg/m³）

g：地球重力の加速度（m/sec²）

h：上下開口部の高低差（m）

前項①の式、流入空気量 $Q\,(\text{m}^3/\text{h})=\alpha\times A\times\sqrt{\dfrac{2\times\varDelta P}{\rho}}\times 3{,}600$ より、

$$Q\,(\text{m}^3/\text{h})=\alpha\times A\times\sqrt{\dfrac{2\times(p_\text{o}-p_\text{i})\times g\times h}{p_\text{o}}}\times 3{,}600$$

空気の密度 $\rho\ (\text{kg/m}^3)$ は、絶対温度 $T\ (\text{K})$ に反比例するので、

$$Q\,(\text{m}^3/\text{h})=\alpha\times A\times\sqrt{\dfrac{2\times g\times h\times(t_\text{i}-t_\text{o})}{T}}\times 3{,}600$$

α：流速係数または、流量係数（通常の開口部では、0.6～0.7）

A：開口面積（m^2）

g：地球重力の加速度（m/sec^2）

h：上下開口部の高低差（m）

t_i：室内温度（℃）

t_o：室外温度（℃）

T：室内絶対温度（K）＝ 273 ＋ t_i（℃）

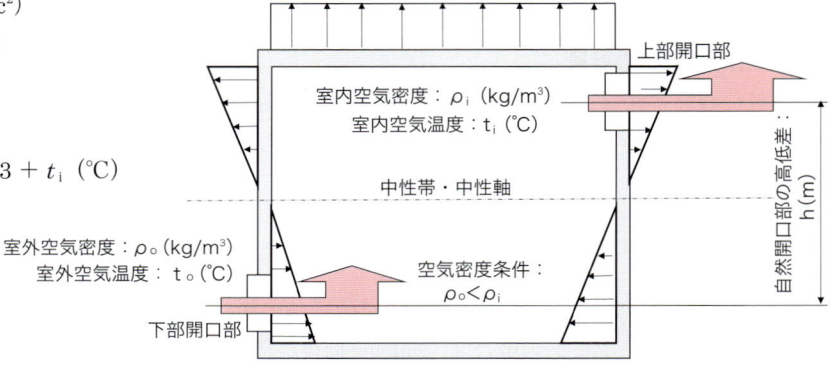

室内空気密度：ρ_i（kg/m^3）
室内空気温度：t_i（℃）

上部開口部

中性帯・中性軸

室外空気密度：ρ_o（kg/m^3）
室外空気温度：t_o（℃）

空気密度条件：$\rho_\text{o}<\rho_\text{i}$

下部開口部

自然開口部の高低差：h（m）

図 3・42　重力換気（温度差換気）

③ 風力換気

　風力換気は風速の影響が大きい例えば風速が 0m/sec の場合は換気は行われない。その計算式は次の通りである。

$$Q(\text{m}^3/\text{h})=\alpha\times A\times v\times\sqrt{C_1\text{-}C_2}$$

　α：流量係数（通常の開口部では 0.6～0.7）

　A：開口面積（m^2）

　v：風速（m/sec）

　C_1：風上風圧係数　　C_2：風下風圧係数

④ 中性帯

　室内と屋外の圧力差（$\varDelta ph$）がちょうど 0 となる高さを中性帯、中性軸という。

　中性帯は、下部開口部が上部開口部に比べ大きいと床面に移動し、逆に上部開口が大きいと上部に移動する。

⑤ 煙突効果

　高層建築物のアトリウム空間や、直通の階段室、エレベーター走行路等において、建物内外の温度差による浮力によって生じる上昇気流を煙突効果といい、室内環境温度の乱れ、建具からの風切り騒音、不快なドラフト、空調時のエアーバランスを乱す等の結果を招くことが多い。これらは、下部入口に側風を遮断できるような風除室やエアーカーテンを設置して、極力防止するように努めるとよい。

7・4 24時間換気

24時間換気システムとは、室内の空気をファンなどにより、家中の空気が入れ替わるように、基本的には0.5回/h（2時間に1回）換気して、常に新鮮な空気を導入できるシステムをいう（図3・43）。

住宅の**高断熱高気密化**にともない、**VOC**をはじめとした化学物質による**シックハウス症候群**の増加が問題になり、2003年の建築基準法改正に伴い、**24時間換気**システムを設置することが義務づけられた。

1 気密性能

住宅等の気密性能は、相当隙間面積（C値）で判定される。判定式は、

C値（cm²/m²）＝ $0.7 \times V / A$

    0.7：換気回数（回/h）

    V：隙間を通過する風量（m³/h）（内外圧力差、9.8（Pa）のとき）

    A：住宅の床面積（m²）

寒冷地では、C値＝2.0以下、温暖地では、C値＝5.0以下がクリアされているものは、高気密住宅とされる。

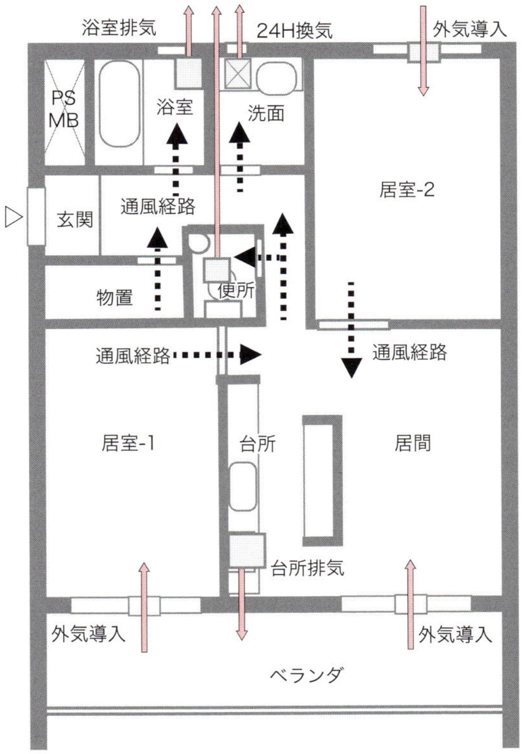

2 シックハウス

シックハウス対策は、建築基準法施行令第20条5〜7、国土交通省告示第273号、第274号を遵守する必要がある。

ホルムアルデヒド発散材料は、DB＝28℃、RH＝50%の状態の発生速度で分類され、仕上げ材の使用が制限されている。

■ 換気設備設置の義務

住宅の居室での換気回数は0.5回/h、居室以外は0.3回/hが必要である。

なお1住戸に対する24時間機械換気の場合は、0.5回/h換気を行う。このとき、空気の経路を確保し全室循環させる。なお、常時外気に開放されている有効開口面積が15cm²/m²以上の住戸や、同等の効果がある伝統民家は、24時間機械換気の設置は免除される。

■ 天井裏などの制限

ホルムアルデヒドの流入を阻止するために、天井裏、床下、壁裏、押入れ、物入れ、小屋裏、収納スペースに対して、以下の方法を用いる。

・有効な建築材料を使用する。
・気密構造とし、居室とは区画する。
・適切な機械換気により、これらのスペースより居室を負圧にせず、正圧にして空気を引き込まない配慮をする。

図3・43　24時間換気

【第3章　空気調和設備　○×問題】

1. 一般に、ヒートポンプ暖房は、電熱ヒータ暖房より、エネルギー効率がよい。

2. 空調を行っている建物において、外部からの熱の侵入を防ぐ方策として、窓にブラインドを設ける。

3. 空気調和とは、室内の空気の温度、湿度、清浄度、気流分布などを使用目的に適した状態に同時に調整することをいう。

4. 二重ダクト方式は、冷風と温風を別々のダクトで送り、別々の吹出口から吹き出す方式である。

5. ダクト併用ファンコイルユニット方式は、全空気方式に比べて、大きなダクトスペースを必要とする。

6. ルームエアコンの冷媒に用いられている代替フロンについても、オゾン層を破壊するとして、規制の対象となっているものがある。

7. 空調を行っている建物において、外部からの熱の侵入を防ぐ方策として、屋内側を負圧とする。

8. オールフレッシュエア方式は、空気調和機からの送風量の約1/3を還気（リターン）する方式である。

9. 冷温水配管系には、一般に、膨張タンクは不要である。

10. ファンコイルユニット方式は、ユニットごとに風量の調節ができるので、個別制御が容易である。

11. 冷却塔は、冷凍機などから冷却水に放出された熱を外気に放散させる装置である。

12. ヒートポンプの室内機には、ドレン配管は不要である。

13. ファンコイルユニット方式は、送風機・熱交換コイル・空気ろ過器を内蔵したユニットを、各階の室ごとに設置した方式である。

14. 床パネルヒーティングの垂直温度分布は、天井が最も高い。

15. ダクト断面は四角形とし、円形とはしてはならない。

16. 空調を行っている建物において、外部からの熱の侵入を防ぐ方策として、出入口に風除室を設ける。

17. ダクト併用ファンコイルユニット方式は、各室ごとに温度調節をすることができる。

18. 床パネルヒーティングは放熱板が室内に出ない。

19. ヒートポンプ暖房のエネルギー効率は、電熱ヒーター暖房とほぼ同じである。

20. ヒートポンプによる冷暖房設備において、小型のものには、空気を熱源とするものが多い。

21. 床置きの放熱器は、室内温度分布を考慮すると、窓側よりも内壁側に配置するのがよい。

22. 第1種機械換気は給気は機械換気、排気は自然換気をいう。

23. 室の用途、使用時間、空調負荷、方位などにより、空調系統を分割することをゾーニングという。

24. 厨房での、換気の主な目的は、燃焼ガスの排出である。

25. 自然換気は、開口部から室内外の風圧力および、温度差によって行われる換気の手法をいう。

26. ボイラー室は、煙突の通風力に悪影響を及ぼさないために、第2種機械換気設備とした。

27. 発熱の多いコピー室は、熱を早く排出するために、第1種換機械気設備とした。

28. 食堂の厨房は、火を使用するので不完全燃焼を起こさないように、第2種機械換気設備とした。

29. 便所は、臭気が他の室にもれないように、第3種機械換気設備とした。

30. 浴室における換気の主な目的は、湿気の除去である。

【解答と解説】

1. ○　2. ○　3. ○　4. ×吹出口ではなく吹出口の手前で混合し、吹き出す方式　5. ×全空気方式の方がダクトスペースを必要とする　6. ○　7. ×屋内側を正圧とすると室内から外へ空気の押す力が発生し、断熱効果がある。8. ×送風量のすべてを新鮮空気とするので還気はない。9. ×水温が高くなると体積が膨張するので膨張タンクは絶対に必要である。10. ○　11. ○　12. ×ヒートポンプでも温度の差により結露が発生するので水を排出するドレンが必要である。13. ○　14. ×床暖房方式は輻射熱により垂直温度分布が均等である。15. ×ダクトの断面は四角形も円形もある。16. ○　17. ○　18. ○　19. ×ヒートポンプ暖房は、電熱ヒーター暖房の2～5倍のエネルギー効率がある。20. ○　21. ×内壁側ではなく窓側が有利である。22. ×第2種機械換気である。23. ○　24. ○　25. ○　26. ○　27. ×熱を排出するために排気を機械換気とする第3種換気設備が適当である。28. ×第3種換気設備である。29. ○　30. ○

電気設備

電気設備は、照明としての「光」、モーターとしての「動力」、ヒーターとしての「熱」、そして「情報伝達」を電力エネルギーとして利用する上での、機器、装置、配線設備、制御盤類をいう。

1 電力設備

1・1 電気設備とは

1 電気設備の分類

電気設備は大きく分けて、**電力設備**と**通信情報設備**に分類される（図4・1、表4・1）。電力設備は、触れると感電の感覚があり、下手をすると死に至る場合があるが、通信・情報設備用電源には、基本的に微小電流であり感電したという感覚はない。

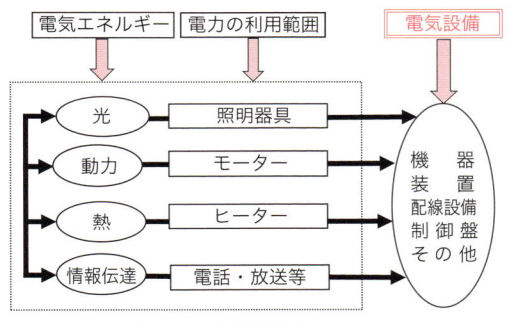

図4・1　電気設備について

表4・1　電気設備の分類

■電力設備	■通信・情報設備
1．受電設備	1．電話設備
2．変電設備	2．拡声・放送設備
3．幹線設備	3．共同聴視設備
4．動力設備	4．インターホン設備
5．電灯・コンセント設備	5．表示設備
6．照明器具設備	6．時計設備
7．非常電源設備 ※	7．視聴覚設備
8．避雷設備 ※	8．中央監視設備
	9．自動火災報知設備 ※
※：防災関係設備	10．防排煙・防犯設備 ※
	11．その他

2 電力設備の系統

電力設備は、一本の樹木で、幹から枝に、そして葉や花、実につながるように、建物では受電からはじまり、末端の照明や電化製品にまでつながりをもつものである。したがって、途中で枝が折れたらその先の葉や花は枯れ、結実ができないのと同じで、断路（スイッチオフ）または故障したら、動かなくなる。電力設備の系統を、図4・2に示す。

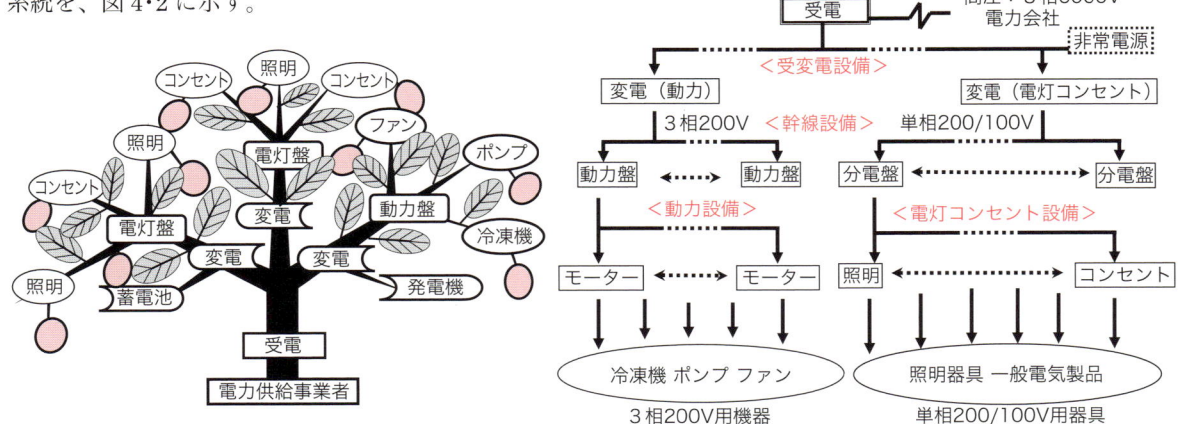

図4・2　電力設備の系統

　通信・情報設備は、一本の樹木のような電力設備とちがい、雑木林のように各々の木と考えられる（図4・3）。つまり、電源または外部通信として連携を持ち、電力を栄養として地下茎から吸い上げているイメージである。

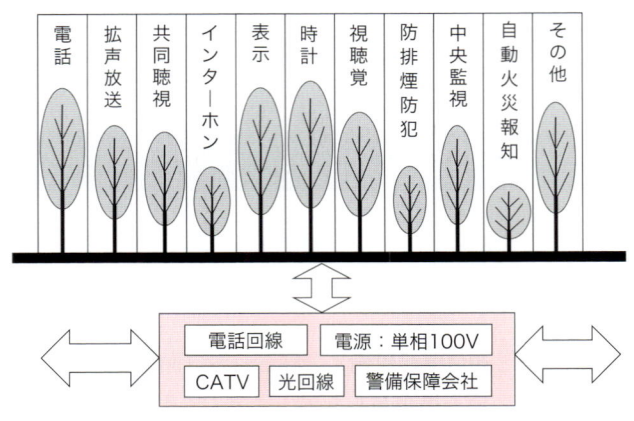

図4・3　通信情報設備の系統

1・2　電気設備の基礎理論

　電気設備は、考え方としてはとかく難解になりがちである。しかし、給排水・空調設備と相通ずるものがあり、電流・電圧・消費電力・抵抗値を重ね合わせて考えると理解しやすい（表4・2）。

表4・2　電気と給排水・空調設備との対比

	電気設備	給排水設備	空調設備
系統	ケーブル太さ(mm□)　電力計：P(W・Wh)　電流：I(A)　電圧：V(V)（電位差）　電源　負荷抵抗：R（Ω）	A水槽　水の消費(L)　管抵抗(Pa)　管口径(mmφ)　流量計(L・L/h)　B水槽　水の消費(L)　水位低下　大気圧(Pa)　落差(m)　圧力計：PG(Pa)　水位上昇	冷域　K=1/R　暖域　t_r　t_o　熱流：q　温度差：$\Delta t = t_r - t_o$
流れ	電流：I(A)＝電圧/電気抵抗＝V/R	流量、水量(L)	熱流：q (W)　q＝A×K×Δtで、単位面積：A＝1 m^2のとき、q＝K×Δt＝$\Delta t／R$　熱流＝温度差／熱貫流抵抗
圧力	電圧・電位差：V(V)	水圧(Pa)×落差(m)【A水槽からB水槽への水の落下】	温度差：Δt (℃、K)
抵抗	電気抵抗：R(Ω)	配管抵抗×摩擦損失(Pa、Pa/m)	熱貫流抵抗：R(m^2・K・W)（R＝1／K）　K：熱貫流率(W/m^2・K)の逆数
流路口径	配線・ケーブル(mm□)(mm^2)	配管(mmφ)	配管(mmφ)
貯蔵	電力量(W)	貯水量(L・m^3)	熱量：q (W)
消費量	電力消費(W h)	水量(L/min・m^3/h)	熱負荷：q (W)

1 電圧

電圧は、電気が仕事をする電流値である。水が流れるのと同様に「差」が必要である。ここで、電圧は**電位差**とも称し、この差の単位を、V（ボルト）で表す。また、必要な電圧は、建物の規模や電力の消費量により異なる。一般に、50kW 未満を低圧、50kW 〜約 1,000kW までを高圧、それ以上を特別高圧とする場合が多い（表 4・3 〜 4）。

表 4・3　直流と交流の電圧

区 分	交 流	直 流
低　圧	600V 以下のもの	750V 以下のもの
高　圧	600V を超え 7,000V(7kV)以下のもの	750V を超え 7,000V(7kV)以下のもの
特別高圧	7,000V(7kV)を超えるもの	7,000V (7kV)を超えるもの

本表は電気事業法・省令第 3 条での、電圧区分であるが、国際規格（IEC）でいう低圧は交流 1,000 V 以下で、わが国では600V 以下である。

表 4・4　電圧について

使用範囲	電源		電圧（V）	設備機器等
電力設備	交流	3 相 4 線	400/200	冷凍機・ファン・ポンプ
		3 相 3 線	200	冷凍機・ファン・ポンプ
		単相 3 線	200/100	照明・IH・エアコン等
		単相 2 線	100	照明・一般コンセント
通信設備 情報設備	交流	単相 2 線	100	通信設備用電源
	直流		48・24・12	

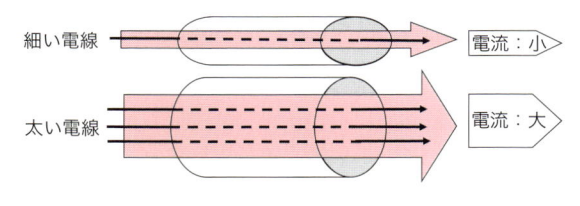

2 電流

電流は、電気の流れをいう。単位は、A（アンペア）で表され、電圧や負荷状況により異なる。電流値は、配線の太さの決定要素であり、**配線の太さは、電流値に比例する**（図 4・4）。すなわち同一出力の機器で電圧を下げると、許容電流値は上がり、ケーブル（配線）は太くなる。

図 4・4　電流と電気抵抗

3 抵抗値

抵抗値は、電力消費の負荷である。電線（ケーブル）の抵抗は、一定の電流を細いケーブルに流すと大きくなる。抵抗値が大きいと、電線は熱を持ち、ヒーターの原理となる（表 4・5）。

これは、R（Ω）の物体に I（A）の電流を t（sec）流すときに発生する熱量で、**ジュール熱**という。

ジュール熱 Q（J）$= R \times I^2 \times t$ で表され、

$= V \times I \times t$

$= V^2 / R \times t$ となる。

R：電気抵抗（Ω オーム）　I：電圧（A）　t：時間（sec）　V：電圧（Volt）

表4・5　電気抵抗と電線

電線の抵抗値						電線の固有抵抗	
電線	抵抗	電流	電線	抵抗	電流	材料	Ω·mm²/m
細い	大	小	短い	小	大	電熱線	1～1.1
太い	小	大	長い	大	小	鉛	0.21
$R(Ω) = ρ × L／S$ 　　　　$ρ$：電線の固有抵抗($Ω$·mm²/m) 　　　　S：電線の断面積(mm²) 　　　　L：電線の長さ(m)						鉄	0.1～0.21
						金	0.24
						銀	0.16
						銅	0.17

4 オームの法則

　電気設備における基本は、先に述べた、**電圧、電流、電気抵抗**である。ここで、これらの考えで最も基本となる法則はオームの法則であり、「導体内に流れる電流値は、電圧に比例し、電気抵抗に反比例する」ことである（図4・5）。

$$I = V／R$$

　　I：電流値（A）

　　V：電圧（V）

　　R：電気抵抗（Ω）

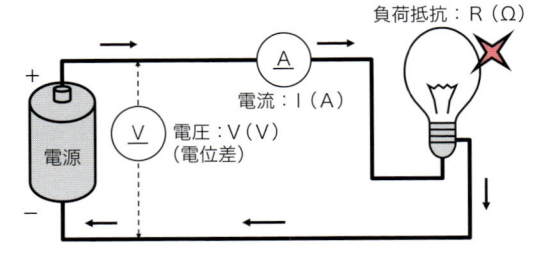

図4.5　オームの法則

1・3　電力と電力量

1 電力

　電力とは、電流が仕事する力、すなわち消費電力P（W）であり、単位はW（ワット）で表す。

　直流回路では、$P = V × I$で表される。

　　V：電圧（V）　I：電流（A）

　交流回路では、単相交流の場合、$P = V × I × \cos φ$

　三相交流の場合、$P = V × I × \cos φ × \sqrt{3}$である。　　$\cos φ$：力率

2 電力量

　電力量は、一定の消費電力P（W）を有する機器が、ある時間H（h）稼働したとき、電流が仕事をした総量をいう。消費電力P（W）の機器が、H時間稼働したときの電力量（消費量）は、

　電力量W（Wh）$= P × H$

　電力量は、消費電力量、電気料金計算、省エネ計算等でもよく使用される。

3 力率：PF($\cos φ$)

　力率とは、交流の効率に関する数値で、皮相電力に対する有効電力の割合で、数値は1.0以下である。力率は、ヒーターや白熱電球は1.0、蛍光灯は、0.9 ～ 0.65、モーター類は、0.9 ～ 0.5である。力率を改善するには、コンデンサーを用いる。力率改善のメリットは以下の通りである。

・設備の効率的使用による実質設備容量の増加

・電路の電圧降下の低減

・系統の電力損失の低減

・電力料金の低減

1 日本の電源周波数

建物内で使う電気器具、製品、設備の大半は、交流電源で稼働する。まず、国内の電力製造会社からは、図4・6に示す**電源周波数**で供給されている。交流は電気の流れる方向が地域により1秒間に50および60回変化している。この流れが変わる回数を**周波数**（Hz：ヘルツ）という。

日本では静岡県の富士川と新潟県の糸魚川周辺を境にして、東側は50Hz、西側は60Hzの電気が送られている。これは、明治時代に輸入された発電機が当初、関東にはドイツからの50Hz、関西にはアメリカからの60Hzの発電機が輸入されたことからである。器具に50/60Hzの記号があれば、使用地域の制限はないが、器具により能力が低下したり、部品交換が必要な器具もあるので注意が必要である。諸外国の電源周波数は、50Hzは、ドイツ、イギリス、フランス、オーストラリア、中国、ロシア等で、60Hzは、韓国、アメリカ、台湾、イタリア等である。

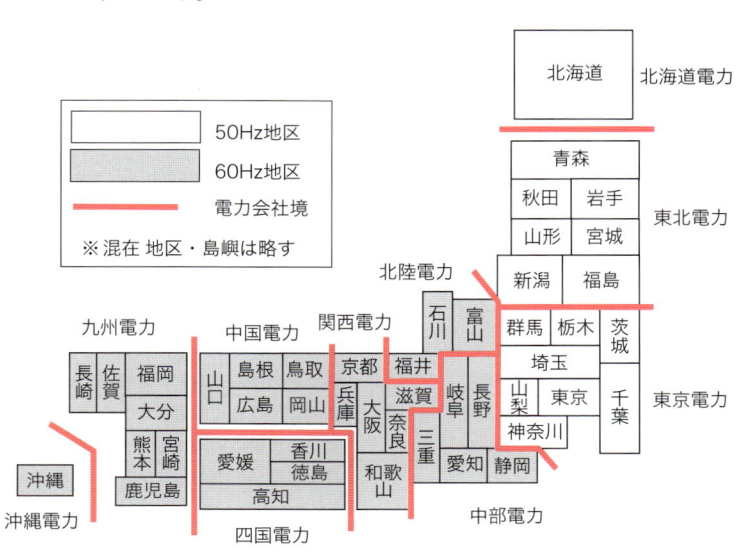

PPS : Power Producer and Supplier （特定規模電気事業者）は除外

図4・6　電力会社別電源周波数

2 直流と交流

直流は、**DC**（direct current）と称し、電流の流れる方向が時間的に変わらない電流をいう。建築設備では、主に防災用・通信情報設備の電源に使用される。交流は、**AC**（alternating current）と称し、電流の流れる方向が一定時間の間隔で、正と負に変化する電流をいう。交流発電機から発生する**正弦波**（sine-waves）で表され、電圧の変化も同様である。建築設備では、動力・電灯設備の電源に使用される（図4・7）。

■ 単相交流

建築設備では、主に電灯コンセント設備の電源に使用される。単相（1φ−AC）200/100Vのように表示される。

■ 三相交流

建築設備では、主に動力設備の電源に使用される。三相（3φ−AC）3線−200V（3φ3W200V）、3相4線−400V（3φ4W400V）のように表示される。

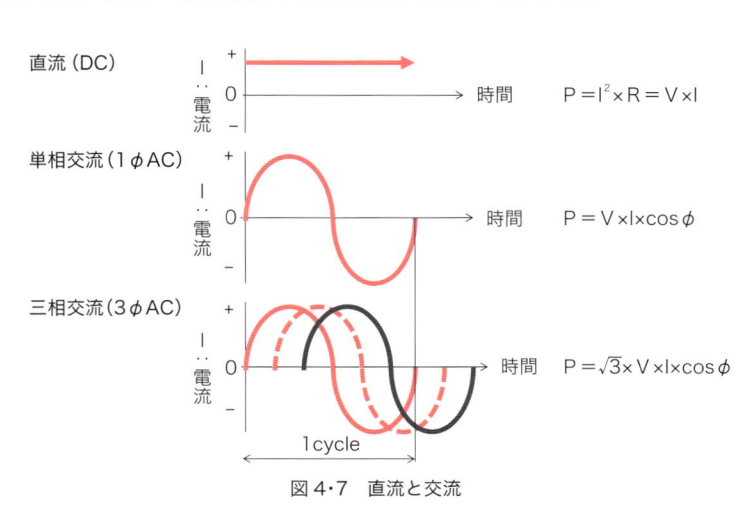

図4・7　直流と交流

電気設備 4

1・5 電気関係諸設備・諸室

1 電気関係諸室

電気関係諸室は、変電室、発電機室、蓄電池室、EPS（電力ケーブル等のパイプシャフト）、動力盤・分電盤等収容室、さらには、中央監視室、防災センター等のことをいう。

電気は、水がかかるとショート（短絡）・停電はもとより、火災や感電で人命にかかわる、大きな事故につながりかねないので、水を一切排除することが必要である。また、施工や保守管理の面からも、慎重な配置計画と、関連付帯設備の設置が要求される。当然のこと、**電気事業法**はもとより、建築基準法、消防法等の基準を遵守しなくてはならない（表4・6）。

表4・6 電気関係諸設備・諸室計画の留意点

区分	留意事項	対処法・対応策
位置基準	負荷の中心に近いこと	極端に偏らない
	搬入・搬出が容易	扉サイズ・廊下幅のチェック。移動経路の確保。廊下、ドライエリア、マシンハッチなど
	引込み・引出しが容易	電路の計画
	湿気・塵埃が少ない	配置計画と専用の換気設備
	水の進入・浸透がない	室上部の便所、浴室、厨房等水場の禁止と四方の躯体水槽配置の禁止
	電気以外の、他用途の設備がない	室内に他用途の配管ダクトの横断禁止
	予備スペースがある	将来の負荷に対応できること
構造・設備基準	専用不燃区画である	建築基準法・消防法
	十分な床荷重がある	$450 \sim 500 kg/m^2$
	搬入・搬出が可能な開口部	最低900mm×1,800mm×2（両開き）
	防音措置がある	トランスのウナリ・振動の対処
	断熱されている	機器発熱と補機保護（40℃以下・推奨は35℃以下）
	専用の換気設備	建築基準法。換気回数15～25回/h ファン動力が大きくなるときの熱除去は、冷房が有効となる場合がある
	消火設備を設置	消防法。消火器・不燃ガス・粉末消火設備など、水系以外の消火設備

2 電気設備容量

建物の電気設備容量は、空調動力、給排水動力、照明器具容量、コンセント容量、建築動力、建物で使用する備品類の動力・電力の合計であるが、計画する場合は、容量の大筋を把握する（表4・7）。

一方、設備される機器類は、そのすべてが稼働する訳ではない。建物の種類と稼働状況にもよるが、電力負荷に対して、一定の負荷率を加味することができ、全体容量を抑えられる。計画にあたって、**稼働率**を加味するには、建物の性格はもちろん、使用者の「動向」「生活形態」をつかむ必要がある。

表4・7 各施設の単位面積当たりの電気設備容量（W/m²）

施設名称	電灯・コンセント	動力	設備容量	契約容量
事務所	30～70	60～100	90～170	40～80
店舗・百貨店	40～60	120～160	160～220	80～120
ホテル・旅館	15～35	45～85	60～120	40～60
病院	20～50	80～130	100～180	60～100
備考	LED化により減少傾向		概算で使用	設備容量の40～60%が目安

3 契約電力

契約電力容量は、建物が消費する電力容量により電気供給事業者（電力会社等）と締結するものである。契約電力により、電気供給事業者からの供給電圧は変わってくる。供給電圧が高くなると、当然、電気設備は大型化する。契約容量は、建物内にある各設備機器や電気製品の全容量をすべて加算するのではなく、使用勝手等による「需要率」や「負荷率」等を加味したうえで算定する（表4·8〜10）。

一般的に契約容量は、全容量の40〜60%程度とされるが、決定には詳細な検討と電力会社との協議が必要になる。

電力料金は、**契約電力容量＋消費電力**であり、契約容量が減ると電力料金が減るので、よく省エネができたと勘違いをする。契約容量が低くできることは、省エネ努力をした結果であり、低くすること自体が「省エネ」ではない。

表4·8　受変電容量算定のための関連式 (kW)

$$受変電設備容量 = \frac{最大需要電力}{（総合変圧器効率）\times（全負荷総合力率）}$$

$$最大需要電力 = 負荷設備容量 \times 需要率$$

$$需要率 = \frac{最大需要電力}{負荷設備容量}$$

$$負荷率 = \frac{ある期間中の平均需要電力}{同じ期間の最大需要電力}$$

$$不等率 = \frac{最大需要電力の総和}{総合負荷設備の最大需要電力}$$

契約電力：最大需要電力と受変電設備容量が決まれば、需要家と電力会社との契約により、契約電力が決まる。

表4·9　設備機器の負荷率

負荷の種類		負荷率
電灯設備		80%
空気調和設備	熱源機器設備	50%
	空調機設備	90%
給排水設備		20%
エレベーター設備		30%

参考：国土交通省「建設設備計画基準」

表4·10　契約電力の範囲と供給電圧

契約電力	供給呼称	供給電圧	備　考
50kW 未満	低圧供給	100V ·200V	一般用電気工作物
50kW 〜2,000kW	高圧供給(普通高圧)	6kV	自家用電気工作物
2,000kW 以上	特別高圧	20kV または 30kV 以上	

4 電力デマンド

デマンド値は、**デマンド監視装置**により読み取られる電力の状況監視で、需要家の電気使用量を計測し、電気の使用量からもとめた平均使用電力を契約容量とするものである（図4·8）。デマンド監視は**30分**ごとの平均使用電力を記録し、契約容量を超過したり、兆候が表れるとき、オフしても支障がない機器から順次停止することで、最大デマンド値（ピーク値）を減らし、基本料金の基準値を確保するものである。

通常 500kW 未満の実量値契約で、仮に超過してしまった場合、わずか**30分間**の最大瞬間電力で、1年間の基本料金（契約電力）が決まるため、1度でもピーク値が高くなると、その後1年間はいくらスイッチをこまめにオフしても、節約効果は期待できなくなる。従って、デマンド値を把握し、ピーク値を抑えて基本料金を下げることが、ランニングコストにも、省エネにも有効である。高圧受電 500kW 以上の場合は、協議により契約電力が決まるので、慎重に決めると省マネーだけでなく、省エネ効果は大きくなる。

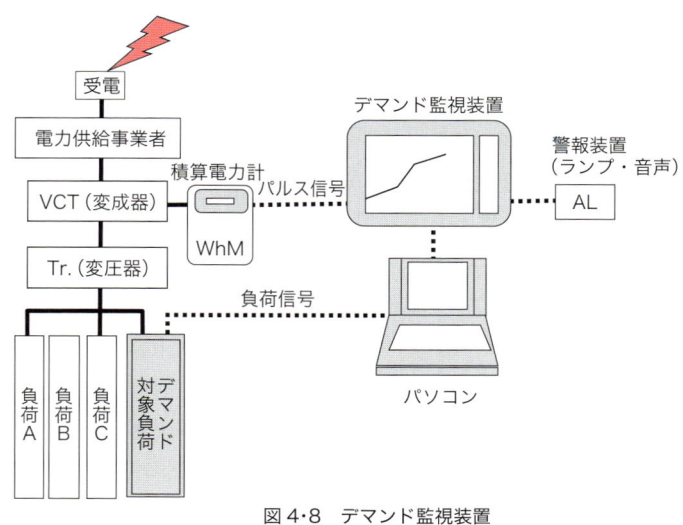

図4·8　デマンド監視装置

2 電源引込

引込は、契約電力の大小により、低圧引込、高圧引込、特別高圧（特高）引込がある。これは、電気供給事業者からの供給電圧によるもので、それに伴い電気設備の規模が変わってくる。

高圧の引込には、1回線受電、多回線受電、ループ受電、スポットネットワーク等がある。受電方式は、供給の**信頼性・経済性・保守管理性**で決定するべきであるが、施設規模や、電力供給事業者の配電計画による場合が多い。

住宅への電源引込の例を、図4・9に示す。

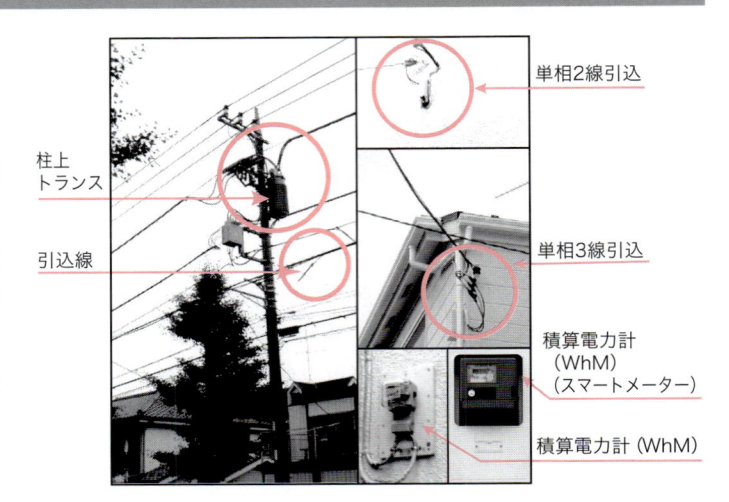

図4・9　住宅の電源引込

2・1　低圧引込

低圧引込は、住宅を含め、50kW未満の低圧供給で、電圧は100/200Vである。電気は電力会社から配電された電柱上にある変圧器で100Vまたは200Vに変圧され、引き込まれる（図4・10）。

比較的容量が大きい場合は、3相3線（3φ3W）で、それ以外は、単相2線（1φ2W）、単相3線（1φ3W）で引き込む。太陽光発電を設置する住宅では、**余剰電力**を電力会社に**売電**できるシステムがある。

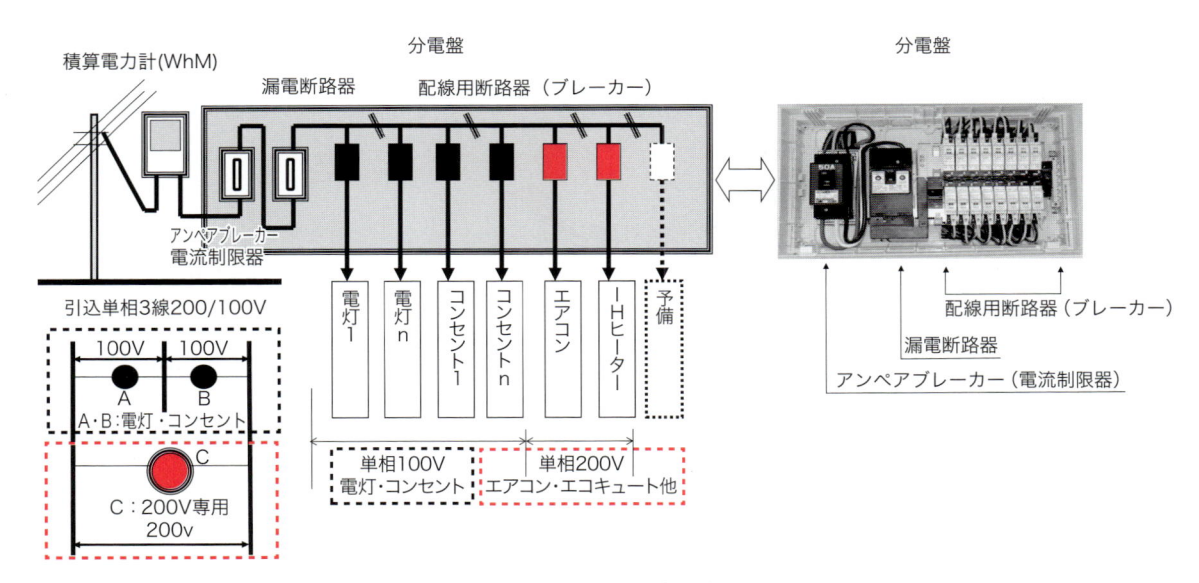

図4・10　住宅の電気回路

住宅の**太陽光発電系統**を図4・11に示す。この方式は太陽光パネルで集電して消費される電力が、太陽光による集電を下回った場合は、余剰電力を、電力供給事業者に買い取ってもらうもので、近年増加の傾向にある。雨天、曇天、夜間など、太陽光による集電が得られないときは売電による。

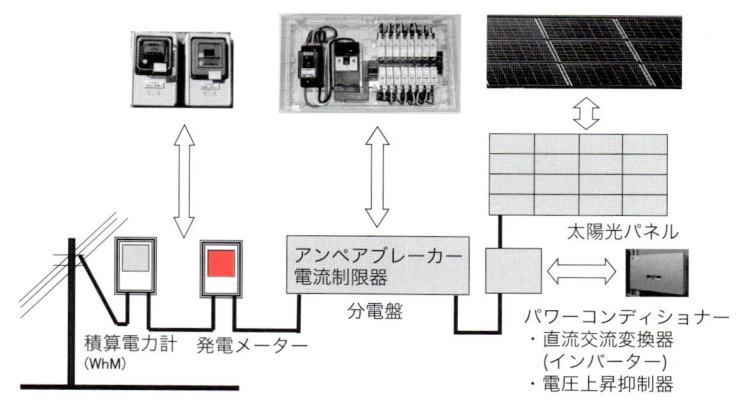

図4・11　太陽光発電引込（住宅）の電気回路（例）

2・2　高圧の引込と変電設備（受変電設備）

　高圧の引込は、**自家用電気工作物**で、50 〜 2,000kW の高圧供給で、電圧は 6kV である（表 4・11）。供給は、電柱または地中管路より引き込まれる。通常のビルで使用される電圧は、100V や 200V（設備内容により 400V）である。ビル用には通常電力会社から、6kV（3kV もある）の電圧では直接需要家（ビル等）で使用することができない。　そこで、照明やコンセント、空調動力などで使用することができる低い電圧に変換しなければならないため、高圧で受電した電圧を、各設備の使用電圧である 100V や 200V に変圧し、各負荷・設備に配電するための設備が必要になる。それを受変電設備という。

　受変電設備は「開閉器、断路器、遮断器、変圧器、保護継電器、制御装置、計測機器、低圧配電設備」で構成されており、電力供給事業者からの電気を、安全かつ確実に負荷設備に配電する設備である（図 4・12）。受変電設備を構成する機器は通常、屋内・屋外設置とも、「**キュービクル**」と称されるボックス内に収納されている（図 4・13）。キュービクルを屋外に設置する場合、積雪地帯は埋没事故防止と保守点検のため、かさ上げする必要がある。

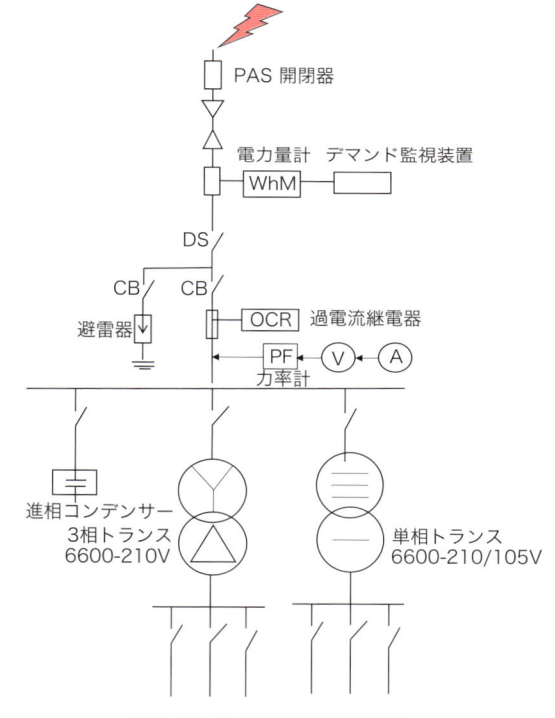

図 4・12　受変電設備単線結線図

屋内型

屋外型

図 4・13　受変電設備（キュービクル）

表4·11 受電方式

受電方式	系 統	内 容
1回線専用受電 (普通高圧・特別高圧)	 電力会社　需要家	電力会社から建物に1ヶ所の専用回線を引き込む。
1回線T分岐受電 (普通高圧・特別高圧)	 電力会社　需要家A 需要家B	他需要家から共通の回線で引き込む。 負担金は安い。 他の事故等の影響を受ける。
2回線同系統 常用・予備受電 (普通高圧・特別高圧)	 常用 予備 電力会社　需要家	電力会社から建物に2ヶ所の専用回線を引き込み、一方は予備とする。
2回線異系統 常用・予備受電 (普通高圧・特別高圧)	 常用 予備 電力会社　需要家	電力会社の異系統から2ヶ所の専用回線を引き込み、一方は予備とする。
オープンループ受電 (特別高圧)	 需要家B 需要家A 電力会社　需要家C	複数の需要家にループ状に送電する。需要家AのCB(サーキッドブレーカー：交流遮断器)は非常時のみONされる。 信頼度は高い。
クローズドループ受電 (特別高圧)	 需要家B 需要家A 電力会社　需要家C	複数の需要家にループ状に送電する。 系統内での事故(故障)に逆送され無停電化が計られる。 信頼度は高い。
スポットネットワーク受電 (特別高圧)	 電力会社 Tr Tr Tr　Tr Tr Tr 需要家A 需要家B	電力会社から複数(2〜4回線)で送電され、需要家は全回線で並列受電。 無停電化で供給され、供給信頼度は非常に高い。

2·3　特別高圧（特高）の引込と変電設備

　特別高圧（通称：特高）は、通常契約電力 2,000kW 以上の需要家に適用される。供給電圧は電力供給事業者（電力会社）によって異なるが、20kV（20,000V）、30kV（30,000V）である。したがって、この電圧から、通常使用する 200V/100V に降圧するのではなくて、一旦特別高圧（特高）変電所を経由して、通常の高圧に下げた後、自家用変電設備にてわれわれが使用する電圧まで降圧させる。

　特別高圧は、電気料金は安いが、建設費の多大な出費および変電設備に多大なスペースを要する。従って、契約容量が 2,000kW のボーダーライン上にあると予想されるビルの建設計画では、スペースの有効利用その他リスクを避けるため、特高を回避する手法がよくとられる。その例として、空調用エネルギーを電力だけに頼らず、ガスやオイル熱源にすることがみられる。また 2,000kW 超でも、供給地点が電力会社の特別高圧送電線のルートから離れていたり、普通高圧で供給する変電設備や配電設備等に余裕がある場合、供給規程上、特高を回避できる場合がある。

3 幹線・動力設備

3・1 幹線計画

　電力は、変圧器配電盤から、使用形態により、動力用と電灯コンセント用に分けて必要個所まで供給される。通常、動力は3相3線200V（3φ3W−200V）で、電灯コンセントは単相3線200/100V（1φ3W−200/100V）である。動力、電灯とも、負荷のほぼ中央に位置する場所に負荷の状況に応じた盤を配置する（図4・14）。

　動力系統を動力盤といい、図面表記の場合、通常PまたはMの記号で表す。また、電灯コンセント系統を分電盤（電灯盤）と称し、図面表記の場合、通常Lの記号で表す（図4・15）。幹線系統の決定には、負荷の容量をはじめ、集中・分散の程度、計量の状況等により、盤類の配置計画を行う。また、規模別の幹線動力系統は図4・16に示す。

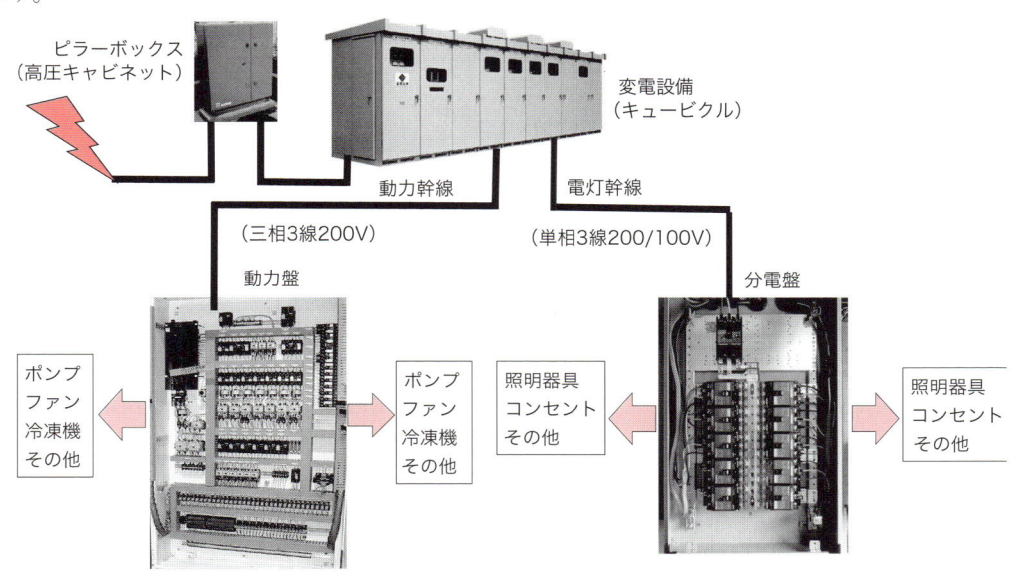

図4・14　幹線のビル用目的別種類

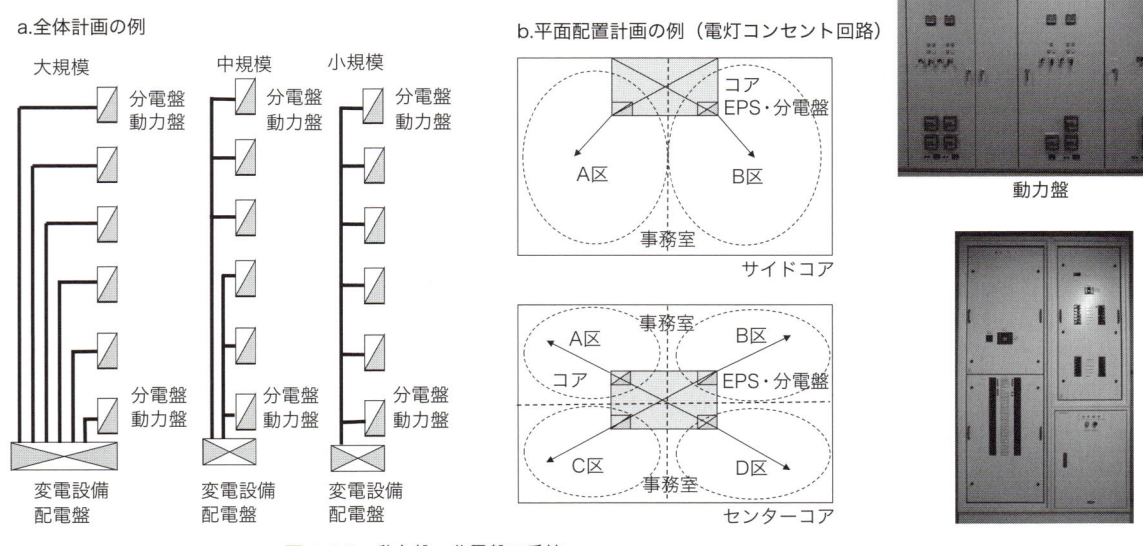

a.全体計画の例

b.平面配置計画の例（電灯コンセント回路）

図4・15　動力盤・分電盤の系統

動力盤

EPS内部に設置された分電盤

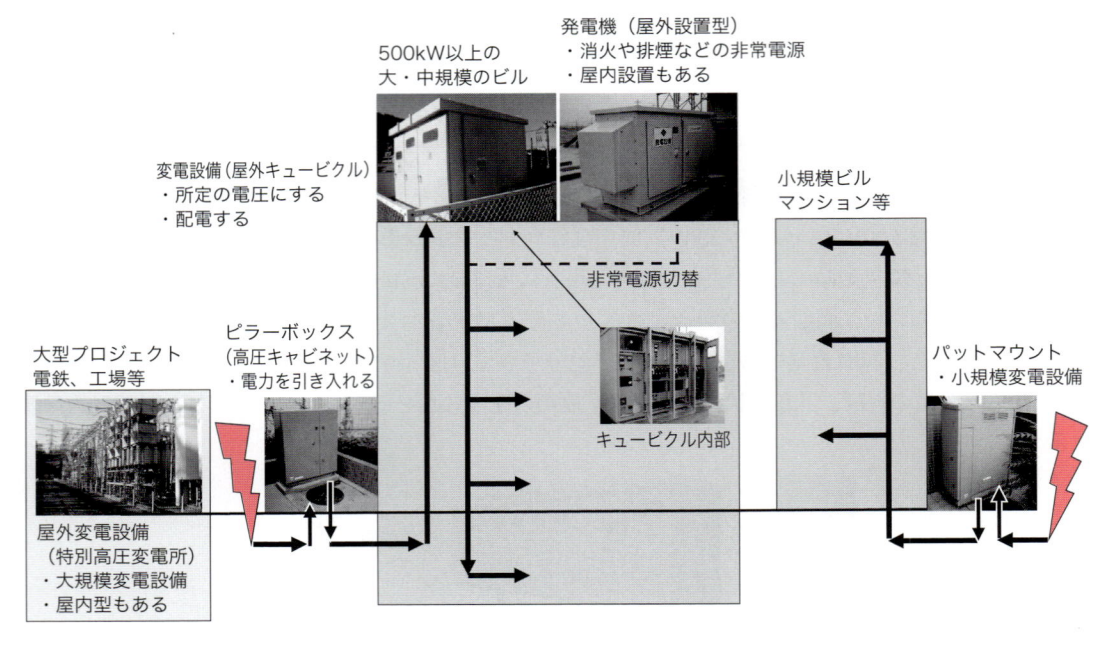

図4·16 受変電設備

電気配線・コンセント設備

1 コンセント・プラグ

　我々がよく使う電気器具のコンセント・プラグは、電気用品安全法適用で JIS C 8303 で規格化されている（表4·12）。コンセントは、各部屋に最低2ヶ所、二口コンセントを設置するのがよい（表4·13）。
住宅の広さと回路数の目安は、電圧については、100V と 200V の電圧に対応している器具がある（表4·14）。

　また、使用電圧に対応したコンセント・プラグ形状をトラベルアダプター（travel adaptors）という変換プラグを使用する。100V 専用機器を使用する場合、電圧を合わせるために変圧器（トランス）が必要になる。

　しかし、外国旅行などで、電気製品を現地で使用する場合は、プラグの形状の違いや、電圧の違いでこのままでは使えないものも多い。特に、コンセント・プラグの形状と電圧には注意が必要になる。

表4·12　コンセント・プラグ

電源	摘要	定格電圧	定格電流		
			15A	20A	30A
単相100V (1φ-100V)	一般	125V			
	接地極付 (アース付)				
単相200V (1φ-200V)	一般	250V			
	接地極付 (アース付)				
三相200V (3φ-200V)	一般	250V			
	接地極付 (アース付)				

表4·13　住宅の室の広さと、コンセント数の目安

室面積 畳	5m² ≒3畳	7m² ≒4.5畳	10m² ≒6畳	13m² ≒8畳	17m² ≒10畳	20m² ≒12畳
必要数 （2口以上）	2個	2個	3個	4個	5個	5個以上

表4·14　住宅の広さと回路数の目安

住宅面積	コンセント回路		照明回路	合計
	台所	一般		
50m²≒15坪以下	2	2	1	5
70m²≒20坪	2	3	2	7
100m²≒30坪	2	4	2	8
130m²≒40坪	2	5	3	10
170m²≒50坪	2	7	4	13

2 3路スイッチ

3路スイッチとは、2か所のスイッチで照明器具のON、OFFを行うためのスイッチである。スイッチ本体は、通常のスイッチが1つの接点であるのに対し、2つの接点を持っている（図4・17）。

3路スイッチを使用する場所は、下記の通りである。

・階段の上階と下階・廊下の手前と奥

・複数の出入口がある室・複数のスイッチから1回路を制御する場合

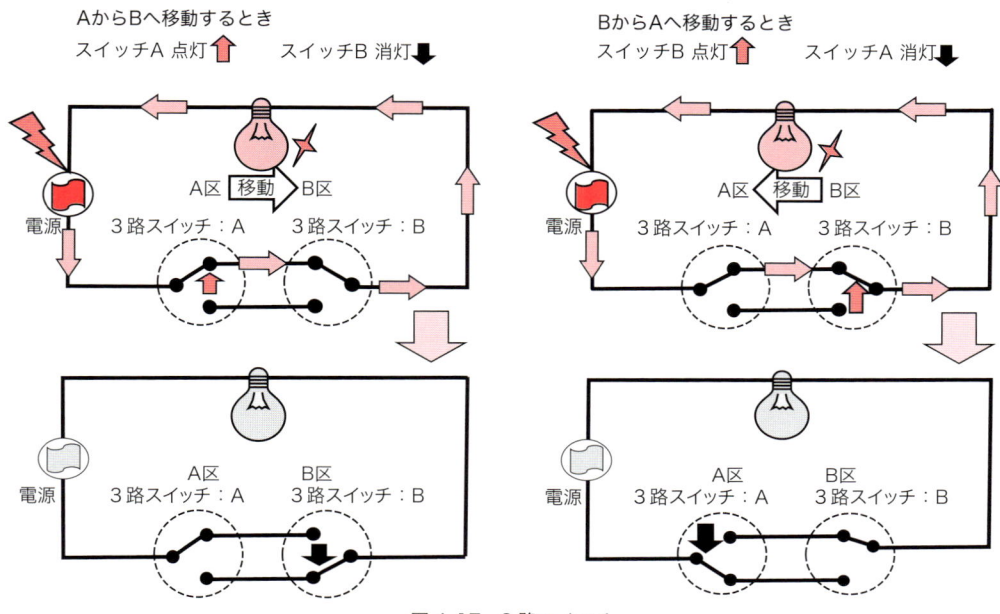

図4・17　3路スイッチ

デマンド制御の実施例

このグラフは、デマンド監視装置を導入した結果、最大電力を見える化したものである。現在7月の最大値350kW分が、年間を通じての基本料金になっているが、省エネ活動等で、7月の消費を抑え、最大電力を2月、6月の消費程度（310kW）に抑えると、1カ月に40kWの削減ができるという実例である。

削減金額：D（円/年）$= (P_1 - P_2) \times Ye \times (185 - P_f) \div 100 \times 12$ ヶ月

P_1：現在の契約電力 350（kW）

P_2：デマンドによる目標契約電力、310（kW）

Ye：契約電力料金

一般値、1,685円/月とする。

P_f：力率（変電室で読み取る）

$\cos\phi = 100\%$

D（円/年）$= (350 - 310) \times 1,685 \times (185 - 100) \div 100 \times 12 = 687,480$ 円/年

の支出が抑制される。

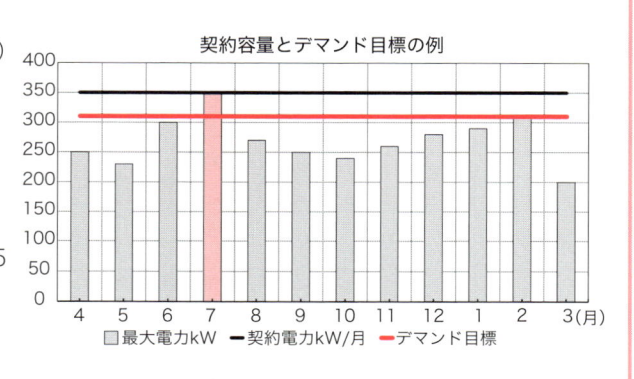

契約容量とデマンド目標の例

□ 最大電力kW　━ 契約電力kW/月　━ デマンド目標

照明設備は、建築において特にデザイン的要素のウエイトが大きいだけでなく、生活の利便性のための明るさ、見やすさはもとより、空調負荷や電力消費に大きな影響力を持つ。近年 LED の普及により、建物の照明負荷容量の占める割合は、減少傾向にある。

4・1 光のスペクトル

物の見え方、すなわち肉眼で感じるのは**電磁波**の一部の波長のうち、$0.38 \sim 0.78 \times 10^{-4}$cm（$380 \sim 780$nm）の範囲で、これを可視光線という（図 4・18 〜 19）。人間は、このごく一部の波長を、光として感じている。

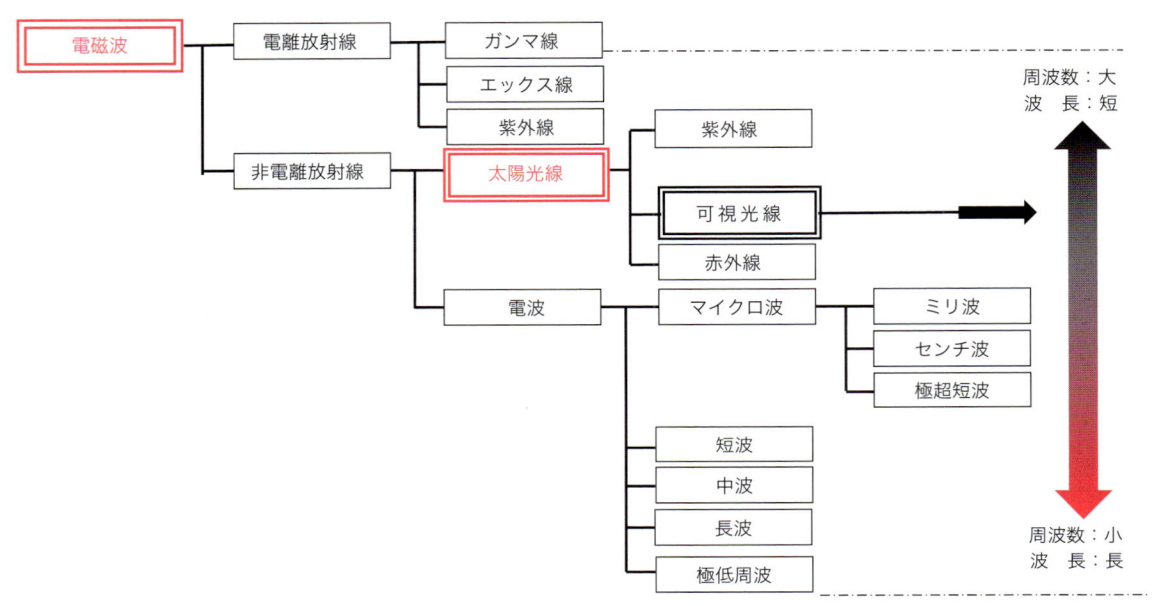

図4・18　電磁波の分類と可視光線

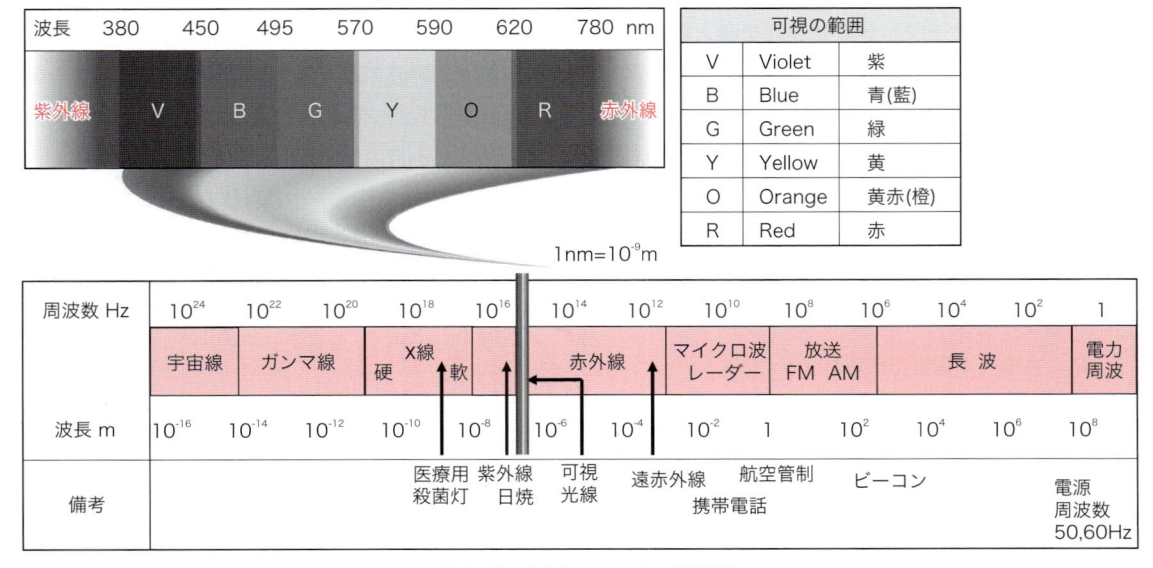

図4・19　放射スペクトル（電磁波）

4・2 照明の用語

■1 「あかり」の用語と単位

　光源から出たあかりは、レンズによる収斂・拡散や、大気のゆらぎなどによって、変化する場合を除き直進する。そのとき照射面に向けられた発光面の輝きを「輝度」、光源から出る光の量を「光束」、光の強さを「光度」、そして、照射面の明るさを「照度」という（図4・20、表4・15）。

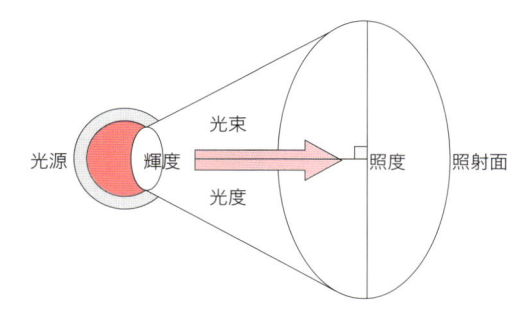

図4・20　照明の用語

表4・15　照明の単位と概要

用語	内容	単位・記号等	説明
光度	光の強さ	cd（カンデラ）	単位立体角当たりの光束
輝度	発光面の輝き	cd/m²（カンデラ/m²） nit（ニト）	1m²当たりの光度
光束	光の量	Lm（ルーメン） cd·sr（カンデラ・ステラジアン）	光源から放射された光の明るさの量 単位立体角1sr（ステラジアン）を通して放射する光速が1Lm（ルーメン）
ランプ効率	1W当たりの光束	Lm/W （ルーメン/ワット）	ランプの消費電力に対する光束
照度	照射面の明るさ	Lx（ルックス） Lm/m²（ルーメン/m²）	1m²当たりに入射する光束
照度均斉度	物の見え方のムラ	（記号：Uo）	Uo＝最少照度値÷平均照度値
(不快)グレア	眩しさ	（記号：UGR$_L$）	不適切な輝度分布・対比による感覚
光束発散度	発散される光の明るさ	Lm/m²（ルーメン/m²） rLx（ラドルックス）	1m²当たりの面から発散される光束
色温度	光の色を数値で表す	K（ケルビン）	数値で表現する尺度で、赤が低く、青白色は高い
演色評価数	物体の色の見え方	（記号：Ra）	平均演色評価数の最大値が100。質の低下に応じ減少

COLUMN

古民家の設備 — 障子

　障子とはもともと建具一般の意味で、襖も障子の一つとして襖障子ということもあったが、近年は透光性である。明かり障子のことを障子といい、木の骨組の両面に紙または布を張った建具を襖と称するのが普通となった。

　障子は、格子に組んだ木組の枠の片面だけ紙を張ったもので、左右に移動するものを**猫間**といい、上下に移動できるものは、**雪見**といわれる。襖も障子も、屋内各室

障子（京都府八幡市）

の仕切りに立てるが敷居の上を滑らせて移動が簡単であるばかりでなく、取り外せばたちまち広い部屋が造られるという、風呂敷の包装機能のような融通性をもち、これも日本的な特色のひとつである。

2 色温度

色温度は、光源が発している光の色を定量的な数値で表現する尺度で、単位は **K（ケルビン）** である。物体を加熱すると温度が低い時は暗いオレンジ色であり、温度が高くなるにつれて青白色になる（表4・16）。したがって、一般的色彩感覚とは逆で、寒色系の色は色温度が高く、暖色系は色温度が低い。

表4・16　各種光源の色温度

	光源	色温度　K
自然界	晴天	12,000
	曇天	6,000～7,000
	天頂の太陽・計算	6,200
	天頂の太陽・地表	5,250
	満月・地表	4,125
人工	蛍光灯	3,000～6,500
	水銀灯	4,100～5,700
	ミニハロゲン	3,000～3,600
	白熱球	2,500～2,850
	アセチレン灯	2,350
	ガス灯	2,160
	ろうそく	1,930

青白色系（高い） ⇕ 赤黒色系（低い）

色温度と波長の関係

4・3　照明計画

1 照明の方法

照明法は、視作業を重要視した「**明視照明**」と、心理的要素を重視した「**雰囲気照明**」に分類できる（表4・17）。

表4・17　照明計画

明視照明	状況	・視作業を重視 ・対象物がはっきりと見える ・長時間、目が疲れない	<居住空間> 台所・家事室・勉強室・書斎・便所・浴室・洗面所・・・ <施設> 事務室・工場・駅・学校・病院・競技場ナイター照明・・・・
	要件	①均一性 ②十分な明るさ ③ムラがない ④眩しくない ⑤やわらかい影 ⑥光色がよい ⑦低発熱 ⑧気分が良い ⑨経済的	
雰囲気照明	状況	・心理効果を重視 ・適度な刺激と快適さ ・演出効果 ・変化のある照明	<居住空間> 居間・客室・寝室・・・ <施設> ホテルゲストルーム・ラウンジ・レストラン・バー・商店・建物や樹木のライトアップ・・・・
	要件	①その場の状況的明るさ ②気分対応の配分 ③適度な輝き ④器具のデザイン ⑤仕上色・輝度・拡散度・照度の複合的組合せ ⑥明るさの変化（調光）	

2 タスク・アンビエント

　照明計画では、室全体を対象とする**全体照明**と、ある一定の範囲を対象とする**局所照明**がある。これは、作業（タスク：task）領域照明と周辺（アンビエント：ambient）領域照明という（図4・21）。例えば、勉強部屋等で、室全体照明と、机上スタンドの関係である。作業面において、全体照度は、局所照明より当然明るい必要はない。考え方としては、全体領域の暗さを、手元で補うと考えるとよい。通常全体領域は、局所照明の、1/10以上がよいとされている。

　また、器具の配光に対しては、**直接照明**、**半間接照明**、**間接照明**と分類される（図4・22）。

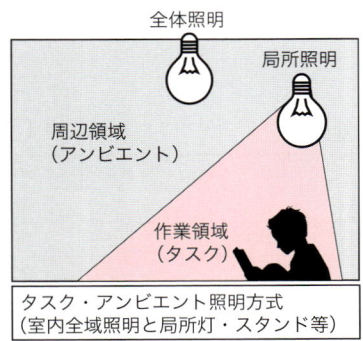

図4・21　作業領域と周辺領域の照明

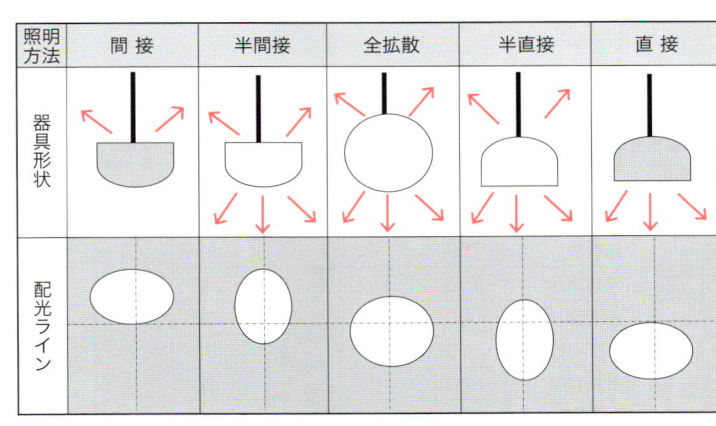

図4・22　照明方式の分類

3　照明理論

照明にかかわる照射面の明るさ、すなわち照度は、光度に比例し、距離の2乗に反比例する（図4・23）。

$E\ (\mathrm{Lx}) = I\ (\mathrm{cd}) / r^2\ (\mathrm{m})$：**逆2乗の法則**による。

また、光源が直下でないときは、

$E'\ (\mathrm{Lx}) = I\ (\mathrm{cd}) / R^2 \times \cos\theta$：**余弦の法則**による。

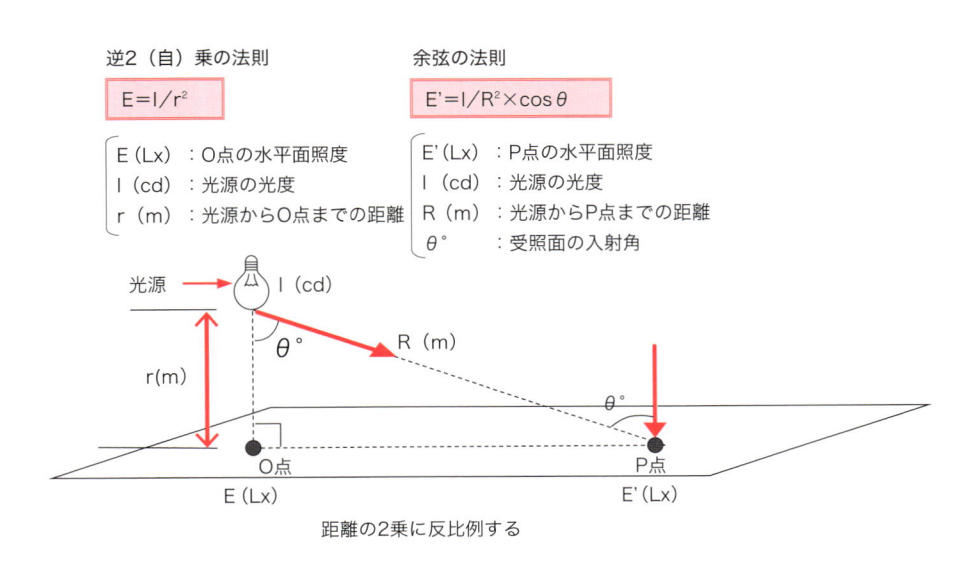

図4・23　逆2乗と余弦の法則

4・4 照度基準

　照度基準は、照明計画をする上で先ず決めておく必要がある。JIS Z 9110-2010（照度基準）、JIS Z 9125（屋内作業場の照度基準）およびこれらに準ずる規格で決定するとよい（表4・18）。室の照度を決定するには、以下の事象を考慮して決定する。

- ・**照度範囲**：$\overline{E}m$　推奨照度値
- ・**照度均斉度**：Uo＝最小照度値÷平均照度値＝0.7以上（照度ムラがないこと）
- ・**不快グレア**：UGR_L　グレア制限値。一般に16〜22。
- ・**演色評価数**：Ra（JIS Z 8726-2010）は100が最大値。一般室では80以上。

表4・18　各種ビルの照度基準（抜粋）

a. 事務所ビルの照度基準

領域	室	$\overline{E}m$(Lx)	Uo	UGR_L	Ra
作業	設計・製図	750	0.7	16	80
執務空間	設計室	750	−	16	80
	事務室	750	−	19	80
	監視室	500	−	16	80
共用	応接・会議	500	−	19	80
	社員食堂	300	−	−	80
	給湯室	200	−	−	80
	便所・洗面	200	−	−	80
	階段室	150	−	−	40
	廊下・EV	100	−	−	40
	EVホール	300	−	−	60
	機械・電気室	200	−	−	60

b. 物販・飲食の照度基準

領域	室	$\overline{E}m$(Lx)	Uo	UGR_L	Ra
物販	重要陳列	2,000	−	−	80
	一般陳列	1,000	−	−	80
	特売場	750	−	22	80
	店舗一般	500	−	22	80
飲食	玄関	100	−	22	60
	ケース	750	−	−	80
	レジ	300	0.7	−	80
	食卓	500	−	−	80
	客室	200	−	19	80
	厨房	500	−	22	80
共通	階段室	150	−	−	40
	廊下・EV	100	−	−	40
	EVホール	300	−	−	60
	機械・電気室	200	−	−	60

c. ホテル・旅館の照度基準

領域	室	$\overline{E}m$(Lx)	Uo	UGR_L	Ra
ホテル旅館	車寄せ	300	−	16	80
	玄関	100	−	16	80
	ロビー	200	−	19	80
	フロント	750	0.7	16	80
	バンケット	200	−	19	80
	飲食	300	−	−	80
	客室	100	−	−	80
共通	事務室	750	−	−	80
	便所・洗面	200	−	−	80
	階段室	150	−	−	40
	廊下	100	−	−	40
	機械・電気室	200	−	−	60

d. 病院・診療所の照度基準

領域	室	$\overline{E}m$(Lx)	Uo	UGR_L	Ra
外来　中央診療　病棟	診察	500	0.7	19	90
	手術・分娩	1,000	−	19	90
	（無影灯：1,000〜10,000Lx）				
	救急・処置	1,000	0.7	19	90
	一般検査	500	−	19	90
	X線検査	300	−	19	80
	病理検査	500	−	19	90
	リカバリー	500	−	19	90
	病室（全般・床面）	100	−	19	80
病棟共通	便所・洗面	200	−	−	40
	階段室	150	−	−	40
	廊下・EV	100	−	−	60
	機械・電気室	200	−	−	60

出典：JISZ9110〜2010より抜粋

照明設計法は一般室内の全域照明計算で使用する光束法と、局所照明、ライトアップ、街路照明等で使用する逐点法による計算法がある。

1 光束法

光束法による照明計算法は、天井面均等配列器具の算定である。

器具の数量 N（本）は、

$N = E \times A / F \times U \times M$ で計算する。

　E：平均照度（Lx）

　A：室面積（m²）

　F：光源の全光束（Lm）

　U：照明率

　M：保守率

■ 平均照度

平均照度は、「4・4　照度基準」で決定する。光源の全光束はメーカー表示値で、各種器具の特性から選定する（表4・19）。

■ 照明率

照明率は、光源の全光束と、作業面の有効な光束の比率をいうが、この決定には室の大きさ、光源までの高さ、天井・壁・床の反射率、器具の種類・形状等が関係する。

照明率を決めるに当たり、室形状、作業面までの高さの関係を示すには、室指数を計算する。その後、反射率や予定された器具形状、配光の状況等を考慮し、決定すればよい（表4・20）。

室指数＝{室奥行（m）×室間口（m）}／H（m）×{室奥行（m）＋室間口（m）}

　H（m）：器具から作業面までの高さ

■ 保守率

保守率は、建物運営過程で、器具の劣化・汚れによる平均照度の低下を見込んだ係数をいう。したがって、竣工直後の照度は、設計照度の倍近くになるケースがある。これを**初期照度**と称する。つまり、保守率 M ＝ 1.0 と同じと考える。

表4・19　代表的な照明器具特性

光源の種類		消費電力(W)	全光束(Lm)	色温度(K)	演色評価数(Ra)	寿命(h)	イニシャルコスト(¥)
白熱電球	白熱	54	810	2,800	100	1,000	100
	ハロゲン	65	1,550	2,900	100	3,000	−
蛍光管	電球型	12	810	2,800	84	6,000	800
	コンパクト型	13	800	3,000	84	6,000	650
	直管型	36	3,000	4,200	61	12,000	580
	Hf蛍光管	32	3,520	5,000	84	12,000	1,400
LED管	LED	8	390	5,000	70	40,000	2,500〜5,000
	演色性LED	8	235	2,800	92	40,000	
高輝度電球	メタルハライド	250	20,000	4,000	65	12,000	−
	ナトリウム	250	26,500	2,050	25	6,000	−
	水銀灯	250	12,700	3,900	40	12,000	−

表4・20　照明率表（抜粋）

蛍光灯器具名称		器具断面形状・下向配光	器具効率(%)	保守率(%)	最大器具間隔	照明率(%) 室指数 [反射率(中)天井70%・壁50%・床10%]						
						0.6	1	1.5	2	3	4	5
露出直付型	逆富士	61%	92	70・80	1.4H	24	39	48	54	63	68	72
	H型	56%	93	70・80	1.4H	29	44	55	62	69	73	77
	反射ガサ	79%	79	65・75	1.3H	28	42	48	59	67	71	74
埋込型	下面開放	87%	87	65・75	1.4H	33	49	62	68	76	79	82
	下面カバー アクリルカバー　など	45%	47	55・70	1.2H	18	27	33	35	40	41	43

出典：(一財) 省エネルギーセンター資料

4 電気設備

2 逐点法

ディスプレー・屋外・ナイター照明・ライトアップ等の照明計画に用いられる逐点法での各照度計算は、次による（図4・24）。

水平面照度：E_h（Lx）$= I/p_2 \times \cos \theta$

法線照度：$E_n = I/p_2$

鉛直面照度：$E_{v0} = I/p_2 \times \sin \theta$

∠ψの鉛直面照度：$E_v = I/p_2 \times \sin \theta \times \cos \psi$

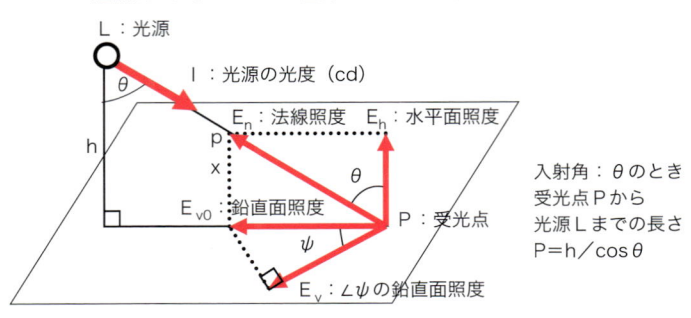

図4・24　逐点法の照度計算

4・6　建築化照明

照明計画と建築意匠は密接な関係をもつ。建築化照明とは、光源を天井や壁、または床面等に組み込み、建築意匠と一体化させた照明方式をいう（表4・21）。

表4・21　天井の建築化照明方式の特徴

主な建築化照明	形状	内容	備考
下り天井	照明器具／h（天井の下がり）／天井面／w／天井の出／壁面／天井面／照明器具／h／壁面／w	壁と天井の境界に器具を配列する。間接照明で光が柔らかい。天井が高く感じられる。	ソケット部の天井むらに注意。器具カバーの幅と、天井からの距離hに留意。
トロファー照明	照明器具／h（天井欠込み）／天井面／w／器具収容幅／壁面／天井面／45°／w／45°／h	天井空間に明暗の変化が得れる。	ランプが目立たないように、遮光角は45°以上が理想。
光天井ルーバー天井	天井スラブ下面／S／照明器具／天井面／h／壁面／S≦1.5×h	影が少ない柔らかい光が得られる。	天井むらの防止のため、器具間隔Sと、天井からの距離hには、S≦1.5×hの関係が要求される。各種制約をクリアする必要がある。
システム天井	空調器具／天井仕上／照明器具／設備プレート	建築、空調、防災と照明が一体化されたもの。	オフィスビル等で、基準階があり、同一な室形状である空間に有利に作用する。

1 建築化照明の計画

光天井を計画するには、天井面の均一化が要求され、天井面にムラがあっては見苦しい。下がり天井も同じく、電球部とソケット部での濃淡が、天井または壁面に投影されるとムラが目立ち、意匠的価値を下げる（図4・25）。

間接照明、特に下がり天井照明では、照明器具の配置による天井への影の影響が、よく見受けられる。

下がり天井における照明器具によるムラを改善するには、球の収納ふところを深くとれば解消することがあるが、天井伏図に制約があり、そのふところが十分確保できない場合は、器具配置を考慮する（図4・26）。

下がり天井照明の良好な実例
（下がり天井にムラがない）

省エネ消灯実施の実例
（良好だが口金の重なり幅
または奥行が不足気味）

推奨できない実例
（器具間隔・配置認識の誤り）

図4・25　下がり天井の照明

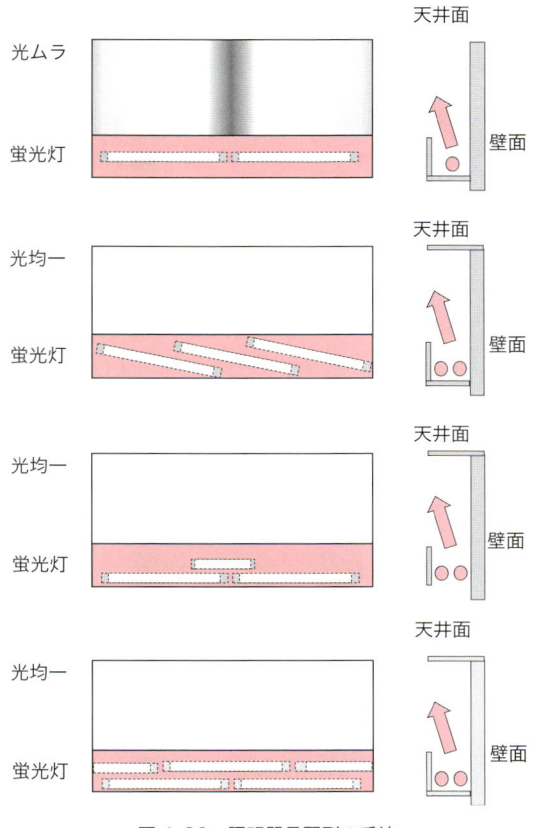

図4・26　照明器具配列の手法

2 光天井

光天井（図4・27）は、天井面の全域照明で、照度分布が均一で、好ましい光環境にあるが、計画に際しては十分な配慮を必要とする（表4・22）。

表4・22　意匠計画並びに設備計画上の留意点

建築意匠計画	天井ふところが大きくなる。
	球ムラに留意が必要。
	球切れへの対応。球交換方法。
	天井伏及び施工方法に留意。目地、下地等。
	天井点検口の設置への工夫。
建築設備計画	均一化照明であり、大きい照度を要求されるものが多い。
	蛍光灯使用の場合、照明負荷が大きくなり、省エネ効果は出ない。
	蛍光灯器具は、照明による空調負荷が大きくなる。
	天井面設置の、防災器具（スプリンクラー、自動火災報知、スピーカー等）や、空調器具（吹出口、吸込口、排煙口等）の配置に工夫が必要。
	蛍光灯器具の場合、天井ふところの排熱処理。熱だまりや、天井面の空調による温度上昇の排熱処理。器具の寿命にも影響。
	他の器具配列に比し、消灯省エネに対する違和感が大きい。消灯後、または球切れの場合、不灯痕が目立つ。

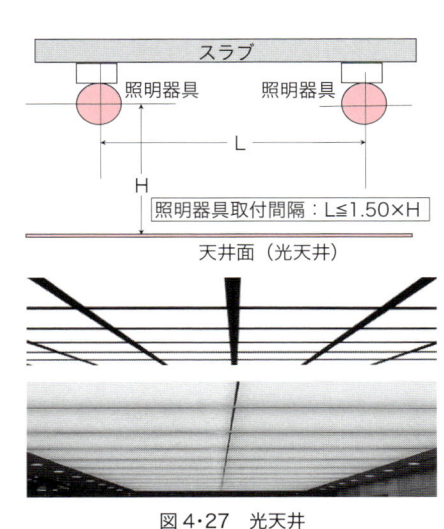

図4・27　光天井

照明器具取付間隔：L≦1.50×H

天井面（光天井）

139

3 システム天井

　システム天井は、意匠・照明設備としてだけでなく、空調、防災等の天井に設置される設備機器を一体として配置させるものである。

　システム天井の特徴を次に記す（図4・28）。

・天井面にある設備配管、スプリンクラー、空調吹出・吸込口、換気口、排煙口、照明器具、スピーカー、自動火災報知機、点検口などをモジュールに合わせて配置することができ、メンテナンスも可能である。

・デザイン上、統一性・均一性がある反面、画一化される。

・吸音天井材等、各種天井材の用途に合わせられる。

・工場生産のプレファブ化で、工期短縮・コスト削減が見込まれる。反面、数量が少ないと割高になる。

・照明スイッチ経路、空調経路等、システム化され、有効なビル運用が可能になる。

・特にオフィス、学校、工場等で、全体（アンビエント域）照明・明視照明となるゾーンに向いている。

・天井裏利用の天井リターン・天井排煙等も含め、ダクトレス空調への対応に向いている。

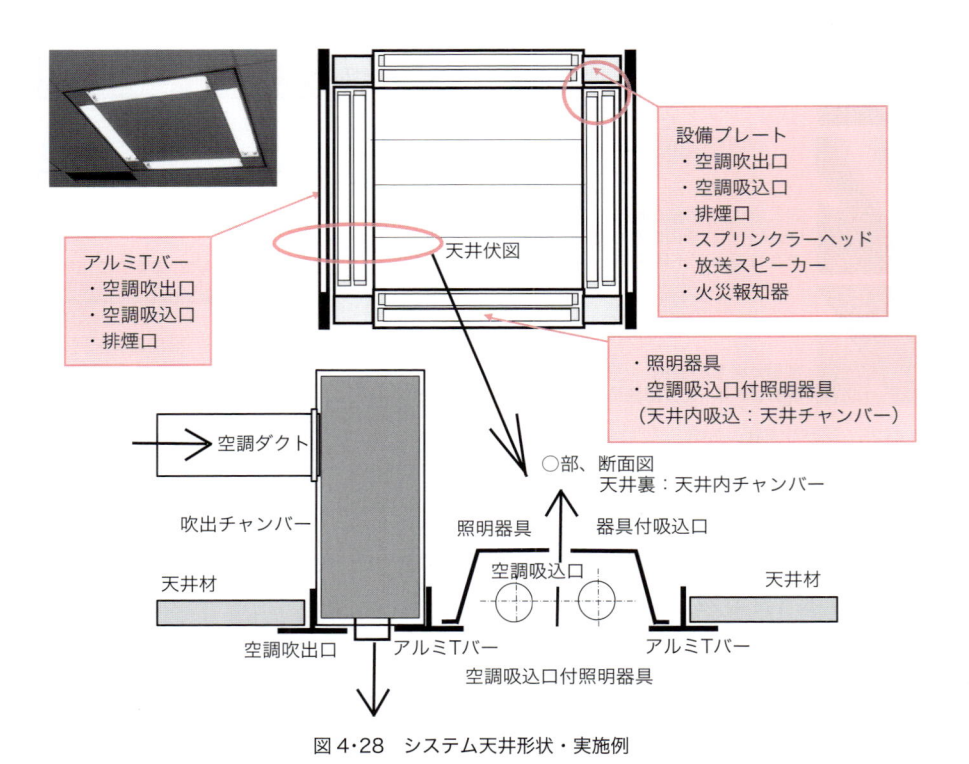

図4・28　システム天井形状・実施例

140

5・1 概要

1 種類と特徴

通信情報設備は、通信を行うための機械、器具、線路その他の電気設備をいい、通信を行うために利用される道具や施設である（図4・29）。通信情報設備で使用する電圧は、照明や一般電気器具で使用するものより低く、一般に60V以下の電圧で使用される設備であり、**弱電設備**とも呼ばれる。通信情報設備は主に電気的な信号伝達、あるいは電気信号で何らかの機器を制御する。

建物の通信情報設備は、放送・電信電話設備以外に火災報知機関連や照明制御・空気調和制御関連、機械警備等各種保安機器が挙げられる。また映像機器関連設備など多岐に渡り、コンピュータネットワークへの対応も通信情報設備である。

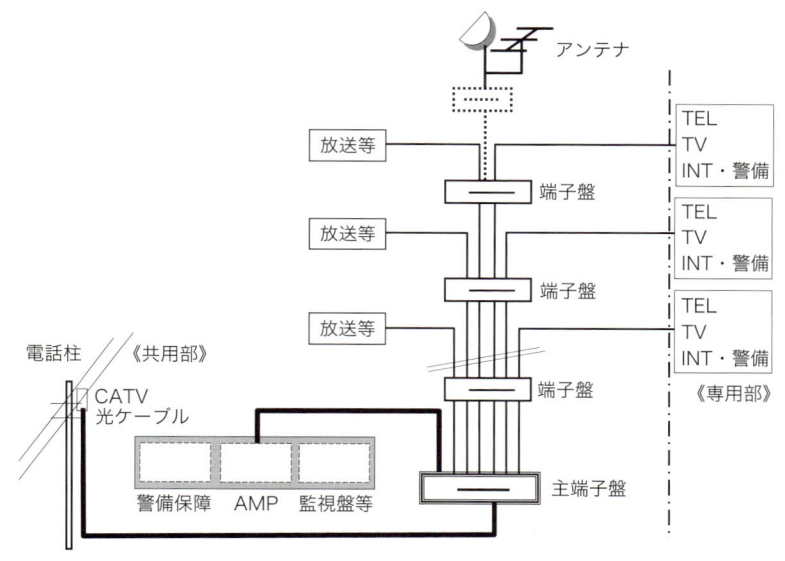

図4・29　通信情報設備系統の例

2 通信情報設備系統

ビル用の通信情報設備系統はMDFなどの主端子盤から各階、各系統にケーブルや**光回線**で分配され情報網を形成する（図4・30）。近年、光配線による通信情報設備が集合住宅や戸建て住宅に加速度的に普及してきている。

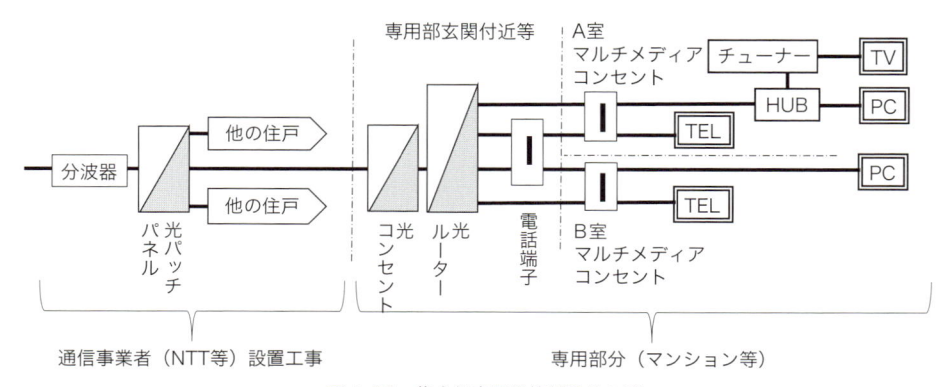

図4・30　集合住宅通信情報系統の例

4
電気設備

5·2 通信情報設備の種類

通信情報設備は必要な設備のみの装備で、電力設備のように受電から照明等末端の消費まで一貫されたものでなく、単独の設備である。したがって、ここに記載した設備のすべてを建物に装備したり、設置しなければならないという訳ではない。以下、主な通信情報設備を記す。

1 放送設備

放送設備は、建物館内や場内への放送を行う設備をいう。放送設備には一般業務用放送設備と非常用放送設備があり、併用されているものも見受けられる。非常用放送設備には、サイレンや自動音声放送プログラムが組み込まれた機種もあり、停電時にも対応できるように増幅器にはバッテリーが内蔵され、災害時でも放送を行うことができる。

2 共聴設備

共聴設備は、受信環境の良い場所に設置したアンテナで受信したテレビ放送電波を複数の世帯に分配し、共同で視聴する設備である。また、光回線や CATV の回線等で引き込み、分波する方式もある。

3 ナースコール設備

ナースコールは、病院や介護保険施設等に設置されており、看護師や介護士等を呼び出す装置である。医師については、ドクターコールと称する。ナースコールは、通常、親機がナースステーションにあり、患者等から緊急コールがあると、患者等と通話のやりとりができる。子機は、一般的に院内 PHS が用いられる。子機の使用により親機のある所へ行かなくても、建物内なら看護師等がどこにいても対応が可能である。

PHS は、ペースメーカーを埋め込んでいる患者や医療機器への影響が携帯電話に比べ遥かに低いため、多くの病院等で使用されている。

4 監視設備

監視設備は一般的に防犯を目的として学校、店舗、銀行、公共機関等に設置され、不審者侵入を監視するとともに、録画機能を持つ機器は記録を撮ることができる。老人ホーム等では、居住者の動きの監視にも利用される。普通の人感センサーだけでなく、水や電気の使用状況で、安否を確認する手法もある。

5 インターホン（インターカム）設備

インターホン設備は、ドアベル機能と遠隔の会話を行う設備である。最近はこの機能だけでなく、会話する相手の映像のほか録画記録の機能をもつものもある。

マンション等、集合住宅は不審者侵入防止策として玄関ロビーから各住居との連絡に使用される設備であり、オートロック機能により不審者・不法侵入者をシャットアウトでき、映像でも確認ができるものもある。

6 LANシステム

LAN システムは、システムの構築に関してコンピューターをインターネットと接続したり、複数のパソコンを接続できる環境をつくるためのものである。

LAN を構成することで複合機やプリンターなどの周辺機器を共有でき、オフィススペースの有効活用・コスト削減ができる。運用には、データーサーバーシステムの構築が必要である。データーを共有することで、タイムリーな情報交換と情報の一元化など多くのメリットを得ることができる。有線 LAN・無線 LAN・光ケーブルがある。

７ テレビ会議システム

　テレビ会議システムは、通信回線経由で音声や映像などをやり取りして、複数の遠隔地を結んで会議を行うシステムである。

８ 時計設備

　時計設備は、在勤者や利用者が時間を共有する必要がある施設に親時計と複数の子時計の構成による。必ず時間を共有しなくてはならない施設、すなわち、鉄道駅、工場、学校等に設備される。現在、クオーツ時計・電波時計の普及により正確な時刻表示が可能であるので、一般のオフィスビルへの設置は稀になっている。

COLUMN

通信情報

　通信情報は、特定の人達に情報を発信し、受信するものであるのは、いうまでもない。

　この伝達方法の歴史は、狼煙、伝令、伝書鳩、手旗信号からはじまり、電信技術の発明から、・－（い）・－・－（ろ）、－・・・（は）から始まり、・－・－（ん）でおわるモールス信号、有線や無線電話などの利用により、知りたい情報を手早く入手できるようになってきた。ところがこの通信情報技術は全て、暗号というかたちで軍事に利用されている。軍事では、「伝達スピードと、関係者以外への秘匿性が重要視され、「公共伝達」であってはならない。それを解読する技術も、諜報員たちによる、通信情報技術が駆使された。コンピューターもこれに多く利用されている。

　現在、無線電信や無線通信は、消防や警察などの無線通信を除き、CQ・CQ・・・ではじまる、アマチュア無線など、趣味の世界になってきた。今では、ケーブルも光ケーブルへ、そしてアナログ通信からデジタル通信へと急速な発展をみせている。

　通信情報の伝達スピードと、公共性を兼ね備えた通信技術は、現在の郵便、固定電話、ファクシミリ、携帯電話、テレビ、ラジオ、インターネットなどがある。ところが、災害や、安全など、迅速性を有するものは、「Jアラート」の開発により国民の生命・財産が守られている。

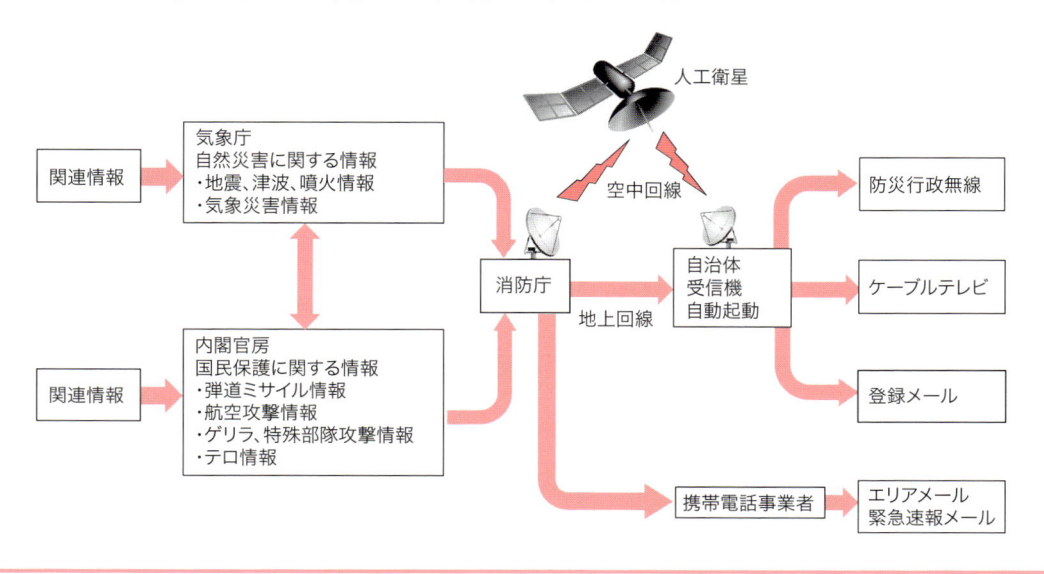

---

6 エレベーター・エスカレーター設備

　建物において、人荷の垂直方向移動を含め、上・下階移動がエレベーター、エスカレーターであるのは言うまでもない。他に水平方向移動は、動く歩道（オートウォーク、ムービングウォーク）がある。計画の要点は、速度・台数・制御方法・定員から交通計算を行う。近年の機器は、ほとんどが省エネを見据えたインバーター制御による運転方式の機種である。

1 エレベーター設備

　ここでは、一般乗用エレベーターについて述べる。乗用エレベーターを計画するには、先ずサービス水準としての交通計算、すなわち建物別利用予定者数、運転時間としての発停間隔、輸送能力を決める。エレベーター計画の要点、所要輸送力、運転間隔、運転推奨速度を表 4・23 ～ 25 に示す。他にカゴ寸法、昇降路寸法、出入口三方枠、機械室寸法、ピットサイズ等、建築必要空間などに留意する（図 4・31）。他のエレベーターの種類には身障者用、病院ストレッチャー用、住宅用等がある。

表 4・23　　エレベーターのかごおよび昇降路寸法

| 用途 | 記号 | 積載荷重 (kg) | 最大定員 (人) | かごの内のり寸法 | | | 昇降路の最小寸法 | | 有効出入口寸法 | | 参考 |
				A (間口)	B (奥行)	C (高さ)	X (間口)	Y (奥行)	W (幅)	H (高さ)	適用速度 (m/min)
一般乗用	P-6-CO	450	6	1400	850	2300	1800[1]	1500[1]	800	2100	45, 60
	P-9-CO	600	9		1100		1800[2]	1750[2]			45～105
	P-11-CO	750	11		1350			2000[2]			
	P-13-CO	900	13	1600			2150[3]	2150[3]	900		45～180
	P-15-CO	1000	15	1600	1500		2150[3]	2300[3]	900		
				1800	1300		2350[3]	2100[3]	1000		
	P-17-CO	1150	17	1800	1500		2350[3]	2300[3]	1000		105～300
				2000	1350		2550[3]	2150[3]	1100		
	P-20-CO	1350	20	1800	1700		2350[3]	2550[3]	1000		
				2000	1500		2550[3]	2300[3]	1100		
	P-24-CO	1600	24	2000	1750		2550[3]	2650[3]	1100		
				2150	1600		2700[3]	2450[3]			
住宅用	R-6-2S	450	6	1050	1150	2200	1550[1]	1700[1]	800	2000	45, 60
	R-9-2S	600	9		1520		1550[2]	2100[2]			45～90
	RT-9-2S	600	9		1520+480			2350[2]			
寝台用	B-750-2S	750	11	1300	2300	2300	2050	2900	1100	2100	30～60
	B-1000-2S	1000	15	1500	2500		2300	3100	1200		
非常用	E-13-CO	900	13	1600	1350	2200	2250[3]	2250[3]	900	2100[4]	60以上
	E-17-CO[5]	1150	17	1800	1500	2300	2400[3]	2400[3]	1000	2100	

注 (1) 柔構造ビルの場合は、50mm を加えた数値とする。
　　(2) 定格速度 90m/min 以上 105m/min 以下の場合と柔構造ビルの場合は、それぞれ 50mm を加えた数値とする。
　　(3) 定格速度 105m/min を超え 300m/min 以下の場合と柔構造ビルの場合は、それぞれ 100mm を加えた数値とする。
　　(4) 共同住宅用建築物に設ける場合は、2000 とすることができる。
　　(5) 義務設置の非常用エレベーターとしての最小値である。
備考 1. 上表の昇降路の最小寸法は，剛構造の場合を示す。
　　 2. エレベーターが 2 台以上並ぶ場合の昇降路の間口寸法は、次式による。
　　　　昇降路の間口寸法 (mm) = nX + (n-1)×150
　　　　ここに、n：エレベーターの並ぶ台数
　　　　　　　 X：1 台のエレベーターの昇降路の間口最小寸法 (mm) で上表による。

（出典：JIS A 4301-1983）

表 4・24　エレベーターの所要輸送能力と運転間隔

建物用途	利用人員の5分間輸送能力	平均運転間隔	目標運転間隔
自社ビル	20～25%	2台：30sec 以下 1台：60sec 以下	25～30sec
テナントビル	11～15%	35～40sec	25～30sec
ホテル	10～15%	シティー：30～40sec リゾート：40～50sec	30sec
病院	(0.2～0.3人/床)	50sec 以下	
マンション	4～7%(2F以上)	2台：80sec 以下　1台：120sec 以下	

表 4・25　エレベーター運転推奨速度

建物種類	階数(FL)	推奨速度(m/min)
オフィスビル	1～11	90～180
	11～20	180～240
	20～30	240～300
	超高層	300～600(750)
病院建築	1～5	60～90
	5～10	90～105
	10～15	105～150
	15～20	150～180
マンション	2～8	60～90
	8～20	90～180

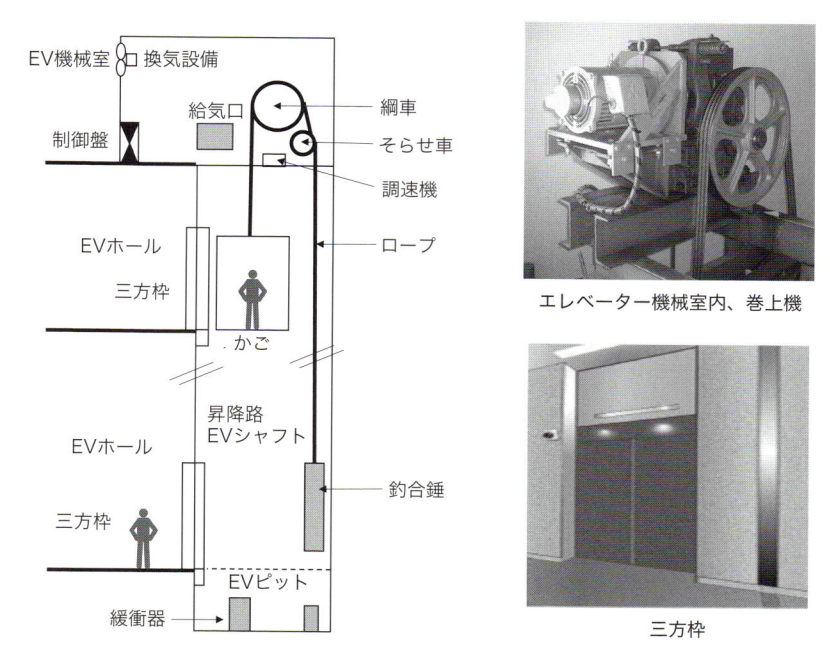

エレベーター機械室内、巻上機

三方枠

最近の中低層ビルのエレベーター機械室は、ピット内に設置する傾向にある。

図4・31 エレベーターの仕組み

2 エスカレーター設備

　エスカレーターは、人員を連続的かつ大量に上下階へ輸送できるもので、デパート・大型店舗、ターミナル駅舎、大型劇場建築等に設置される（表4・26、図4・32）。エスカレーターは、施設使用中は常時稼働しているため、無人時間帯は電力が無駄になる。電力消費を抑制する必要上、人感センサーで速度を落とすことや、発停させることで、省エネを図るようにしている。

表4・26　エスカレーターの能力

ステップ幅(mm)	搬送能力(人／h)	速度(m／min)	傾斜(度)	揚程(mm)	低下駆動力(kW)
600型:604	4,500				
800型:804	6,000	30	30	1,500~9,500	3.7~7.5kW (3φ200・400V)
1,000型:1,004	9,000				

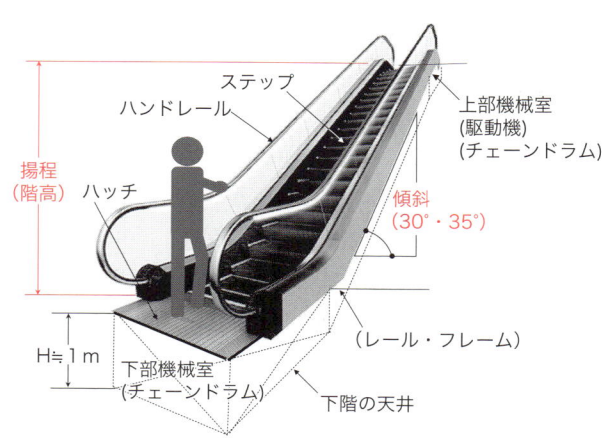

図4・32　エスカレーターの仕組みと実例

145

3 動く歩道

ヒトの輸送で、垂直搬送はエレベーター、斜め上下はエスカレーターに対し、水平搬送は、動く歩道（moving walkway）という。エレベーターの高層建物での移動に対し、動く歩道は、空港や、鉄道駅などの低層で荷物が多く、移動空間が長い建物に多く用いられる。

型式は、エスカレーターの水平化であるパレット式と、ベルトコンベアの応用である、ゴムベルト式の2通りが存在する。

規格は、横幅800〜1,200mm、傾斜角度0〜3度が標準である。

移動速度は通常、30 m /min（1.8km/h）、40 m /min（2.4km/h）、45 m /min（2.7km/h）、および50 m /min（3.0km/h）があり、ヒトの平均歩行速度である、4.0km/h より遅めに計画されている。パレット上を歩行する人の速度は、最高で6.0km/h 程度と実測されている。

輸送能力は、9,000〜15,000 人 /h で、移動速度が速いほど当然増加する。

省エネルギー対策として、エスカレーターと同様に、常時稼働ではなく赤外線による人感センサーによって人の接近を検知して、稼働するものが多く見られる。

a. 動く歩道

b. 省エネ対策として、赤外線センサー設置

図 4・33　動く歩道

大阪空中庭園─空中エレベーター・エスカレーター

建物の3階にエレベーター乗り場があり、地上43m 地点から突然視界が開け、その開放感に歓声があがる。

地上90m 地点の空中ブリッジを目にする頃には、いよいよ眺望が広がり、大阪市内が一望できる。到着するのは地上130m の39 階中継フロアである。35 階から39 階へ、アクロバティックに空中を横断する2本のシースルーチューブは、空中庭園への架け橋「ハブーブエスカレーター」である。乗っている人が夜景をよく眺められるように照明を抑えている。夜は、遠くから見れば、人がまるで空中に浮遊しているように見える。1分以上の時間をかけて昇っていけば、いよいよ天上への入口である。

【第4章　電気設備　〇×問題】

1. 受電電圧に関して、交流の場合、低圧とは、600V 以下である。

2. 周囲温度が高いと、電線の許容電流値は大きくなる。

3. 一般に、電線配線は、配線の取り替えが容易である。

4. 分電盤は、負荷の中心に近く、保守・点検の容易な位置に設ける。

5. 絶縁電線を電線管に収める場合、電線の本数に制限がある。

6. 合成樹脂製可とう電線管は、コンクリート内に埋設してはならない。

7. フリーアクセス方式は、OA 機器対応の床配線方式の一つである。

8. 受電電圧は、一般に、契約電力により決定される。

9. ルームエアコンは専用の回路が用いられる。

10. ビニル外装ケーブルは、コンクリートに直接埋め込んで配線してよい。

11. フロアダクトは、露出する場所に布設してもよい。

12. ケーブルは、金属管より分岐・増設が容易である。

13. 洗濯機用コンセントは、浴室の洗い場に設けることができる。

14. 集合住宅の電灯幹線の配線方式は、単相3線式が最も多く採用されている。

15. 延べ面積が300m^2 を超える建物では、特別高圧で受電する。

16. 住宅の電源は、一般に、設備容量が小さい場合は単相2線式 100V、設備容量が大きい場合は単相3線式 100V/200V を用いる。

17. 受電電圧に関して、特別高圧とは、10,000V を超えるものである。

18. 中小規模の事務所ビルにおいて、電灯・コンセント用幹線の配線方式には、一般に、単層3線式 100V/200V を用いる。

19. 100V/200V 単相3線式の電気供給方式は、電灯やコンセントの他に冷暖房機器などの電気の供給に用いられる。

20. 色温度の低い光源を用いた場合は、一般に、暖かみのある雰囲気となる。

21. 住宅の照明は、明るければ明るいほどよい。

22. 点光源による直接照度は、点光源からの距離の2乗に比例する。

23. 点滅頻度の多い箇所には、蛍光灯が適当である。

24. 白熱電球と蛍光ランプの演色性は、ほぼ同じである。

25. 光り天井照度は、照度分布が不均等で、影が強くなる。

26. 直接照明は、一般に、間接照明に比べて、照明の効率は高い。

27. ハロゲン電球を、事務所で用いた。

28. メタルハライド灯を、体育館で用いた。

29. 一般に、照明計算では、天井や壁の反射光は無視して行う。

30. 全般照明と局部照明を併用する場合には、全般照明の照度は、局部照明の照度の 1/10 以上が望ましい。

【解答と解説】

1. 〇　2. ×電気は周囲温度や気温とは関係ない。3. 〇　4. 〇　5. 〇　6. ×合成樹脂製可とう電線管は、コンクリート内に埋設しても問題はない。7. 〇　8. 〇　9. 〇　10. ×ビニル外装ケーブルは、コンクリートに直接埋め込み禁止。11. ×フロアの下に配線するので露出しない。12. 〇　13. ×浴室は水蒸気で漏電の恐れがあるので設置できない。14. 〇　15. ×特別高圧は 7,000V を大量の電力が必要なところで使うので延べ面積が 300m^2 は当たらない。16. 〇　17. × 7000V をこえる電力。18. 〇　19. 〇　20. 〇　21. ×場所によって望ましい照度は異なる。22. ×反比例である。23. ×蛍光灯は点灯までに時間がかかるので白熱灯か LED が望ましい。24. ×白熱灯のほうが演色性がよい。25. ×光り天井照度は、照度分布が均等で、影がやわらかい。26. 〇　27. ×ハロゲンは店舗のスポットライトなどに使用し、蛍光灯は事務室などに使われる。28. 〇　29. ×照明計算では、天井や壁の反射光も重要で色の影響もある。30. 〇

防災は、都市防災、建築防災も含め、生命・財産を守る上で重要である。

1 防災設備

　建築物の火災では、煙による死亡が多い。そのため、ここでは火災で発生する煙や火による熱での火災感知・覚知から導入し、排煙、消火について解説する（図5・1）。

　防災設備は、非常時に作動しないと設置した意味がない。そこで、法令に基づいて設置された防災各設備は、法令上の定期点検をうけ、それに合格しなくてはならない（表5・1）。

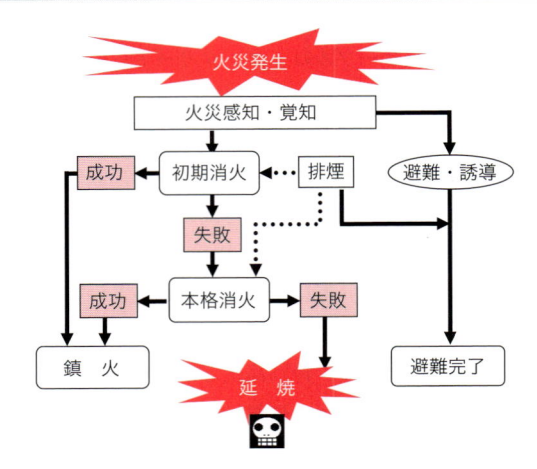

図5・1　火災の発生から消火まで

表5・1　防災設備と法令上の定期点検

防災設備	点　検	点検頻度	実施資格者
エレベーター	定期点検	1回／1年	昇降機検査資格者
非常用照明	定期点検	1回／1年	建築設備検査資格者
機械排煙設備	定期点検	1回／1年	
消火器	定期点検	1回／1年	消防設備士・消防設備点検資格者
火災報知設備	外観および機能点検	1回／半年	
誘導灯	外観および機能点検	1回／半年	
屋内消火栓設備	外観および機能点検	1回／半年	
	総合点検	1回／1年	
泡消火設備	外観および機能点検	1回／半年	
	総合点検	1回／1年	
不活性・不燃性ガス消火設備	外観および機能点検	1回／半年	
	総合点検	1回／1年	
自動火災報知設備	外観および機能点検	1回／半年	
	総合点検	1回／1年	
連結散水設備	外観および機能点検	1回／半年	
	総合点検	1回／1年	
連結送水管	外観および機能点検	1回／半年	
	総合点検	1回／1年	
自家発電設備	外観および機能点検	1回／半年	
	総合点検	1回／1年	

1 歴史

　火災感知の歴史は、かつて高所から町内外の火災（煙や火）を見つける火の見櫓をつくり、毎夜、火の番が町内を見回っていた（図5·2〜3）。現在、火の見櫓は火災報知器に座を譲るが、夜回りは防災啓発の思想として、歳末夜回り等に細々と受け継がれている。

図5·2　今に残る火の見櫓

> 📝Memo　今に残る江戸時代の番所と火の見櫓は、現在も古い町並みのモニュメントとして見掛けることができる。

図5·3　明治時代の消防署と鉄骨の監視台
（宮城県登米市「みやぎの明治村」）

2 自動火災報知設備・非常放送設備

　一般のビルでは延べ面積が 1,000m² 以上、一般の**防火対象物**（不特定多数や、社会的弱者の利用が少ない施設）では、500m² 以上、**特定防火対象物**（不特定多数や、社会的弱者が多く利用する施設）では、概ね 300m² 以上に自動火災報知設備の設置義務がある（図5·4〜5）。

5 防災設備

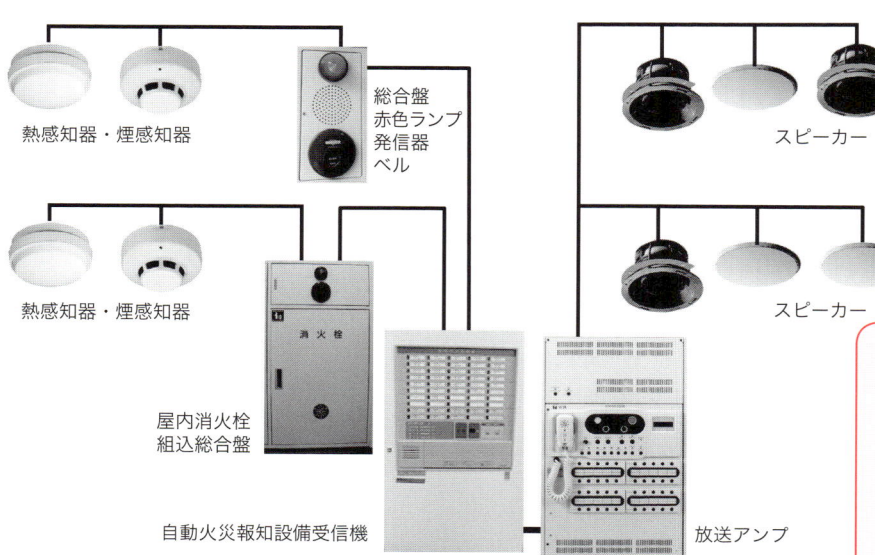

熱感知器・煙感知器

総合盤
赤色ランプ
発信器
ベル

スピーカー

熱感知器・煙感知器

スピーカー

屋内消火栓
組込総合盤

自動火災報知設備受信機

放送アンプ

図5·4　自動火災報知・非常放送設備

> 📝Memo　放送設備は通常、一般放送と兼ねることもできるが、火災時には、センサーや総合盤からの信号が放送アンプから自動放送される。スピーカーは各設置室では、約 10m 以内ごとに設置する。

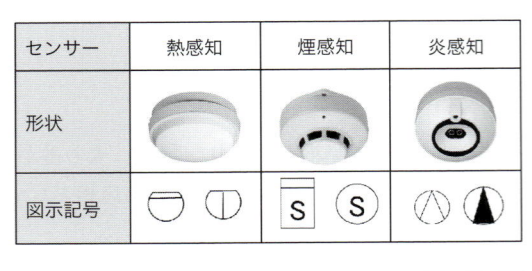

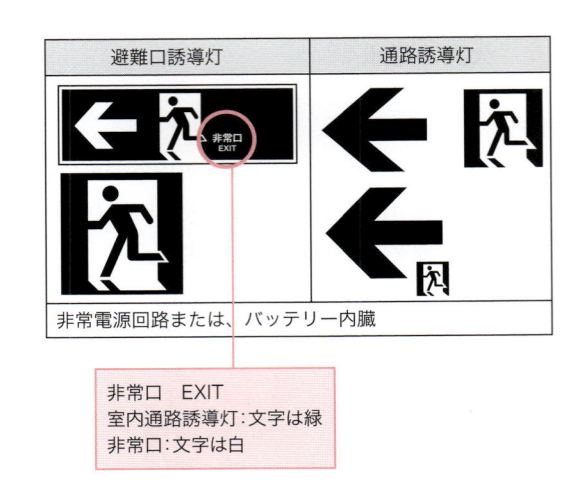

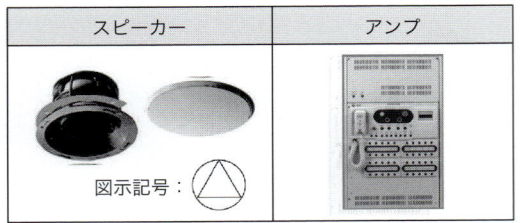

非常口　EXIT
室内通路誘導灯：文字は緑
非常口：文字は白

図5・5　火災報知・非常放送・誘導灯設備

③　住宅用火災報知設備

　住宅用火災報知設備は、消防法施行令別表第一において「共同住宅」としての規定はあるが、「戸建住宅」としては分類されていない。しかし、就寝時等に発生する火災による人命保護のため、住宅にも火災報知設備の設置が必要とされている（図5・6）。

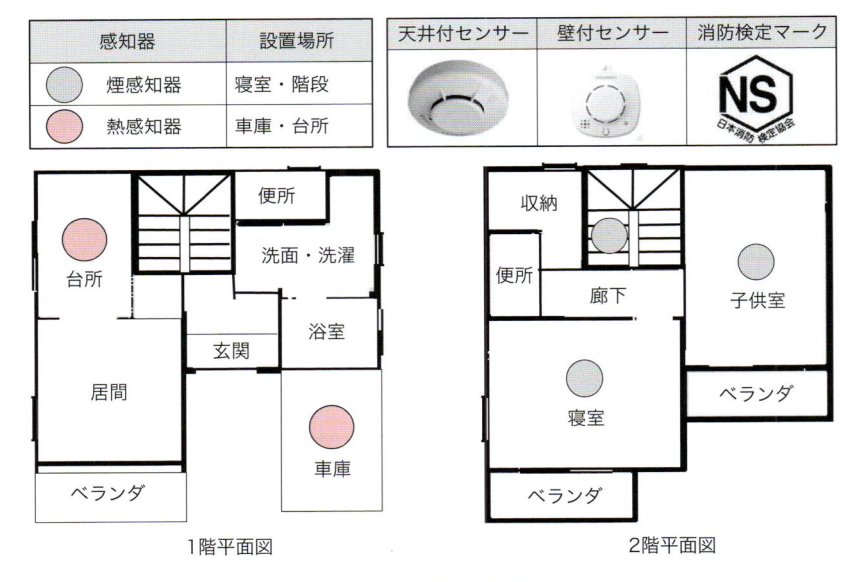

図5・6　住宅用火災報知設備

1・2　排煙設備

　排煙には、**自然排煙、機械排煙、加圧排煙、蓄煙**がある。これらの手法は、建築基準法や消防法で設置基準や、設置方法が決められている（図5・7）。

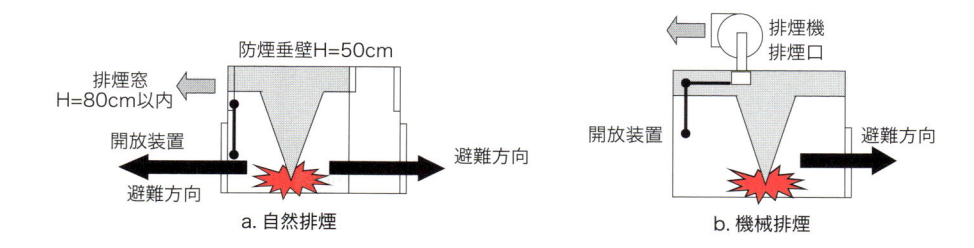

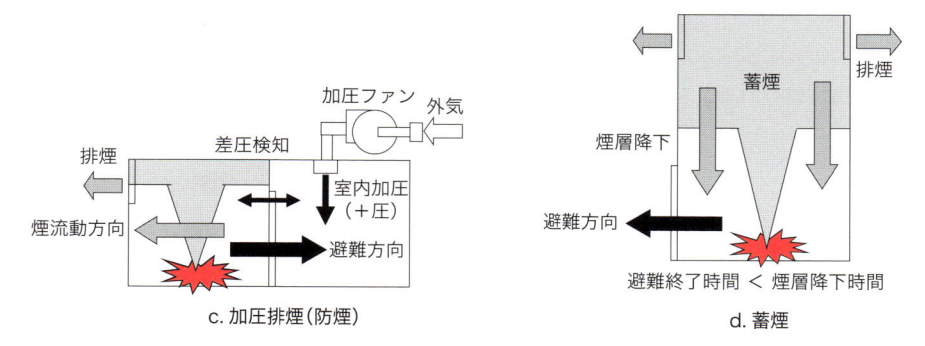

図 5·7　排煙設備の種類

表 5·2　排煙設備の目的と適用範囲

消防法	消火活動上, 消防隊の安全·円滑な消火活動の確保
建築基準法	在館者の安全·円滑な初期避難の確保
技術基準は、消防法と建築基準法とで整合化が図られた	
排煙設備設置義務(延べ床面積が500m²以上) (特殊建築物) (一)劇場、映画館、演芸場、観覧場、公会堂、集会場 (二)病院、ホテル、旅館、下宿、共同住宅、寄宿舎、養老院、「児童福祉施設等」〔令19条1項参照〕 (三)学校、体育館、博物館、美術館、図書館、ボーリング場、スキー場、スケート場、水泳場、スポーツ練習場 (四)百貨店、マーケット、展示場、キャバレー、カフェー、ナイトクラブ、バー、舞踏場、遊技場、公衆浴場、待合、料理店、飲食店、店舗〔令126条　2第1項〕 他に、(3F以上、500m²)·(延1,000m²以上の建物における、200m²以上の室)·(1/50以上の開口がない無窓居室)	

5
防災設備

1 排煙設備の規定

　建築基準法と消防法上の設置目的と適用範囲は表5·2のとおりである。消防法上の排煙設備は、建築基準法上の**被災者避難**のためのものではなく、消火活動上必要な設備として**消防隊用**のものである。

　建築基準法で決められている排煙設備について、表5·3に記す。

表 5·3　建築基準法上の排煙設備の要綱

防煙区画	
1	不燃材の防煙区画
2	天井から50cm以上の防煙垂壁

区　画	
面積区画	最大500m²(緩和規定あり)
用途区画	一般居室と厨房等
避難区画	一般居室と廊下、特別避難階段の付室
竪穴区画	特別避難階段、非常用EV

機械排煙の風量:Qm³/sec		
区画	排煙量	備考
一般居室	1m³/min·m²	Q=500m²/1区画·多区画:Q×2倍
地下道	5m³/sec·区画	300m²区画
特別避難階段付室	4m³/sec·室	給気口:1m²·窓:2m²
非常用EVロビー	4m³/sec·室	給気口:1m²·窓:2m²
兼用ロビー	6m³/sec	給気口:1.5m²·窓:3m²

2 自然排煙

　自然排煙は、**排煙窓**と**開放装置**より構成される。窓の大きさは、「排煙上有効な開口部」として必要な面積は、「床面積の 1/50」であり、「天井から下方 80cm 以内」である（図 5・8）。

3 機械排煙

　機械排煙は、排煙機、排煙口、排煙ダクトより構成される（図 5・9 〜 10）。必要に応じ、排煙機には**非常電源**の設置が義務付けられる。

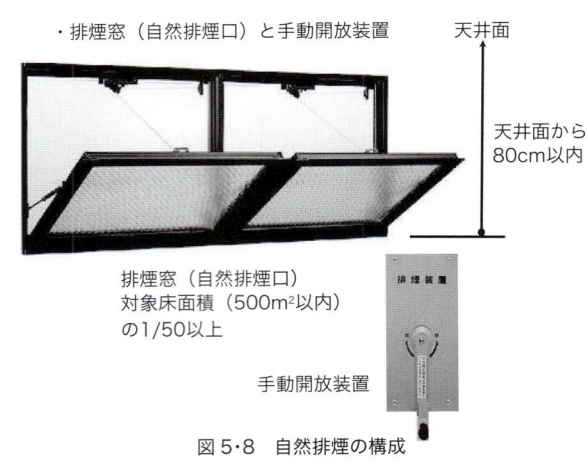

・排煙窓（自然排煙口）と手動開放装置

天井面

天井面から 80cm 以内

排煙窓（自然排煙口）
対象床面積（500m²以内）
の1/50以上

手動開放装置

図 5・8　自然排煙の構成

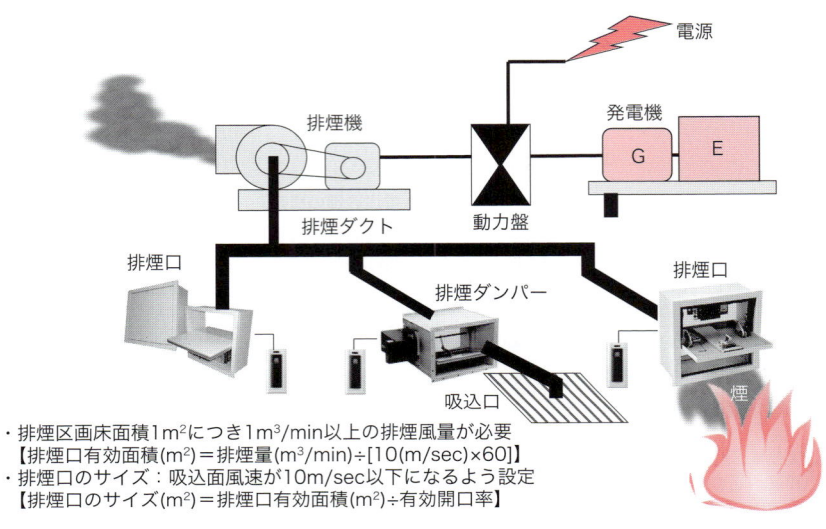

・排煙区画床面積1m²につき1m³/min以上の排煙風量が必要
【排煙口有効面積(m²)＝排煙量(m³/min)÷[10(m/sec)×60]】
・排煙口のサイズ：吸込面風速が10m/sec以下になるよう設定
【排煙口のサイズ(m²)＝排煙口有効面積(m²)÷有効開口率】

図 5・9　機械排煙系統と排煙口

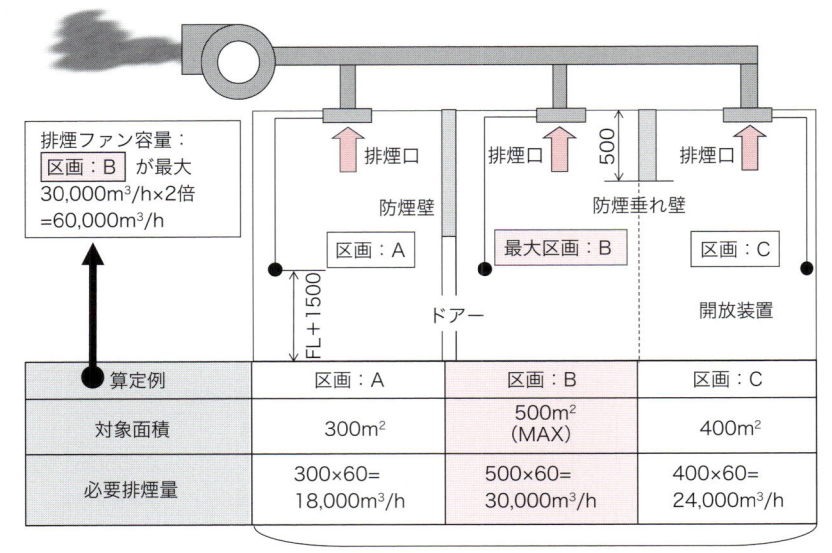

排煙ファン容量：
区画：B が最大
30,000m³/h×2倍
＝60,000m³/h

算定例	区画：A	区画：B	区画：C
対象面積	300m²	500m² （MAX）	400m²
必要排煙量	300×60＝ 18,000m³/h	500×60＝ 30,000m³/h	400×60＝ 24,000m³/h

垂れ壁・防煙壁：いずれかの区画が火災になっても、煙は他区画には漏れないという前提

図 5・10　機械排煙風量算定法

2 非常用発電設備

　非常電源としての非常用発電設備は、自衛上の設置を除き、建築基準法および消防法により、建物の規模や種類・種別に応じ、設置が義務付けられている（表5・4）。

　防災用の消火ポンプや排煙ファンは、火災等が発生し停電になる前に電力供給事業者（電力会社）から供給される**商用電源**で機能させる。停電時には通常、30秒ほどで非常電源を供給でき、稼働する機器は30〜60分連続運転ができるようになっている。

表5・4　非常電源を用いるもの

法令	負荷名称	非常電源			備考
		発電機	蓄電池	専用受電*	
建築基準法	非常照明	○	○		一般室・廊下
	階段照明	○	○		避難階段
	機械排煙設備	○	○		一般・特別避難階段
	非常用エレベータ	○	○		
消防法	水系消火ポンプ	○	○	○	消火栓・SP・泡等
	特殊消火	○	○	○	粉末・CO_2等
	非常コンセント	○	○	○	高層用
	自火報・警報	○	○	○	
	誘導灯	○	○	○	通路・非常口等
	排煙設備	○	○	○	消火活動上
保安・自衛	空調・換気	○			重要室
	給水	○			給水ポンプなど、ライフラインの確保用
	排水	○			特に水損・水害の恐れある場所
	エレベータ	○			閉じ込め防止用

＊専用受電：1,000m^{2}以上の特定防火対象物を除く

1 切替時間・連続運転時間

　建築基準法では、停電になった時点で、電源切替装置により、**40秒以内**に電圧を確立することや、防災設備には30分以上の電源供給ができ、**30分以上連続運転**できる容量を持つことが定められている。消防法でも建築基準法と同じように40秒以内に電圧を確立することなどが定められている。

　消火用ポンプ等機器類では、定格負荷で60分以上連続運転でき、発電機用燃料油は2時間以上の容量を持つこととする。発電機は非常電源として併用することが可能である。併用する場合は、消防法と建築基準法のどちらの基準も満足できるような機種選定が必要になる。

2 専用受電

　消防法では、非常電源に、建物の階数、種類、規模等で比較的火災発生の危険性が低く、大きな被害が出にくい等の条件を満足すれば、非常電源と同等の効力を有するシステムとして、「専用受電」というものを認めている。専用受電は、一般の電源と共有するため、取出しは原則として、上流側から受電結線する。

3 法令定期点検

発電機は半年に1回の**作動点検**、**外観点検**、**機能点検**を行い、年に1回は**総合点検**が必要である。発電機用内燃機は、自動車と同じエンジンのようなもので、月に1回は作動確認の必要がある。内燃機は、常に動ける状態にしないと、全く意味のない無用の長物である。

4 保安・自衛上の非常電源

非常用電源設備は、火災等停電時以外の非常時の電源として、一定の法的制約のもとに発電機を、自衛上・保安上において使用することができる。使用範囲は、生活上、人的・物的なものを保護するため、生活用給水・水損防止に排水、閉じ込め防止のエレベーター、重要機器保護の空調装置に充当するとよい。

5 発電機室

発電機は、**室内設置タイプ**と**キュービクルタイプ**の屋外設置タイプがあり、最近はキュービクルタイプが主流を占めつつある（図5・11）。

発電機の系統は、内燃機（図5・12）を燃焼させるため空気の導入が必要である。

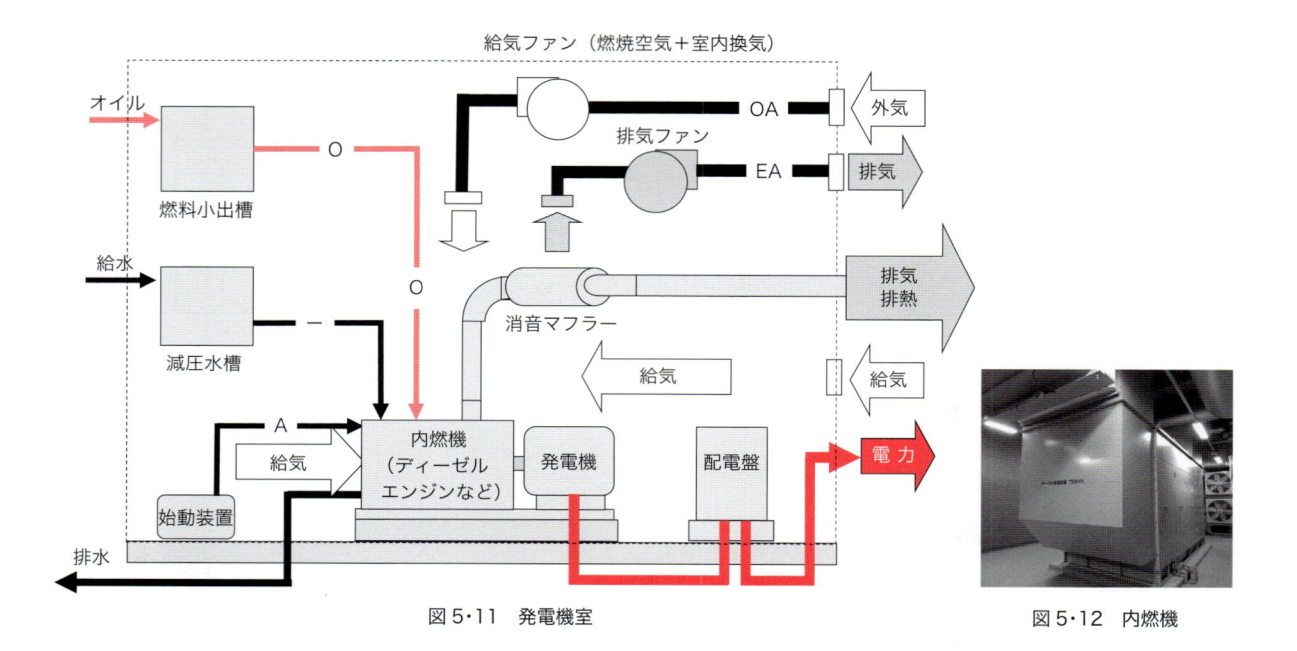

図5・11　発電機室　　　　　　　　　　　　　　図5・12　内燃機

6 非常用エレベータ

非常用エレベーターは、建築基準法（第34条2項）により、計画する建物が**31m**を超える場合は、一般乗用エレベーターとは別に設置する義務がある。これは高層建築で、火災などの災害が発生した時、ヒトが乗って避難するエレベーターではなく、消防隊の消火活動・救出活動をするためのものである。

非常時は専用運転に切り替えられ、火災等で商用電源が遮断されても運転できるように、非常用発電機等から電力が供給される。非常用エレベーターは、一般のヒトは乗れないのが原則であるが、平常時は職員専用または人荷用として使用することができる。

エレベーターホールは、防火戸等により煙や炎を完全に遮断することができる構造にする必要がある。また、ロビーや付室には機械または自然排煙を必要とする。

3 消火設備

消火設備は消防法により、消防の用に供する設備の一として、**警報設備・避難設備**とに分類されている。

3・1　消火設備の規定

1 消防設備の分類

消火設備は建物の規模・種類を、火災の状況により適切な消火法を規定している。消防設備の分類を表5・5に示す。消火方法は、もっとも一般的な「水」による**冷却消火**で、これは蒸発潜熱による。他に、**特殊消火**と呼ばれる、泡、粉末、二酸化炭素等を利用し、酸素除去や濃度低下を目的とした**窒息消火**がある。

表5・5　消防設備の分類

分　類		設備名称
消防の用に供する設備	消火設備	消火器・簡易器具、屋内消火栓、屋外消火栓、スプリンクラー、泡消火、水噴霧、不活性ガス、ハロゲン化物、粉末消火、動力消火ポンプ
	警報設備	自動火災報知、ガス漏れ警報、漏電火災警報、非常警報器具(警鐘・ベル・サイレン・放送)、消防機関に通報する火災報知設備
	避難設備	滑り台、避難梯子、救助袋、緩降機、避難橋、誘導灯、誘導標識など
消防用水		防火水槽、貯水池その他用水
消火活動上、必要な設備		排煙設備、連結散水設備、連結送水管、非常コンセント設備、無線通信補助設備

2 火災の種類と消火器具

火災の種類は、木材や紙の**A火災**、オイルの**B火災**、電気の**C火災**、マグネシウム等金属による**D火災**、可燃性ガスによる**ガス火災**とに分類される(表5・6)。ここで、A、B、Cは、消火器に表示されている(図5・13)。

表5・6　火災の種類

分　類		内　容	消火器の表示
A火災	普通火災	一般可燃物（木材・紙・繊維等）	普通：白
B火災	油火災	可燃性液体（石油・油脂等）	油：黄
C火災	電気火災	電力（感電の恐れ）	電気：青
D火災	金属火災	活性金属（マグネシウム・リン粉末アルミ等）	
ガス火災	可燃性ガス火災	都市ガス、プロパンガス等、可燃性ガス	

図5・13　粉末消火器

> **Memo**　粉末消火器はA、B、C火災に使用できる優れた性能を持っている。

3 消火設備設置基準

表5・7は消防法施行令別表第一による消火設備の一覧表である。このうち、1項〜4項、5項イ、6項、9項イ、16項イ、16項2、16項3は、**特定防火対象物**と称し、一般的には不特定多数や身障者等、社会的弱者の使用がある建物に対し、特に留意するように規定されている。その他、消防法は建築基準法と異なり、遡及（当時の適合法を超越して、現行法の効果が及ぼされること）が適応され常に現行の法令に適応させるべく、設備を設置する必要がある。

表5・7　建物別水系消火設備設置対象面積（m²）（抄）　　　　2022年4月1日

【項目】特定防火対象物		関係法令・消防法施行令 消火設備関連 防火対象物 主な施設の名称	令10条 消火器具 一般	令10条 地下、無窓階又は3階以上の階	令11条 屋内消火栓 一般	令11条 地下、無窓階又は4階以上の階	令12条 スプリンクラー 一般	令12条 地下、無窓階	令12条 4階以上10階以下の階	令12条 11階以上	令29条 連結送水管
1	イ	劇場・映画館・演芸場・観覧場	全部		500 (1,000) [1,500]	100 (200) [300]	6,000 舞台部 500・300	1,000	1,500	全部	
	ロ	公会堂・集会場	150	50							
2	イ	キャバレー・カフェ・ナイトクラブ	全部		700 (1,400) [2,100]		6,000	1,000	1,000	全部	
	ロ	遊技場・ダンスホール									
	ハ	風俗営業関連店舗									
	ニ	カラオケBOX・ネットカフェ等									
3	イ	待合・料理屋	全部				6,000	1,000	1,500	全部	
	ロ	飲食店									
4		百貨店・マーケット・物販・展示場	150	50			3,000	1,000	1,000	全部	
5	イ	旅館・ホテル・宿泊所	150				6,000	1,000	1,500	全部	
	ロ	寄宿舎・下宿・共同住宅								11階以上	
6	イ(1)	病院：特定診療科有。病床有り	全部		700 (1,400・1,000) [2,100・1,000]		全部				・地上7階以上（3階以上に設置）

・地上5階以上6,000以上（3階以上に設置）

・道路の用に供される部分 |
	イ(2)	診療所：特定診療科有。4床以上					全部				
	イ(3)	病院(1)以外。有床療養所、助産所					3,000				
	イ(4)	診療所、助産所（病床なし）	150	50	700 (1,400)[2,100]		6,000				
	ロ(1)	老人ホーム：養護、特養、短期、軽費	全部		700 (1,400・1,000) [2,100・1,000]		全部	1,000	1,500	全部	
	ロ(2)	救護施設									
	ロ(3)	乳児院									
	ロ(4)	障害児入所施設									
	ロ(5)	障害者支援施設									
	ハ(1)	老人福祉センター・デイサービス等	150		700 (1,400) [2,100]		6,000				
	ハ(2)	更生施設									
	ハ(3)	助産施設・保育所・児童養護施設等									
	ハ(4)	児童発達支援センター等									
	ハ(5)	身障者、地域活動等支援センター									
	ニ	幼稚園・特別支援学校	150								
7		学校・小・中・高・高専・大学他	300	50		150 (300) [450]				11階以上の階	
8		図書館・博物館・美術館	300								
9	イ	サウナ：蒸気浴・熱気浴	150				6,000	1,000	1,500	全部	
	ロ	公衆浴場（イ以外）									
10		車輌停車場・船舶・航空機発着場	300							11階以上の階	
11		神社・寺院・教会	300		1000 (2,000)[3,000]	200 (400)[600]					
12	イ	工場・作業場	150		700 (1,400)[2,100]	150 (300)[450]					
	ロ	映画・テレビスタジオ	150								
13	イ	自動車車庫・駐車場	150								
	ロ	航空機格納庫	150								
14		倉庫	150		700 (1,400) [2,100]	150 (300) [450]	ラック式 700 (1,400) [2,100]				
15		その他事業場：事務所、銀行、裁判所等	300		1000 (2,000)[3,000]	200 (400)[600]					
16	イ	複合用途：特定防火対象物含む					特定：3,000以上の階	1,000	1,500	全部	
	ロ	複合用途：特定防火対象物なし								11階以上の階	
16-2		地下街	全部		150 (300)[450]		延1,000以上、6項ロ				1,000以上
16-3		準地下街	全部				延1,000以上、特定500以上				
17		重要文化財	全部							11階以上の階	
18		アーケード									50m以上
19：山林・20：舟、車											
備考		・防火対象物の名称は、主要施設のみの記入である。
・面積表示の、[数字]は耐火構造、(数字)は準耐火構造、無印は耐火、準耐火構造でないものを示す。									

156

1 屋内消火栓

　屋内消火栓は、**初期消火**用設備としてポピュラーで、馴染み深いものである。屋内消火栓の種類は、大きく分けると、φ40口径で一般用の**1号消火栓**、φ25口径で、比較的操作が簡単な、**2号消火栓**（連結散水栓と同口径）、φ65の主に消防隊が扱う**連結送水管**、**高層用ホース格納箱**がある（図5・14）。屋内消火栓設備は、消防隊員が到着するまで火の発見者が操作する初期消火である。屋内・屋外消火栓の保護範囲を図5・15に示す。

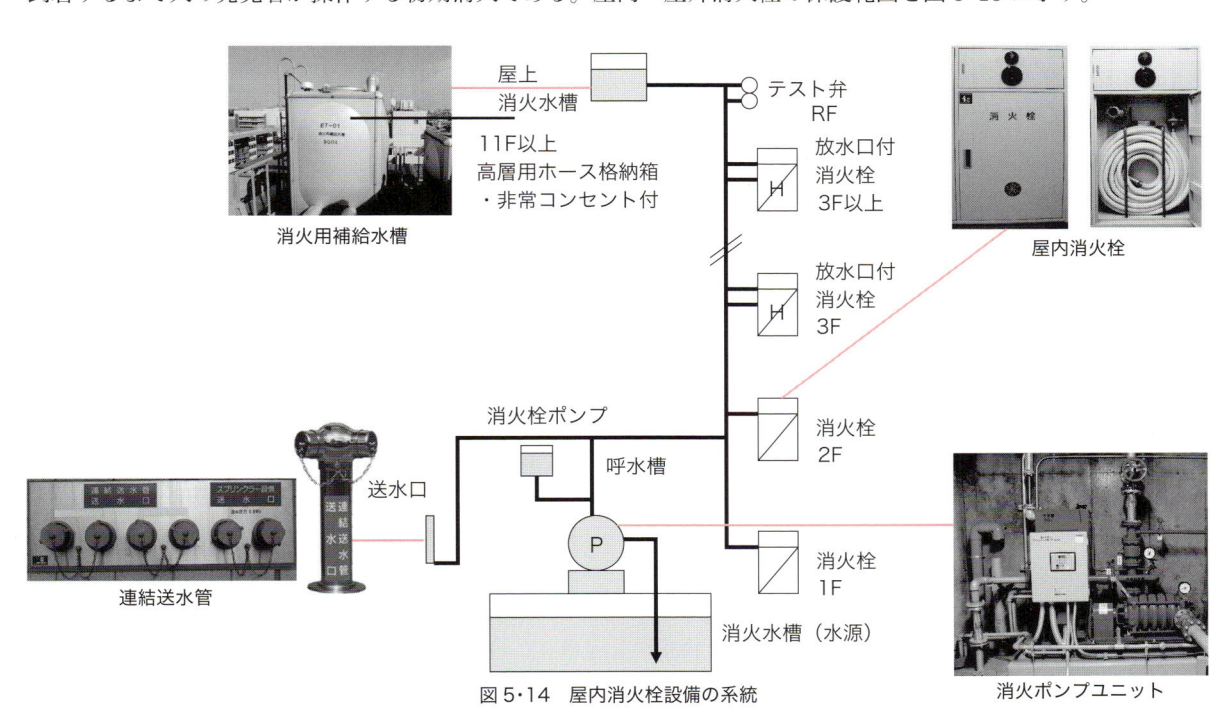

図5・14　屋内消火栓設備の系統

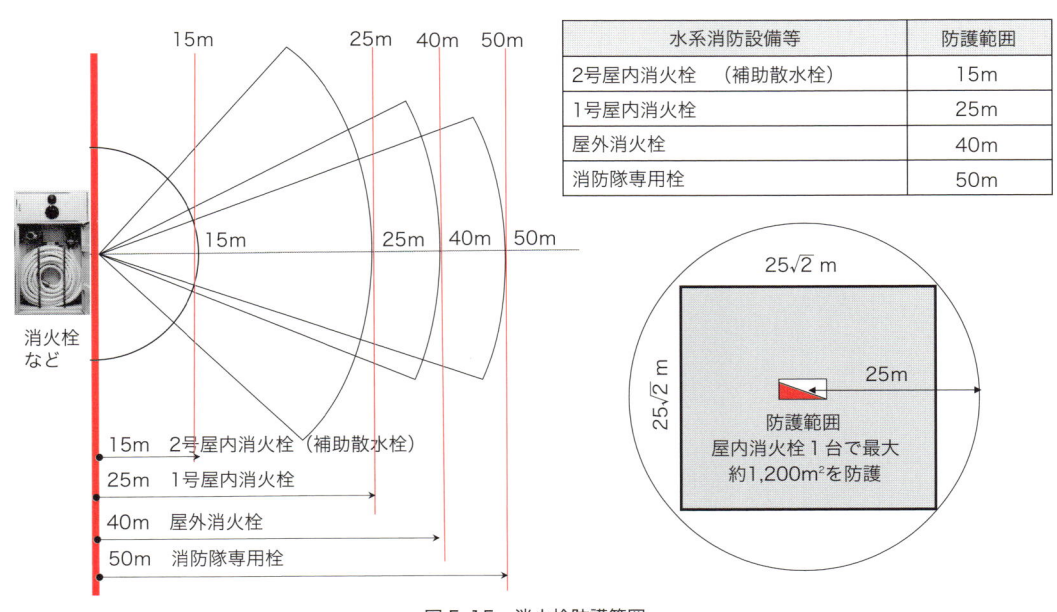

水系消防設備等	防護範囲
2号屋内消火栓　（補助散水栓）	15m
1号屋内消火栓	25m
屋外消火栓	40m
消防隊専用栓	50m

図5・15　消火栓防護範囲

2 屋外消火栓

屋外消火栓設備は建物の周囲に設置され、建物の1階および2階で発生した火災を消火するものである（図5・16）。

外部より放水することにより延焼を防止する屋外消火栓設備は、屋内消火栓設備と同様に消防隊員が到着するまで火の発見者が操作する。

3 連結送水管

連結送水管は消防隊が本格的な消火活動を行う際に消火用の水を火災が発生した階まで送水するために、高層建築物、地下街等に設置される設備である（図5・17）。

連結送水管は、送水口、放水口、放水用器具格納箱等から構成されており、火災の際には消防ポンプ自動車から送水口を通じて送水し、消防隊が放水口にホースを接続すれば消火活動ができるようにした設備である。

4 ドレンチャー設備

隣接建物あるいは建物外部からの火災による延焼から建物外壁を防護するための設備である。屋根・外壁・軒先・窓上などに配管し、圧力をつけて送水し、建物の周りに水幕を張る装置であり、水が外壁面を常に湿らせて温度上昇を防ぐものである（図5・18）。ただ水幕を作るだけでは放射熱を防ぎきれないので、大量の水が必要である。

図5・16　屋外消火栓

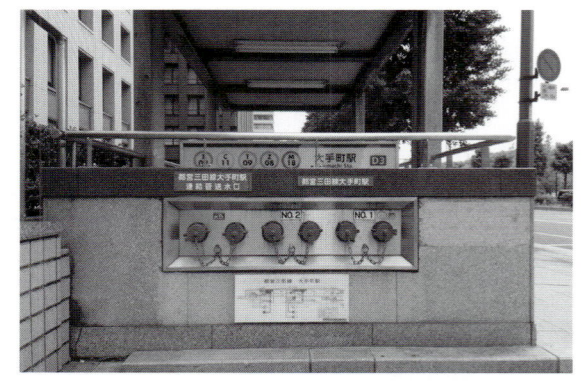

図5・17　連結送水管
（地下鉄大手町駅）

📝 **Memo**　茅葺屋根の文化財を守るため防災対策としてドレンチャー設備は重要。

図5・18　保存建築物のドレンチャー設備（川崎民家園）

ドレンチャー設備

5 スプリンクラー設備

　スプリンクラー設備は、自動消火設備として初期消火において最も信頼のある消火設備である。設置基準は、基本的には 11 階以上の建物が対象で、病院や大型店舗等は、延べ面積によって設置が義務付けられている。

　スプリンクラー設備は、自動的に作動するものなので、水損や冬期の凍結破損を考慮し、その種類を選定する必要がある（表5・8）。

表 5・8　スプリンクラー設備の種類と特徴

種類	特徴
湿式スプリンクラー設備 （閉鎖型）	一般によく見られる設備である。 自動消火としての信頼性が最も高い。
乾式スプリンクラー設備 （閉鎖型）	冬期凍結のおそれのある部分などに用いられる。管内は水でなく、圧搾空気で充満され、ヘッドが発報すると管内気圧低下の信号で、消火水が散布する。
予作動式スプリンクラー設備 （閉鎖型）	病院、共同住宅、重要文化財、建造物、電算機室など水損を嫌う場所。予備動作はヘッドと火災感知器の両方が作動しない限り放水しない。
開放型スプリンクラー設備	開放型スプリンクラーヘッドを用い、火災感知器等と連動して作動するか、または手動によって一斉開放弁を開いて放水する方式。劇場の舞台部等に設置される。
スプリンクラー代替設備	泡・ガス等消火設備以外、スプリンクラーと同等の効力がある。スプリンクラー設置義務があるが、本来の効果を発揮できない場所。天井高が8m以上あり、熱感知が困難で、感知しても霧状になり消火に不適な箇所に付ける。放水銃設備が有効とされ、設置例も多い。

■ スプリンクラーヘッドの防護範囲

　一般の建物では半径 2.3m の円で**防護漏れ**のないような配列とする（図5・19）。スプリンクラーを施こした部分には、格下消火法とされる屋内消火栓の防護は免除される。天井型スプリンクラーヘッド（図5・20）は、取付高さが概ね 8m を超えると熱の感知が遅くなり、ヘッド環境温度が上昇せず、散水が遅れるだけでなく、例え散水しても霧状になり、火源に有効な散水にならない。そのため、劇場客席等、免除規定のある空間を除き、放水銃等のスプリンクラーヘッド代替設備を考慮する必要がある。外部から水をスプリンクラーへ送るためには連結送水口が必要である（図5・21）。ヘッドは散水時には**散水障害**がないように配置しなければならない。

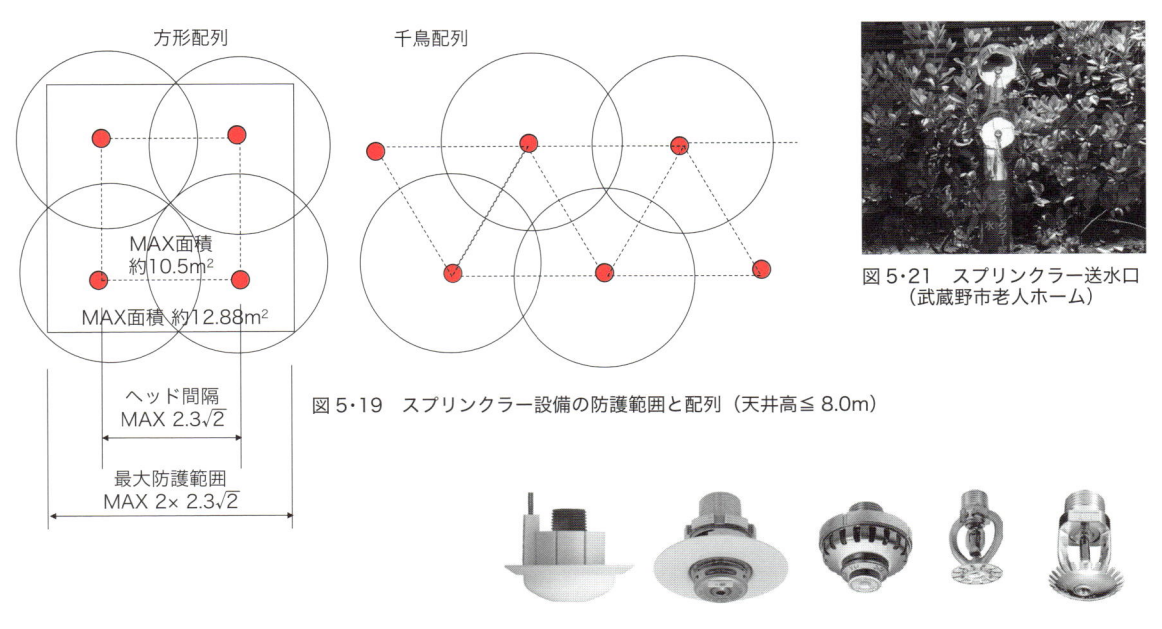

図 5・21　スプリンクラー送水口
（武蔵野市老人ホーム）

方形配列　　千鳥配列

MAX面積
約10.5m²

MAX面積 約12.88m²

ヘッド間隔
MAX 2.3√2

最大防護範囲
MAX 2× 2.3√2

図 5・19　スプリンクラー設備の防護範囲と配列（天井高≦ 8.0m）

図 5・20　スプリンクラーヘッド

6 スプリンクラー代替設備（放水銃）

スプリンクラー設置義務のある施設・室で、設置しても効果が表れない場合、代替設備の代表として、放水銃がある（図5・22～23）。放水銃は、天井が高い大空間に効果的で、たとえば大型展示場、スポーツ観覧場、アトリウム空間への設置が有効である。

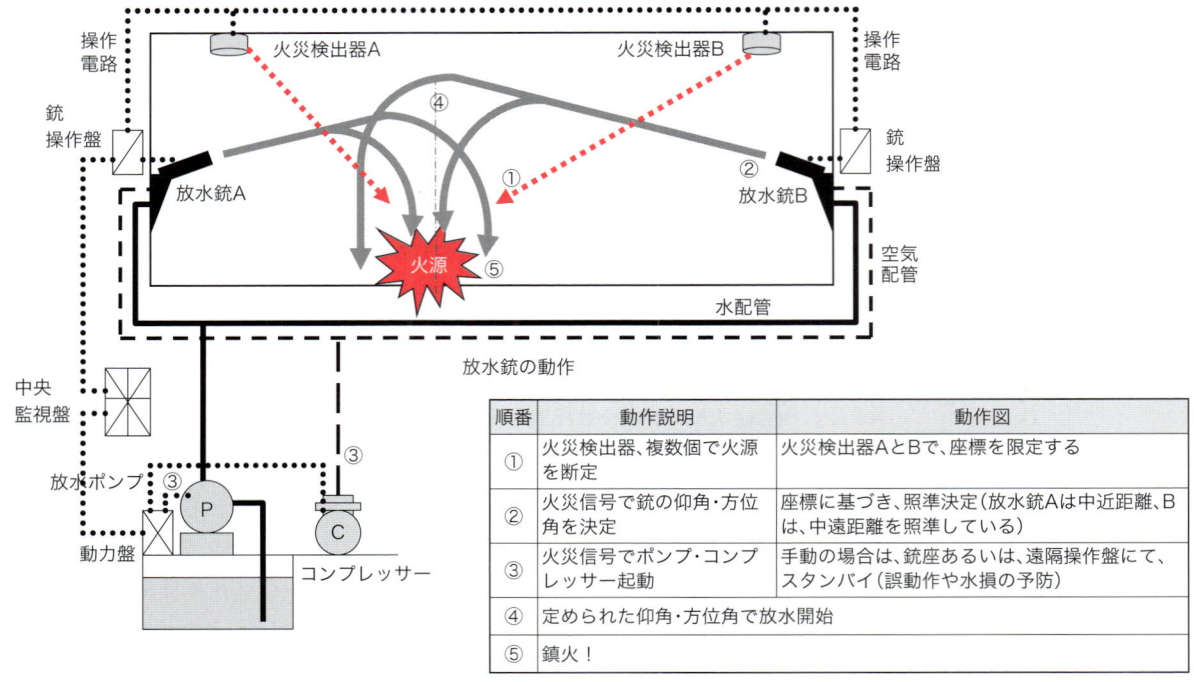

放水銃の動作

順番	動作説明	動作図
①	火災検出器、複数個で火源を断定	火災検出器AとBで、座標を限定する
②	火災信号で銃の仰角・方位角を決定	座標に基づき、照準決定（放水銃Aは中近距離、Bは、中遠距離を照準している）
③	火災信号でポンプ・コンプレッサー起動	手動の場合は、銃座あるいは、遠隔操作盤にて、スタンバイ（誤動作や水損の予防）
④	定められた仰角・方位角で放水開始	
⑤	鎮火！	

図5・22　放水銃の防護範囲

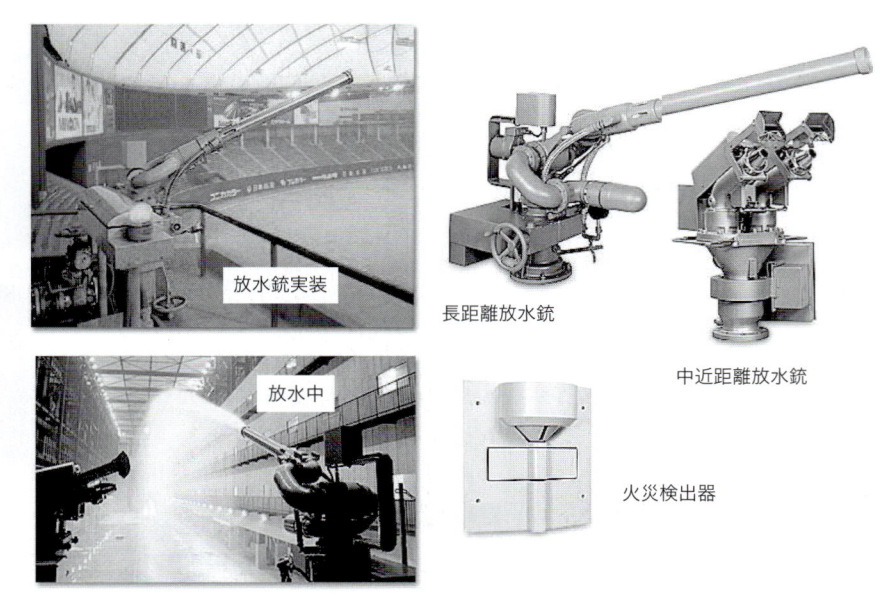

図5・23　放水銃（スプリンクラー代替消火設備）

7 特殊消火設備

　特殊消火設備による消火法は、戦時下における艦船（特に航空母艦）の火災消火を起源とする。当時のプロペラ機はジェット燃料のケロシンより引火点が低く、発火点の高いガソリンを使用した火災の消火方法から飛躍的に発達したものとされる。

　特殊消火設備は、火源に対し、水噴霧・泡・不活性ガス・ハロゲン化物・粉末を使用した、主に窒息消火をさせるものである。水では消火効果が上がらず火災を拡大し、むしろ危険性のある場所の消火に使用される。特殊消火を施こした部分には、格下消火法とされる、屋内消火栓の設置は免除される（表5・9）。

表5・9　特殊消火設備の消火設備設置基準

防火対象物の各部	消火設備	水噴霧	泡	不活性ガス	ハロゲン化物	粉末
航空機格納庫			○			○
屋上ヘリポート			○			○
駐車場	RF：300m²、B・2F：200m²、1F：500m²　立体駐車場：10台以上	○	○	○	△ 規制	○
電気室	1,000kWで、200m²以上	×	×	○	○	○
ボイラー室など	200m²以上、燃料がオイルのとき			○	△	○
通信機械室	500m²以上	×	×	○	○	○
オイル類	指定数量1,000倍以上	○	○	○	△	○

> **Memo**　医療関係室(手術・放射線・特殊検査室等)に、スプリンクラーはもとより、水噴霧、泡消火など、水系消火を用いると、水による二次的被害を出す恐れがあるので、注意を要する。

COLUMN

六本木ヒルズ ― 自家発電システム

　六本木ヒルズは広さ約12.0ha規模の巨大なひとつの街であり、オフィスのみならず住宅やホテル、商業施設、映画館など時間帯によって電力需要のピークが異なることから、大規模なガスコージェネレーションシステムが成立し得る。

　六本木ヒルズは自家発電をしているから停電はありえない。発電は都市ガスを燃料とした蒸気噴射ガスタービンである。1基で6,360KWで6基ある。1日の発電量は約40,000KWで、このうち4,000KWは東京電力に売っている。ガスタービンで発電を行った時、生じた蒸気・熱を熱供給事業で活用することができるので効率は高い。電気と冷暖房が循環システムとして省エネルギーを実現している。

　六本木ヒルズでは中圧ガスの供給がストップした事態に備えて、一般的な重油による自家発電も行えるよう、38時間分のオイルタンクも配備している。つまり二重のバックアップ体制をとっている。

建物にとって雷害は、「青天の霹靂」の意に代表されるように、突然建物にダメージを与え、人的損傷を与えるものである。雷は、必ずしも上からだけではなく、側雷といわれる側面からの雷撃もある。

建築基準法では、GL＋20mを超える建物に対して避雷設備の設置義務を有する。避雷設備には、主に**避雷突針**とパラペット、棟回りに設置する**避雷導体（棟上導体）**がある（図5・24）。積雪地帯では、棟上導体は、雪害で破損する恐れがあるため、突針型が用いられることが多い（図5・25）。

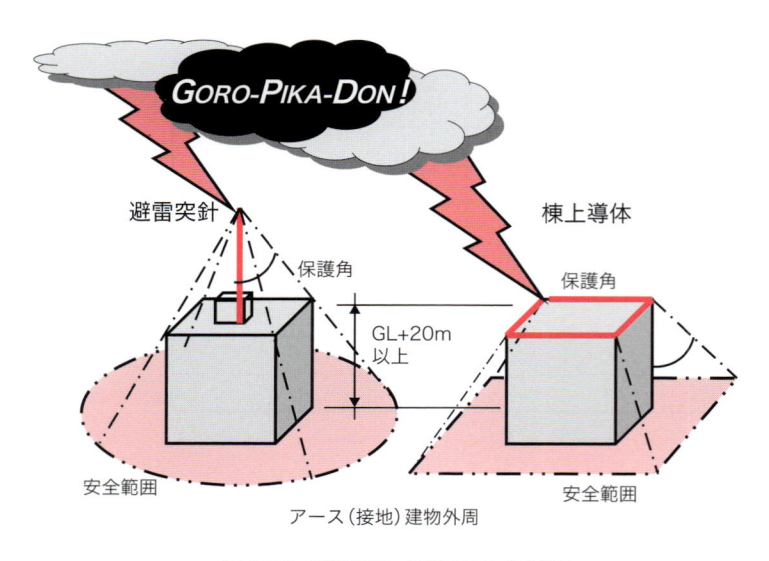

図5・24　避雷設備、避雷突針と棟上導体

a. 避雷突針（東京駅）

b. 棟上導体（XIV 初島）
図5・25　避雷設備

1 避雷設備の設置

雷は高いところだけに落雷するとは限らない。従って避雷設備は、20m以下の建物でも雷撃の恐れがある場合は、自主的に避雷設備をつけるのがよい（表5・10）。

法的に規制されている場合を除き、20m以下の建物に避雷設備を設置する判断基準は、建物の種類、屋根構造材料、建物用途、建物の立地状況、地形、建物の高さの各条件で判定するべきである（表5・11）。

2 保護レベルと保護領域

避雷設備における保護レベルは、建物の種類や施設の状況により、Ⅰ～Ⅳに区分される。保護領域は、JIS A 4201により、保護レベルに応じて、**回転球体法**、**保護角法**および**メッシュ法**の幅で避雷針の配置を規定する（図5・26、表5・12）。

表5・11　避雷設備設置判定（例）

【例】最高高さ3階建て12mで、RC造の老人ホーム。丘陵地帯にあり、多くの樹木に囲まれている。		
条件	項目	ポイント
使用目的	老人ホーム	10
内容・用途	老人ホーム	10
屋根・外壁	RC造	2
立地	樹木が多い	2
地形	丘陵地帯	5
高さ	12m	4
計		33

【判定の結果】
・避雷設備は法令上、12m＜20mなので、不要。
・危険度のポイントは、33P＜40Pのため、設置しなくてよい。
【建築主の判断】
・入居者が社会的弱者であり、建物の性格上、安全を考慮して、避雷設備を設置することにした。

表 5·10　20m 以内の建物の設置目安の指標
（各表の項目を加算し、40 以上なら避雷設備をつけるのがよい）

条件		項　目	ポイント
建物条件	使用目的	一般住宅・同程度のビル	2
		外部にアンテナのある住宅・同程度のビル	4
		工場・作業所・研究所	6
		事務所・ホテル・集合住宅	7
		教会・ホール・劇場・デパート・郵便局・駅・空港・競技場	8
		学校・病院・老人ホーム	10
	用途	重要物や引火物を含まない一般住宅・事務所・工場・作業場	2
		引火物を含む工場・作業場	5
		変電所・ガス工場・電話局・放送局	6
		工場重要施設・古代および歴史的記念建築物・博物館・美術館	8
		学校・病院・老人ホーム	10
	屋根・外壁の構造	金属以外の屋根で、金属枠で周囲を囲ったもの	1
		金属以外の屋根で、鉄筋コンクリート造	2
		金属・草葺以外の屋根で、レンガ・コンクリート・石造	4
		金属屋根で、金属枠で囲ったもの、または鉄筋コンクリート造	5
		金属・草葺以外の屋根で、木枠または壁	7
		木枠の金属屋根で、レンガ・コンクリート・石造	8
		草葺屋根	10
全体要素	立地	同程度の高さの建物・樹木が広範囲にある	2
		同程度の高さの建物・樹木がまばらである	5
		完全孤立・周囲建物や樹木高さの2倍を超える建物	10
	地形・形状	平坦地形・地区	2
		丘陵地帯	5
		標高300〜900mの山岳地帯	8
		標高900mを超える山岳地帯	10
	最高高さ	9m以下	2
		9mを越え、15m未満	4
		15mを越え、20m未満	5
		20m以上	40

表 5·12　避雷設備保護レベルと施設

保護レベル	施設名称
Ⅰ〜Ⅱ	美術館、文化遺跡、通信基地、発電所、火災の危険のある商業施設、製油所、給油所、花火工場、軍需工場、化学プラント、原子力プラント、生物化学研究所およびプラント
Ⅰ〜Ⅲ	劇場、学校、百貨店、スポーツ競技施設、銀行、保険会社、商社等（コンピューター関連）、病院、老人ホーム、刑務所
Ⅲ〜Ⅳ	住宅、農場、運動場、テント、キャンプ場、臨時施設、建設中の建築物、高層建築物(60m超)

保護レベル	回転球体法 R(m)	保護角法 h（m）					メッシュ法幅 (m)	保護効率 (%)
		20	30	45	60	60超過		
		$\alpha(°)$	$\alpha(°)$	$\alpha(°)$	$\alpha(°)$	$\alpha(°)$		
Ⅰ	20	25	＊	＊	＊	＊	5	98
Ⅱ	30	35	25	＊	＊	＊	10	95
Ⅲ	45	45	35	25	＊	＊	15	90
Ⅳ	60	55	45	35	25	＊	20	80

回転球体法：
雷撃距離を半径とした球体を2つ以上の受雷部（大地含む）に同時に接するように回転させたときに、球体表面の包絡面から被保護物側を保護範囲とする方法
　R：回転球体法の球体半径
　h：地表面からの受雷部高さ
　α：保護角法の角度

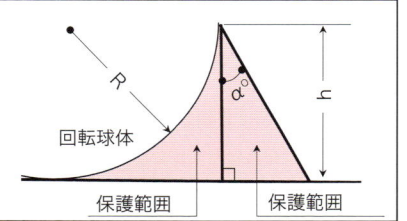

回転球体
保護範囲　保護範囲

＊：回転球体法およびメッシュ法だけを適用する。　　出典：日本工業規格　JAS A 4201-2003

図 5·26　避雷設備保護レベルと保護領域

【第5章 防災設備 ○×問題】

1. 非常用の照明装置の予備電源は、自家用発電装置によることができる。
2. 非常用の照明装置は、規定の照度を確保すれば、天井面の意匠・デザインを考慮して、間接照明とすることができる。
3. 粉末消火設備は、酸素の供給を遮断することなどによって消火を行うものである。
4. 煙感知器は、熱によっても作動する。
5. 避難階段には、予備電源をもつ非常用照明を設ける。
6. 煙感知器と連動する防火戸には、予備電源が必要である。
7. 自動火災報知設備は、感知器により火災を感知し、受信機・音響装置により報知することができる。
8. 自動火災報知設備の受信機への電源回路は、専用回路とする。
9. 誘導灯は、一般の建築物では、通常時には消灯の状態で、停電時に点灯する。
10. 水噴霧消火設備は、油火災に対しても有効である。
11. 自動火災報知設備の発信機は、火災信号を受信機に手動により発信するものである。
12. 非常用照明装置の予備電源は、停電時に継続して20分間点灯できるものとする。
13. 自動火災報知器の発信機は、火災発見者が手動によって押しボタンを押し、受信機に発信するものである。
14. 泡消火設備は、泡による酸素供給の遮断と冷却効果により消火を行うものである。
15. 自動火災報知設備の差動式熱感知器は、室温があらかじめ設定した温度をこえると作動する。
16. スプリンクラー設備は、一般に、火災を自動的に感知して、放水するものである。
17. A火災は普通火災で、B火災は電気火災である。
18. 煙感知器は、煙が一定の濃度以上になった時に作動する。
19. 屋内消火栓設備は、火災発生時に、自動的に放水を行うものである。
20. 自動火災報知設備の電源は、常用電源のほかに非常用電源が必要である。
21. 非常警報設備は、火災発生の際、一般に、発見者がボタンを押し、非常ベル等を鳴動させ、建築物内の人々に報知する。
22. 避難階段は、屋内に設けてもよい。
23. 非常用の照明装置の予備電源の配線は、防火措置を講じたものとする。
24. 自動火災報知設備の音響装置は、規定値以上の音量が必要である。
25. 閉鎖型スプリンクラー設備は、ヘッドが火災時に熱気流を感知し、自動的に散水する。
26. エスカレーターは、避難施設として計画できる。
27. 自動火災報知設備の受信盤への電源回路は、照明回路から分岐してもよい。
28. 誘導灯の非常電源は、蓄電池装備によるものとする。
29. 屋内消火栓設備やスプリンクラー設備は、初期消火に有効である。
30. 泡消火設備は、駐車場には採用しない。

【解答と解説】

1. ○ 2. ×非常用照明装置はすべて直接照明を使う。3. ○ 4. ×煙によってのみ作動する。5. ○ 6. ○ 7. ○ 8. ○ 9. ×誘導灯は常時規定の明るさで点灯していなければならない。10. ○ 11. ○ 12. ×20分ではなく30分である。13. ○ 14. ○ 15. ×差動式熱感知器は周囲の温度が一定の温度上昇率以上になった時に作動する。16. ○ 17. ×B火災は油火災。C火災が電気火災である。 18. ○ 19. ×初期発見者による消火設備である。20. ○ 21. ○ 22. ○ 23. ○ 24. ○ 25. ○ 26. ×非難用度は禁止。27. ×専用回路使用。28. ○ 29. ○ 30. ×泡消化設備は油類による火災に有効。

省エネルギー

省エネは、CO_2 削減、温暖化抑制効果に寄与する。建物の省エネは、設計計画当初からの手法と、建物管理運営上の手法がある。

1 省エネルギーの概要

1・1 　設備の保全

　建築設計における省エネ対策は通常、建設に際しての各工事にその建設費は上乗せされる。建設当初から省エネを考慮するには、エネルギー費の節約に関わる**費用対効果（ROI）**を検討し、実施する。省エネ対策において軽微なものは通常、数年から 5 年以内であるが、それ以上の場合は、建物・機器類の耐用年数以内でなくては意味がない（表 6・1）。建物は一般には、木造で 20 〜 30 年、RC 造で 50 〜 60 年である。

表 6・1　主要設備機器における寿命の目安

設備名称	装置・機器・器具名	事後保全(年)	予防保全(年)
		不具合時の保全管理手法	定期的な保全管理手法
熱源設備	吸収式冷凍機	5	15
	ターボ冷凍機	10	20
	往復動冷凍機	10	15
	煙管ボイラ	7	15
	水管ボイラ	10	18
	鋼板ボイラ	5	15
	真空式ボイラ	5	15
	冷却塔	7	13
熱搬送設備	パッケージユニット	10	15
	ユニット型空調機	10	18
	ファンコイルユニット	10	18
	ポンプ	10	15
	ファン	10	18
	バルブ	5	10
電気設備	トランス	15	30
	発電機本体	15	20
	発電機エンジン	12	20
	蓄電池	10	15
	動力盤・分電盤	15	20
	蛍光灯	連続点灯：9,000〜12,000時間	
	LED照明	連続点灯：40,000時間	

一方、運用に関わる省エネについては通常、建物に装備される設備機器は、最もクリティカルな条件を満足するべく選定されている。ところが、通常はそのような状況が継続せず、または、人間の順応性で、快適度等はクリアされる。ここに、設備機器の定格容量と、実情の必要容量の差が出てくる。

　また、建物の運用・利用範囲も、設計時点と変わるケースがみられる。運用上の省エネには、費用のかからない、運用改善でできる手法と、ある程度の出費をすることにより効果が出る手法がある。設備機器や器具は、機種によって寿命は異なる。また、設備機器は、通常故障時に対応する事後保全や、メーカー等との保守契約による、定期的保守管理をする予防保全のように、メンテナンス方法によってもその寿命には大きな幅が出る。当然、予防保全が有利である。

1・2　省エネルギーの必要性

　エネルギーの消費の全体量は、（一財）省エネルギーセンター資料によると、生産・産業部門で44％、業務・家庭部門で33％、残りは運輸部門の消費である（図6・1）。1973年オイルショック以来今日まで、全体的にエネルギー消費は1.3％の伸びをみる。ここで、業務や家庭における消費は、それぞれ2.8倍、2.2倍で平均2.5倍を示しているが、生産・産業部門は、0.9倍の伸びに留まる。これは、産業部門はエネルギー消費が絶対数としては大きいが、技術革新や企業努力で伸び率は少なく、一般業務部門は、産業ほどの消費はないものの、伸び率は圧倒的に大きいという結果である。

　このことは、産業部門の技術革新が進んでいるのに比べ、業務・家庭部門の技術革新の進展率の違い（立ち遅れ）が推測される。このことが、運用上の省エネルギーを見直さなくてはならない理由でもある。

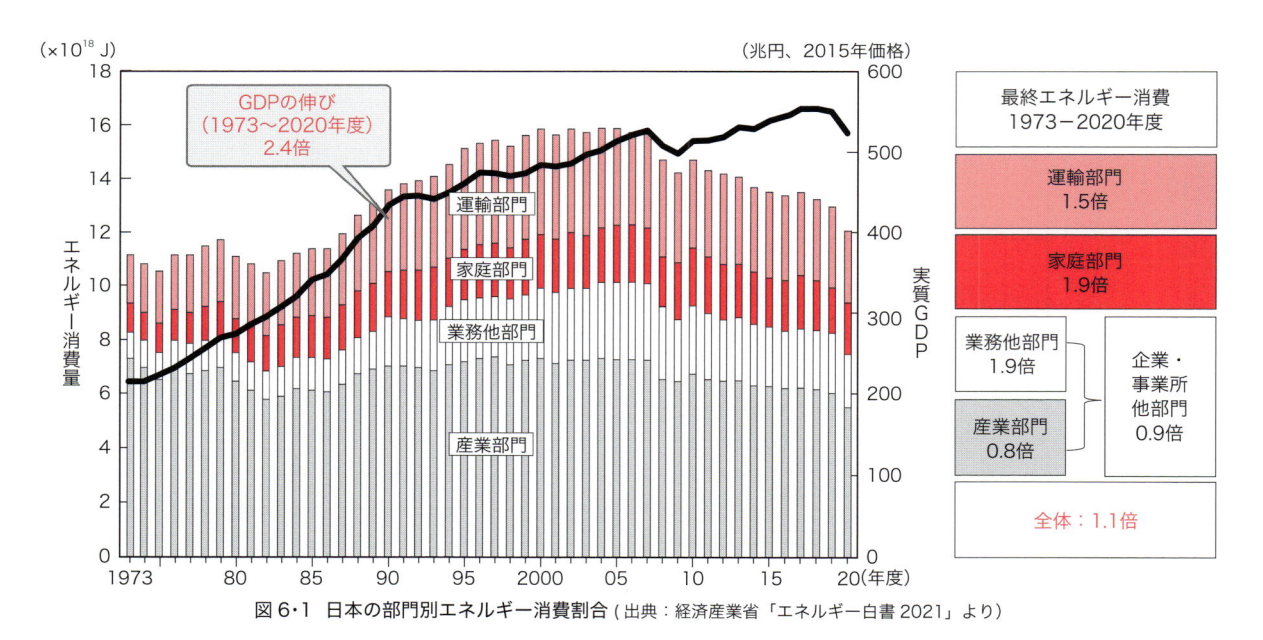

図6・1　日本の部門別エネルギー消費割合（出典：経済産業省「エネルギー白書2021」より）

Memo　1970年代から、エネルギー消費の増加率は、全体では少ないものの、家庭と業務、いわゆる建築設備が大きい。これは、GDP(国民総生産)の伸び率と、ほぼ一定である。運輸部門の増加は、モータリゼーションの影響とも思われ、産業部門の減少は、企業の技術改革により、消費率、伸び率が抑さえられている。これは大企業に顕著であるのに比べ、中小企業での削減率は少ない傾向である。

2 設計上考慮する省エネルギー

1 ライフサイクルコスト (LCC：Life Cycle Cost)

建物や建築設備の建設から廃棄に至るまでに要する総費用のことをいい、建設費、燃料、電力費も含めた保守管理運転費、撤去処分費の合計として求められる。省エネルギー計画の評価指標の一つである。

図6・2は建物の建設から、取壊すまでの一生涯に行われる予防保全や、リニューアルなどの経過を示したものである。

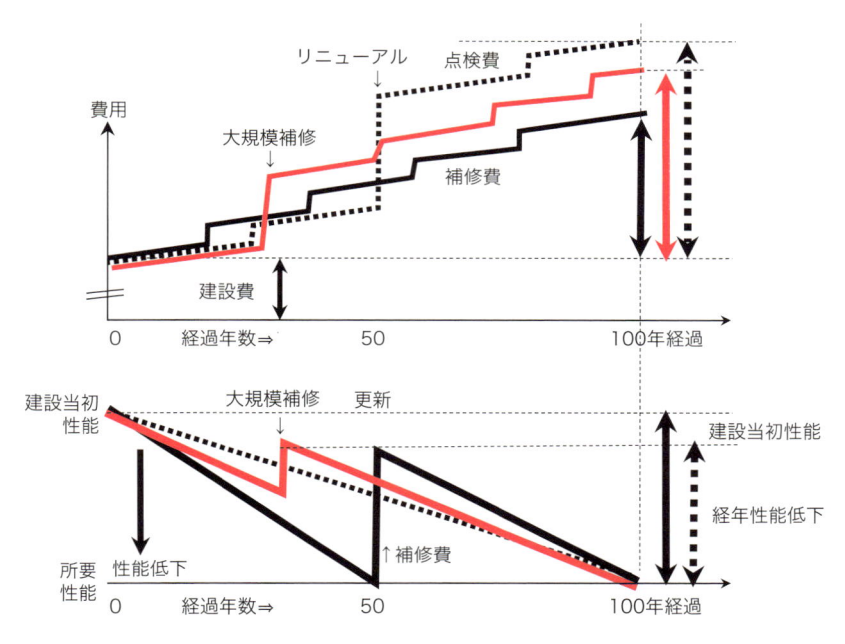

図6・2　ライフサイクルコストの概念図

2 ライフサイクル二酸化炭素排出量 (LCCO₂)

建築物や設備などの建設から取壊しまでに発生する二酸化炭素の総量をいい、地球温暖化に関する負荷を示す指数である。CO_2 の総排出量の約 1/3 を建設産業が占めるといわれており、二酸化炭素の排出量を抑えることが求められている。

3 ライフサイクルアセスメント (LCA)

製品の生産から廃棄までのライフサイクルコストの各段階で使用される資源やエネルギー消費量、CO_2、SOX、NOX の排出量等を分析し、あらゆる環境への影響を評価することをいう。

建築物に使用する設備機器の LCA 評価を行い、製造からリサイクルに至るエネルギー消費量を低減した、環境に優しい設備機器を選定することが大切である。

4 ライフサイクルエネルギー (LEC)

建築物や設備が取り壊すまでに要する総エネルギー量をいう。燃料、電力、材料の製造、輸送などのエネルギーを含むものである。

■1 外皮平均熱貫流率 (U_A 値)

U_A 値は、住宅の内側から壁体すなわち、壁・床・屋根・開口などから、外部へ放散される熱負荷量を、外皮面積で除した値をいう。

すなわち、

U_A 値 (W/m²・K) ＝総熱損失の合計 (W/K)÷ 延べ外皮面積 (m²)

■2 PAL*（年間熱負荷係数）と基準一次エネルギー消費量 (E_{ST})

延べ床面積が 300m² 以上の建築物を新築、増改築、大規模改修または、空調等、建築設備の設置及び、一定規模以上の躯体や設備改修を行う際は、所管行政庁への省エネ措置に関する届出が義務付けられている。設計にあたっては、PAL* と一次エネルギー消費量を検討する。

■ 年間熱負荷係数（PAL*）

建物外周部の熱的性能を評価する指標であり、省エネルギー計画の際の冷暖房使用量の目安となる値として使用される。

PAL*（MJ/m²・年）＝ペリメーターゾーンの年間熱負荷（MJ/ 年）÷ ペリメーターゾーンの床面積（m²）

なお、ペリメーターゾーンとは、空調時における熱負荷として影響の大きい建物外周部分をいう。窓など熱の逃げやすい部分の断熱性を高めることにより、建物のペリメーターゾーンの冷暖房時の熱負荷を小さくできるので、年間熱負荷係数（PAL*）を小さくすることができる。

■ 一次エネルギー消費指標

空調（AC）、空調以外の換気（V）、照明（L）、給湯（HW）、エレベーター（EV）の 5 種類に事務機器などのエネルギー消費を加え、建築設備に関するエネルギーの年間消費係数で示されており、基準一次エネルギー消費量（E_{ST}）の値が小さいほど、延べ面積当たりのエネルギー消費量も小さい。基準一次エネルギー消費量（E_{ST}）の値は、各建物・各設備で異なる。

これらの数値を基準として、一次エネルギー量を計算し、その建物が消費するエネルギー量を把握しなくてはならない。

表6·2　省エネ設計法（PAL*・E_{ST}）

PAL*：年間熱負荷係数 Perimeter Annual Load	PAL*（MJ/m²・年） ＝ペリメーターの年間熱負荷(MJ/年)÷ペリメーターの床面積(m²)	
基準一次エネルギー消費指標（E_{ST}）について		
空調	E_{SAC}	・計算要素：地域区分＋室用途＋床面積 （設備別、室用途毎に定められる基準量(GJ/m²・年)と、室面積の席を足し上げ、要素ごとエネルギー消費量を計算し、更にこれらを合算して算出）
換気	E_{SV}	
照明	E_{SL}	
給湯	E_{SW}	
昇降機	E_{SEV}	・基準一次エネルギー消費量(E_{ST})≧設計一次エネルギー消費量(E_T)
事務機器	E_M	

表6·3　建物別 PAL* の目標値と一次エネルギー消費指標

施設名称	宿泊施設	病院	店舗・百貨店	事務所	学校	飲食店	劇場・集会所	工場・作業所
PAL*	470	370	380	300	320	550	550	—
基準一次エネルギー消費量								
空調	・基準一次エネルギー消費量　E_S(MJ/年)							
換気	＝Σ{室用途毎の基準一次エネルギー量(MJ/m²·年)							
照明	×室用途毎の面積(m²)}							
給湯	・年間一次エネルギー消費量E(MJ/年)＝Σ{設備消費電力(W/台)							
昇降機	×年間運転時間(h/年)×各種係数や補正係数}　×熱量換算係数(kJ/kWh)÷10⁻⁶							
事務機器	建築設備に含まれないが、床面積に応じた一次エネルギー対応をする。							

❸ 住宅の省エネルギー基準

　延べ床面積が 300m² 以上の住宅の新築、増改築、大規模な改修を行う際は、住宅以外の建築物と同様に、所管行政庁への省エネ措置の届出が義務づけられている。PAL* の代わりに、熱損失係数、夏期日射取得係数、年間冷房負荷の基準値がある。住棟の共用部の換気、照明、エレベーターの基準には、住宅以外の建物の基準と同様の考え方が取り入れられている。

❹ 建築環境総合性能評価システム (CASBEE) の環境性能効率 (BEE)

　CASBEE は、建築物の環境性能を、総合的に評価し、格付けするシステムである。そのため、省エネルギーや省資源・リサイクル性能といった環境品質・性能の向上といった側面を数値にして表し比べる必要がある。

　CASBEE では、建築物における総合的な環境性能評価の仕組みの基盤として、[建築物の環境品質・性能 (Q)] を [建築物の外部環境負荷 (L)] で割った値 (Q/L) で評価する。

　これを、建築物の環境性能効率 (BEE) という。BEE の数値は、大きいほど建築物の環境性能は高い。

COLUMN

エネルギーと発熱量

　わたくしたちが消費するエネルギーは、石炭・石油・天然ガスなどを原料とした、「化石燃料」、ウラニウムなどの「原子力燃料」、水力・太陽（ソーラー）・風力などの「自然エネルギー」があげられる。これらのエネルギーを総称して「一次エネルギー」といい、これらを加工したり、変換したり、精製したりして得られるエネルギーを「二次エネルギー」という。

　建物が消費するエネルギーは、電力・ガス（都市ガス・LPG など）・オイル（灯油・重油など）・地域冷暖房（蒸気・冷水・温水など）で、その多くは二次エネルギーである。この二次エネルギーはその製造過程で、同じエネルギー量を得るために使用される一次エネルギー量に置き換え、評価する手法が用いられている。

　二次エネルギーの消費量の一次エネルギー消費量への換算を下表に示す。

　このように、建物で消費される各種二次エネルギーを消費した実容量（電力：kWh・ガス：m³・オイル：L など）を、「エネルギー発熱量」として原油換算として管理することは、エネルギーの実績管理・実情把握に有効で、省エネの目標設定にも役立つ手法である。

二次エネルギー			単位発熱量	備考
電力		一般電力	9.97 MJ/kWh	夜間電力＝9.28 MJ/kWh
燃料	オイル	灯油	36.7 MJ/L	
	ガス	都市ガス　13A	45 MJ/m³	
		都市ガス　12A	41.9 MJ/m³	
		都市ガス　6A	29.3 MJ/m³	
		プロパンガス　LPG	50.8 MJ/kg	1m³≒2.18kg
地域冷暖房 (DHC)		蒸気	1.36 MJ/MJ	
		冷水	1.36 MJ/MJ	
		温水	1.36 MJ/MJ	

6 省エネルギー

3·1　エネルギー負荷の低減

1 エアフローウィンドウ（air flow window）

　二重に設けられた窓ガラスの間に室内の空気を導入し、夏期は排気、冬期は空調機に戻す。さらに二重窓ガラス内に電動ブラインドを組み込み、空調負荷となる日射を調整する（図6·3）。二重窓ガラスによる断熱効果と室内側窓からの熱放射を低減することにより、ペリメーターゾーン（建物外周部）の温熱環境の向上が期待できる。

2 エアバリア (air barrier)

　エアバリアは、ガラス面及びブラインドに沿って送風し、ガラス面からの負荷を軽減するものである（図6·4）。

3 ダブルスキン (double skin)

　ダブルスキンは、建築物の外壁の一部または全面をガラスで二重に覆う建築手法で、ペリメーター部の温熱環境の向上や省エネルギーに有効である（図6·5）。日射による熱負荷低減を図るには、一般に、エアバリアよりダブルスキンの方が効果は高いといわれている。

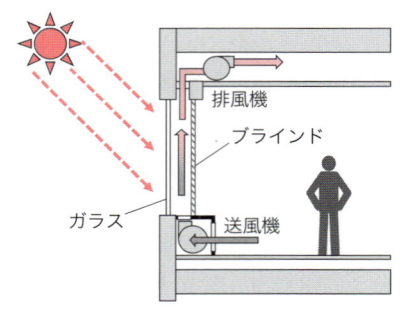

図6·3　エアーフローウインドウ

夏期：排気ファン
冬期：還気ファン

図6·4　エアバリア

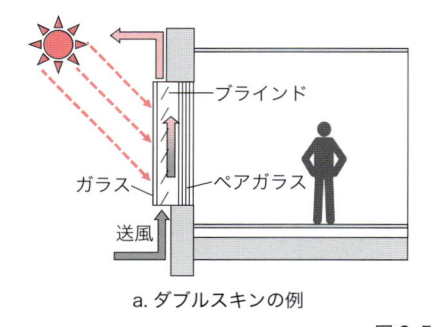

a. ダブルスキンの例

b. 日射透過率：ペアガラスの例

熱除去：約25%
日射：100%
侵入：約12%
図6·5　ダブルスキン

4 夜間外気導入 (ナイトパージ：night purge)

　夏期において夜間に低くなった外気を室内に導入し、昼間に蓄えられた熱を排除して建築物の温度を下げることにより、翌日の冷房負荷を低減する方式である（図6·6）。店舗等、内部負荷が大きい建物や中間期（春秋）・冬期において冷房を必要とする場合に有効である。

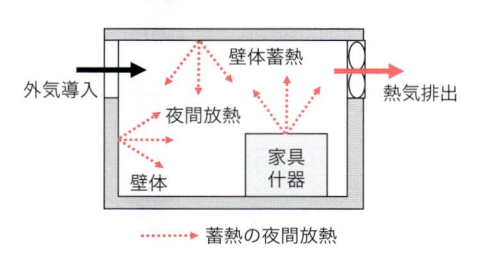

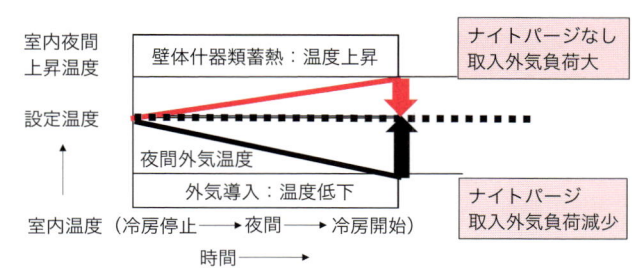

図6·6　夜間外気導入方式 (ナイトパージ)

5 屋上緑化・壁面緑化 (green roof・green wall)

屋上や壁面を緑化することによって、日射の遮蔽、葉面や土壌表面からの蒸発散による表面温度の低下（冷却効果）、さらに土壌の断熱性能により、省エネルギー効果が期待できる。また、植物の光合成により、温室効果ガスである二酸化炭素も吸収でき、**ヒートアイランド現象緩和**の有効な手法である（図6・7）。

屋上緑化は、最上階の熱負荷除去に有効で、日射面の壁面緑化は、特にガラス面において外部からの日射遮蔽効果が大きい。施工上の留意点は、植物根による防水破損等、壁体が受けるダメージからの防護が必要である。

施工途中に屋上緑化を実施する場合や、既存の建物に施工するときは、防水への配慮を行う。また、植物育成には芝生で 20cm、低木で 30cm 以上、高木植栽なら 1m 以上は確保する必要があるので、構造上のチェックを必要とする。加えて、" 樹木（植物）は必ず成長するもの " という認識が重要である。

a. 屋上緑化と屋上庭園の例

b. 壁面緑化、緑のカーテンの例

図 6・7　屋上緑化・壁　緑化の例

3・2　自然エネルギーの活用

1 パッシブソーラーシステム (passive solar system)

建物の構造や間取りなどを工夫して日射熱を取り入れ、建物自体に蓄熱するなど機械力を使用せずに太陽熱利用を図るシステム。

2 アクティブソーラーシステム (active solar system)

屋根などに設けた集熱装置で水や空気を暖め、ポンプやファンなど機械設備を使用して蓄熱し、冷暖房、給湯に太陽熱を利用するシステム。

3 太陽光発電システム (solar electric system)

太陽電池により、太陽の光エネルギーを電気エネルギーに変換して発電を行うシステム（図6・8）。

図 6・8　壁面太陽光発電システム
（法政大学小金井キャンパス）

4 ダイレクトゲイン（direct gain）

　ガラスを透過して室内に直接取り込まれた日射熱（ダイレクトゲイン）を熱容量の大きい床に**蓄熱**させ、夜間に放出させて暖房効果を得る方式である。蓄熱材としては、コンクリート、レンガ、タイルなどがある。

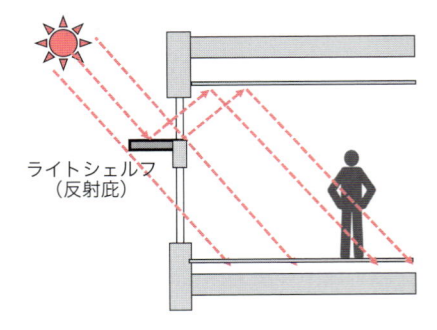

ライトシェルフ
（反射庇）

図6·9　ライトシェルフ

5 ライトシェルフ（light self）

　ライトシェルフは窓部分に取り付けた庇によって直射日光を遮蔽しつつ、庇の上面に反射した光を庇上部の拡散窓から取り入れて、室内天井面に反射させ、室内奥に自然光を導入する建築的工夫の一つである（図6·9）。照明エネルギーや日射による冷房負荷を低減できるので、省エネルギーに有効である。また、**均斉度**も高くできる。

6 外気冷房システム

　中間期（春秋）や冬期において冷房を必要とする場合、低温の外気を空調機に導入し、冷凍機を運転することなく、冷房を行う空調方式である（図6·10）。大型店舗などの内部発熱が大きい建築物ほど、省エネルギー効果は大きい。

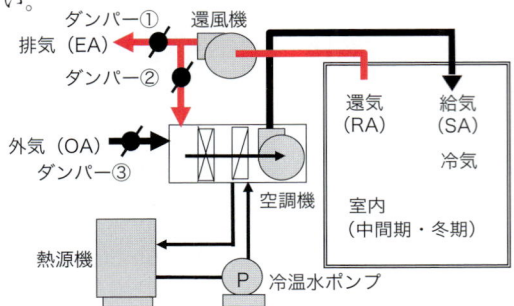

外気冷房ダンパー動作

ダンパー	制御用途	通常空調時	外気冷房時
ダンパー①	排気量	開*	全開
ダンパー②	還気量	開*	全閉
ダンパー③	外気量	開*	全開
冷温水ポンプ		ON	OFF
熱源機		ON	OFF

＊通常の空調時、ダンパー開度は、以下の調整である。
　SA=RA+OA、OA≒EAであり、RAとOA（EA）は比例関係である。

図6·10　外気冷房システム

7 雨水利用システム

　建築物から集水する雨水を適切に処理し、利用するシステムをいう。雨水集水可能場所は、地表、屋上や屋根であるが、不純物すなわち、ゴミ、砂泥のほか、大気中の有害物質等が混入する可能性がある。そのため、ろ過装置の保護や、良質な再生水確保のため、タイマー等を利用して、初期雨水を混入させない手法をとるのが望ましい（図6·11）。

　雨水利用を計画するには、対象地域の雨水量と、建物で消費される全体予想消費水量は

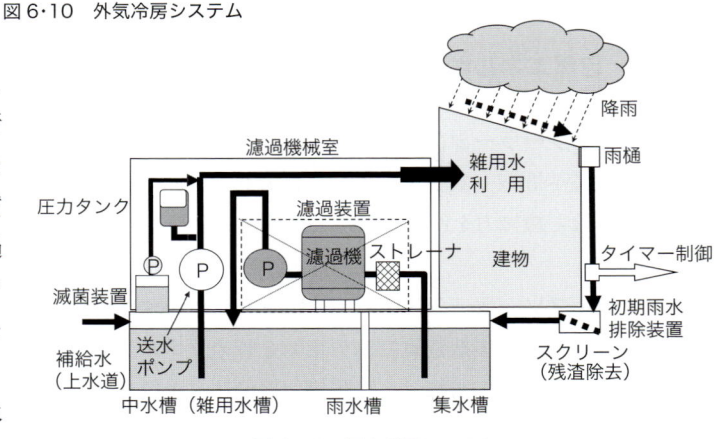

図6·11　雨水利用システム

もちろん、便所洗浄水量、植栽散水量、冷却塔補充水量、洗車水量等の、雑用水消費水量の把握が必要である。雨水の取得は不確定であるため、必ず別の補充水（通常、上水）が必要である。

8 クールチューブ（cool tube）

　地中埋設管（クールチューブ）を経由することにより、地中の恒温性を最大限利用して外気の予冷・予熱を行うシステムである（図6·12）。

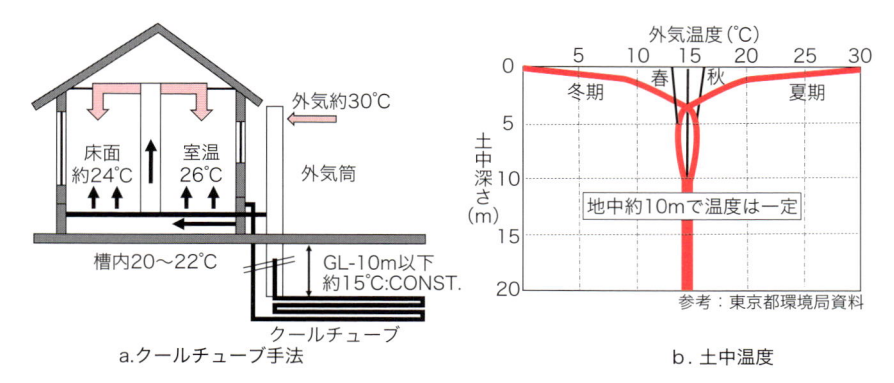

a.クールチューブ手法
b. 土中温度

図6・12 クールチューブ

3・3 エネルギーの有効利用

1 コージェネレーションシステム

　発電に伴って発生した廃熱を、空調や給湯などの熱源として有効利用するトータルエネルギーとしての熱併給・発電システムである。一つのエネルギー源から電力や熱などを同時に取り出すことができ、エネルギーの総合効率を向上させることができる（ chapter 3 4・2 参照）。

2 燃料電池

　水の電気分解の逆反応「水素と酸素が化合して水ができるときに電力が発生する」という原理を利用したものである（図6・13）。燃料電池を用いたコージェネレーションシステムは、発電効率・総合熱効率が高く、騒音・振動が少ない。また、有害な排気ガスがほとんど発生しないなどの特徴がある。

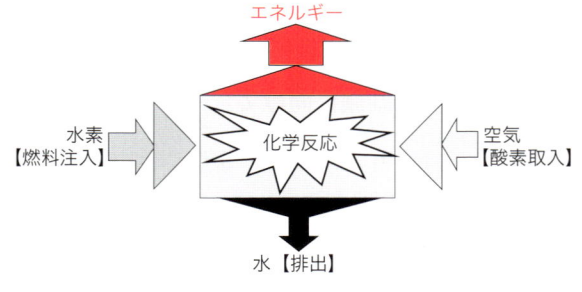

図6・13　燃料電池の原理

3・4 省エネルギーに関するモニタリング手法

1 ビルディングエネルギー・マネジメント・システム（BEMS）

　複数または単独の事務所ビルなどで、室内環境・エネルギー使用状況を常に把握し、エネルギー管理を効果的に行うために、コンピューターによる情報処理機能を利用し、エネルギー消費量削減を図るためのシステムである（ chapter 3 6 2 参照）。

2 ホームエネルギー・マネジメント・システム (HEMS)

　住宅内の家電機器や給湯機器などのエネルギー消費機器をネットワーク化し、人に代わって家電機器などの最適運転や照明のON・OFF、エネルギーの使用状況をリアルタイムで表示するなど、住宅におけるエネルギー管理を支援するシステムである。

3 スマート計画

■ スマートグリット（smart grid）

　スマートグリッドは、情報通信技術（IT）などを駆使することにより、これら需要側と共給側を最適に連結し、ネットワーク化の効果を活かして最適なエネルギー需給を実現するシステムである。

■ スマートハウス（smart house）

　太陽光発電システムや蓄電池などのエネルギー機器、家電、住宅機器などをコントロールし、エネルギーマネジメントを行うことで、CO_2排出の削減を実現する省エネ住宅のことを指す。

■ スマートコミュニティ（smart community）

　情報通信網を駆使してエネルギーを効率的に使い、新産業を起こし、社会福祉等の生活機能を充実させた、安全で快適、しかも人と町とが一体化して強固なコミュニティを形成する街づくりのことをいう。スマートグリッドを基盤とする家庭やオフィス、商業施設などで使う電気、エネルギー、情報通信技術（ICT）を利用して地域全体で目に見える形で管理していくものである。

■ ZEB（Net Zero Energy Building）

　年間の一次エネルギー消費量が正味（ネット）でゼロまたは概ねゼロの建物のこと。建物における一次エネルギー消費量を、建物・設備の省エネ性能の向上や、敷地内での再生可能エネルギーの活用等により削減できるようにする。

■ ZEH（Net Zero Energy House）

　住宅において断熱を強化することによって一次エネルギー消費量が正味ゼロになり、結果的にはCO_2排出量が限りなくゼロとなる住宅のことである。

COLUMN

二酸化炭素削減に向けて

　2023年の省エネ法改正により、エネルギーの定義・範囲が拡大された。2050年カーボンニュートラルへの目標や、2030年温室効果ガス削減に加え、非化石エネルギーの導入拡大、さらに電気需要の最適化を進めていくことが求められている。

・「エネルギーの使用の合理化」の対象範囲を拡大

・非化石エネルギーへの転換

・電気の需要の最適化

2050年に向けてのCO_2削減にむけての試みを以下の図に示す。

需要側のカーボンニュートラルに向けたイメージと取り組みの方向性（出典：経済産業省　資源エネルギー庁資料）

CCS:大気中のCO_2を回収し隔離する技術
DACCS:大気中のCO_2を直接回収し貯留する技術
BECCS:バイオマスの燃焼により発生したCO_2を回収・貯留する技術

LED 照明と省エネルギー

　LED 照明は、リニューアル、新築を問わず一般照明として普及してきている。LED のメリットは何といっても、電気消費量の削減で、電気料金の低減である。

　図のように消費電力は、白熱灯の 76 ～ 80%、蛍光灯の 40% に低減される。またランプ寿命は、白熱灯で 1,000 ～ 2,000 時間、蛍光灯で 6,000 時間であるのに比べ、40,000 時間という長寿命である。近年、球のローコスト化により、爆発的に普及しつつあることは、地球温暖化防止の上でとても有意義なことである。

　一方、最近は徐々に改善されてきているものの、演色性が要求される衣料品、食料品等、商品のディスプレイや、医療機関での診療には考慮するべきである。また、LED の普及は室内での照明発熱の減少から、暖房への支援効果の減少がみられる。

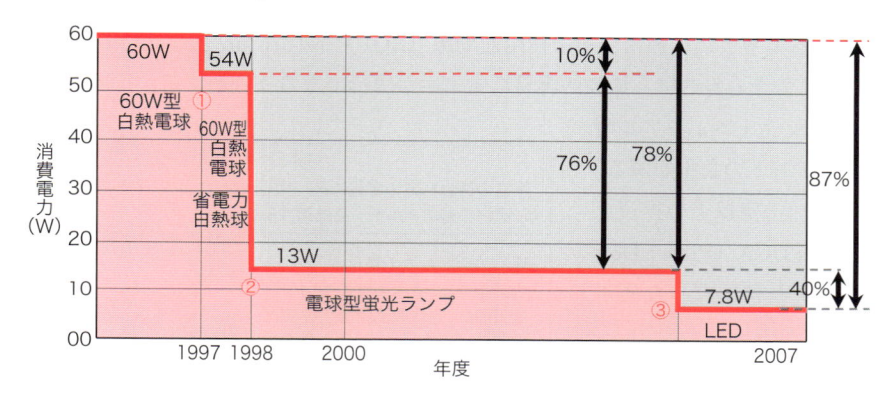

白熱灯器具→蛍光灯→LED（ダウンライト）の消費電力推移（白熱灯 60 型相当の明るさの場合）（出典：（一財）省エネルギーセンター資料）

アクロス福岡の省エネルギー
― 周辺の空気上昇を抑制 ―

　福岡市内の中心部にあるアクロス福岡は、1995 年竣工の地上 14 階、地下 4 階、高さ 60 m の建物で、南面が階段状の屋上庭園となっており、その形状からステップガーデンと呼ばれている。最上階展望台に登りつつ四季の植物を巡るような植栽計画がなされている。5 階から 1 階までは滝が流れている。

　ステップガーデンでは 76 種類 37,000 本の樹木が植えられており、樹木の高さは 1.7 ～ 1.9 m の低木となっている。夜間に吹き降ろしの風、昼間には吹き上げの風が吹くが、風の角度は約 30 度でステップガーデンの傾斜 34.5 度とほぼ等しい。風の弱い夜間に吹き降ろしの風が生まれるのは、植栽の表面の温度が放射冷却によって低下し、それに伴い近傍の空気が冷やされて生じた冷気がステップガーデンを降りるといった、盆地や斜面における冷気流の現象が起きているためと推測される。

　コンクリート面では、日が当たると表面温度が上がって周辺の空気を温め（顕熱効果）、植栽面では蒸発散により多量の熱を消費するため、周辺の空気の温度上昇を抑制する（潜熱効果）。これは、ちょうど、庭に打ち水をすると気化熱で大量の熱を消費するためにひんやり感じられるのと同じ現象である。

4 ビルの省エネルギー手法

運用上の省エネルギーは、建物の使用中にも実行できる手法をいう。この手法の特徴として、省エネルギー実行のために、「ある程度の投資を必要」とするか、「全く投資なし」でできるかを検討するのが通例である。全くまたは、ほとんど投資なしで行える省エネ手法は、「**省エネチューニング**」とも称され、設備装置の操作等により行う（図6・14）。

「チューニング」とは一般的に、ピアノ等楽器の調整をいい、これには調律師が、簡単な道具で、ビス・ナット類を調整し、調律師の「聴覚」一つで適切な状態にすることをいう。建物管理でいえば、現場を熟知した保守管理要員が、エネルギーの消費状況を見て、計器類を読み、バルブ調整や環境状態調整等を行うことである。

一方、投資が必要な省エネ手法は通常、その**費用対効果**（ROI = return on investment）を、便宜上5年に区切り、5年以内でペイできるものは、比較的容易に省エネが実行できると判断する。費用対効果が5年以上の

ものは、オーバーホールやリニューアル時に実行すると、クライアントの負担が減る。省エネを実行するには、一定以上の投資を余儀なくされるので、PDCA（Plan・Do・Check・Action）等により秩序だった省エネ計画を行うべきである。

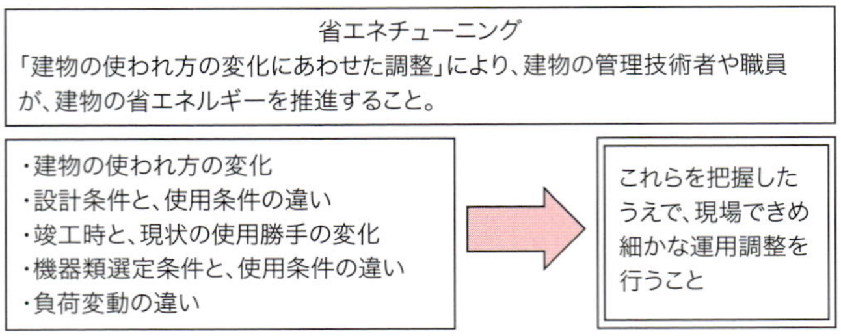

省エネチューニング
「建物の使われ方の変化にあわせた調整」により、建物の管理技術者や職員が、建物の省エネルギーを推進すること。

・建物の使われ方の変化
・設計条件と、使用条件の違い
・竣工時と、現状の使用勝手の変化
・機器類選定条件と、使用条件の違い
・負荷変動の違い

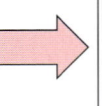

これらを把握したうえで、現場できめ細かな運用調整を行うこと

図6・14　省エネチューニング

1 エネルギー管理体制と進め方

省エネは、ビルオーナーに対して利益をもたらすものである。

ビル等の運営上の省エネを行うにあたり、まず社長等の経営的実権・権限を有する人の発起が必要である。続いて事業所に省エネ管理体制を構築し、管理会社とオーナーとの省エネに関する情報交換と共有することが有効となる。これが円滑化されれば、よりよい省エネ効果が得られるものとなる（図6・15）。

また職員や外来者への省エネへの啓発（ポスターやキャッチフレーズ等）も有効な手段である。

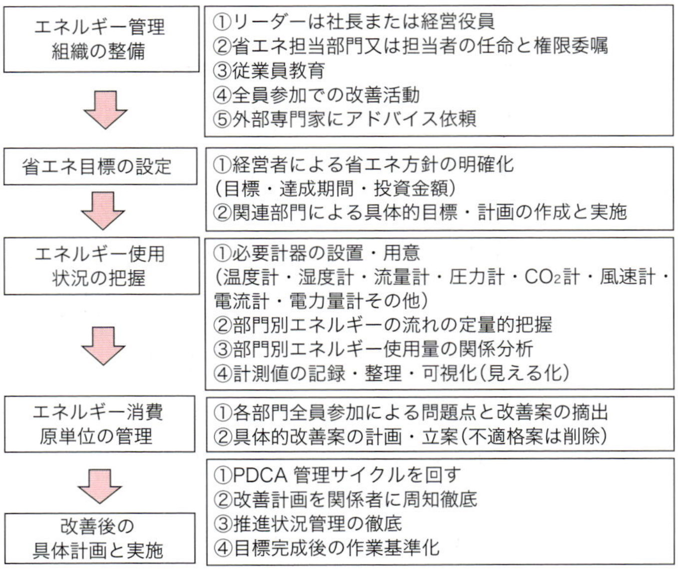

エネルギー管理組織の整備	①リーダーは社長または経営役員 ②省エネ担当部門又は担当者の任命と権限委嘱 ③従業員教育 ④全員参加での改善活動 ⑤外部専門家にアドバイス依頼

省エネ目標の設定	①経営者による省エネ方針の明確化 （目標・達成期間・投資金額） ②関連部門による具体的目標・計画の作成と実施

エネルギー使用状況の把握	①必要計器の設置・用意 （温度計・湿度計・流量計・圧力計・CO_2計・風速計・電流計・電力量計その他） ②部門別エネルギーの流れの定量的把握 ③部門別エネルギー使用量の関係分析 ④計測値の記録・整理・可視化（見える化）

エネルギー消費原単位の管理	①各部門全員参加による問題点と改善案の摘出 ②具体的改善案の計画・立案（不適格案は削除）

改善後の具体計画と実施	①PDCA管理サイクルを回す ②改善計画を関係者に周知徹底 ③推進状況管理の徹底 ④目標完成後の作業基準化

図6・15　エネルギー管理の進め方

2 エネルギー管理組織の整備

組織のリーダーは省エネを推進する上で、従業員への指示・徹底・予算などに関し権限のある人、あるいは権限を委譲された人であることが必要である（元来、省エネは、法により事業責任者の責務とされている）。

構成員は一部の部署だけから選ばれるのではなく、横断的に選任し、組織全体の取組みをする必要がある。また、管理しているビルのオーナー側から、代表者の参加があるとより効果的である（図6・16）。

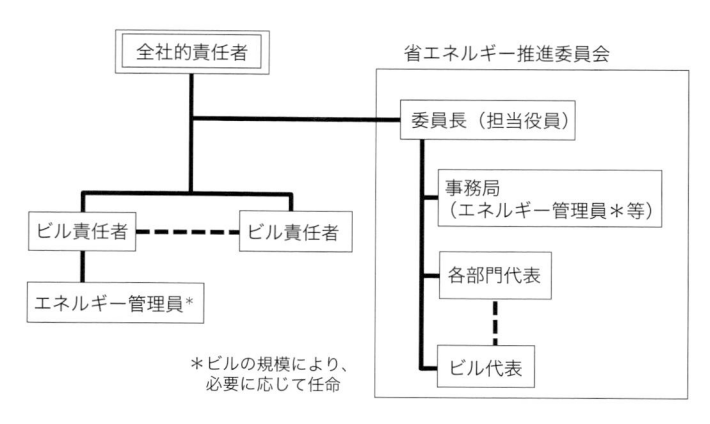

図6・16　エネルギー推進委員会組織の例

3 省エネ目標の設定

他の事業活動と同じく、省エネ成果をあげるには、まず全体責任者が省エネの方針を明確に設定することである。省エネ成果は、ビル責任者の関心と意欲の度合にかかるものである。また、ビル運用・設備投資などの鍵を握るビルオーナーは、省エネの重要性を認識し、その目標達成プロセスに積極的に関わることが重要である。

方針の中では目標・達成期間・投資金額・限度・費用対効果などを明確にする。目標と達成期間は、数年にわたる中長期目標と、単年度の目標（実行計画）がある。中長期目標は大まかな数値目標でもいいが、中長期目標をブレークダウンした単年度目標は、具体的項目がないと目標が達成できない。この点から、省エネ案件は常日頃から発掘し、評価・試算などの準備をしておくことが大切である。

4 計測・記録の実施状況

機器類の運転状況は、中央監視設備、または目視等で、各種データや数値を確認できる。その日報・月報等、データを有効に活用することで、設備機器の現状だけでなく、エネルギーの消費傾向をつかむことができる。また、一般使用者でも、室等に対する温湿度の計測について、状況に応じたこまめな計測を実施し、機器等のON-OFFができれば、十分な省エネ効果が期待できる。

5 機器の保守管理

機器の保守管理は、省エネ実施のうえで重要なアイテムである。機器は、最良のコンディションで運転されると、ロスがなく最大限の能力を発揮し、エネルギー消費にも無駄が生じない。機器やシステムの保守状況は、オーナーが機器類の管理契約を行っている事業所が多い。オーナーと現場職員、保守管理部門との密接なデータの情報交換が必要である。

6 エネルギー消費量管理

エネルギー消費量の管理・データの蓄積と分析は現業においてなされている。時刻別・月別・年度別に容量等を比較することが有効で、電力、ガス、オイル、用水別にデータをとるとよい。

現地でエネルギーの消費傾向を見いだすことができるばかりでなく、オーナー筋や、エネルギー管理組織チーム、およびチームのトップへのプレゼンテーションにより、エネルギー等の「消費傾向を共有」し、省エネに関係する要素・方法へのあらたな方向性、または状況に応じた施策の発見ができる。そればかりでなく、トレンドの把握により、部分的または機器・装置全体の異常等の発見に役立つ。

7 エネルギー原単位管理

施設の延床面積当たりの年間エネルギー消費量を、**エネルギー消費原単位**と称する。単位は、「MJ/m²・年」で表される。

必要に応じて年間来場者数や、工場・店舗では生産量や売上単位で比較する場合があるが、通常は延べ床面積を分母とする。これによって本支店比較、競合同業者データ比較ができる。施設としての最適原単位と、分母設定を検討することで、原単位傾向を見極めるとよい（表6・4）。

8 PDCA 管理サイクル

省エネ実行について、**PDCA** の管理サイクルを回すのが有効である（表6・5）。

表6・4　エネルギー原単位

建物種別	エネルギー消費原単位 (MJ/m²・年)	備　考
事務所(庁舎ビル)	976	
事務所 (一般オフィスビル)	1,057	テナントビル・自社ビル
店舗(物販・スーパー・商業施設等)	3,490〜3,891	
ホテル・旅館	2,593	
劇場・集会施設	1,095	
学校(小・中・高)	548	
大学	860	大学病院併設を除く
総合病院	1,896	
介護・福祉施設	1,923	
体育施設	2,077	プール含む
図書館・美術館	1,480	
研究所	2,470	

・原単位換算量：1,500kL/ 年末満（二種指定以外）の事業所
・出典：2021 年　ビルの省エネルギーガイドブック
　　　　（一財）省エネルギーセンター資料より作成

表6・5　PDCA の管理サイクル

順番	表示	内　容	解　説	
1	P	計画(Plan)	実施に向けて、内容、実施時期、方法、手順等審議し、関係者への徹底を図る	P
2	D	実施(Do)	計画に基づいて実施する	D
3	C	検証(Check)	実施結果を検討し、効果を確認する	C
4	A	見直し(Action)	実施の結果をふまえ、必要により計画の見直し、新たな目標の設定等、継続的な改善を実施する	A

9 見える化

省エネを促すにはビジュアル的に各種データをグラフ化して、トレンドをみてデータを共有することが望ましい。これは、前年度と比較し、消費量が下回るのを確認することに意義がある。「見える化」により、エネルギー消費量・エネルギー価格等を、月別、日別、時間別に計量したものを、グラフによって可視化することで数値の羅列による消費量の把握より、誰もが自分たちの事業所のエネルギー消費が把握でき、職員各位への省エネ思想啓発に有効である。

月別消費グラフや最大電力は、図6・17のように、8月にピークが発生していることから、デマンドで動力消費を抑えることにより、契約容量を下げて、消費抑制による省エネが期待できる。また、月別消費の凹凸を抑えることにより、エネルギー消費の平準化を図ることができる。

時刻別消費傾向では、建物が使用されていないと思われる、23 〜 7時の待機電力量を知ることができ、無駄な電力消費が一目でわかる。また、このグラフから昼休み時間に照明を落としていることもわかる。

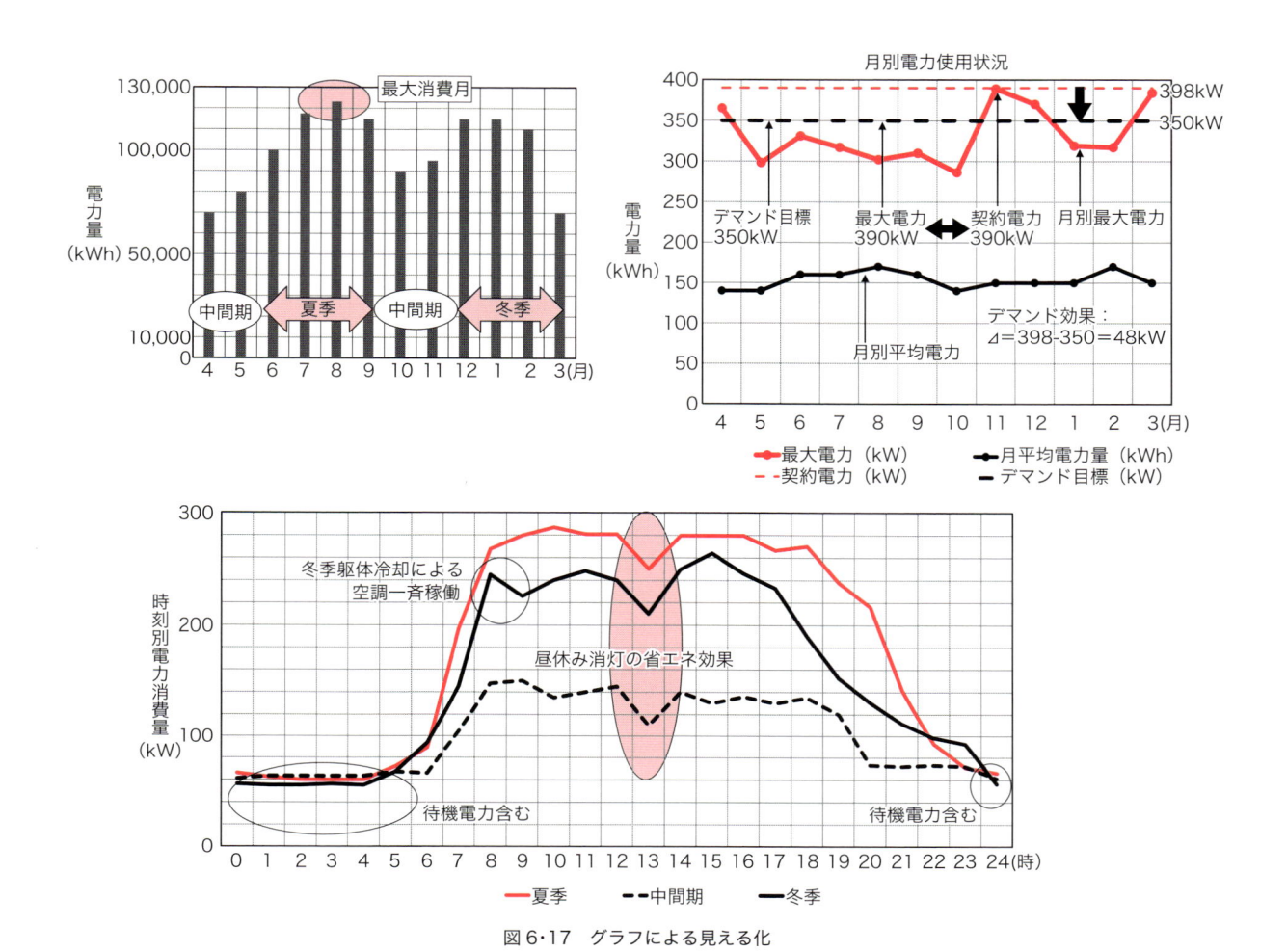

図6・17　グラフによる見える化

省エネの大空間の空気分布手法

　大空間のもつ負の効果を逆手にとり、環境改善を図った実施例を示す。

　冷房時において、大空間における室内環境は、基本的にはさほど気にならない。これは、空気の比重の関係から、主な居住域である床面に吹出した冷気が到達して快適性が維持されるためである。しかし、天井面にはどうしても"熱溜り"といわれる暖気が溜り、この熱が「放射熱」として、居住域に悪影響を及ぼす。したがって、熱溜りは排熱させなくてはならない。

　一方、暖房時は、その逆で、吹出した温風は必然的に上昇し、天井面に溜る傾向にあり、居住域の温熱環境は悪化する。そこで、天井に溜った高温の空気を居住域に下降させれば、環境改善になり、省エネにつながる。

　困難といわれる大空間の環境改善は、年間を通じファン1系統で改善ができる。

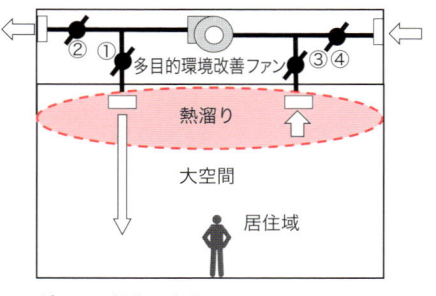

ダンパー操作の方法

ダンパー	冬期	夏期	中間期
①	開	閉	開
②	閉	開	閉
③	開	開	閉
④	閉	閉	開
効果	熱溜り下降	熱溜り排熱	外気冷房

6 省エネルギー

5・1 運用改善による省エネ項目

　運用改善による省エネ項目は、**省エネチューニング**に代表される手法で、建物の利用者や管理者が、極端にいえば素手または工具ひとつで実行でき、ほとんど投資なしで行える。実行して仮にうまくいかない場合は、また元に戻せばよいので、ポピュラーな省エネ手法である（表6・6）。

表6・6　運用改善による省エネルギー手法

No.	設備	項　目	解　説	注　記
1	AC	冷暖房室内設定温度の緩和	快適性保持の範囲で調整	1℃で空調エネルギーの10%、2℃以上は20%削減
2	AC	冬期湿度の調整緩和	快適性保持の範囲で調整	
3	AC	外気取入量の調整	CO_2等ビル環境規定値範囲で調整	通常外気負荷は全負荷の20〜40%。環境計測データを参考
4	AC	ウォーミングアップ時外気遮断	ヒトがいないときは外気不要	
5	AC	空調関連機器の立上時間短縮	ウォーミングアップ時間短縮	快適性保持範囲でクールダウン時間調整
6	AC	運転時間・運転期間の短縮	時間や季節に対応して検討	昼休みの運転カットも含む
7	AC	ナイトパージ	夜間の冷気取入	朝、冷房立上げ時の負荷低減
8	AC	外気冷房	冬期・中間期の空調運転	
9	AC	ミキシングロスの改善	冬同一空間で冷暖運転防止	サーバー等室内直置きの発熱機器に留意
10	AC	冷温水出口温度調整	負荷に応じた調整	主機のピーク時と低負荷時に調整
11	AC	冷却水温度調整	負荷に応じた調整	主機のピーク時と低負荷時に調整
12	AC	再熱回路の遮断	冷房時のレヒート中止	環境設定のシビアな室は除外
13	V	換気運転時間の短縮	間欠運転、換気回数の適正化	駐車場、電気室、倉庫等に有効
14	V	換気設備のスケジュール運転	利用状況の把握	駐車場換気に有効
15	B	空気比改善	バーナーの空気比調整	不完全燃焼しない範囲で空気量を低く抑える
16	B	蒸気ボイラー運転圧力調整	蒸気使用機器の適正圧力	安全を見て圧力を高く要求する機器がある
17	B	停止時間の電源管理	待機電力の削減	ボイラー等
18	P	給排水ポンプの流量・圧力調整	状況に適合した流量・圧力	ポンプモーターの過剰運転抑制
19	P	給湯温度の抑制	必要最低温度の設定	レジオネラ対策は55℃以上
20	P	洗面器夏期給湯の抑制	期間限定	
21	P	温水洗浄便座蓋締め励行	利用者の協力	年間約35kWh/穴の省エネ効果
22	P	温水洗浄便座温度調整	夏期、便座加熱の中止	
23	E	不要箇所、不要時間帯の消灯		
24	E	昼休み等の消灯		
25	E	OA機器の夜間・昼休みのOFF		
26	E	自販機消灯と夜間停止		
27	E	エレベーターの運行制御	閑散時の運用中止	特避EVは除外

AC：空調設備、V：換気設備、B：ボイラー設備、P：給排水給湯設備、E：電気設備および関連設備

5・2 小規模な改修・改善による省エネ項目

　小規模な改修・改善による省エネ項目は、省エネ実行に際し、ある程度の投資を伴う。この費用対効果からいうと概ね5年以内でペイできる手法で、比較的容易に省エネが実行できるものである（表6・7）。

表6·7　安価な投資の省エネルギー手法

No.	設備	項　目	解　説	注　記
1	AC	インバータの導入	空調機・ファン・ポンプ類対象	ダンパー、弁手動制御に比べて省エネ効果大
2	AC	プーリーダウン	空調機・ファン・類対象	リミットロード、シロッコファン等、ベルト駆動
3	AC	フリークーリング	冷房期の冷却水温度の利用	
4	AC	断熱ガラス・遮光フィルム	日射面	
5	V	外気導入量調整	CO_2センサーでOA量調整	通常外気負荷は全負荷の20〜40%。効果大
6	V	全熱交換器導入	空気対空気(Air-to-Air)熱交換器	排気の持つ熱エネルギーを取入外気に熱交換
7	B	断熱・保温強化	冷温水・蒸気管	主に仕様書で免除のϕ65以下の弁・フランジ対象
8	P	断熱・保温強化	給湯管	主に仕様書で免除のϕ65以下の弁・フランジ対象
9	P	節水型衛生器具の導入	便器・シャワーヘッド・水洗類	
10	E	LED器具に交換		照度や演色性等はほぼ同一であること
11	E	インバーター安定器へ更新		照度や演色性等はほぼ同一であること
12	E	蛍光灯をHf器具に更新		照度や演色性等はほぼ同一であること
13	E	人感センサー	使用時のみ自動点灯	トイレ・廊下等が有効
14	E	エレベーターのインバーター制御	現在は殆んどがINV制御	点検時にインバーター化
15	E	エスカレーターの人感センサー	自動運転時	自動停止・人感作動および速度低下
16	E	トランスの統廃合	負荷により余剰なトランスを切り替える	

AC：空調設備、V：換気設備、B：ボイラー設備、P：給排水給湯設備、E：電気設備および関連設備

大規模な改修・改善による省エネ項目

　大規模な改修・改善による省エネ項目は、目安として費用対効果で、5年超の投資を伴う省エネ手法をいう。通常、リニューアル時に実行すると、クライアントの負担は減る。

　省エネを実行するには、通常一定の、またはかなりの投資を余儀なくされる場合があるので、PDCA等により秩序だった省エネ計画を必要とする（表6·8）。

表6·8　リニュアル時に考慮する省エネルギー手法

No.	設備	項　目	解　説	注　記
1	AC	高効率モーターへ更新	トップランナー機種に換装	20年が目安
2	AC	高効率熱源機器の更新	トップランナー機種に換装	中央熱源から個別熱源への更新も含む
3	AC	高効率パッケージに更新	トップランナー機種に換装	20年が目安。一般型からビルマルに更新
4	AC	VWVの導入	冷温水ポンプ	配管設備
5	AC	VAVの導入	空調換気ファン	ダクト設備
6	AC	冷却水系インバーター	冷却塔ファン・冷却水ポンプ	
7	AC	大温度差送風送水方式	空調機・ポンプ	風量と水量の低減
8	AC	庇・ルーバー	日射面	ルーバーは外部遮蔽が有効
9	AC	高断熱ガラス・サッシュ		
10	AC	自動制御ブラインド		
11	AC	屋上緑化・犬走の緑化	天井受熱の低減・反射光緩和	
12	AC	壁体断熱	外断熱が有効	
13	E	照明スイッチの細分化	点灯方式の検討	
14	E	照明の昼光照度感知自動点滅	照度センサー	
15	E	高効率トランスに更新	トップランナー機種に換装	
16	E	低損失コンデンサーに更新	トップランナー機種に換装	
17	AC& E	BEMSの導入	エネルギー総合管理方式	集中的エネルギー消費管理

AC：空調設備、V：換気設備、B：ボイラー設備、P：給排水給湯設備、E：電気設備および関連設備

6
省エネルギー

ここに記載されているものは、エネルギー消費や、省エネ実績を算定・検証するための資料*である（表6・9）。

6・1 燃料発熱量と原油換算

エネルギーの消費に対して、その消費量（または省エネ実績等）は、原油に換算して比較検討する。

エネルギーは、表中の他多くあるが、ここでは、建築設備で主に使用するものを記載する。なお、エネルギーの年間消費を算出する必要上、数値としてギガ（G）、k（キロ）を用いている。LPGは、m^3からkgに換算する必要がある。

表6・9　燃料発熱量の原油計算表

主なエネルギー	発熱量（熱量）	
原油	38.2	GJ/kL
灯油	36.7	GJ/kL
プロパンガス（LPG）	50.8	GJ/ton
都市ガス：13A	45.0	GJ/1,000m^3
：12A	41.9	GJ/1,000m^3
：6A	29.3	GJ/1,000m^3
地域熱源（蒸気・冷水・温水）	（換算係数:1.36）GJ/GJ	
電力	9.97	GJ/1,000kWh
原油換算量[kL]＝（燃料消費量×発熱量）[GJ]×0.0258[kL/GJ]		
LPGの換算係数（m^3→kg）：1/0.458≒2.18（kg/m^3）		
【算出例】 あるビルでの、年間電力消費が、5,000kWh/年であったとき、 原油換算量＝9.97GJ/1,000kWh×5,000kWh/年＝49.85GJ/年 ≒50GJ/年		

出典：ECCJ資料より

6・2 二酸化炭素排出量

エネルギーの消費に対して、その消費量（または省エネ実績等）による、二酸化炭素排出量を把握する。二酸化炭素は、地球環境に多大な影響があるため、事業所でのエネルギー消費および、省エネ実績効果を検討できる。

表6・10では、主に建築設備に使用するエネルギーの二酸化炭素排出量係数を記載する。

表6・10　二酸化炭素排出量係数表

主なエネルギー	炭素排出係数		二酸化炭素排出係数	
原油	0.0187	t-C/GJ	0.0686	t-CO_2/GJ
灯油	0.0185	t-C/GJ	0.0678	t-CO_2/GJ
プロパンガス（LPG）	0.0161	t-C/GJ	0.0590	t-CO_2/GJ
都市ガス13A	0.0136	t-C/GJ	0.0499	t-CO_2/GJ
12A	0.0136	t-C/GJ	0.0499	t-CO_2/GJ
6A	0.0136	t-C/GJ	0.0499	t-CO_2/GJ
地域熱源（蒸気・冷水・温水）	－		0.057	t-CO_2/GJ
北海道電力	－		0.666	t-CO_2/1,000kWh
東北電力	－		0.521	t-CO_2/1,000kWh
東京電力	－		0.475	t-CO_2/1,000kWh
中部電力	－		0.476	t-CO_2/1,000kWh
北陸電力	－		0.593	t-CO_2/1,000kWh
関西電力	－		0.435	t-CO_2/1,000kWh
中国電力	－		0.669	t-CO_2/1,000kWh
四国電力	－		0.514	t-CO_2/1,000kWh
九州電力	－		0.438	t-CO_2/1,000kWh
沖縄電力	－		0.786	t-CO_2/1,000kWh
上記以外の事業者	－		（略）	t-CO_2/1,000kWh

注1　電力の発熱量＝9.97GJ/1,000kWh
注2　電力：CO_2排出量（t-CO_2）＝電力消費量×排出量算定係数
注3　燃料：CO_2排出量（t-CO_2）＝燃料消費量（GJ）×排出係数（t-C・GJ）×44/12
　　　　　【44/12：炭素と二酸化炭素の分子量比】
注4　LPGの換算係数（m^3→kg）：1/0.458≒2.18（kg/m^3）
注5　地域熱源：CO_2排出量（t-CO_2）＝消費量（GJ）×排出係数（t-CO_2/GJ）
注6　電力会社の二酸化炭素排出係数は、基準排出係数とする。

出典：資源エネルギー庁および（一財）省エネルギーセンター資料より作成

---

*経済産業省および、（一財）省エネルギーセンターによる。

建築設備設計図

1 建築設備設計の手順

1 図面の必要性

　設計図面は、技術的事項の伝達であり、設計者は、建物の発注者（クライアント・オーナー等）の意図するものを、図面化して、その意図を共有化して明確に伝達する重要なものである。

　この発注者の意図をもつ設計図面をもとに、建設請負者や、機器類製造業者が施工、制作するものである。したがって設計図面は、発注者・設計者の意図を、施工請負者即ち、現場監督から職人に至るまで情報を正確かつ明快に伝えることである。

2 設計依頼から竣工まで

　設計業務には大きく分けて順に、基本計画・基本設計の過程を経て、実施設計に入る。設備設計には、建築設計に対応し、空調・衛生・電気設備と密接な関連を持つ。設備設計は、意匠設計にはあまり縁が薄いとされる「数値」すなわち容量計算が基本になる。この数値こそ、設備設計のあらゆるベースになるので、算出には慎重を期さなくてはならない。

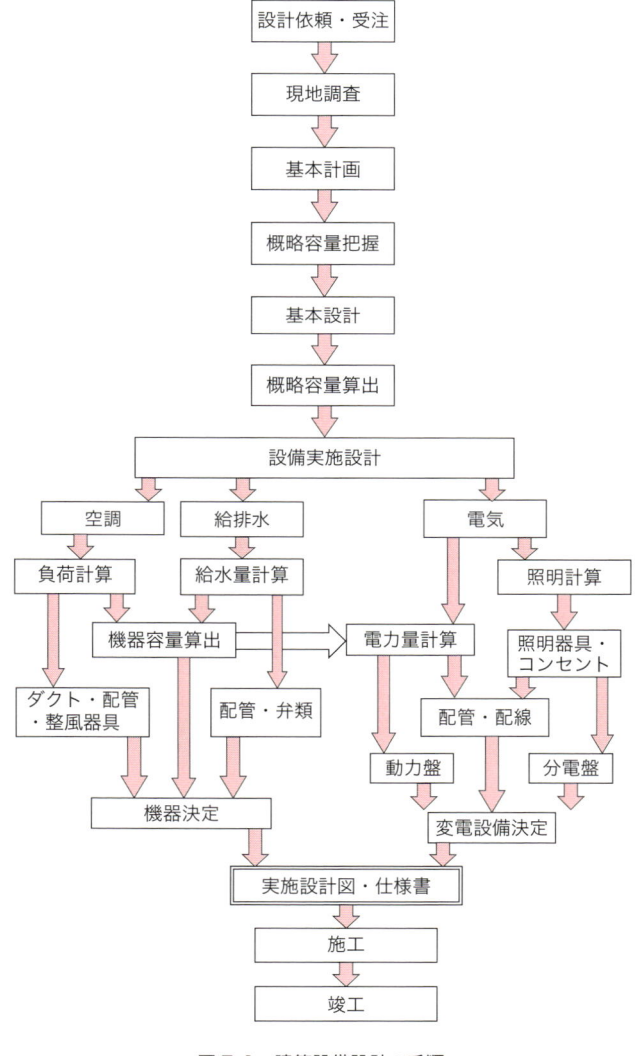

図 7・1　建築設備設計の手順

3 設計図書

■ 凡例、リスト類

設計図書は、配管やダクト経路図とは別に、表現上の凡例や、リストがある。凡例は、学会や各省庁または、設計事務所や施工業者の設計部独自の記号があり、図面上に記載された各種器具、仕様、材料を記すものである。設計図において、機器仕様は、性能表示となるケースが多い。施工は一般競争入札となるので、製品を指定するメーカー名や製品記号は、特定するとき以外、記載しない。

凡例やリスト類が充実させ、設計の意図とする諸項目を記すと、図面上での書き込みを、これ一つの最小限で済ませることができる。

■ 系統図

設備系統を、一枚の図で、関係者に理解させる重要な図面である。また、機器配置の上下階関係を表すものである。機器表では、図面で必要なスケール（寸法）を限定する必要はない。機器は、現物に酷似した絵にするとわかりやすい。

■ 平面図

系統図が立面の系統を示すのに対し、平面図は平面系統と平面配置を示すものである。設備図では、管類の経路を明記する。ダクトは通常、天井に施工する。天井や床に施工するケースについて、配管類は「天井配管」「床下配管」と明記する。

COLUMN

配管の接続方法

建物における水の配管系は、管内での水圧が大なり小なり存在し、曲がり、分岐、制御弁などの接合部が数多く存在する。　管内の水は決して漏れてはならないものである。水漏れ事故があると、カビやヨゴレが発生するだけでなく、もし電気関係の部分が浸ると、そのダメージは大きい。

呼 称	継手形状	備 考	呼 称	継手形状	備 考
フランジ	ボルト・ナット／フランジ／ガスケット／フランジ	管口径 φ65mm 以上	ロウ付け	ハンダロウ／銅管	・銅管継手 ・エアコン用冷媒配管 ・給水・給湯 ・比較的小口径
ねじ込み	シール／雄ネジ／90°エルボ／雌ネジ	管口径 φ50mm 以下	袋ナット	袋ナット／銅管	・銅管継手 ・エアコン用冷媒配管 ・気体搬送管 ・比較的小口径
溶接1	突合せ溶接	鋼管継手	接着剤	接着剤／塩ビ管	・塩ビ管継手 ・主に排水系配管
溶接2	差し込み溶接	鋼管継手	圧接	SUS管／圧接（カシメ）／パッキング	・SUS管 ・モルコジョイント等 ・給水・給湯 ・比較的小口径

漏水のほとんどは、管の破損、折損以外では、管の継ぎ目からである。通常、管の継ぎ目には、ほんの薄いシール材、シールテープ、パッキング、ガスケットなどによって、完全かつ安全に止水される。

管の接続には、国土交通省はじめ、空気調和・衛生工学会などの標準仕様に沿った一定の約束事がある。鋼管類の管継手（接手）は、マーケットサイズφ50mm までは、ねじ込み継手を使用し、バルブ類も黄銅製（砲金製）がほとんどである一方、φ65mm 以上はフランジ接続であり、曲りや分岐は溶接となることが多い。この、ねじ込み、フランジ、溶接以外の管接続は、銅管接続に用いられる、袋ナット、ハンダロウ付け、ステンレス管に用いられるゴムパッキングを付けた圧接（カシメ）や、塩ビ管に用いられる接着剤接合があり、建物水系での水損を防止している。

2 建築設備設計図

2·1 オフィスビルの設備設計

　オフィスビルの設備設計に必要となる、①空調換気設備、②給排水設備、③電気設備の主要な図面の作図例の一部を示す。

1 空調換気設備

　ここで示す空調熱源方式は、空冷ヒートポンプチラー方式、空調方式は、ファンコイル＋外気処理空調機方式を例とする。

■ 空調換気設備　凡例

記　号	名　称	備　考
⋈	流量調整弁	ゲートバルブ（GV）等
⟋	逆止弁	チェックバルブ（CV）
⊠	二方弁	電動制御弁
⊤	ストレーナー	
⟦⟧	可撓継手	フレキシブルジョイント
CHS	冷温水往管	
CHS	冷温水還管	
D	ドレーン管	空調凝縮水
▬▬▬	給気系ダクト	給気（SA）・外気（OA）
▬ ▬ ▬	排気系ダクト	還気（RA）・排気（EA）
▨	吹出口	
☐	吸込口	
●	ダンパー	VD・FD・FVD・SD・SFVD・CD他
▨	消音チャンバー内貼	

■ 空調換気設備　機器表

記号	機器名称	機器仕様	動　力	数　量	設置場所	備　考
AC	空冷ヒートポンプチラー	冷房能力：○○kW 暖房能力：○○kW	3φ200V ○○kW	2	屋上	付属品一式
CHP	冷温水ポンプ	○○φ×○○L/min×○○m	3φ200V ○○kW	2	屋上	付属品一式
SH	冷温水サプライヘッダー	○○φ×○○L		1	屋上	付属品一式
RH	冷温水リターンヘッダー	○○φ×○○L		1	屋上	付属品一式
AC-1	外気処理空調機	冷房能力：70kW　暖房能力：100kW OA=EA=2,300m³/h　全熱交換器内蔵	200V 1.5kW×2	1台/FL	各階	付属品一式
AC-2	外気処理空調機	冷房能力：70kW　暖房能力：100kW OA=EA=2,300m³/h　全熱交換器内蔵	3φ200V 1.5kW×2	1台/FL	各階	付属品一式
FC-1	ファンコイルユニット	♯800　天井カセット・2方向型 冷房能力：7kW　暖房能力：12kW　20L/min	1φ100V 195W	10台/FL	各階	付属品一式
FC-2	ファンコイルユニット	♯600　天井カセット・2方向型 冷房能力：5kW　暖房能力：9kW　14.5L/min	1φ100V 125W	20台/FL	各階	付属品一式
F-1	各階便所排風機	清音軸流ファン：250φ×600m³/h	1φ100V 200W	1台/FL	各階	付属品一式
(以下略)						

■ 空調換気設備　系統図

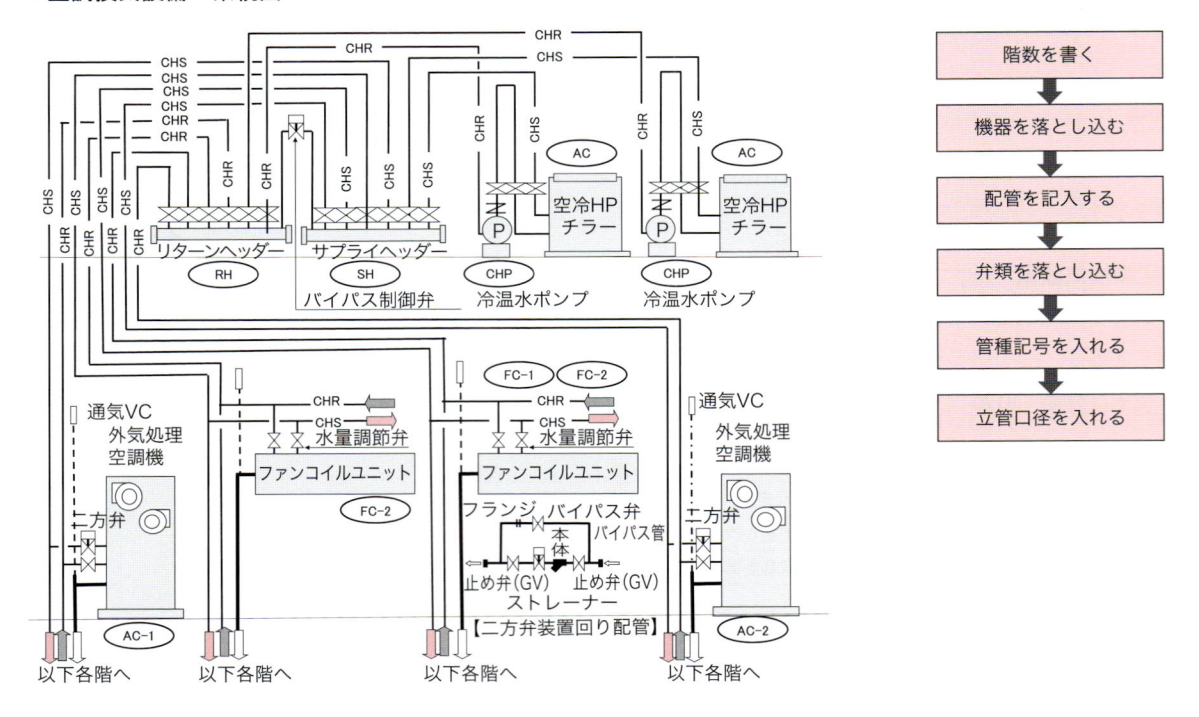

右側フローチャート：

階数を書く → 機器を落とし込む → 配管を記入する → 弁類を落とし込む → 管種記号を入れる → 立管口径を入れる

■ 自動制御設備　計装図

空調機系統や動作を十分把握して、作図する。

(本来計装図の順序は、ダクト図や配管図の後段にくるものだが、系統を理解する必要上、配管系統図と併記した。)

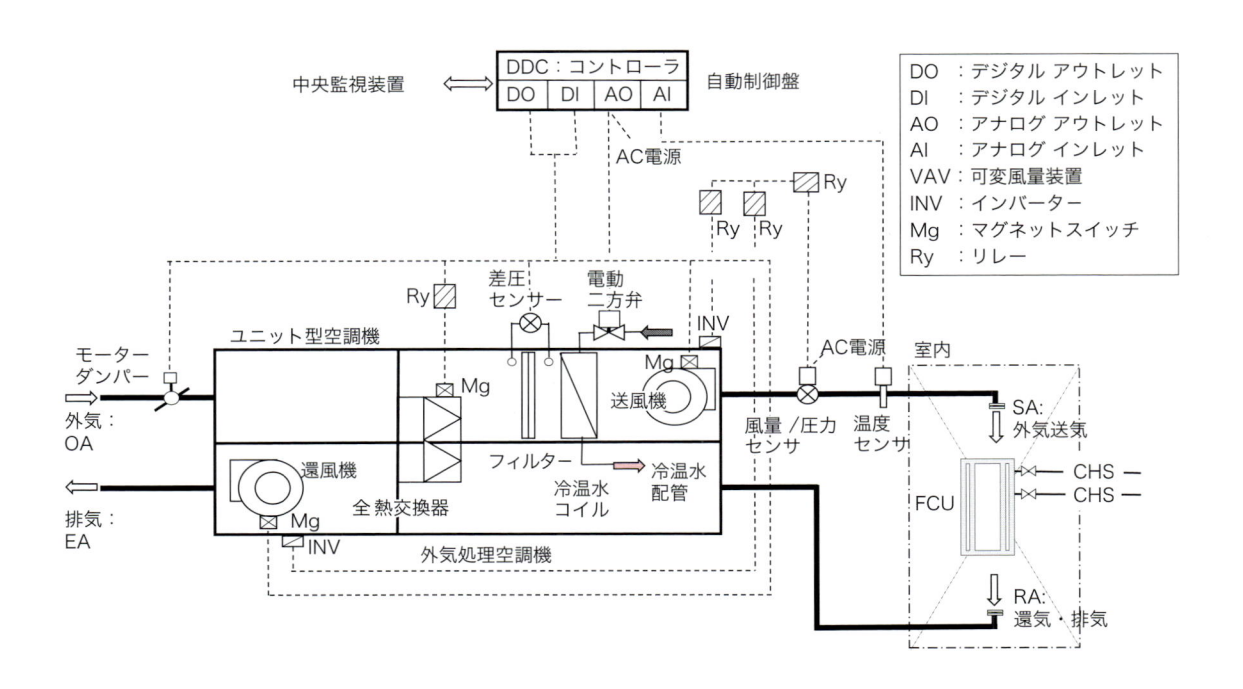

DO	：デジタル アウトレット
DI	：デジタル インレット
AO	：アナログ アウトレット
AI	：アナログ インレット
VAV	：可変風量装置
INV	：インバーター
Mg	：マグネットスイッチ
Ry	：リレー

■ 空調換気設備　基準階配管平面図

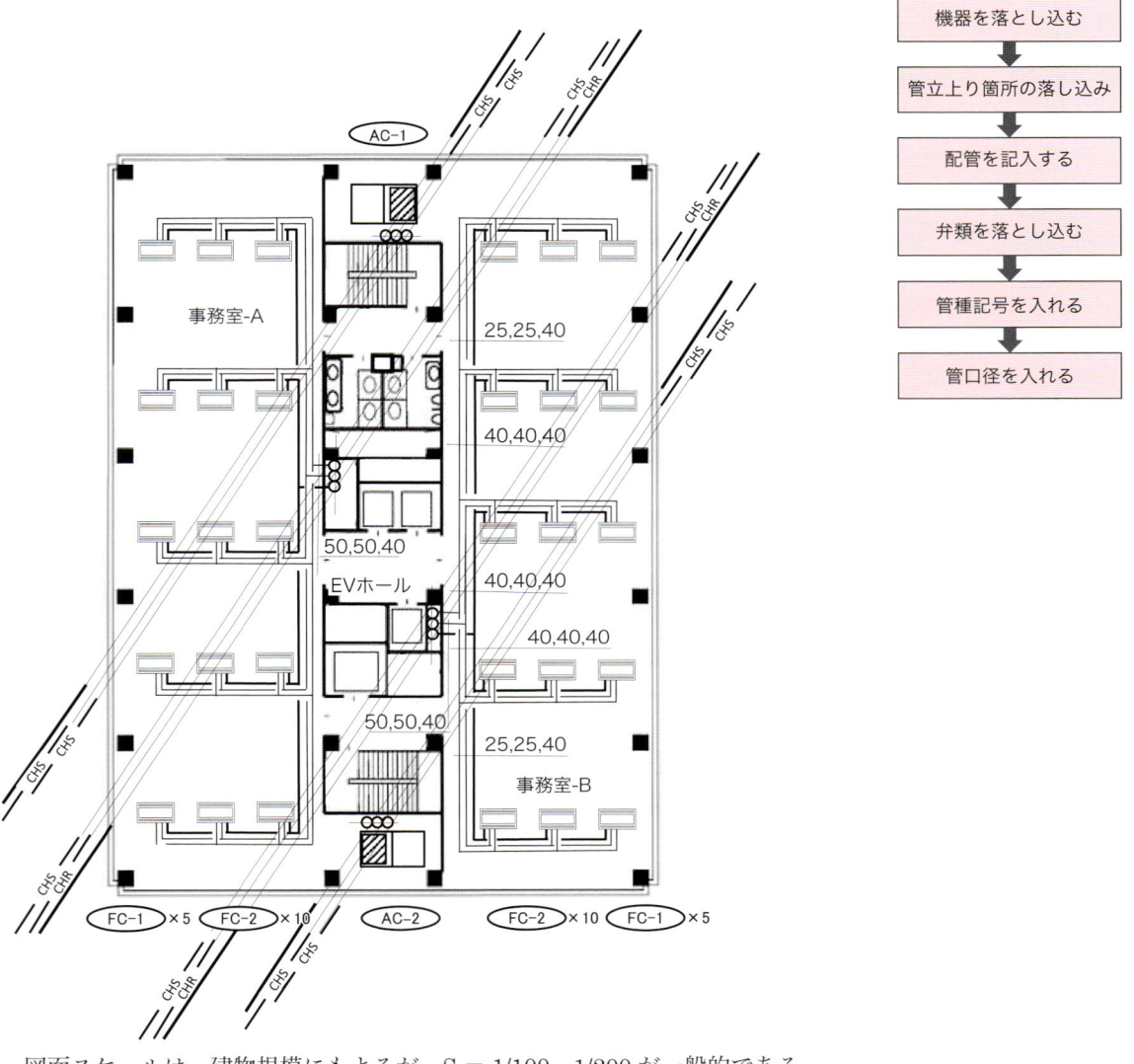

図面スケールは、建物規模にもよるが、S = 1/100、1/200 が一般的である。

機器配置と配管位置が、床下か天井かを明記する。ここでは、配管および機器設置位置は、系統図により判断でき、ファンコイルと配管は天井で、外気処理空調機は、床設置である。

配管図では、機器配置、配管系統、配管口径、管の立上り・立下りを表現する。

記載には通常、管の太さに、細さにはこだわらず、配管系統のみでよい。

7
建築設備設計図

■ 空調換気設備　基準階ダクト平面図

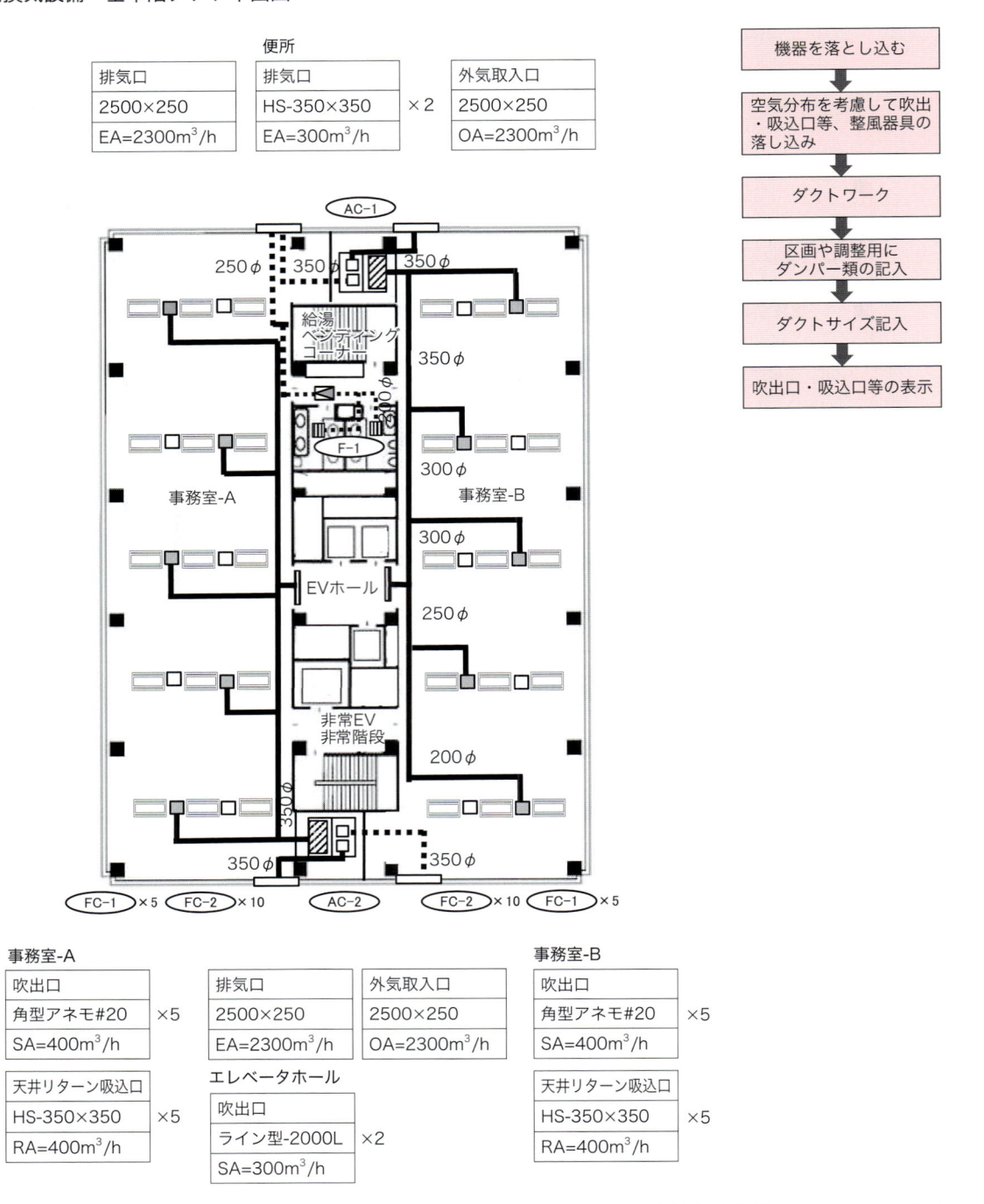

便所

排気口	排気口	外気取入口
2500×250	HS-350×350 ×2	2500×250
EA=2300m³/h	EA=300m³/h	OA=2300m³/h

機器を落とし込む

↓

空気分布を考慮して吹出・吸込口等、整風器具の落し込み

↓

ダクトワーク

↓

区画や調整用にダンパー類の記入

↓

ダクトサイズ記入

↓

吹出口・吸込口等の表示

事務室-A

吹出口	
角型アネモ#20	×5
SA=400m³/h	

天井リターン吸込口	
HS-350×350	×5
RA=400m³/h	

排気口	外気取入口
2500×250	2500×250
EA=2300m³/h	OA=2300m³/h

エレベータホール

吹出口	
ライン型-2000L	×2
SA=300m³/h	

事務室-B

吹出口	
角型アネモ#20	×5
SA=400m³/h	

天井リターン吸込口	
HS-350×350	×5
RA=400m³/h	

　ダクト図作成上の特別な留意点は、天井付けの機器や器具が、照明設備や防災設備機器とバッティングしないように、かつ天井伏図上美しく配列されるだけでなく、空気分布が均等になるように設置する必要がある。

　次に、ダクトというヴォリュームのある器具が、天井裏を這うという認識が必要である。つまり、「おさまり」に留意しなくてはならない。

　図面スケールは、建物規模にもよるが、S＝1/100、1/200が一般的である。

2 給排水設備

■ 給排水設備　凡例

記　号	名　称	材質・仕様
—— — — ——	上水給水管	VLP・SUS管・HIVP（耐衝撃性塩ビ管）等
—— — — — ——	中水給水管	VLP・SUS管・HIVP（耐衝撃性塩ビ管）等
—— ― I ― ——	給湯管	VLP・SUS管・HTVP（耐熱塩ビ管）等
▬▬▬▬▬	汚水管	耐火被覆VP管・VP（耐熱塩ビ管）等
▬▬▬▬▬	雑排水管	耐火被覆VP管・VP（耐熱塩ビ管）等
- - - - - - - -	通気管	耐火被覆VP管・VP（耐熱塩ビ管）等
⋈	給水栓	衛生器具付属
●⋈	湯水混合水栓	衛生器具付属
⋈　⊢○	弁・コック類	GV
Z	逆止弁	CV
⊗	器具付排水トラップ	
⊖	床上掃除口	COA
═	床下掃除口	COC
‖	通気口	VC

■ 給排水設備　器具リスト

器具名	機番・仕様	付属品他	基準階便所		
			男子	女子	計
大便器	C-○○○	自動FV・暖房洗浄便座・W紙巻器他、一式	2	2	4
小便器	U-○○○	人感FV他、一式	2		2
洗面器	L-○○○	自動水栓・自動水石鹸入他、一式	1	2	3
掃除流し	S-○○○	19φ水栓他、一式		1	1
防湿鏡	○mm×○mm	くもり止めヒーター他、一式	1	2	3
擬音装置		他、一式		2	2
電気温水器	10L・1kW	20GV×2・安全弁排水口他、一式	1		1
電気温水器	20L・2kW	20GV×2・安全弁排水口他、一式		1	1

■ 給排水設備　機器表

記号	機器名称	機器仕様	動力	数量	設置場所	備　考
P-1	上水給水ポンプユニット（高層階用）	インバーター・小水量用圧力タンク付 ○○φ×○○L/min×○○m×○○kW×2 自動交互並列運転	○○kW	1組	ポンプ室	盤・弁類等、付属品一式
P-2	上水給水ポンプユニット（低層階用）	インバーター・小水量用圧力タンク付 ○○φ×○○L/min×○○m×○○kW×2 自動交互並列運転	○○kW	1組	ポンプ室	盤・弁類等、付属品一式
P-3	中水給水ポンプユニット（高層階用）	インバーター・小水量用圧力タンク付 ○○φ×○○L/min×○○m×○○kW×2 自動交互並列運転	○○kW	1組	ポンプ室	盤・弁類等、付属品一式
P-4	中水給水ポンプユニット（低層階用）	インバーター・小水量用圧力タンク付 ○○φ×○○L/min×○○m×○○kW×2 自動交互並列運転	○○kW	1組	ポンプ室	盤・弁類等、付属品一式
W-1	上水受水槽	FRPサンドイッチ2・槽式・地上6面点検型 実容量：計○m³ ○mm×○mm×○mmH	—	1基	水槽室	給水ヘッダー他付属品一式
W-2	中水受水槽	地下二重スラブ内：建築工事 実容量：計○m³ ○mm×○mm×○mmH	—	1基	水槽室二重スラブ内	付属品一式
(以下略)						

■ 給排水設備・系統図

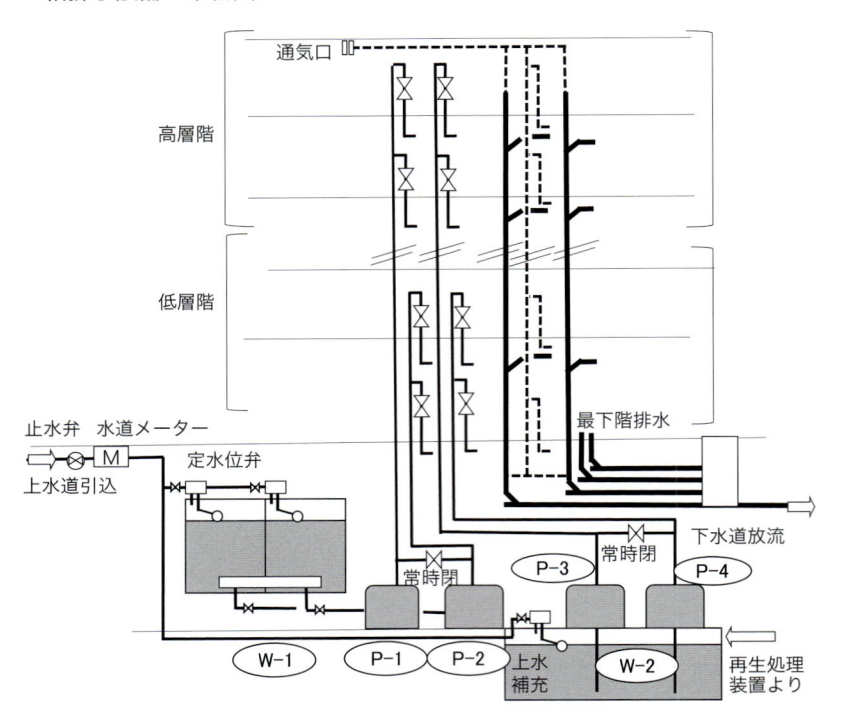

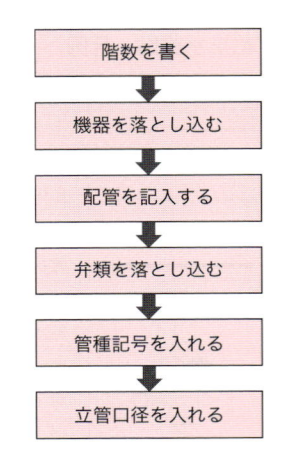

階数を書く

↓

機器を落とし込む

↓

配管を記入する

↓

弁類を落とし込む

↓

管種記号を入れる

↓

立管口径を入れる

📝 Memo　**給排水装置を、複数台設置する意味**

　給排水設備の機器で、受水槽、給水ポンプ、排水ポンプ（汚水、雑排水、湧水ポンプ）は、設計する上で複数設置する。水は、ヒトに対して必要不可欠なものであり、必ず確保しなければならず、当然断水事故も阻止しなければならない。そのためのバックアップである。

　受水槽は、貯水確保のほか、法令上年に1回の清掃義務があり、片方ずつ時差で清掃を実行すれば、建物は断水しないで常時給水が可能である。

　給水ポンプは、もし一方が故障しても、片肺運転で対応できる。平常時における複数台ポンプの運転方法は「自動交互運転」という。また建物の、急な水消費に対応を可能とする「自動交互並列運転」の方法がある。

　排水ポンプでは、建物内の水損防止のため、必ず複数台設置し、これの運転方式は、急な増水対応のため「自動交互並列運転」とするのが望ましい。

　建物に非常用発電機がある場合は、火災時以外の対応となるが、給排水ポンプ系に非常回路を組み込んでおくと、火災以外の停電時対応が可能となる。

　また別の断水対応手法として、バイパス弁により、他の同一系統からの供給を可能とする手法（高層系統と低層系統とのバイパス）を用いる場合がある。

■ 給排水設備　詳細図

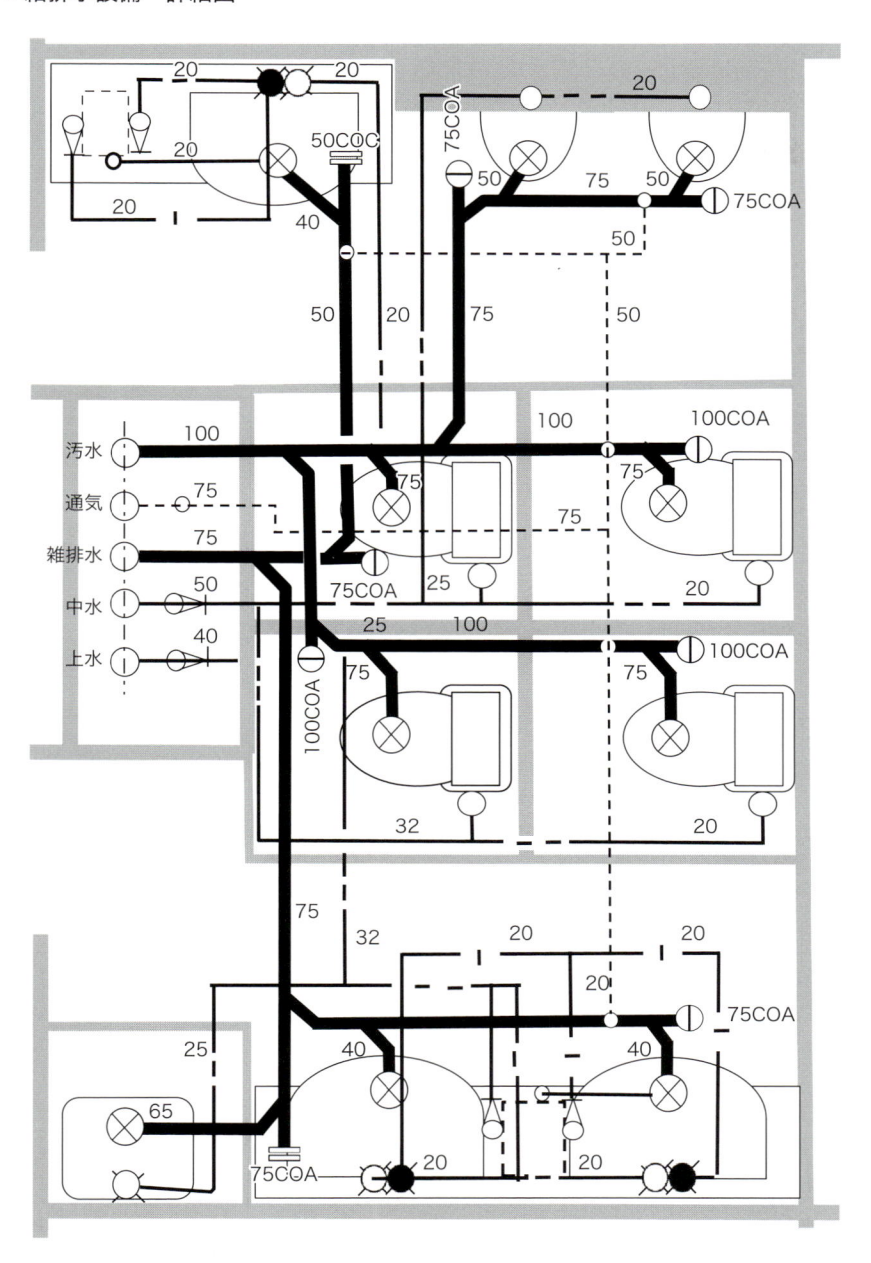

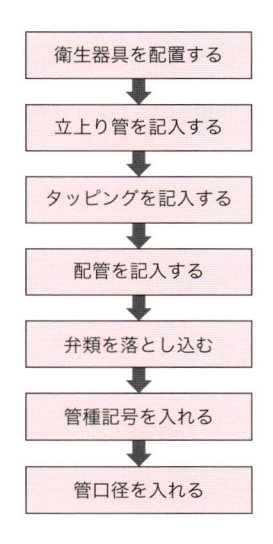

衛生器具を配置する

立上り管を記入する

タッピングを記入する

配管を記入する

弁類を落とし込む

管種記号を入れる

管口径を入れる

　作図上、排水管勾配に留意するとともに、通気管は、基本的に排水管より上部に配管しなくてはならない。排水管勾配は、先下がりで 1/50（2％勾配）程度で、通気管は先上がり勾配なので「おさまり」に注意を要する。

　図面のスケールは、S = 1/20、1/50 が一般的である。

③ 電気設備

　ここでは、電気設備のうち、電力引込と照明設備について記す。通信情報設備の詳細は各専門工事の領域になる場合が多く煩雑になるため、ここでは記載しない。

■ 受変電設備　単線結線図

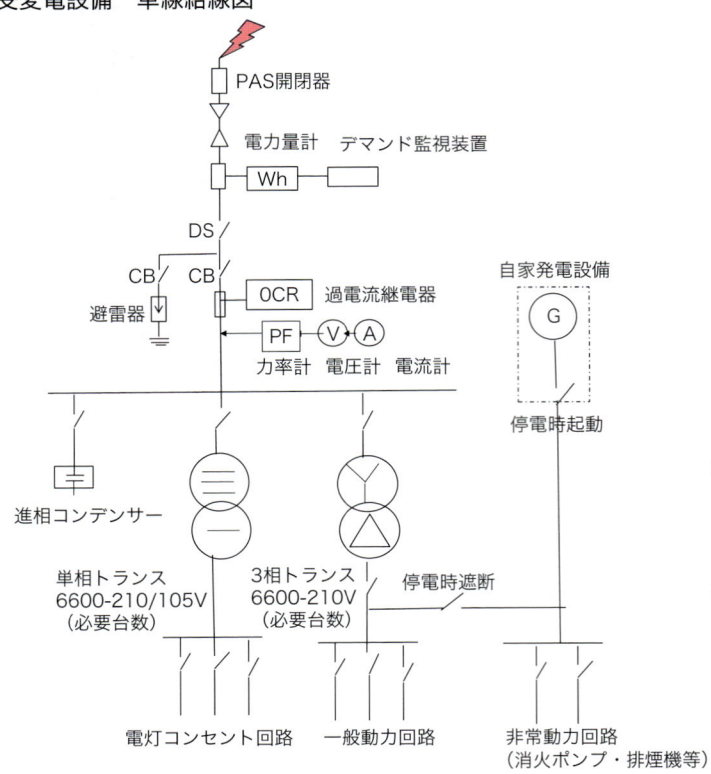

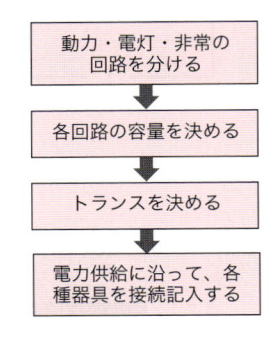

　設備系統を、一枚の図で、関係者に理解させる重要な図面である。

　電力負荷の状況を勘案して、トランスやブレーカーを選定する。また、電力供給事業者や、消防等との協議が必要となる場合がある。

■ 電気設備　基準階分電盤結線図

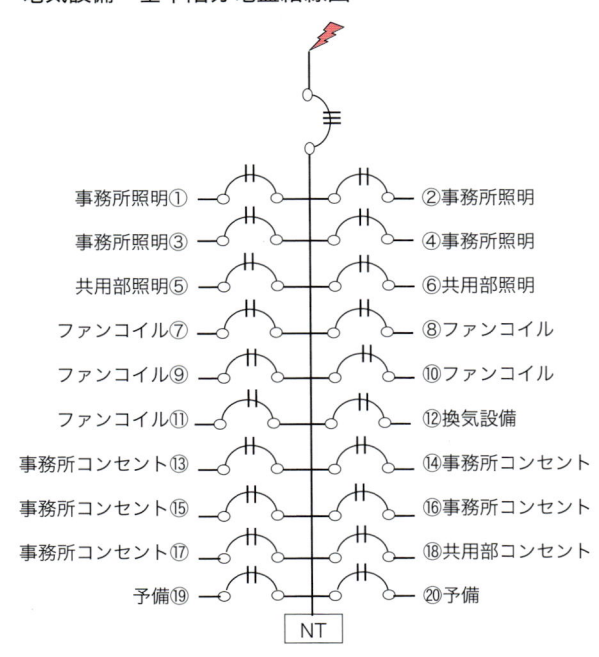

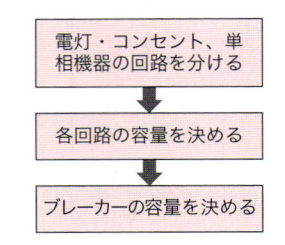

　分電盤の1系統を表した図面である。照明やコンセント等負荷の状況を勘案して、系統やブレーカーを選定する。

■ 照明設備　基準階平面図

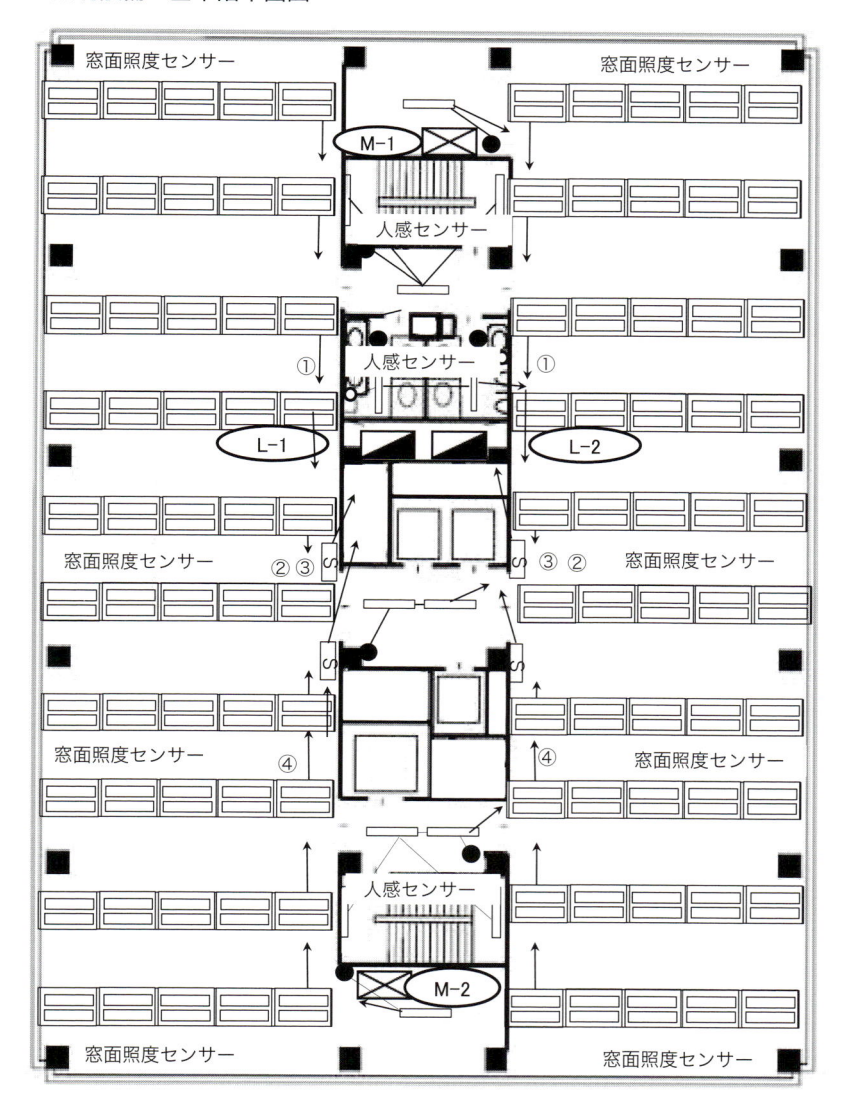

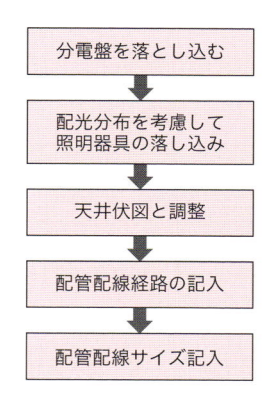

分電盤を落とし込む

↓

配光分布を考慮して
照明器具の落し込み

↓

天井伏図と調整

↓

配管配線経路の記入

↓

配管配線サイズ記入

　照明設備図を作成する上での留意点は、天井付けの機器が、空調設備や防災設備機器とバッティングしないように、かつ天井伏図上美しく配列されるだけでなく、作業机上面の配光分布が均等になるように設置する必要がある。次に、各器具の負荷が、分電盤の各系統にバランスよく配置させるという認識が必要である。図中の①～④は、分電盤L-1、L-2への回路番号を示している。

■ 天井伏図 (照明、非常照明設備、通信情報設備・空調設備)

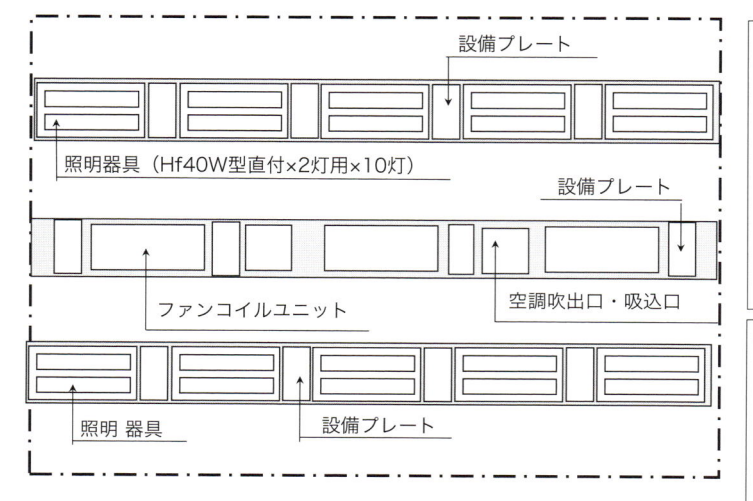

1スパン当たりの、天井器具配置例
$$N = E \times A / F \times U \times M$$
$$= 500 \times 60 / 3,300 \times 0.75 \times 0.6$$
$$\fallingdotseq 20 本$$
N：灯具本数（本）
E：必要平均照度（Lx）
A：面積（m²）
F：器具1灯当りの全光束（Lm）
U：照明率
M：保守率

設備プレート
・照度センサー（自動点滅）
・非常照明（建築基準法）
・放送設備（消防設備）
・自動火災報知設備（消防設備）
・スプリンクラーヘッド（消防設備）
・その他

住宅の設備設計に必要な、①冷暖房換気設備、②給排水設備、③電気設備の主要な図面の作図例の一部を示す。

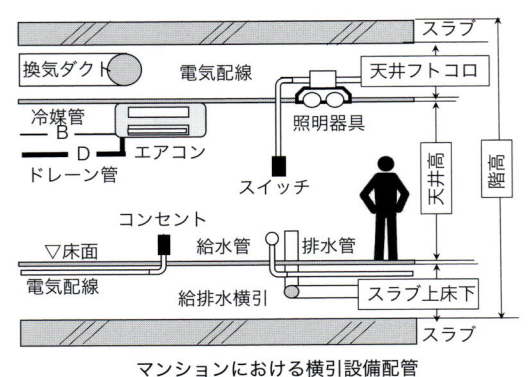

マンションにおける横引設備配管

マンションの設計では、所有区分や上階騒音対策上、および漏水事故時、下階に影響を与えないように、**スラブ上床下配管**（または、床下スラブ上配管）にするなどの配慮が必要である。

１ 冷暖房換気設備

ここで示す冷暖房方式は、空冷ヒートポンプユニット方式とする。

■ 冷暖房換気　凡例

記　号	名　称	材質・仕様
	エアコン室内機	ヒートポンプエアコン（ドレーンアップ）
	エアコン室外機	ヒートポンプエアコン
―― B ――	冷媒配管	エアコン付属、液相管・気相管・連絡配線
―― D ――	ドレーン管	VP（硬質塩ビ管）
	換気扇	天井換気扇・レンジフード
	換気ダクト	
	排気ベンドキャップ	VC

■ 冷暖房換気　機器表

記号	機器名称	機器仕様	動力(W)	数量	系　統	備　考
AC-1	空冷ヒートポンプエアコン	冷房能力：2.8kW 暖房能力：3.68kW	1φ100V 660W	1	居間	室内外共壁掛型 付属品一式
AC-2	空冷ヒートポンプエアコン	冷房能力：2.5kW 暖房能力：2.8kW	1φ100V 510W	1	居室-1	室内外共壁掛型 付属品一式
AC-3	空冷ヒートポンプエアコン	冷房能力：2.5kW 暖房能力：2.8kW	1φ100V 510W	1	居室-2	室内外共壁掛型 付属品一式
V-1	レンジフード	75cm型 排気量：400m^3/h	1φ100V 28.5W	1	台所	150φVC付
V-2	天井扇	17型 排気量：100m^3/h	1φ100V 3.9W	1	便所	100φVC付
V-3	天井扇	24型 排気量：150m^3/h	1φ100V 5.8W	1	浴室	100φVC付
V-4	天井扇	17型 排気量：100m^3/h	1φ100V 3.9W	1	洗面・脱衣 24時間換気対応	100φVC付

■ 冷暖房換気設備　平面図

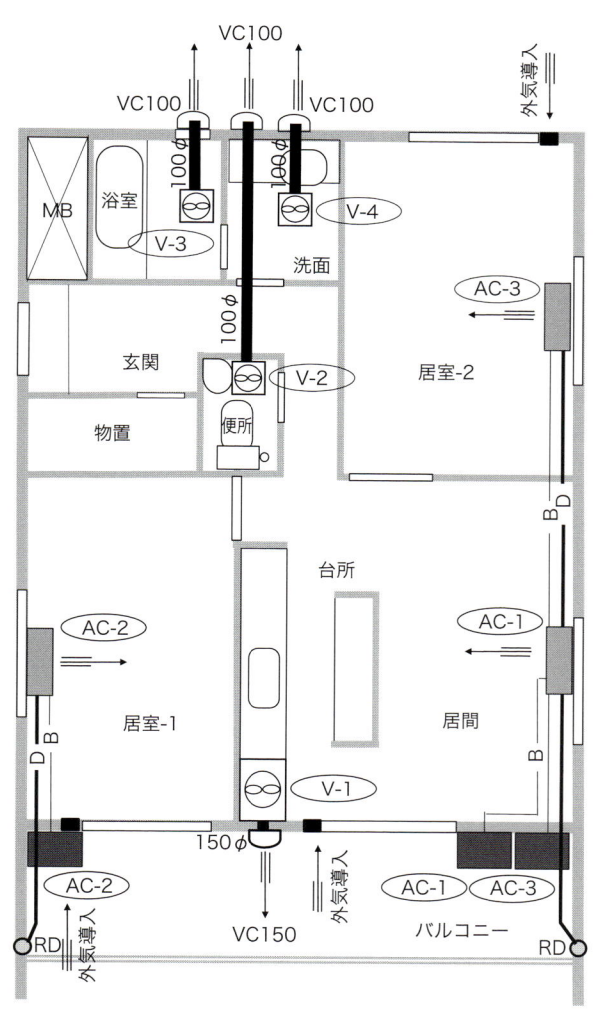

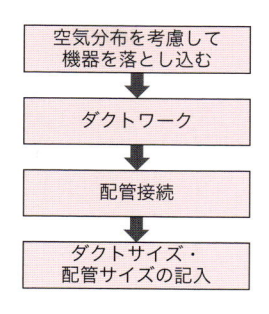

2 給排水設備

給排水設備は近年、施工上の容易性のほか、メンテナンスの容易性からヘッダー配管とする事例が多い。

■ 給排水　凡例

記号	名　称	材質・仕様
——　－　——	給水管	HIVP（耐衝撃性塩ビ管）、架橋ポリエチレン管、ポリブテン管（ヘッダー配管）
——　I　——	給湯管	HTVP（耐熱塩ビ管）、架橋ポリエチレン管、ポリブテン管（ヘッダー配管）
—— G ——	ガス管	ガス会社指定管材料
——	排水管	VP（硬質塩ビ管）
…………	通気管	VP（硬質塩ビ管）
— RD —	雨水管	VP（硬質塩ビ管）
⋈	給水栓	
●●⊗	湯水混合水栓	
⊗	シャワーセット	
⊗	器具付排水トラップ	
⊘	床排水口	排水目皿付
⋈	弁・コック類	
⊥	ガスカラン	ガス会社指定品

■ 給排水　系統図

住宅設備では、複雑な状況を除き、系統図を省略する場合がある。

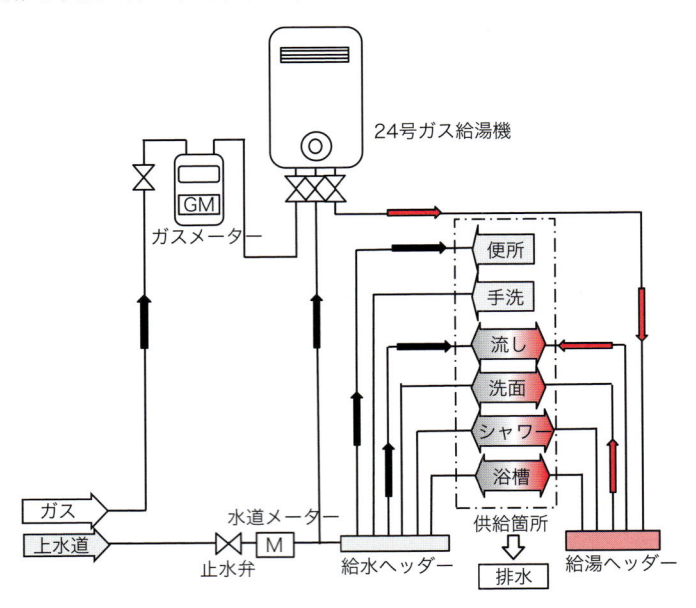

■ 給排水　平面図

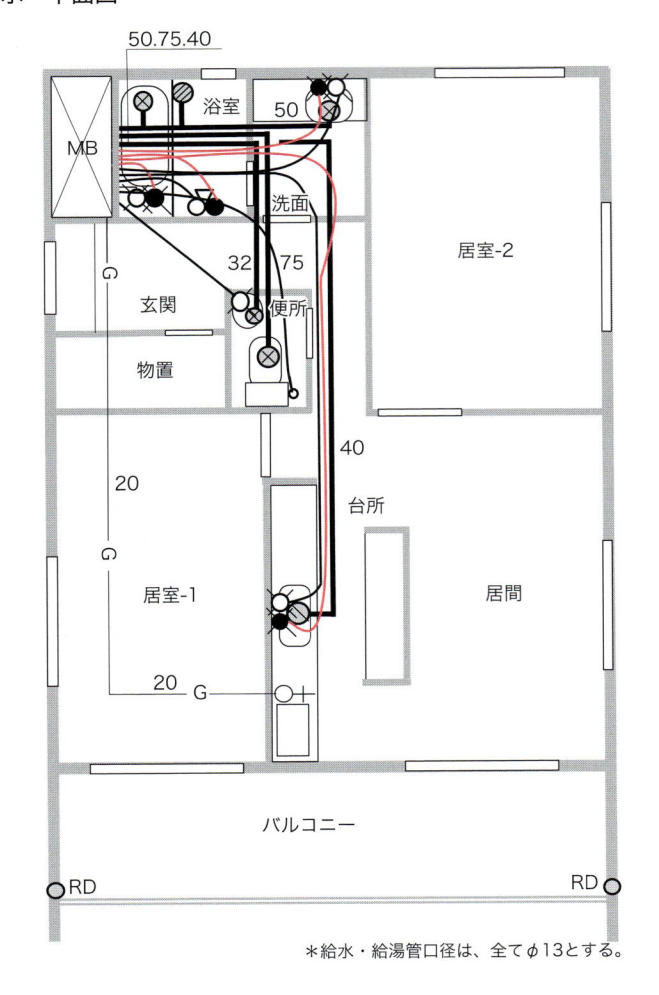

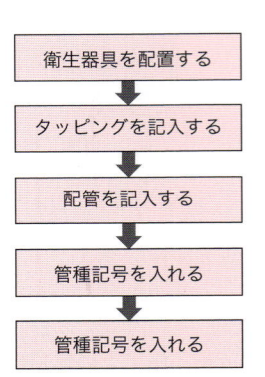

*給水・給湯管口径は、全てφ13とする。

3 電気設備

■ 電気設備　凡例

記　号	名　称	材質・仕様
———————	VVF（天井隠蔽）	600Vビニル絶縁ビニルシースケーブル平形
- - - - - - -	VVF（床下隠蔽）	600Vビニル絶縁ビニルシースケーブル平形
●　●3	スイッチ・3路スイッチ	
🔌2	2口コンセント	
🔌E	アース付コンセント	エアコン、及び便所・洗面、台所に設置
🔌WP	防水コンセント	屋外コンセント
⊂⊃	換気扇・天井扇	
◣	分電盤	①②③・・・系統番号
▭	蛍光灯器具	
Ⓐ	自動点滅屋外灯	
(CH)	シャンデリア	
(DL)	ダウンライト	
(CL)	シーリングライト	

■ 分電盤結線図

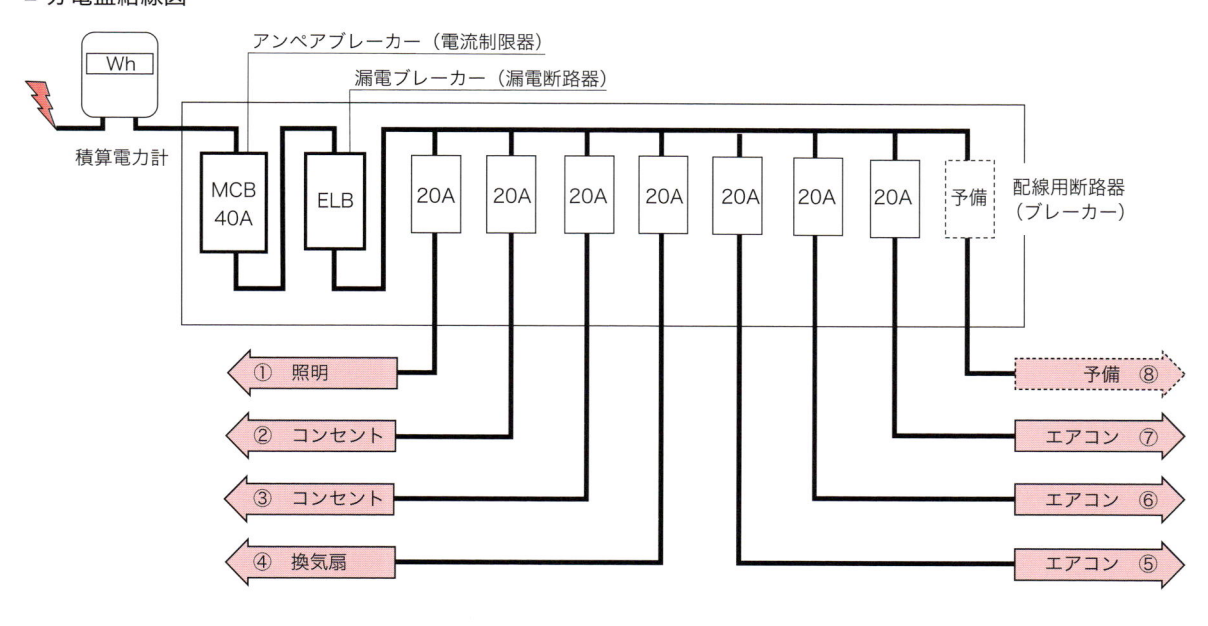

結線図は、照明、一般コンセント、換気機器、エアコン、温水洗浄便座、IHヒーターなどの各系統に分けるほか、2階建ての場合は、フロア別に系統分けをすると保守管理上便利である。照明、コンセント負荷容量のほか、設備機器容量によってブレーカー（断路器）容量を決める。なお、屋外や水場の機器には漏電ブレーカーを使用して、漏電事故対応とする。

■ 電気設備　平面図

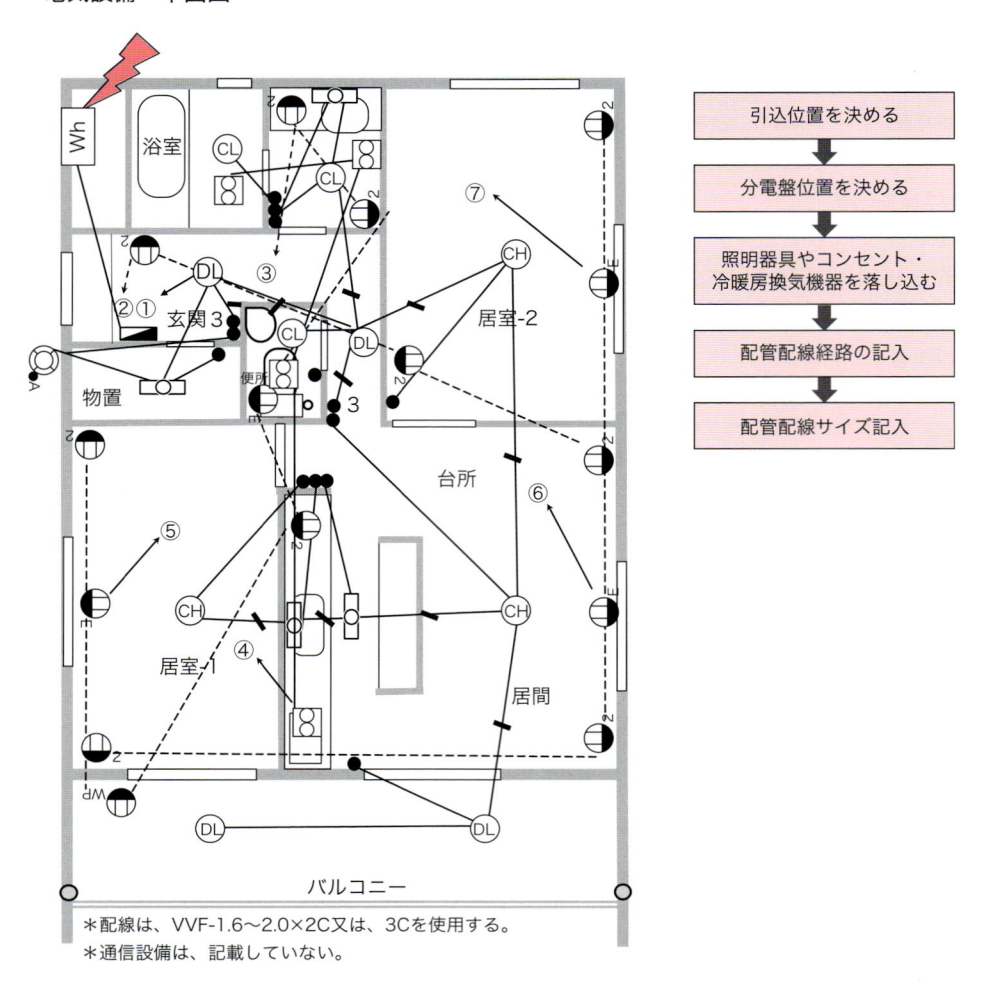

＊配線は、VVF-1.6〜2.0×2C又は、3Cを使用する。
＊通信設備は、記載していない。

　電気設備平面図は、照明、一般コンセント、換気機器、エアコン、温水洗浄便座、IH ヒーターなどの配置を決め、さらに各室の使用勝手を考慮してスイッチ配置及び設置高さを決めるとよい。照明では、配光に考慮するほか、コンセントの位置・個数にも留意する。
　図中の番号①〜⑦は、分電盤の回路番号を示す。

例題集

次に示す事務所ビルの給水計画を実施せよ。

計算の条件：

- ・人員密度：0.2 人/m²
- ・1 人当たりの水消費量：100L/d・人
- ・1 日平均使用時間：10 時間/d

建物条件：

- ・延べ床面積：12,000m²/ 有効率：80%
- ・地上 15 階（オフィス部分）
- ・地下 1 階（機械・電気室）
- ・塔屋 1 階（エレベータ機械室・排煙機等）
- ・階高：4.5m/FL（各階および塔屋階共。ただし、地階は 6m とする）
- ・消費されるすべては全て上水道（飲用可能な水）を使用することとする。

必要解答項目：

①在室予定人員　②日平均給水量　③時間平均給水量　④時間最大給水量

⑤瞬間最大給水量　⑥受水槽容量（実質容量）

⑦このビルならではの給水方式で留意する項目

解答 1

①有効面積：12,000m²×0.8 ＝ 9,600m²

　在室予定人員：9,600m²×0.2 人/d ＝ 1,920 人

②日平均給水量：1,920 人×100L/d・人＝ 192,000 L/d ＝ 192m³/d

③時間平均給水量：192,000L/d÷10h/d ＝ 19,200L/h

④時間最大給水量（時間平均給水量の、2.0 ～ 3.0 倍。ここでは、2.0 で計算）

　19,200L/h×2.0 ＝ 38,400L/h

⑤瞬間最大給水量（時間最大給水量の、2.0 ～ 3.0 倍。ここでは、2.0 で計算）

　38,400L/h×2.0 ＝ 76,800L/h ＝ 1,280L/min

⑥受水槽容量（死水防止のため、1 日容量の 0.4 ～ 0.6。ここでは、0.5 で計算）

　192m³/d×0.5 ＝ 96m³

⑦上層階と下層階の水圧差に留意すること。

例題 2

次の図面に示した室の 16 時における、冷房用熱負荷計算を実施せよ。

設定：東京 7 月・外気条件（DB ＝ 30℃/RH ＝ 60%）、室内条件（DB ＝ 25℃/RH ＝ 50%）

外壁：コンクリート厚＝ 150mm 断熱付・熱貫流率＝ 1.0W/m²・K

窓ガラス：普通板ガラス・熱貫流率＝ 5W/m²・K、内側中間色ブラインド

隙間風：換気回数は、0.5 回/h とする。

照明・コンセント：20W/m²

在室人員：10 人　事務作業（顕熱＝ 40W/ 人、潜熱＝ 60W/ 人）

注）相当温度差、窓ガラスの取得日射量をはじめ、記載なき必要条件の数値は、本書の値を運用すること。

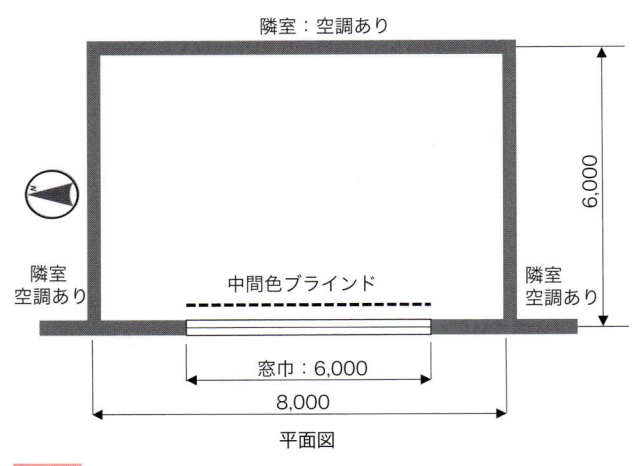

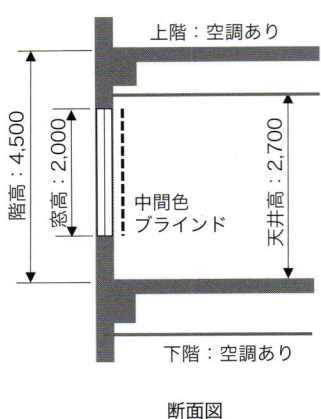

平面図　　　　　　　　　　　　　断面図

解答2

①壁からの熱取得：壁面積＝（8.0m×4.5m）－窓面積 12m² ＝ 24m²

$qs_1 = A×K×⊿te$ より、

$qs_1 = 24m²×1.0W/m²・K×12℃ = 288W$

相当温度差（⊿te）：（ chapter 3 　表3・8 参照）

②窓からの熱負荷：窓面積＝ 6.0m×2.0m ＝ 12m²

・伝導対流

$qs_2 = A×K×⊿t$ より、

$qs_2 = 12m²×5.0W/m²・K×（30℃－25℃）= 300W$

・日射

$qs_3 = A×Igr×ks$ より、

$qs_3 = 12m²×609W/m²×0.7 = 5,116W$

窓面からの日射量（Igr）（ chapter 3 　表3・12 参照）

遮蔽係数（ks）（ chapter 3 　表3・11　室内ブラインドの平均値　参照）

③照明・コンセント

$qs_4 =$ 床面積（m²）×単位負荷（W/m²）

　　＝（8.0m×6.0m）×20W/m² ＝ 960W

④人員負荷

顕熱：$qs_5 = 10$ 人×40W/ 人＝ 400W

潜熱：$qL_5 = 10$ 人×60W/ 人＝ 600W　　　計 1,000W

⑤隙間風：風量（m³/h）＝室容積（m³）×換気回数（回 /h）

　　　　　　　　　＝（L8.0m×W6.0m×H2.5m）×0.5 回 /h ＝ 60m³/h

顕熱：$qs_6 = 0.34×$風量（m³/h）×温度差（℃）

　　　＝ 0.34×60m³/h×（30℃ － 25℃）＝ 102W

潜熱：$qL_6 = 830×$風量（m³/h）×絶対湿度差（kg/kg・DA）

　　　＝ 830×60m³/h×（0.016kg/kg・DA － 0.010kg/kg・DA）≒ 299W　　　計 401W

・まとめ

顕熱量＝ $qs_1 + qs_2 + qs_3 + qs_4 + qs_5 + qs_6 = 7,166W$

潜熱量＝ $qL_5 + qL_6 = 899W$　　　計 8,065W

例題 3

表中の各種数値から、

① 空気の状態を示せ。

② この室の中央式空気調和機の送風量を算出せよ。

　　ただし、吹出空気の温度差は、10℃とする。

③ この状態を空気線図上に表示せよ。

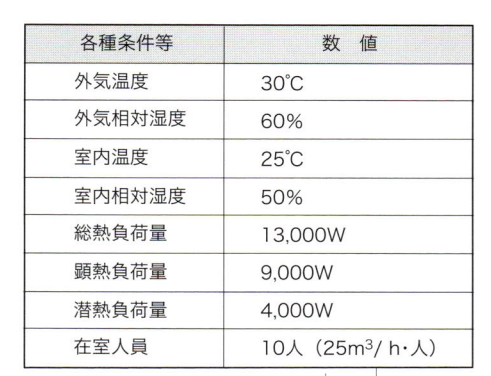

各種条件等	数　値
外気温度	30℃
外気相対湿度	60%
室内温度	25℃
室内相対湿度	50%
総熱負荷量	13,000W
顕熱負荷量	9,000W
潜熱負荷量	4,000W
在室人員	10人（25m³/h・人）

解答 3

① 空気線図より。

② 送風量算出

　　外気量：10 人×25m³/h 人＝ 250m³/h

　　送風量：風量（m³/h）＝ qs（W）／（0.34×温度差（℃））

　　　　　　　　　　　＝ 9,000W／0.34×10℃≒ 2,650m³/h

③ 空気線図

　　風量比＝ 2,650（m³/h）／250（m³/h）　→ 10.6

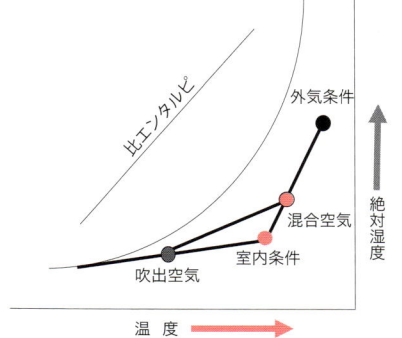

	乾球温度	湿球温度	露点温度	相対湿度	絶対湿度	比エンタルピー	比容積	比重量
	℃	℃	℃	%	kg/kg(DA)	kJ/kg(DA)	m³/kg	kg/m³
室外	30	23.8	21.4	60	0.016	71.1	0.88	1.14
室内	25	17.9	13.8	50	0.010	50.3	0.86	1.16
差	5	−	−	−	0.006	20.8	0.02	-0.02

例題 4

30m×20m の執務空間で、下面開放型の蛍光灯器具 40W − 2 灯用を均等に配列するとき、以下を計算せよ。
ただし、この蛍光管の全光束：3,000Lm、器具の保守率：60%、室の照明率：50%、設計平均照度：600Lx とする。

① 蛍光灯の必要本数を計算せよ。

② この空間の完成直後における、初期照度を計算して予測せよ。

③ この空間の照明回路における、電流値を計算せよ。

ただし、供給電圧は、交流単相 100V とし、器具力率は 80% とし、安定器ロス等は無視する。

① $N = (E \times A)/(F \times U \times M)$ より、

　ランプ数量 $= (600\text{Lx} \times 600\text{m}^2) \div (3{,}000\text{Lm} \times 0.5 \times 0.6) = 400$ 本

② $E_p = E/M$ より、

　初期照度 $= 600\text{Lx} \div 0.6 = 1{,}000\text{Lx}$

　または、$N = (E \times A)/(F \times U \times M)$ より、

　初期照度 $E_p = F \times U \times M \times N/A$

$$= (400 \text{本} \times 3{,}000\text{Lm} \times 0.5 \times 1.0) \div 600\text{m}^2 = 1{,}000\text{Lx}$$

③消費電力：$P = W \times$ 数量 N より、

　$P = 40\text{W} \times 400 \text{本} = 16{,}000\text{W} = 16\text{kW}$

　電流値：$P = V \times I \times \cos\phi$ より、

　$I = P/(V \times \cos\phi) = 16{,}000\text{W} \div (100\text{V} \times 0.8) = 200\text{A}$

例題5

　あるビル設備で、電力容量15kWの電動モータが1日当たり10時間、年間300日間連続運転したとき、このモータの運転による、以下の数値を計算せよ。

　ただし、電力における二酸化炭素排出量算定係数は、0.525 ton-CO_2／千kWh、原油換算係数は0.257 kL／千kWhとする。また電力単価は、基本料金＋電力量料金を均して20円／kWhとする。

　①1年間に消費する電力量

　②二酸化炭素排出量

　③原油換算量

　④年間電力量料金

解答5

①1年間に消費する電力量

　P（kWh／年）$= W$（kW）$\times h$（h／d）$\times$年間運転日数（日）より、

　$P = 15\text{kW} \times 10\text{h／d} \times 300\text{d／年} = 45{,}000\text{kWh／年}$

②二酸化炭素排出量

　二酸化炭素排出量（ton-CO_2）＝消費電力量（kWh／年）×二酸化炭素排出量算定係数（ton-CO_2／千kWh）

$$= 45{,}000\text{kWh／年} \times 0.525\text{ton-}CO_2／千\text{kWh} \fallingdotseq 23.6\text{ton-}CO_2／年$$

③原油換算量

　原油換算量（kL／年）＝消費電力量（kWh）×原油換算係数（kL／千kWh）

$$= 45{,}000\text{kWh／年} \times 0.257\text{kL／千kWh} \fallingdotseq 11.6\text{kL／年}$$

④年間電力量料金

　年間電力量料金（千円／年）＝消費電力量（kWh／年）×電力単価（円／kWh）

$$= 45{,}000\text{kWh／年} \times 20\text{円／kWh} = 900{,}000\text{円／年}$$

索引

数字

1 回線専用受電	128
1 回線 T 分岐受電	128
2 回線異系統	128
2 回線同系統	128
24 時間換気	17,117
3 路スイッチ	131

アルファベット

BEMS	112
BOD	71
CASBEE	169
CAV	95
CEC	168
COD	71
COP	102
DO	71
DS	21
EPS	21
LAN システム	142
LCCO$_2$	167
LED	91
MDF	141
PAL*	168
PDCA	178
PF	122
ph 値	28
plumbing	13
PS	21
SI 住宅	22
SI 単位	25
SS	71
VAV	93,95
VOC	17,117
ZEB	174
ZEH	174

あ

アクティブ手法	12
アクティブソーラーシステム	171
圧縮機	100
圧力計	108
圧力差	115
圧力タンク方式	35
アネモスタット型	98
あふれ縁	37
アンダーフロア型	98
アンビエント	135
一酸化炭素	81

イニシャルコスト	23
色温度	133,134
インターホン (インターカム) 設備	142
インテリアゾーン	24
インテリア負荷	85
インバータ	99
インバート桝	66
インフィル	22
飲用水	32
ウォーターハンマー	30
動く歩道	146
雨水	59
雨水再利用	69
雨水利用	46
雨水利用システム	172
エアバリア	170
エアフローウィンドウ	170
エアロゾル	57
衛生器具	74
衛生設備	26
液化石油ガス	72
エスカレーター設備	145
エネルギー原単位管理	178
エネルギー消費係数	168
エレベーター設備	144
円形ダクト	111
演色評価数	133,136
遠赤外線	132
鉛直面照度	138
煙突効果	116
オーバーホール	176
オープンループ	128
オームの法則	122
屋外消火栓	158
屋上緑化	171
屋内消火栓	157
押上揚程	106
汚水	59
汚水処理設備	69
汚染物質発生量	115
オンドル	16
温熱感覚	80

か

外気汚染物質濃度	115
外気量	92
外気冷房システム	172
外皮負荷	85
外皮平均熱貫流率	168

回転型全熱交換器	97
開放回路	105
開放装置	152
各階ユニット方式	95
各個通気方式	62
火災感知	149
火災の種類	155
風上風圧係数	16
風下風圧係数	116
可視光線	132
加湿	82
加湿器	96
ガスエンジンヒートポンプ	102
ガスガバナー	73
活動量	80
稼働率	124
加熱	82
乾き空気	82
カン	16
換気回数	90,109
換気設備	17
乾球温度	81
環境性能効率	169
監視設備	142
緩衝空間	23
間接照明	135
幹線動力	129
寒冷地仕様	45
気圧	81
機械換気	113
気化熱	15
器具給水負荷単位	40
輝度	133
逆サイフォン	37
逆止弁	44, 108
逆 2 乗の法則	135
キャリーオーバー	63
吸収液	101
吸収式冷凍機	101
給水設備	13
給水のゾーニング	36
給水量	32
給湯温度	50
給湯還管	52
給湯循環ポンプ	52
給排水・衛生設備	9
キュービクル	127
凝縮器	100
共聴設備	142

共同溝内	104	作業領域照明	135	蒸発器	100
局所照明	135	雑排水	59	蒸発残留物	28
気流	81	雑用水	29,32	蒸発潜熱	15
気流分布	98	錆	28	照明負荷	91
空気調和機	93	サプライチャンバー	96	照明率	137
空気調和設備	80	サプライヘッダー	108	使用目的別ゾーニング	94
空気の混合	83	三相交流	123	商用電源	153
空気搬送	109	紫外線	132	除害処理施設	70
空調・換気設備	10	自家用電気工作物	127	初期雨水	46
クーリングタワー	101	時間最大給水量	33	初期照度	137
クールチューブ	173	時間平均給水量	33	除湿	82
矩形ダクト	111	仕切弁	44	ショックアブソーバー	30
グレア	133,136	事後保全	165	処理水量	70
クローズドループ	128	システム天井	138,140	処理対象人員	70
クロスコネクション	29,30	自然換気	113	人感センサー	145
警報設備	155	自然冷媒ヒートポンプ給湯機	51	伸縮継手	49
契約電力	125	室外環境条件	86	新鮮空気	86
下水	29	湿球温度	81	人体発熱量	91
ゲート弁	108	シックハウス症候群	117	人体負荷	91
結露	84	室指数	137	伸頂通気方式	63
嫌気性菌	70	室内汚染物質許容濃度	115	深夜電力	54,105
原水温度	50,55	室内環境条件	86	吸上揚程	106
建築化照明	138	室内空気分布	98	水圧	28,47
建築環境総合性能評価システム	169	室内負荷	85	水蒸気	82
顕熱	83,85	自動火災報知設備	149	水蒸気分圧	81
顕熱交換器	97	自動制御設備	112	推奨照度値	136
顕熱蓄熱	105	湿り空気	82	水道直結増圧方式	34
顕熱比	81,92	湿り空気線図	82	水道直結直圧方式	34
原油換算	182	弱電設備	141	水平面照度	138
コアシステム	20	遮蔽係数	89	水量	106
降雨強度	65	周囲表面温度	80	隙間風	90
好気性菌	70	臭化リチウム	101	スケルトン	22
工業用（産業用）空気調和	80	住宅用火災報知設備	150	ストレーナー	108
光束	133	集中利用形態	39	スプリンクラー設備	159
光束発散度	133	周辺領域照明	135	スペクトル	132
光束法	137	重力換気	115	スポットネットワーク	128
高断熱高気密	117	重力式自然換気	17	スマートグリット	174
高置水槽方式	34	ジュール熱	121	スマートコミュニティ	174
光度	133	受水槽	38	スマートハウス	174
硬度	28	需要率	125	静圧	109
合理式	65	瞬間最大流量	39	制気口	109
コージェネレーションシステム	103,173	瞬間最大給水量	33	静止型全熱交換器	97
氷蓄熱	105	瞬間式	51	成績係数	102
混合点	92	省エネチューニング	176	整風器具	109
コンタクトファクター	92	消火設備	155	赤外線	132
コンポスト	14	使用時間別ゾーニング	93	絶対温度	81
		使用条件別ゾーニング	93	絶対湿度	81

さ

		上水	29	設備ユニット	76
再生器	101	照度	133	全光束	137
サイフォン現象	30,62	照度基準	136	潜熱	83,85
下り天井	138	照度均斉度	133,136	全熱	83

全熱交換器ユニット	97
全熱量	82
潜熱蓄熱	105
専用受電	153
相対湿度	81
装置風量	92
相当温度差	87
相当開口面積	115
ゾーニング	93
ソーラーウォール	12
ソーラーハウス	12
ソーラーヒートポンプ	12
阻集器付トラップ	61

た

ターンオーバー	56
第1種換気法	113
体感温度	15
第3種換気法	113
代替フロン	102
第2種換気法	113
タイムラグ	87
太陽光線	132
太陽光発電	12
太陽光発電系統	127
太陽光発電システム	171
太陽熱温水器	12
太陽熱給湯方式	54
太陽熱発電	12
ダイレクトゲイン	172
タスク	135
ダクト併用ファンコイルユニット方式	96
ダブルスキン	170
溜桝	66
単位燃焼量	114
端子盤	141
単相交流	123
暖房設備	16
短絡	124
地域冷暖房	104
地球温暖化防止対策	72
逐点法	138
蓄熱	105
蓄熱槽	105
着衣量	80
中央監視設備	112
中央式給湯	53
中央ダクト方式	95
中水	29
中性帯	116
厨房排水	59

直接照明	135
直接暖房	16
直流	123
貯湯係数	55
貯湯式	51
通信情報設備	10,119,141
通風	15
低圧引込	126
定圧比熱	81
抵抗値	121
低周波騒音	54
定風量	93
定風量単一ダクト方式	95
定容比熱	81
デマンド	125
テレビ会議システム	143
電圧	121
電位差	121
電気事業法	124
電源周波数	123
電磁波	132
電灯コンセント	129
電動式冷凍機	100
伝導対流	89
電流	121
電力	122
電力設備	10,119
電力量	122
等圧法	43,107
凍結深度	45
凍結防止	45
同時使用水量	42
同時使用率	39
棟上導体	162
等速法	107
等摩擦損失	42
特殊消火設備	161
特殊排水	59
特定防火対象物	149,156
特別高圧	128
時計設備	143
都市ガス	72
トップランナー	102
ドライエリア	20
トラップ桝	68
ドラフト	90
取入外気負荷	86
トリハロメタン	43
ドレーン	59
ドレンチャー設備	158
泥溜り	66

ドロップ桝	68
トロファー照明	138

な

ナースコール設備	142
ナイトパージ	87
二酸化炭素	81
二酸化炭素排出量	182
二次側空調機器	106
二重スラブ	21
二重ダクト方式	95
二重トラップ	61
日平均給水量	33
日平均使用時間	32
日射	89
日射量	89
任意利用形態	39
熱貫流抵抗	88
熱貫流率	86,88
熱水分比	81
熱溜り	23
熱伝達率	88
熱電比	103
年間熱負荷係数	168
燃料電池	103,173
燃料発熱量	182
ノズル型	98

は

排煙設備	150
排煙窓	152
バイオマス	72
排水口空間	37,160
排水設備	14
排水トラップ	61
排水桝	66
売電	126
バイパスファクター	92
バイパス弁	108
パイプスペース	21
バキュームブレーカー	37
バタフライ弁	44
パッケージ	93
パッケージユニット方式	99
パッシブ手法	11
パッシブソーラーシステム	171
発電効率	103
ハト小屋	19
パラペット	19
バルク方式	73
バルブ	44

半間接照明 · · · · · · · · · · · · · · 135
ヒートポンプ · · · · · · · · · · · · 102
ヒートポンプエアコン · · · · · · · · · 91
比エンタルピー · · · · · · · · · · · · 81
比較湿度 · · · · · · · · · · · · · · · 81
光回線 · · · · · · · · · · · · · · · · 141
光天井 · · · · · · · · · · · · 138,139
比重量 · · · · · · · · · · · · · 28,47
非常放送設備 · · · · · · · · · · · · 149
非常用エレベーター · · · · · · · · · 154
非常用発電設備 · · · · · · · · · · · 153
比体積 · · · · · · · · · · · · · · · · 48
必要水圧 · · · · · · · · · · · · · · · 41
避雷突針 · · · · · · · · · · · · · · · 162
避難設備 · · · · · · · · · · · · · · · 155
比熱 · · · · · · · · · · · · · · 28,47
被覆材 · · · · · · · · · · · · · · · · 44
比容積 · · · · · · · · · · · · · · · · 81
費用対効果 · · · · · · · · · · · · · · 176
比重量 · · · · · · · · · · · · · · · · 81
比容積 · · · · · · · · · · · · · · · · 81
避雷導体 · · · · · · · · · · · · · · · 162
ビル管理法 · · · · · · · · · · · 81,113
ビルディングエネルギー・マネジメント・シ
ステム · · · · · · · · · · · · · · · · 174
ファンコイル · · · · · · · · · · · · · 93
ファンコイルユニット方式 · · · · · · 96
ファンチャンバー · · · · · · · · · · · 96
ファン動力 · · · · · · · · · · · · · · 109
ファン番手 · · · · · · · · · · · · · · 109
封水 · · · · · · · · · · · · · · · · · 62
封水破壊 · · · · · · · · · · · · · · · 62
ブースターポンプ · · · · · · · · · · 34
風量 · · · · · · · · · · · · · · · · · 109
風力換気 · · · · · · · · · · · · · · · 116
負荷計算 · · · · · · · · · · · · · · · 85
負荷条件別ゾーニング · · · · · · · · 93
負荷率 · · · · · · · · · · · · · · · · 125
負荷流量 · · · · · · · · · · · · · · · 39
吹出空気量 · · · · · · · · · · · · · · 92
浮遊粉塵 · · · · · · · · · · · · · · · 81
プランビング · · · · · · · · · · · · · 43
フレキシブル継手 · · · · · · · · · · 108
分圧 · · · · · · · · · · · · · · · · · 82
平均照度 · · · · · · · · · · · · · · · 137
ペーチカ · · · · · · · · · · · · · · · 16
壁面緑化 · · · · · · · · · · · · · · · 171
ヘッダー工法 · · · · · · · · · · · · · 77
ペリメーター · · · · · · · · · · · · · 94
ペリメーターゾーン · · · · · · · · · 24
ペリメーター負荷 · · · · · · · · · · 85

ペントハウス · · · · · · · · · · · · · 19
変風量 · · · · · · · · · · · · · · · · 93
変風量単一ダクト方式 · · · · · · · · 95
返湯管 · · · · · · · · · · · · · · · · 52
方位別ゾーニング · · · · · · · · · · 93
防火対象物 · · · · · · · · · · · · · · 149
放射温度 · · · · · · · · · · · · · · · 80
放射暖房 · · · · · · · · · · · · · · · 16
放水銃 · · · · · · · · · · · · · · · · 160
法線照度 · · · · · · · · · · · · · · · 138
放送設備 · · · · · · · · · · · · · · · 142
膨張管 · · · · · · · · · · · · · · · · 52
膨張水槽 · · · · · · · · · · · · · · · 52
膨張弁 · · · · · · · · · · · · · · · · 100
膨張量 · · · · · · · · · · · · · · · · 48
法令定期点検 · · · · · · · · · · · · 154
飽和度 · · · · · · · · · · · · · · · · 81
ホームエネルギー・マネジメント・
システム · · · · · · · · · · · · · · · 174
ボールタップ · · · · · · · · · · · · · 75
保健用 (快感用) 空気調和 · · · · · 80
保護領域 · · · · · · · · · · · · · · · 162
保護レベル · · · · · · · · · · · · · · 162
保守率 · · · · · · · · · · · · · · · · 137
ホルムアルデヒド · · · · · · · 81,117
ポンプ · · · · · · · · · · · · · · · · 38
ポンプ口径 · · · · · · · · · · · · · · 106
ポンプ直送方式 · · · · · · · · · · · 35
ポンプ動力 · · · · · · · · · · · · · · 106
ボンベ方式 · · · · · · · · · · · · · · 73

ま

マイナスイオン · · · · · · · · · · · 15
摩擦損失 · · · · · · · · · · · · · · · 42
マルチパッケージ方式 · · · · · · · · 99
マンホール · · · · · · · · · · · · · · 67
見える化 · · · · · · · · · · · · · · · 178
水-空気方式 · · · · · · · · · · · · · 93
水受容器 · · · · · · · · · · · · · · · 37
水蓄熱 · · · · · · · · · · · · · · · · 105
水搬送 · · · · · · · · · · · · · · · · 106
水搬送動力 · · · · · · · · · · · · · · 105
密閉回路 · · · · · · · · · · · · · · · 105
棟上導体 · · · · · · · · · · · · · · · 162
面風速 · · · · · · · · · · · · · · · · 115

や

夜間外気導入 · · · · · · · · · · · · 170
誘引風 · · · · · · · · · · · · · · · · 15
融解潜熱 · · · · · · · · · · · · · · · 105
有効開口率 · · · · · · · · · · · · · · 115

湧水 · · · · · · · · · · · · · · · · · 59
遊離炭酸 · · · · · · · · · · · · · · · 28
ユニットバス · · · · · · · · · · · · · 77
ユニバーサル型 · · · · · · · · · · · 98
揚程 · · · · · · · · · · · · · · · · · 106
余弦の法則 · · · · · · · · · · · · · · 135
余剰電力 · · · · · · · · · · · · · · · 126
予防保全 · · · · · · · · · · · · · · · 165

ら

ライトシェルフ · · · · · · · · · · · 172
ライフサイクルアセスメント · · · · 167
ライフサイクルエネルギー · · · · · 167
ライフサイクルコスト · · · · · · · · 167
ライフサイクル二酸化炭素排出量 · · 167
落下細菌 · · · · · · · · · · · · · · · 81
ランニングコスト · · · · · · · · · · 23
ランプ効率 · · · · · · · · · · · · · · 133
力率 · · · · · · · · · · · · · · · · · 122
リターンチャンバー · · · · · · · · · 96
リターンヘッダー · · · · · · · · · · 108
リニューアル · · · · · · · · · · · · · 176
流出係数 · · · · · · · · · · · · · · · 65
流達時間 · · · · · · · · · · · · · · · 65
流量 · · · · · · · · · · · · · · · · · 106
流量係数 · · · · · · · · · · · · · · · 116
理論廃ガス量 · · · · · · · · · · · · 114
ルーバー天井 · · · · · · · · · · · · 138
ループ通気方式 · · · · · · · · · · · 62
ルームエアコン方式 · · · · · · · · · 99
冷温水ポンプ · · · · · · · · · · · · 108
冷感冷房 · · · · · · · · · · · · · · · 15
冷却 · · · · · · · · · · · · · · · · · 82
冷却塔 · · · · · · · · · · · · · · · · 101
冷媒 · · · · · · · · · · · · · · · · · 100
冷房設備 · · · · · · · · · · · · · · · 15
レジオネラ属菌 · · · · · · · · · · · 57
レナード効果 · · · · · · · · · · · · · 15
連結送水管 · · · · · · · · · · · · · · 158
露点温度 · · · · · · · · · · · · · · · 81

おわりに

　本書は長年、日韓両国で建築設備の教員・実務を経験したわたくしたちが、学芸出版社の「図説やさしい」シリーズの建築設備の入門書として企画し、出版するものです。

　先に韓国・技文堂で出版された、『絵で見る建築設備』から、文章をコンパクトにまとめ、図版・写真をさらに増やして、より理解を促すように工夫しました。本書に紹介される図版は著者らが、授業用に作成したものであり、また多くの設備機器類の写真は法政大学小金井キャンパスをはじめ、各建物の現場や施設を、自らの足で集めたものが、そのほとんどです。

　今回の出版に際して、日韓技術交流に尽力された、技文堂出版社の姜海作社長のご配慮に敬意を表し、ここに、両国の建築設備を志す方々が、この本を通じて日韓友好と発展に寄与されることを祈念します。

　最後に、この本が作られるまでに、各種資料など、ご提供いただいた方々、原稿から出版にいたるまで、適切な助言を賜った学芸出版社の中木保代様をはじめ、スタッフの皆様に厚くお礼申し上げます。

2017 年 10 月、法政大学にて

朴　賛弼・伏見　建

法政大学にて執筆の打ち合わせ
朴　賛弼（左）・伏見　建（右）

法政大学小金井キャンパス

著者略歴

伏見　建（ふしみ　けん）

東京都出身。法政大学大学院工学研究科修了。

職歴：（一財）省エネルギーセンター（上級技術専門職）、建築環境・設備研究所、建築設備設計研究所。

認定資格・免許等：建築設備士、エネルギー管理員、省エネ普及指導員、家庭の省エネエキスパート、消防設備士（甲種第1類）ほか。

教員歴（兼任・非常勤・教授級講師）：法政大学、武蔵野美術大学、文化女子大学（文化学園）、高度ポリテクセンター、その他建築系工業専門学校ほか。

建築設備設計・監理実務歴：サンシャイン60（三菱地所）、韓国ロッテワールド（黒川紀章）、国立代々木競技場（丹下健三）、新発田市民文化会館（内井昭蔵）、東京芸術劇場（芦原義信）、西武百貨店等大型商業施設設（菊竹清則）ほか。

建築設備関連著書（共著）：『基礎講座建築環境工学』学芸出版社、『建築大辞典』彰国社、『省エネルギー便覧』ECCJ、『空気調和・衛生設備工事標準仕様書_HASS-010』空気調和・衛生工学会ほか。

学会関連、その他：空気調和・衛生工学会、建築設備技術者協会、太陽エネルギー学会、IBEC省エネ機構登録、ごみ減量化推進専門委員、照明学会賞ほか。

朴　賛弼（ぱく　ちゃんぴる）

韓国ソウル出身、国費留学生。法政大学大学院博士課程修了、工学博士。日本民俗建築学会評議員。

専門：建築計画・環境・設備

教授・教員歴：韓国漢陽大学校工科大学兼任教授、韓国桂園芸術大学招聘教授、法政大学デザイン工学部専任教員、武蔵野美術大学、東京工学院専門学校、東京テクニカルカレッジ、東京建築カレッジ（非常勤講師）。

職歴：公信建築研究所（韓国）、保坂陽一郎設計事務所。

建築設計・監理実務歴：中央日報社屋、忠州文化福祉会館、大空分室官公署、江南villa、柳氏邸宅ほか。

著書：『入門テキスト建築環境・設備』学芸出版社・日韓同時出版、『ソウル清渓川再生』鹿島出版会・日韓同時出版、『韓屋と伝統集落』法政大学出版局（以上、単著）、『基講座建築環境工学』学芸出版社（共著）ほか。

受賞：日本民俗建築学会竹内芳太郎賞（優秀論文賞）、大韓建築学会著作賞、武蔵野美術大学長尾重武賞（作品賞）ほか。

学会関連：日本建築学会審査論文委員、大韓建築学会会員、日本民俗建築学会代議員。

図説 やさしい建築設備

2017年12月1日　第1版第1刷発行
2025年3月20日　第1版第5刷発行

著　者……伏見　建・朴　賛弼
発行者……井口夏実
発行所……株式会社 学芸出版社
　　　　　京都市下京区木津屋橋通西洞院東入
　　　　　電話 075-343-0811　〒600-8216
　　　　　http://www.gakugei-pub.jp/
　　　　　Email info@gakugei-pub.jp

装　丁……………KOTO DESIGN Inc.　山本剛史
編集デザイン……フルハウス
印　刷……………創栄図書印刷
製　本……………新生製本